예수님의 티칭 스타일

로이 B. 주크 지음 송원준 옮김

Teaching as Jesus Taught

Roy B. Zuck

Copyright © Timothy Publishing House a division of PAIDION MISSION
Translated and published by permission
Copyright © 1995 by Roy B. Zuck
Originally printed in English under the title
Teaching as Jesus Taught
by Baker Books a division of Baker Book House Company
Grand Rapids. Michigan 49516
All rights reserved

나의 스승이자
멘토요 동료이며
예수님처럼 가르치려는 동기를
내게 맨 처음 불어넣어준
하워드 G. 헨드릭스께
이 책을 바칩니다.

목차

1. 우리도 예수님처럼 가르칠 수 있을까? 7
2. 예수님은 과연 최고의 교사인가? 19
3. 어떻게 예수님이 교사로 인정받으셨는가? 29
4. 무엇이 예수님을 권세 있는 교사로 만들었는가? 65
5. 예수님이 보여주신 위대한 교사의 자질들 (1) 89
6. 예수님이 보여주신 위대한 교사의 자질들 (2) 115
7. 예수님은 어떤 목표들을 가지고 가르치셨는가? 137
8. 예수님의 교수 목표는 진리를 아는 것으로 한정되었는가? 157
9. 예수님은 무리들과 제자들에게 어떤 영향을 미치셨는가? 175
10. 대적하는 자들에게 예수님이 끼치신 영향은? 195
11. 예수님은 어떻게 학생들의 학습 흥미를 유발시키셨나? 237
12. 예수님은 어떻게 회화적 표현법을 사용해서 가르치셨나? 279
13. 예수님은 또 다른 수사적 표현법을 어떻게 사용하셨나? 313
14. 예수님은 질문들을 어떻게 사용하셨나? 363
15. 예수님은 사람들의 질문에 어떻게 응답하셨나? 439
16. 예수님은 이야기를 어떻게 사용하셨나? 491

끝맺는 말 529
부록 - 예수님의 481가지 명령 531

1

우리도 예수님처럼 가르칠 수 있을까?

"너희 지도자는 하나이니 곧 그리스도니라." (마 23:10)

학창시절에 학생들에게 재미와 흥미를 불러일으키며, 흥분을 고조시키고 그럼으로써 당신의 인생에 영원히 지워지지 않는 인상을 심어준 그런 교사를 기억하는가?

나는 중등부 주일학교 교사였던 듀이 펠라즈(Dewey Fellars) 선생님을 잊을 수 없다. 나를 포함해서 아홉 명의 어수선한 아이들은 교회 맨 앞에 놓여 있는 두 개의 나무로 만든 의자에 앉아 있었다. 그 두번째 의자 뒤에는 커튼이 쳐 있었는데 그 침례 교회는 이런식으로 커튼을 막아서 본당 안에 6개의 교실을 만들었다. 손으로 대충 깎아 만든 불편한 의자와 여섯 개의 교실, 그리고 교사들이 떠드는 소리가 동시에 울려퍼지면 누구나 할 것 없이 온통 정신이 하나도 없었고, 게다가 우리가 계속 집중하고 흥미를 느끼게끔 돕는 시청각 교재라고는 하나도 없었다. 이상적인 교육 환경과는 전혀 거리가 멀다. 이런 환경 속의 주일학교가 '이 해의 모범 주일학교'로 뽑혔다는 사실은 도저히 믿을 수 없는 일이었다.

그러나 펠라즈 선생님은 아홉 살부터 열한 살까지의 소년들을 맡으셨는데, 교사로서 매우 뛰어난 자질들을 보여주셨다. 선생님이 우리를 아끼신다는 사실을 잘 알았기 때문에 우리들은 매 주일 40분 가까이를 불편한 의자에 앉아 있는 것도 마다하지 않으셨다. 우리는 펠라즈 선생님이 주님과 성경을 사랑하고 계시며, 또 우리들도 그렇게 되기를 바라신다는 것을 알고 있었다. 그분은 여러 가지 다양한 교수 방법을 사용하지는 않으셨다. 하지만 종종 우리가 배우고 있는 성경 구절을 깊게 생각하게끔 하는 질문들을 던지셨다. 선생님의 직업은 자동차 정비공이었는데 손가락에 낀 기름때는 영원히 지워지지 않을 것처럼 보였다. 그러나 선생님께서 우리에게 성경 말씀과 그에 따라 사는 법을 가르치실 때에 우리는 그분에게서 삶의 투명함을 보았다. 선생님은 자신이 가르친 대로 사셨고, 우리에게 그리스도의 사랑과 관심이란 이런 것이라는 모범을 보여주셨다.

펠라즈 선생님은 고등 교육을 받은 분은 아니었으나 성경이 어떤 책인지 알고, 사랑하고 또 그 말씀대로 사신 분이었다. 그분이 우리에게 결코 지워지지 않을 가르침을 주신 것은 지극히 당연한 일이 아닐 수 없다.

당신도 어린 시절에 다녔던 주일학교나 고등학교 또는 대학교에서 인격과 가르침으로 당신을 사로잡았고 그 결과 절대로 지워지지 않는 영향을 당신 인생에 끼친 교사들을 기억할 수도 있을 것이다. 당신은 그 교사의 어떤 점이 당신에게 그토록 영원한 영향을 미쳤다고 생각하는가?

반면에, 그와 정반대의 영향을 미쳤던 교사도 있었을 것이다. 당신을 지루하게 만들고 학생들과 마찬가지로 자기 자신도 어서 수업이 끝나기를 기다리는 듯한 교사와, 어쩔 도리 없이 그 지루함을 배겨내야만 했던 그런 수업이 있었을 수도 있다.

나 역시 그런 교사를 기억한다. 그 선생님은 수면제를 탄 것 같은 단조로운 음성으로 그저 자기 노트를 읽어나갔다. 그리고 학생들이 질문하는 것도 원치 않는 듯했다. 수업 시간은 어떤 변화도 없었다. 그렇다고 시각적 교재를 사용하지도 않는, 언제나 단조로운 음성으로 진행되는 수업 속에서 우리는 차마 겉으로는 드러내지 못해도 마음 속으로 "그래서 어쨌단 말인가?"라고 외치면서 앉아 있었다.

무엇이 이들 두 교사를 그렇게 다른 교사들로 만든 것일까? 왜 겨우 초등학교만 나온 사람의 가르침은 내 인생에 그토록 오랫 동안 영향을 끼친 반면, 그 분보다 두 배 이상의 교육을 받은 선생님은 정반대의 영향을 미쳤던 것일까? 왜 나는 한 사람을 효과적인(물론 교육학적인 면에서 볼 때 부족한 점도 있었지만) 교사라고 생각하는 반면 다른 사람은 그렇지 않다고 생각하는 것일까? 내 생각에 효과적인 교사는 스스로 깨닫지는 못했을지도 모르지만 예수님이 가르치신 방법을 따라 가르쳤고, 다른 교사는 의도적으로 그러지는 않았겠지만 예수님이 가르치신 방법들 중 어떤 것들을 무시했었기 때문이라고 생각한다.

복음서들을 읽으면 예수님은 역동적이면서 매우 효과적인 교사이셨음을 쉽게 알 수 있다. 그분의 가르침은 전혀 지루하지 않고 항상 듣는 사람에게 신선한 자극을 주었으며, 불투명하지 않고 분명했다. 또한 거만하거나 거리감을 느끼게 하지 않았고 언제나 개인적이면서 사랑과 관심이 담긴 것이었다. 사람들은 그렇게 가르치는 한 젊은 목수를 "선생님"이라고 부를 수밖에 없었을 것이다!

복음서들은 어떻게 가르쳐야 할지에 대한 아이디어들과 본보기가 가득 담긴 보고이다. 예수님께서 어떻게 가르치셨는가를 연구해 보면 우리의 가르침도 향상될 수 있고, 성경 말씀을 다른 사람들에게 전하는 일에도 훨씬 효과적이 될 수 있다.

왜 예수님이 어떻게 가르치셨는가를 연구하는가?

예수님의 교수 방식들을 진지하게 살피고 그분의 교육 전략을 분석하는 작업은 우리에게 두 가지 유익을 제공해준다.

첫째, 그 작업은 우리 자신의 가르침을 다시 한번 되돌아보게 하는 기폭제 역할을 한다. 예수님께서 어떻게 가르치셨는지를 연구하면 다음과 같은 여러 질문들을 스스로에게 하게 될 것이다:

가르친다는 것은 무엇인가?
그 결과로 무엇을 얻을 수 있는가?
어떻게 가르쳐야 하는가?
어떤 결과를 위해 애쓰고 기도해야 하는가?
어떻게 교수법을 향상시킬 수 있는가?
더욱 효과적인 교사가 되기 위해 어떤 단계들을 밟아나갈 수 있는가?

복음서에 나타난 예수님의 가르치심을 따라가보면서, 다음과 같은 질문들을 스스로에게 물어보라:

왜 사람들은 예수님을 선생이라고 불렀는가?
예수님이 보여주신 교사로서의 자질은 무엇인가?
예수님은 누구를 언제 어디서 가르치셨나?
어떻게 가르치셨는가?
가르치신 내용을 어떻게 모범으로 보이셨나?
배우는 사람들이 더 생각할 수 있도록 어떻게 자극시키셨나?
어떻게 학생들의 관심을 끄셨고 또 계속 유지하셨나?

여러 종류의 학생들을 어떻게 다루셨나?
가르치시는 것의 예를 어떻게 드셨나?
어떤 다양한 교수 방법을 보이셨나?
가르치시는 내용을 어떻게 개인들의 필요와 연관시키셨나?
어떻게 학생들이 교수 과정에 참여하도록 만드셨나?
왜 사람들이 주님의 가르치심에 놀랐는가?
주님이 가르치신 내용과 형식이 당시의 다른 교사들과 어떻게 달랐는가?
사람들의 삶이 예수님의 가르침을 통하여 어떻게 변했는가?

둘째, 예수님의 교수법을 살펴봄으로써 우리도 그같은 방법들을 사용할 수 있게 된다. 예수님은 놀랍도록 효과적인 교사셨다. 그러므로 그분이 어떻게 가르치셨는지 열린 마음으로 잘 살펴보면 그 원리와 방식들을 우리 자신들의 교수법에 적용할 수 있을 것이다. 예수님의 가르침을 살펴보면서 어떻게 다음과 같은 것들을 배울 수 있을지 생각해보라:

가르칠 주제를 정확히 파악하기
학생들과 더욱 가까워지기
수업을 더 재미있게 시작하기
순간순간 흥미를 유발시키기
수업의 목표를 더욱 분명히하기
학생들의 호기심을 더 많이 자극시키기
학생들이 더 적극적으로 배우도록 동기를 불러일으키기
질문을 더욱 자극적으로 던지기
학생들의 질문에 더 신중하게 대답하기
진리를 더욱 효과적으로 강의하기

학생들의 마음을 사로잡을 수 있는 이야기 들려주기
성경을 더욱 열정적으로 제시하기
사실들을 더욱 시각적으로 제시하기
수업을 더욱 다양하게 진행하기
학생들을 더욱 의미있게 참여시키기
성경을 더욱 정확히 인용하기
진리를 더욱 다채롭게 제시하기
개념을 더욱 생생히 제시하기
진리를 더욱 구체적으로 적용하기
진리를 각자의 삶과 연관시키기
삶을 근본적으로 변화시키기
학생들을 더욱 따뜻하게 격려하기
학생들을 사랑하는 마음으로 확신시켜주기
더욱 신중하게 조언하기
학생들의 잘못을 더 엄격하게 바로잡기
학생들을 아끼는 마음으로 더욱 도와주기
학생들의 필요를 더욱 분명히 채우기
학생들이 무엇을 배웠는지 정확히 측정하기
일관성 있게 진리의 본을 보이기
학생들과 더욱 허물없이 어울리기

확실히 예수님은 위와 같은 30가지 교수법에 대한 분명한 모범을 보이셨다. 주님은 가르치시고자 하시는 주제를 완벽히 아셨고, 학생들을 친밀하게 아셨으며, 학생들의 흥미를 유발하시고, 그들의 마음을 사로잡으시면서 가르치기 시작하셨다. 당신도 더 능력 있는 교사가 되기 원하는가? 그렇다면 복음서를 보라. 복음서에는 예수님께서 어떻게 그같은 30가지 방법을 보여주셨는지, 그리고 어떻게 하면 우리도 그같이 할 수 있는지 잘 나타나 있다. 당신의 교수 방식을 예수님께서 보여주신 위의 30가지 사항들에 비추어 보라. 그리고 더욱 훌륭한 교사가 되라. 예수님의 교수 방식이 당신의 가르침에 더욱 일관성 있게 나타나게 되면 당신도 예수님이 가르치신 것처럼 가르칠 수 있을 것이다.

과연 예수님처럼 가르친다는 것이 가능한 일인가?

어떤 독자들은 우리가 예수님처럼 가르친다는 것이 정말 가능한 일인지 의심을 품을 것이다. 사실, 예수님은 여러 면에서 우리와 너무 다른 분이 아니신가! 그분은 특별한 사명을 띠고 오신 하나님의 외아들이셨다. 그런데도 우리가 그 분이 가르치신 것을 따라 가르칠 수 있을까?

물론 예수 그리스도는 하나님의 아들이시다. 그분은 육체로 오신 하나님이셨다(요 1:14). 그분 안에는 "신성의 모든 충만이 육체로 거하셨다"(골 2:9). 삼위 일체 하나님 중 이위로서 모든 영원 중에 거하시는 예수님은 하나님의 성품들을 모두 지니셨다. 그분은 전지 전능하시고 무소부재하시며, 주권과 거룩하심과 위엄과 영광과 정결과 의로우심과 은혜와 사랑과 자비가 완벽하시고 온전하신 분이시다. 그분은 천지를 창조하셨고, 죄를 사하시며, 기적을 행하시고 우리의 예배와 사랑과 순종을 받으신다. 그분은 하나님이시기에 죄가 없으셨다. 주님은 "죄를 알지도 못하셨고"(고후 5:21), "죄가 없으셨으며"(히 4:15), "죄를 범치 않으셨으며"(벧전 2:22), "죄가 없으신" 분이셨다(요일 3:5). 그렇기 때문에 아무도 그분을 "죄로 책잡을"(요 8:46) 일이 없었던 것은 당연하다 하겠다. 그렇다면 어떻게 우리가 그런 주님을 따라할 수 있을까?

그 대답은 바로 예수님의 인성에서 찾을 수 있다. 주님은 영존하시는 하나님("하나님의 본체", 빌 2:6) 이시지만 동시에 성육신하신 즉 사람의 육신을 입으신 하나님이시다. 동정녀에게 태어나셔서 우리와 함께 되셨다("사람들과 같이 되셨다."빌 2:7).

예수님은 다른 사람들과 똑같이 성장하셨고(눅 2:52), 피곤해 하셨으며(요 4:6), 시장기를 느끼셨고 목말라하셨다(요 4:7-8). 또한 주님은 유혹을 받으셨고(마 4:1-10; 눅 4:1-12; 히 4:15), 눈물을 흘리셨으며(요 11:35, 38), 분노와(막 3:5), 슬픔과(마 26:37-38), 기쁨과(요 15:11; 17:13), 죽음을(요 19:30) 경험하셨다. 이같은 인간의 모습 때문에, 주님은 우리가 따라할 수 있는 방식으로 가르치셨다. 하지만 물론 주님은 하나님이셨기에 그분이 하신 모든 것을 우리가 다 행할 수는 없다. 하나님의 아들이신 주님께는 없는 한계가 우리에게는 있기 때문이다.

또 어떤 사람들은 주님과 우리가 처해 있는 상황들이 다르기 때문에 우리가 예수님께서 가르치신 것같이 가르칠 수 있을까 의심하기도 한다. 주님은 요즘 같은 교실에서 가르치지도 않으셨고 정해진 교과 과정이나 학습 일정표도 없으셨다. 학생들에게 학과에 대한 수료증도 주지 않았고, 공식적으로 졸업을 시켜주는 일도 없었다. 주님은 슬라이드나, 필름, OHP, 차트, 융판, 인형극, 또는 칠판 등과 같은 현대적 교육 기재들도 사용하지 않으셨다. 그분은 숙제를 내주신 적도 없고 또 기말고사를 치르신 적도 없다. 주님은 오늘날 거의 사용되지 않는 방법이지만 종종 야외에서 또는 걸어가시면서 가르치셨다.

하지만 이런 것들 때문에 우리가 그분이 가르치신 방법들을 배울 수 없을까? 결코 그렇지 않다. 비록 우리가 처한 교육 환경과 수업 상황과 교육 기재들, 그리고 사회적 여건이 다르다고 해도 주님이 가르치신 방법에서 많은 것을 얻을 수 있다. 즉, 그분이 학생들의 흥미를 불러일으키셨고 생각을 자극시키셨으며 학생들이 참여토록 하셨고 이야기를 들려주셨으며 진리를 적용하셨고 질문에 답하셨으며 각기 다른 성격과 태도를 지닌 사람들을 다루셨고 학생들의 동기를 유발시키셨으며 그들을 바로잡아주신 이 모든 모습을 통해 많은 것을 배울 수 있는 것이다. 사실 이런 것들은 우리가 그분에게서 배울 수 있는 수많은 부분들 가운데 극히 일부분에 불과하다.

르바(LeBar)는 다음과 같이 말했다.

성경을 연구하는 사람들은 간혹 그리스도께서는 현재와 같은 교실에서 가르치신 적이 없고 우리도 야외에서 가르치는 일이 극히 드문데 어떻게 우리의 교수법과 그리스도의 교수법을 비교할 수 있는가 하는 의혹을 품기도 한다. 사면이 벽으로 둘러쌓인 공간에서 가르치는 것은 어떤 차이가 있을까? 대개 교실 안에서 하는 수업은 공식적이고 기계적이지만, 반드시 그런 것도 아니다. 집단이 아닌 한사람 한사람이 변화하고 성장한다는 사실을 깨닫고 있는 교사는 그리스도께서 하신 것처럼 매우 자연스럽게 행동하고 친근하게 대화할 것이다.[1]

그래도 여전히 어떤 사람들은 현대의 교사들이 예수님의 교수 방식을 따를 수 있다는 생각에 반대한다. 그 이유는 예수님은 초인적인 지식을 가지고 계셨다는 것이다. 물론 그것은 사실이다. 주님의 지혜는 완벽하고, 지식은 완전하다. 그분은 성경을 완전히 아셨고 '인간의 본성에 대해서 완벽하고도 직관적인 지식'[2]을 지니셨다. 이렇게 하나님으로서 모든 것을 아신 주님은 분

---

[1] Lois E. LeBar, Education That is Christian (Westwood, N.J.: Revell, 1958), 50.

명히 우리를 뛰어넘는 분이시다.

그렇지만 우리가 그리스도의 마음을 지녔고(고전 2:16), 성령 하나님이 바로 우리의 교사(요 14:26; 16:12-19; 고전 2:10-16)란 사실로부터 우리의 부족함이 채워지게 된다. 우리는 성경에 대한 완벽한 지식이나 온전한 지혜 또는 인간의 본성에 관한 충분한 통찰력이 없지만, 성령님이 공급하시는 지혜 가운데서 성장할 수 있다. 잠언서는 믿는 자들이 지혜로워야 한다고 거듭 강조한다. 잠언서에는 우리가 어떻게 하나님이 보시기에 지혜로워질 수 있는지, 그리고 영적 지혜 가운데서 성장할 때 어떤 지속적인 유익들이 있는지에 관한 수많은 가르침이 있다. 예수님께 순종하면 우리도 스데반처럼 "성령과 지혜가 충만"(행 6:3)할 수 있다. 사도 바울은 자신이 "각 사람을 권하고 모든 지혜로 각 사람을 가르쳤다"(골 1:28)고 기록했다. 그러기에 그가 성도들에게 "모든 지혜로 피차 가르치며 권면하라"(골 3:16)고 촉구하는 것은 조금도 이상할 것이 없다.

그러면 우리는 예수님이 가르치신 것처럼 가르칠 수 있는가? 물론 모든 면에서 그분처럼 할 수 있는 것은 아니다. 그분은 하나님이시다. 반면에 우리는 한계를 지닌 인간이다. 또한 주님이 가르치실 때의 환경은 우리가 누리는 것과 다르다. 그리고 주님의 지식과 지혜는 초인적인 것으로서 완벽한 것이다. "예수님과 우리 사이에 있는 모든 다른 점을 제외하고 나면 과연 우리가 그분을 따를 수 있는 것이 무엇이 남을까? 수없이 많다. 그리고 이 모든 것이 복음서에 담겨 있다. 우리는 예수님처럼 초자연적인 일을 행할 수는 없지만 예수님처럼 가르치는 법은 배울 수 있다."[3]

"만약 누군가 가르치고 싶다면, 가장 위대한 교사이신 우리 주 예수 그리

---

2) Robert G. Delnay, Teaching as He Taught (Chicago: Moody, 1987), 10.
3) 같은 책. 12

스도보다 더 좋은 모범은 없을 것이다."[4]

예수님이 사용하신 방법들은 당시와 마찬가지로 오늘날에도 효과적이다. 그분이 당면하셨던 문제들은 '종교적 진리를 전하려는 모든 시대의 사람들이 당면하는 것과 똑같은'[5] 것들이다. 예수님이 가르치신 진리는 현대에도 전달되어야 한다. 그 이유는 우리가 다른 이들로 하여금 그분이 '분부한 모든 것을 가르쳐 지키게'(마 28:20) 해야 하기 때문이다. 예수님이 보여주신 교육 원리들은 보편적으로 적용 가능한 것들로서 교회가 세워진 이래로 수많은 교사들이 사용해왔다. 예수님의 교수법을 따랐던 모든 헌신된 기독교 교사들은 성령님께서 자신들을 통해 학생들을 영적으로 성장시키시는 것을 분명히 목격했다.

당신도 예수님이 가르치신 것처럼 가르칠 수 있다!

생·각·할·점

● 학창 시절 가장 좋아했던 교사를 생각해보라. 그 분의 어떤 점이 훌륭했는가?

---

4) Francis Herbert Roberts, "The Teaching Methods of Jesus Christ" (Th.M. 논문, 달라스 신학교, 1955), 2.

5) Donald Guthrie, "Jesus," in A History of Religious Educators, ed. Elmer L. Towns (Grand Rapids: Baker, 1975), 16.

● 반대로 매우 지루하게 가르쳤던 교사를 생각해보라. 그 교사의 어떤 점이 문제였나?

● 다음의 문장을 완성하라: "교사가… 할 때 나를 지루하게 만든다"

● 다음의 문장을 완성하라: "교사가… 할 때 나는 흥미를 느낀다"

● 11-12쪽에서 제시한 30가지 교수 방법들을 다시 살펴보라. 당신은 그것들 중 어떤 것들을 이미 잘 활용하고 있는가? 또 어떤 것들을 더욱 계발해야 하겠는가?

● 당신은 예수님의 교수 방법들 가운데 어떤 것들을 따라하고 싶은가?

2

예수님은 과연 최고의 교사인가?

"예수께서 전례대로 다시 가르치시더니"(막 10:1).

예수님은 뛰어난 교사셨다. 아니 예수님은 모든 시대를 초월하는 최고의 교사시다.

많은 저자들도 이 사실을 인정해왔다. 예를 들어 초대 교회 교부였던 이그나시우스(서기 35-107년경)는 예수 그리스도를 가리켜 '우리의 유일하신 교사'라고 했고, 알렉산드리아의 클레멘트는 예수님이 '우리의 유일한 스승'이며 "교사로서는 우리에게 진리를 설명해주시고 밝혀주셨고 교육가로서는 실제적인 분이셨다"고 말했다.[1]

1895년에 힌즈데일(B.A. Hinsdale)은 예수님이 "구두로 가르쳤던 모든 교사들 중 가장 뛰어난 교사였다"고 기록했다. 또한 1901년에 어떤 사람은

---

1) Ignatius To the Ephesians 15.1; Clement "The Instructor" 1.7.55; 13.102.

"예수님은 종교와 도덕에 관한 스승들 가운데 세상에 존재했던 가장 뛰어난 분이셨다"고 무조건 인정했다. 수십 년 전 매우 유명한 교육자였던 벤슨(Clarence H. Benson)은 "예수 그리스도는 … 최고의 교사이자 모든 종류의 가르침을 완벽하게 구사하신 분이셨다"고 말했고, 존스(Claude C. Jones)는 자신의 책 첫머리에서 "예수 그리스도는 최고의 교사였다"고 강력히 선언한다. 다른 이들도 주님을 가리켜 '비교할 대상이 없는 가장 훌륭한 교사,' '최상의 교사,' '완벽한 교사,' '가장 위대한 교사,' '교사의 전형이자 … 교수법의 모범,' '유일무이한 최고의 교사,' '세상에 존재했던 가장 훌륭한 교사,' 그리고 '모든 역사를 통해 가장 위대한 교사' 라고 묘사했다.[2]

---

2) Hinsdale, Jesus as a Teacher (St. Louis: Christian Pub., 1895), 12; James Robertson, Our Lord's Teaching (London: Black, 1901), 1; Benson, The Christian Teacher (Chicago: Moody, 1950), 257; Jones, The Teaching Methods of the Master (St. Louis: Bethany, 1957), 9; Lois E. LeBar, Education That Is Christian (Westwood, N.J.: Revell, 1958), 51; and Edward Kuhlman, Master Teacher (Old Tappan, N.J.: Revell, 1987), 181; Henry Barclay Swete, Studies in the Teaching of Our Lord (London: Hodder and Stoughton, 1903), 11; Regina M. Alfonso, How Jesus Taught (New York: Alba, 1986), vii; Lee Magness, "Teaching and Learning in the Gospels: The Biblical Basis of Christian Education," Religious Education 70 (NOvember-December 1975): 629; and Kenneth O. Gangel and Warren S. Benson, Christian Education: Its History and Philosophy (chicago: Moody, 1983), 72; Howard G. Hendricks, "Following the Master Teacher," in The Christian Educator's Handbook on Teaching, ed. Kenneth O. Gangel and Howard G. Hendricks (Wheaton, Ill.: Victor, 1989), 13; Ralph W. Sockman, The Paradoxes of Jesus (New York: Abingdon, 1936); and Ronald T. Habermas, "Learning to Teach LIke the Master Teacher," Fundamentalist Journal, June 1985, 54; Herbert Lockyer, Everything Jesus Taught, 5 vols. (New York: Harper and Row, 1976), 2:20; and Lilas D. Rixon, How Jesus Taught (Croydon, N.S.W.: Sydney Missionary and Bible College,

또한 많은 사람들은 예수님의 교수법이 탁월하다고 말한다. 예수님은 '교수법에 관한 최고의 지표'이셨고 '그 분이 가르치신 경지에 필적할 자가 없으며' '교수 기법에 관한 한 세상에서 가장 위대한 인물들 중 한 분'이셨다.[3]

교수법에 관한 예수님의 출중하신 능력과 누구도 따를 수 없는 교사 - 커뮤니케이터로서 역할에 매료되어 많은 저술가들은 예수님에 관한 글을 쓸 때 '최고의' '완벽한' 그리고 '위대한' 등과 같은 최상급의 용어를 사용하지 않을 수 없었다. 다음과 같은 책 제목들을 보라:

최고의 교사로부터 배우는 교수법
대가이신 그리스도와 그분의 방법
최고의 교사가 전하는 메시지
대가이신 그리스도의 영향
위대한 교사
예수 - 최고의 교사
완벽한 교사
놀라운 교사
최고의 교사이신 예수
최고의 교사[4]

1977), 8.

3) Donald Guthrie, "Jesus," in A History of Religious Educators, ed. Elmer L. Towns (Grand Rapids: Baker, 1975), 15; C.B. Eavey, History of Christian Education (Chicago: Moody, 1964), 77; and William Barclay, The Mind of Jesus (New York: Harper, 1960), 89.

4) J.A. Marquis (Philadelphia: Westminster, 1913); E. Griffith-Jones (London: Hodder and Stoughton, 1914); B.S. Winchester (Boston: Pilgrim,

책 안에 있는 장의 제목들 또한 탁월한 교사이신 예수님에 대한 작가들의 극찬을 담고 있다:

"최고의 교사"
"최고의 교사이신 그리스도"
"최고의 교사를 따라서"
"탁월한 교사이신 예수님께 초점 맞추기"5)

그리고 세상의 교육가들 또한 예수님을 뛰어나신 교사라고 극찬해왔다. 거의 100년 전, 켐프(E.L. Kemp)는 "그가 가르친 교훈과, 그 교훈들을 제시

1917); Charles Reynolds Brown (Nashville: Cokesbury, 1936); John Harris (London: Thomas Ward and Co., 1937; The Teaching Methods of Christ로 재출판됨 [Minneapolis: Klock and Klock, 1984]); Herman Harrell Horne (Grand Rapids: Kregel, 1984; 원래 Teaching Techniques of Jesus [New York: Association, 1922] 로 출판됨; Katherine Lever (New York: Seabury, 1964); D. J. Burrell (New York: Revell, 1902); Clifford A. Wilson (Grand Rapids: Baker, 1974); Kuhlman. 예수님을 "유일최고의 교사"로 묘사한 다른 책들: William A. Curtis, Jesus Christ the Teacher (New York: Oxford University Press, 1943); Joseph A. Grassi, Jesus the Teacher (Winona, Minn.: St. Mary's College, 1978); John P. Kealy, Jesus, the Teacher (Denville, N.J.: Dimension, 1978).

5) Clarence H. Benson, The Christian Teacher 20장, Barclay, The Mind of Christ 10장; Valerie A. Wilson, in Introduction to Biblical Christian Education, ed. Werner C. Graendorf (Chicago: Moody, 1981), and Warren S. Benson, in Christian Education: Foundations for the Future, ed. Robert E. Clark, Len Johnson, and Allyn K. Sloat (Chicago: Moody, 1991); Hendricks, in The Christian Educator's Handbook on Teaching; Matt Friedmann, in The Master Plan of Teaching (Wheaton, Ill.: Victor, 1990).

한 방법, 교훈들을 받아들인 사람들의 숫자, 그리고 그 교훈들이 이룬 업적에 비추어볼 때 예수님은 모든 교사들 중 가장 위대한 교사였다"라고 기록했다. 에비(Frederick Eby)와 애로우드(Arrowood)는 "예수는 온 세대를 통해 가장 위대한 교사로 인정되어야만 한다"고 강력히 주장했다. 심지어는 유대인 저자들조차도 예수님의 뛰어나심을 다음과 같이 표현했다: "예수는 기독교에서 최고이자 가장 위대한 교사였다."[6)]

예수님은 교사로서 성공했는가?

비록 많은 사람들이 예수님이야말로 세대를 뛰어넘는 가장 훌륭한 교사라고 찬양했지만, 다른 사람들은 이같은 극찬에 부정적일지도 모른다. 예수님은 교사로서 정말 성공했는가? 그분의 가르침을 들은 많은 사람들은 그를 저버렸고 "더 이상 그를 따르지 않았다"(요 6:65). 예수님 당시 종교 지도자들은 예수님의 가르침에 이러쿵 저러쿵 말이 많았고, 그분의 주장을 인정하지 않았으며, 계속해서 주님을 붙잡아 죽이려고 했다.

다른 위대한 교사들도 그런 식으로 취급을 당했을까? 나라 전체가 거부하고 처형을 당하신 것이 위대한 교사란 증거란 말인가? 생애 마지막에는 오직 극소수의 사람들만이 그 가르침을 지켰던 예수님을 어떻게 온 세대를 통해 가장 위대한 교사라고 볼 수 있을까?

---

6) Kemp, History of Education (Philadelphia: Lippincott, 1901), 101; Eby and Arrowood, The History and Philosophy of Education Ancient and Modern (Englewood Cliffs, N.J.: Prentice-Hall, 1940), 54; Universal Jewish Encyclopedia (1942 ed.), s.v. "Education," by Max Salmon, 3:83.

심지어 가룟 유다와 같은 제자는 예수님이 직접 사도로 삼으시고 삼년 반이나 주님과 함께 지냈지만, 종교 지도자들에게(대제사장, 성전의 군관, 장로들, 눅 22:52) 주님을 팔아 넘겼고, 거짓 입맞춤으로 예수님이 누구인지를 일러바치지 않았는가? 예수님은 가장 가까이 있던 제자로부터 배신을 당하셨던 것이다!

그리고 베드로는 열두 제자들의 대변인으로서 주 예수님을 결코 부인하지 않고 감옥이나 죽음까지라도 함께하겠다고 맹세했었지만(마 26:33, 34; 막 14:29, 31; 눅 22:33; 요 13:37), 주님을 모른다고 부인하지 않았는가? 불과 수 년 전, 그들은 예수님과의 개인적인 만남 이후에 그분의 제자와 학생이 되고자 자신의 모든 것, 즉 가족과 직업과 집과 삶의 방식 등을 다 버렸었다(막 1:18; 눅 5:11). 그러나 예수님의 열두 제자들은 주님이 체포당하시던 순간 그분을 버렸던 것이다(마 26:56; 막 14:50). 이것이 효과적인 교사로서의 증거일까?

구약 성경에 나오는 예수님의 초림에 관한 예언 중에서 그분이 교사로 오실 것이라고 언급한 경우는 별로 없다. 또한 신약 성경에서도 복음서를 제외하고는 주님의 가르치시는 사역에 대해서 거의 강조를 하지 않는다.[7] 예수님은 아무런 책도 쓰지 않으셨고, 다른 이들에게 어떻게 가르치라고 알려주시지도 않으셨으며, 교수 원리에 대해서도 언급하지 않으셨고, 어떤 대중 매체도 사용하신 적이 없다. 그리고 그분의 말씀을 기록하고 인쇄하기 위해 타자수나 속기사, 식자공, 컴퓨터 기술자 또는 프린터가 사용된 것도 아니다. 예수님 말씀을 기록해서 전달하는 일은 네 명에 의해 이루어졌는데, 그들 중 두 명, 즉 마태와 요한만이 예수님과 함께한 열두 제자들 가운데 속했었다. 다른

---

7) Curtis, Jesus Christ the Teacher, 11.

두 명, 즉 마가와 누가는 사도 바울과 함께 전도 여행을 한 동역자들이었다. 그리고 마가는 베드로와도 아는 사이였음이 분명하다.[8] 그런 면에서 볼 때 예수님은 분명히 자신의 말과 행실을 다른 이들이 기록하도록 하셨던 것이다.

예수님은 랍비가 되기 위해 어떤 고등 교육을 받는 학교에 다니신 적이 없다. 그래서 이 사실을 아는 유대인들은 "이 사람은 배우지 아니하였거늘 어떻게 글을 아느냐?"(요 7:15) 고 의아해했던 것이다. 이 '글' (grammata)이란 단어는 일반적으로 문헌 또는 기록 등을 가리키는 말이지만 여기에서는 예수님이 너무도 잘 알고 계셨던 구약 성경을 일컫는다.[9] 그리고 '배우지 않았다'는 말은 예수님이 어떤 랍비의 제자가 되어 교육을 받지 않았다는 점을 암시한다.[10] 예수님은 전지하신 하나님이셨기 때문에 고등 교육을 받고자 유대인 학교에 등록하실 필요가 없었다.

예수님을 뛰어난 교사로 보는 우리의 견해는 온당한 것일까? 이런 부족

---

8) 초대 교부인 파피아스(약 주후 110년)는 아마도 사도 요한이었을 장로 요한의 말을 인용해서 마가가 비록 예수님을 직접 목격한 증인은 아니지만 베드로와 함께 지내면서 그의 설교를 들었고, 그 결과 예수님의 사역과 말씀을 배웠다고 전한다 (Eusebius Ecclesiastical History 3.39.19).

9) F. Godet, Commentary on the Gospel of St. John, M.D. Cusin과 S. Taylor가 번역. 3d ed. (Edinburgh: Clark, 1892), 2:275. 또한 Walter Bauer, William F. Arndt 와 F. Wilbur Gingrich의 A Greek-English Lexicon of the New Testament and Other Early Christian Literature, 2d ed., rev. F. Wilbur Gingrich and Frederick W. Danker (Chicago: University of Chicago Press, 1979), 165페이지를 보라.

10) Leon Morris, The Gospel according to John (Grand Rapids: Eerdmans, 1971), 405. "이 놀라움은 아마도 예수님이 정확한 랍비식으로 뛰어나게 가르치셨던 것과 성경 구절을 인용한 양과 연관되었을 것이다."

한 점들이 예수님이 어떠한 분이신지 자리매김하는 데 방해라도 되는가? 주님은 진실로 세상에 존재한 교사들 가운데 가장 위대한 분이셨다. 종교 지도자들에게 그분의 메시지가 거부당한 사실은 그분의 메시지가 겉껍질만 그럴듯했던 그들의 형식적인 종교성을 꾸짖으신 유일한 것이었음을 역설적으로 드러내준다. 또한 자신을 따르던 제자들에게 버림받았던 것은 어떤 이상이 실패하는 것처럼 보일 때 무너져내리기 쉬운 사람의 연약한 마음을 보여준다. 그리고 예수님이 자신의 행하신 일과 말씀을 다른 사람들에게 기록하도록 하신 것이 그분의 교수 능력을 절대 감소시키지 않는다. 오히려 그 사실은 주님이 하신 일과 하신 말씀을 기록한 사람에게 그분의 행함과 가르침은 결코 잊을 수 없는 것이었음을 보여준다. 예수님의 행함과 가르침은 제자들의 삶이 영원히 변하게끔 지대한 영향을 끼쳤던 것이다. 비록 제자들은 예수님이 체포당하실 때 그분을 버리고 도망했지만 곧 다시 모이게 되었다. 그들은 부활하신 예수님을 만난 후, 그리고 오순절날 성령 하나님이 영적 권세로 그들에게 임하신 후 한 운동의 지도자가 되었고 그 운동은 세계로 전파되어 수많은 사람을 하나님께로 돌아오게 만들었다. 이 운동이 바로 기독교다.

진실로, 추호의 의심도 없이 예수 그리스도는 최고의 교사였다!

생·각·할·점

● 당신은 예수님이 위대한 교사였다고 생각하는가? 만약 그렇다면 그 이유는 무엇인가? 예수님은 어떤 사역들로 인해 "최고의 교사"라는 극찬을 듣게 되었다고

생각하는가?

● 다른 사람이 당신을 선생님이라고 부른 적이 있는가? 당신 삶 또는 일의 어떤 면들이 다른 사람들로 하여금 당신을 교사라고 인정하게 하는가?

● 학생들 중 당신이 가르친 것을 받아들이지 않거나 또는 흥미를 잃고 배우기를 그만 둔 '실패작'이 있었는가? 그 학생에게 어떤 감정을 느꼈는가? 그 학생을 다시 일으켜 세우기 위해 무엇을 할 수 있었는가? 그리고 지금은 무엇을 할 수 있는가?

3

어떻게 예수님이 교사로 인정받으셨는가?

"랍비여 우리가 당신은 하나님께로서 오신 선생인 줄 아나이다"(요 3:2).

우리가 사람들에게 이름이나 직함을 붙이는 것은 우리가 그들을 어떻게 생각하는지 표현하는 것이다. 부모가 자녀들을 '우리 왕자님' 또는 '우리 공주님'이라고 부르는 것은 그들이 진짜 왕자나 공주라서가 아니라 부모가 그들을 왕자처럼 공주처럼 아끼고 귀하게 여긴다는 것을 나타낸다. 당신이 어떤 사람을 '돌'이라고 부른다면 당신은 그 사람이 멍청하다고 말하고 있는 것이다. 우리가 어떤 사람을 한 조직의 '우두머리'라고 말할 때, 그것은 그 사람이 감독자의 입장에 있음을 뜻하고, 또 직업이 교사가 아닌 어떤 사람을 '선생님'이라고 부른다면 우리는 그에게 존경심을 표하는 것이다.

어떤 명칭들은 우리의 애정을 담고 있는 반면 어떤 명칭들은 우리가 경멸하고 있음을 내포한다. 또 어떤 명칭들은 사람의 됨됨이와 하는 일을 묘사하고 어떤 명칭들은 우리의 존경심을 표현한다.

예수님을 묘사하던 명칭들은 그분이 누구시며 우리가 그분을 어떻게 생각하는지 보여준다. 성경에는 예수님에 대한 수많은 이름들과 명칭들이 있는데, 그 예로서 주님, 하나님, 구세주, 주 예수 그리스도, 하나님의 아들, 인자, 다윗의 자손, 스승, 임마누엘, 메시아, 왕, 통치자, 먼저 나신자, 말씀, 어린 양, 떡, 빛, 목자, 포도나무, 예언자, 그리고 섬기는 자 등이 있다.

바클리(William Barclay)와 테일러(Vincent Taylor)는 예수님께 42가지의 이름과 명칭이 있다고 했고, 스크로기(Graham Scroggie)는 43개의 명칭이 사용되었다고 말한다.[1]

예수님에 대한 호칭 중에서 두 개 이상의 복음서에 나타나는 것은 모두 28개가 있는데 그중 '선생'이라고 번역되는 것은 '예수님'(615번 등장)과 '주님'(191번 등장), 그리고 '인자'(80차례 사용됨) 등에 이어 네번째로 많은 횟수를 보인다.[2] 우리 말에서 '선생'이라고 번역된 다섯 단어들은 45번 나타난 디다스칼로스(didaskalos, 병행 구절들 속에서는 11차례 등장)와 14회 사

---

1) Barclay의 Jesus as They Saw Him (Grand Rapids: Eerdmans, 1962); Taylor, The Names of Jesus (London: St. Martin's, 1953); Scroggie, A Guide to the Gospels (London: Pickering and Inglis, 1948), 519-20. 그러나 스크로기가 제시하는 일부 명칭, 즉 한 예로 "위로"(눅 2:25)와 같은 것은 의심이 가는 것이다. 다른 작가들은 보다 많은 예들을 제시한다. 스피어(Charles Spear)는 80가지의 명칭들(Names and Titles of the Lord Jesus Christ [Boston: Mussey and Tompkins, 1841])을, 그리고 워필드(B. B. Warfield)는 95가지 (The Lord of Glory [1907; Grand Rapids: Baker, 1974])를 제시했다.

2) 사람들은 보통 예수님을 '예수'라고 부르지 않고 '주님'이라고 불렀다. 615번 등장하는 중에 단지 6번만이 주님을 '예수'라고 직접 부른 것으로 나타난다: 막 5:7; 10:47; 눅 8:28; 17:13; 18:38; 요 6:42.

3) Didaskalos는 예수님이 12살 때 성전에서 대화하신 선생들(눅 2:46), 세례 요한(눅 3:12), 니고데모(요. 3:10) 등을 가리킬 때에도 사용된다. 이 세 가지 경우들을 첨가할 때 복음서에 이 단어가 등장한 횟수는 49회가 된다. 이 단어가 복음서 이외 다른 신약 성서에 실린 횟수는 오직 10차례로서 8번은 교회의 교사들을 가리킬 때(행 13:1;

용된 랍비(rabbi, 병행 구절에서는 한 차례 등장), 두 번 사용된 랍오니(rabboni), 7차례 나타난 에피스타테스(epistates), 그리고 한 번 사용된 카테게테스(kathegetes) 등이다. 그러므로 이 단어들이 등장한 경우는 총 70번이 된다. 예수님을 선생님이라고 부른 적이 이렇게 많다는 것은 참으로 놀라운 사실이다. 이것으로 보아 예수님의 사역 가운데서 가르치시는 일이 얼마나 중요한 위치를 차지하고 있는지 분명히 알 수 있다. 또한 선생이라는 예수님의 명칭으로부터 우리 자신들의 교수법에도 많은 것을 배울 수 있게 된다.

― 표 1 ―

복음서에 가장 자주 등장한 예수님 명칭들을 빈도수로 표시한 것

	마태복음	마가복음	누가복음	요한복음	합계
예수님	170	97	97	251	615
주님	47	11	53	40	151
인자	29	15	26	10	80
선생					
Didaskalos	12	12	15	7	46
Rabbi	2	4		8	14
Epistates			7		7
Rabboni		1		1	2
Kathegetes	1				1
합계	261	140	198	317	916

고전 12:28-29; 엡 4:11; 딤전 2:7; 딤후 1:11; 히 5:12; 약 3:1) 와, 구원받지 못한 유대인들에 관한 내용에서(롬 2:20), 그리고 또 한 번은 거짓 교사들(딤후 4:3)을 일컬을 때 사용되었다. 그래서 신약 성경에서 didaskalos가 쓰인 3/4 이상(총 59회 가운데 46회: 78 퍼센트)의 경우가 예수님을 가리킬 때 사용되었다.

표 2를 보면 예수님을 적대시하거나 단순한 호기심을 가진 사람들은 디다스칼로스라는 단어를 더 많이 사용했고, 예수님의 12제자들 및 주님과 가까이 지낸 사람들은 랍비 또는 랍오니라고 불렀던 것을 알 수 있다. 예수님을 적대시했던 사람들은 예수님께 랍비 또는 랍오니라는 호칭은 전혀 사용하지 않았다. 예수님은 자신을 가리킬 때 디다스칼로스를 9번 그리고 카테게테스를 1번 사용하셨다.

그러면 이 다섯 가지 호칭들의 의미와 그 중요성은 무엇인지, 그리고 그것들은 예수님의 가르치시는 사역에 대해 무엇을 말해주고 있는지 살펴 보자.

― 표 2 ―

예수님을 선생이라 부른 경우를 빈도수와 누가 사용했는지에 따라 분류

	대적한 자들	예수님께 관심이 있거나 중립적이던 사람들	예수님의 제자 또는 추종자	유대인	예수님	합계
Didakalos	12	8	8	7		35
	(+4병행구절)	(+4병행구절)		(+3병행구절)		(+11병행구절)
Rabbi		1	12			13
			(+1병행구절)			(+1병행구절)
Rabboni		1	1			2
Epistates		1	6			7
Kathegetes					1	1
	12(16)	11(15)	27(28)	7(10)	1	58(70)

---

4) 이 9번의 호칭은 격언적인 성격(마 10:24-25; 눅 6:40)을 띠거나 함축된 의미상 자신을 지칭함. 주님이 스스로를 가리키신 세 가지를 포함한다.

― 표 3 ―
예수님을 선생(Didaskalos)이라고 일컬은 사람들

대적한 자들	"너희 선생은 세리와 죄인들과 함께 잡수시느냐?" (마 9:11)
바리새인들과 서기관들	"선생님이여 우리에게 표적 보여 주시기를 원하나이다"(마 12:38)
세리들	"너의 선생이 반 세겔을 내지 아니하느냐?" (마 17:24)
바리새인들과 헤롯당원들	"선생님이여… 가이사에게 세를 바치는 것이 가하니이까 불가하니이까?" (마 22:16-17; 비교: 막 12:14; 눅 20:21-22)
사두개인들	"선생님이여… 저희가 다 그를 취하였으니 부활 때에 일곱 중에 뉘 아내가 되리이까?" (마 22:24, 28; 비교: 막 12:19, 23; 눅 20:28, 33)
서기관들	"선생이여 말씀이 옳으니이다"(눅 20:39)
율법에 능통한 바리새인	"선생님이여 율법 중에 어느 계명이 크니이까?" (마 22:36) "선생님이여 옳소이다 하나님은 한 분이시요 그 외에 다른 이가 없다하신 말씀이 참이니이다"(막 12:32)
시몬이란 바리새인	"예수께서 대답하여 가라사대 시몬아 내가 네게 이를 말이 있다 하시니 저가 가로되 선생님 말씀하소서"(눅 7:40)
율법사	"선생님 이렇게 말씀하시니 우리까지 모욕하심이니이다"(눅 11: 45)

바리새인들	"선생이여 당신의 제자들을 책망하소서 하거늘"(눅 19:39)
서기관과 바리새인들	"선생이여 이 여자가 간음하다가 현장에서 잡혔나이다"(요 8:4)

예수님께 관심이 있거나 중립적이던 사람들

서기관	"선생님이여 어디로 가시든지 저는 좇으리이다"(마 8:19)
율법사	"선생님 내가 무엇을 하여야 영생을 얻으리이까"(눅 10:25)
젊은 부자 청년	"선생님이여 내가 무슨 선한 일을 하여야 영생을 얻으리이까?"(마 19:16; 비교: 막 10:17; 눅 18:18) "선생님이여 이것은 내가 어려서부터 다 지키었나이다"(막 10:20)
야이로의 사환들	"당신의 딸이 죽었나이다 어찌하여 선생을 더 괴롭게 하나이까"(막 5:35; 비교: 눅 8:49).
귀신들린 소년의 부친	"선생님 벙어리 귀신 들린 내 아들을 선생님께 데려왔나이다"(막 9:17; 비교: 눅 9:38).
무리 중의 한 사람	"선생님 내 형을 명하여 유업을 나와 나누게 하소서 하니"(눅 12:13).
니고데모	"랍비여 우리가 당신은 하나님께로서 오신 선생인줄 아나이다"(요 3:2).

예수님의 추종자들

두 제자들	"랍비여 어디 계시오니까 (랍비는 번역하면 선생이

	라)" (요 1:38)
제자들	"선생님이여 우리의 죽게 된 것을 돌아보지 아니하시나이까"(막 4:38). 병행구절인 마태복음 8장 25절은 선생(didaskalos)대신에 "주님"(Kyrie)이란 단어를 사용한다.
요한	"선생님 우리를 따르지 않는 어떤 자가 주의 이름으로 귀신을 내어 쫓는 것을 우리가 보고 우리를 따르지 아니하므로 금하였나이다"(막 9:38).
야고보와 요한	"선생님이여 무엇이든지 우리의 구하는 바를 우리에게 하여 주시기를 원하옵나이다"(막 10:35).
12제자들 중 한 사람	"예수께서 성전에서 나가실 때에 제자 중 하나가 가로되 선생님이여 보소서 이 돌들이 어떠하며 이 건물들이 어떠하니이까"(막 13:1).
제자들	"선생님이여 그러면 어느 때에 이런 일이 있겠사오며 이런 일이 이루려 할 때에 무슨 징조가 있사오리이까?"(눅 21:7).
마르다	"선생님이 오셔서 너를 부르신다 하니"(요 11:28).
막달라 마리아	"예수께서 마리아야 하시거늘 마리아가 돌이켜 히브리 말로 '랍오니여' 하니(이는 선생님이라)"(요 20:16)

예수님이 스스로를 선생이라 칭하신 기록들

"제자가 그 선생보다 높지 못하나니"(마 10:24; 눅 6:40a)*

"제자가 그 선생 같으면 족하도다"(마 10:25)*

"무릇 온전케 된 자는 그 선생과 같으리라"(눅 6:40 후반절)*

"성 안 아무에게 가서 이르되 선생님 말씀이 내 때가 가까웠으니 내 제자들과 함께 유월절을 네 집에서 지키겠다 하시더라 하라 하신 대"(마 26:18; 막 14:14; 눅 22:11)

"너희가 나를 선생이라 또는 주라 하니 너희 말이 옳도다 내가 그러하다 내가 주와 또는 선생이 되어 너희 발을 씻겼으니 너희도 서로 발을 씻기는 것이 옳으니라"(요 13:13-14).

* 이 구절들에서 예수님이 자신을 직접 가리켜 선생이라고 부르시지는 않았지만, 내용상 그것이 예수님을 가리켰던 것임을 알 수 있다.

디다스칼로스(Didaskalos)

고전 헬라어에서 디다스칼로스란 단어는 호머 이래로 다음과 같은 사람을 일컬을 때 보통 사용되었다:

지식 또는 기술적인 재간을 체계적으로 전달하는 일에 정규적으로 관계하는 사람. - 즉 초등 교사, 개인 교사, 철학자, 또는 대중 앞에서의 공연을 위해 시 낭송을 지휘하는 합창 인도자. 그리고 교사 활동은 특별한 부분들(읽기, 쓰기, 전투 기술, 무역 기술)에 국한되어 있기 때문에 디다스칼로스란 단어는 그 교사가 가르치는 내용과 밀접하게 연관되었다.[5]

---

5) New International Dictionary of New Testament Theology, s.v. "Teach, Instruct, Tradition, Education, Discipline," by K. Wegenast, 3:766. Theological Dictionary of the New Testament, s.v. "didaskw, didaskalos, diakovnos," by

디다스칼로스(didaskalos)란 단어는 신약 성경에 59차례 등장하는데, 그 중 49번은 복음서에 나타난다. 이 단어는 예수님을 일컬을 때 46회 사용되었는데(표 2, 3을 보라), 하나님에 관해 다른 사람들에게 공개적으로 가르치던 사람을 가리켰다. 그 중 3분의 2(46차례 중 30번)는 직접 호칭 형태(헬라어: didaskale)였는데, 예수님을 따르는 자들 및 대적하는 자들이 모두 이런 방식으로 예수님을 불렀다. 왜 주님을 공격하는 - 바리새인들과 율법사들, 세리들, 헤롯당원들 그리고 사두개인들을 포함한 - 자들이 예수님을 '선생'이라고 불렀을까? 그들이 예수님을 자기들의 선생으로 인정하고 존경심을 표했던 것일까? 예수님께 배우기 원하는 마음을 갖고 존경심을 나타낸 것일까? 아마도 그렇지는 않았을 것이다. 그들은 주님의 사회적 기능, 즉 영적 진리를 다른 사람들에게 가르치는 사람으로서의 역할을 인정했었던 것이다. 그리고 그들이 예수님이나 제자들의 행동에 관해 힐문하거나[6] 주님을 곤경에 빠뜨리려고 했을 때[7] '선생'이라 부른 사실 속에서 묘한 역설적인 면도 감지할 수 있다.

예수님께 관심을 쏟거나 진정으로 따르는 무리들은 가끔 주님을 선생이라

K.H. Rengstorf, 2:148-50.

6) "어찌하여 너희 선생은 세리와 죄인들과 함께 잡수시느냐?"(마 9:11). "너의 선생이 반 세겔을 내지 아니하느냐?"(마 17:24). "선생님 이렇게 말씀하시니 우리까지 모욕하심이니이다"(눅 11:45). "선생이여 당신의 제자들을 책망하소서"(눅 19:39).

7) "선생님이여… 가이사에게 세를 바치는 것이 가하니이까 불가하니이까?"(마 22:16-17; 막 12:14; 눅 20:21-22). "선생님이여… 그런즉 저희가 다 그를 취하였으니 부활 때에 일곱 중에 뉘 아내가 되리이까"(마 22:24, 27; 비교, 막 12:19, 23; 눅 20:28, 33). "선생이여 이 여자가 간음하다가 현장에서 잡혔나이다"(요 8:4).

8) 예를 들면, 율법학자가 예수님께, "선생님 내가 무엇을 하여야 영생을 얻으리이까?"(눅 10:25)라고 물었고, 니고데모는 "당신은 하나님께로서 오신 선생인줄 아나이다"(요 3:2)라고 했으며, 제자들은 예수님께 "선생님이여 그러면 어느 때에 이런 일이

불렀는데 그 이유는 그들이 주님께 배우고 싶어 했기 때문이었다.[8] 하지만 주님께 도움을 요청할 때도 그렇게 불렀다.[9] 그렇다면 아마도 '선생'이란 용어는 존경을 담은 호칭으로서 현대 학생들이 존경하는 선생을 가리켜 '스승님'이라고 부르는 것과 마찬가지였을 것이다. 영어 성경의 흠정역(King James Version)을 읽어보면 디다스칼로스란 단어가 '주님'(master)이란 말로 종종 애매하게 번역되어 있음을 알 수 있다.[10] '주님'이란 단어는 라틴어인 마기스터(magister), 즉 '교장'이란 단어로부터 유래된 것이다.

디다스칼로스는 히브리어나 아람어의 랍비(rabbi)에 해당하는 단어로 (34-42쪽을 보라) 명사형인 디다스칼로스는 '가르치다'란 뜻을 지닌 동사 디다스코(didasko)에서 파생되었다. 웨게나스트(Wegenast)에 의하면, 이 단어는 '수용하다 또는 손길을 뻗치다'란 의미를 지닌 어근 dek-로부터 온 것이다. 이 어근이 어두에 반복하여 나타나는 것은(di-das-ko) "수용하도록 반복적으로 손길을 뻗친다는 뜻이 있는데, 그렇기 때문에 사람이 어떤 생각을 받아들이게끔 한다는 의미를 지니는 것이다."[11] 그렇다면 가르친다는 것은 배우는 사람이 어떤 지식, 개념 또는 사상 따위를 수용하도록 만들거나 아

있겠사오며"(눅 21:7)라고 물었다.

9) 폭풍우 속에서 제자들은, "선생님이여 우리가 죽게 된 것을 돌아보지 아니하시나이까?"(막 4:38)라고 했다. 또한 한 아비가 예수님께 "선생님 벙어리 귀신들린 내 아들을 선생님께 데려왔나이다"(막 9:17)라고 했으며 야고보와 요한은 예수님께, "선생님이여 무엇이든지 우리의 구하는 바를 우리에게 하여 주시기를 원하옵나이다"(막 10:35)라고 했다.

10) 이것은 NIV같은 경우, 누가복음에서 7차례 나타난 epistates라는 다른 단어를 "주님"으로 번역한 것과 혼동되지 말아야 한다(표 4를 보라).

11) New International Dictionary of New Testament Theology 에 실린 글 가운데 K. Wegenast가 쓴 "Teach, Instruct, Tradition, Education, Discipline" 3:759.

니면 어떤 기술의 개선을 받아들이게 하는 일을 말한다. 디(di)와 다스(das)를 이중으로 사용한 것은 동화시킴을 목적으로 하는 활동이 계속적으로 이루어진다는 것을 뜻한다.[12]

신약 성경에서 디다스코(didasko)가 95회 사용된 중에서, 절반 이상 (57회)이 복음서에 기록되어 있고, 그중 47회가 예수님의 가르치심과 연관되어 있다. 복음서 기자들은 가르치는 일이 예수님의 가장 뚜렷한 활동 가운데 하나였음을 밝히고 있다.[13] 분명히 예수님은 빼어난 선생으로 인정되었다.

표 4
복음서에서 예수님과 연관해서 '가르치다', '가르침', 및 '가르쳤다(과거형)' 등의 단어가 나타난 경우

마 4:23	"예수께서 온 갈릴리에 두루 다니사 저희 회당에서 가르치시며"
5:1-2	"예수께서 무리를 보시고 산에 올라가 앉으시니 제자들이 나아온지라 입을 열어 가르쳐 가라사대
7:28-29	"예수께서 이 말씀을 마치시매 무리들이 그 가르치심*에 놀래니 이는 그 가르치시는 것이 권세 있는 자와 같고 저희 서기관들과 같지 아니함일러라
9:35	"예수께서 모든 성과 촌에 두루 다니사 저희 회당에서 가르치시며…"
11:1	"…이에 저희 여러 동네에서 가르치시며 전도하시려고 거기를

---

12) Theological Dictionary of the Mew Testament 에서 K.H. Rengstorf가 쓴 "didaskw, didaskalos, diakonos."

13) 복음서는 46차례, 예수님의 신유 사역을, 그리고 18차례 선포 사역을 언급한다.

	떠나 가시니라"
13:54	"고향으로 돌아가사 저희 회당에서 가르치시니 저희가 놀라 가로되…"
19:11	"… 사람마다 이 말(가르치심*)을 받지 못하고…"
21:23	"예수께서 성전에 들어가 가르치실새 대제사장들과 백성의 장로들이 나아와 가로되…"
22:15-16	"이에 바리새인들이 가서 … 헤롯 당원들과 함께… 선생님이여 우리가 아노니 당신은 참되시고 참으로써 하나님의 도를 가르치시며…"
22:33	"무리가 듣고 그의 가르치심*에 놀라더라"
26:55	"…내가 날마다 성전에 앉아 가르쳤으되…"
막 1:21-22	"저희가 가버나움에 들어가니라. 예수께서 곧 안식일에 회당에 들어가 가르치시매 뭇 사람이 그의 교훈(가르치심*)에 놀라니 이는 그 가르치시는 것이 권세 있는 자와 같고 서기관들과 같지 아니함일러라
1:27	"다 놀라 서로 물어 가로되 이는 어찜이뇨 권세 있는 새 교훈(가르치심*)이로다…"
2:13	"… 무리가 다 나아왔거늘 예수께서 저희를 가르치시니라"
4:1-2	"예수께서 다시 바닷가에서 가르치시니…여러 가지를 비유로 가르치시니 그 가르치시는* 중에 저희에게 이르시되
6:2	"안식일이 되어 회당에서 가르치시니…"
6:6	"이에 모든 촌에 두루 다시시며 가르치시더라"
6:34	"예수께서 나오사 큰 무리를 보시고 그 목자 없는 양 같음을 인하여 불쌍히 여기사 이에 여러 가지로 가르치시더라"
8:31	"인자가 많은 고난을 받고… 살아나야 할 것을 저희에게 가르치

	시되"
9:30-31	"그곳을 떠나 갈릴리 가운데로 지날새 예수께서 아무에게도 알리고자 아니하시니 이는 제자들을 가르치시며 또 인자가… 삼일 만에 살아나리라는 것을 말씀하시는 연고더라"
10:1	"예수께서 거기서 떠나 유대 지경과 요단강 건너편으로 가시니 무리가 다시 모여들거늘 예수께서 다시 전례대로 가르치시더니"
11:15,17	"… 예수께서 성전에 들어가사 … 이에 가르쳐 이르시되 기록된 바 내 집은 만민의 기도하는 집이라 칭함을 받으리라고 하지 아니하였느냐…"
11:18	"…무리가 다 그의 교훈(가르치심*)을 기이히 여기므로 그를 두려워함일러라"
12:13-14	"…바리새인과 헤롯당 중에서 사람을 보내매 와서 가로되 선생님이여… 오직 참으로써 하나님의 도를 가르치심이니이다."
12:35	"예수께서 성전에서 가르치실새 대답하여 가라사대 어찌하여 서기관들이 그리스도를 다윗의 자손이라 하느뇨"
12:38-39	"예수께서 가르치실* 때에 가라사대 긴 옷을 입고 다니는 것과 … 상석을 원하는 서기관들을 삼가라"
14:49	"내가 날마다 너희와 함께 성전에 있어서 가르쳤으되…"
눅 4:15	"친히 그 여러 회당에서 가르치시매 뭇사람에게 칭송을 받으시더라"
4:31-32	"갈릴리 가버나움 동네에 내려오사 안식일에 가르치시매 거희가 그 가르치심에 놀라니 이는 그 말씀(가르치심*)이 권세가 있음이러라"
4:36	"다 놀라 서로 말하여 가로되 이 어떠한 말씀인고…"

5:3	"예수께서 한 배에 오르시니 … 배에서 무리를 가르치시더니"
5:17	"하루는 가르치실 때에 갈릴리 각 촌과 유대와 예루살렘에서 나온 바리새인과 교법사들이 앉았는데 …"
6:6	"또 다른 안식일에 예수께서 회당에 들어가사 가르치실새 거기 오른 손 마른 사람이 있는지라"
11:1	"…기도를 가르친 것과 같이 우리에게도 가르쳐 주옵소서"
13:10-11	"안식일에 한 회당에서 가르치실 때에 십 팔 년 동안을 귀신들려 앓으며 꼬부라져 조금도 펴지 못하는 한 여자가 있더라"
13:22	"예수께서 각 성 각 촌으로 다니사 가르치시며 예루살렘으로 여행하시더니"
13:26	"그 때에 너희가 말하되 우리는 주 앞에서 먹고 마셨으며 주는 또한 우리 길거리에서 가르치셨나이다 하나"
19:47	"예수께서 날마다 성전에서 가르치시니…"
20:1	"하루는 예수께서 성전에서 백성을 가르치시며 복음을 전하실새 대제사장들과 서기관들이 장로들과 함께 가까이 와서"
20:21	"그들이 물어 가로되 선생님이여 우리가 아노니 당신은 바로 말씀하시고 가르치시며 사람을 외모로 취하지 아니하시고 오직 참으로써 하나님의 도를 가르치시나이다"
21:37-38	"예수께서 낮이면 성전에서 가르치시고 밤이면 나가 감람원이라 하는 산에서 쉬시니"
23:5	"무리가 더욱 굳세게 말하되 저가 온 유대에서 가르치고 갈릴리에서부터 시작하여 여기까지 와서 백성을 소동케 하나이다"
요 6:59-60	"이 말씀은 예수께서 가버나움 회당에서 가르치실 때에 하셨느니라. 제자 중 여럿이 듣고 말하되 이 말씀은 어렵도다 누가 들을 수 있느냐 한대"

7:14-17	"이미 명절의 중간이 되어 예수께서 성전에 올라가사 가르치시니 유대인들이 기이히 여겨 가로되 이 사람은 배우지 아니하였거늘 어떻게 글을 아느냐 하니 예수께서 대답하여 가라사대 내 교훈(가르치심*)은 내 것이 아니요 나를 보내신 이의 것이니라 사람이 하나님의 뜻을 행하려 하면 이 교훈(가르치심*)이 하나님께로 왔는지 내가 스스로 말함인지 알리라"
7:28	"예수께서 성전에서 가르치시며 외쳐 가라사대 너희가 나를 알고 내가 어디서 온 것도 알거니와…"
7:35	"이에 유대인들이 서로 묻되… 헬라인 중에 흩어져 사는 자들에게로 가서 헬라인을 가르칠 터인가"
8:2	"아침에 다시 성전으로 들어오시니 백성이 다 나아오는지라 앉으사 저희를 가르치시더니"
8:20	"이 말씀은 성전에서 가르치실 때에 연보궤 앞에서 하셨으나…"
8:28	"…내가 스스로 아무것도 하지 아니하고 오직 아버지께서 가르치신 대로 이런 것을 말하는 줄도 알리라"
8:31	"그러므로 예수께서 자기를 믿은 유대인들에게 이르시되 너희가 내 말에 거하면 참 내 제자가 되고"
14:23	"예수께서 대답하여 가라사대 사람이 나를 사랑하면 내 말(가르침*)을 지키리니…"
14:24	"나를 사랑하지 아니하는 자는 내 말(가르침*)을 지키지 아니하나니…"
15:20	"…내 말(가르침*)을 지켰은즉 너희 말도 지킬 터이라"
18:19-20	"대제사장이 예수에게 그의 제자들과 그의 교훈(가르치심*)에 대하여 물으니 예수께서 대답하시되 내가 드러내어 놓고 세상에 말하였노라. 모든 유대인들의 모이는 회당과 성전에서 항상 가

르쳤고 은밀히는 아무것도 말하지 아니하였거늘

 * 가르침이라는 명사는 '가르쳐진 것'이란 뜻의 헬라어 didache의 번역으로, 복음서에 열한 번 사용되었다(마 7:28; 22:33; 막 1:22, 27; 4:2; 11:18; 12:38; 눅 4:32; 요 7:16-17; 18:19). 또한 이미 지적했듯이 영어 성경의 NIV역본은 헬라어 logos(말씀)를 가르침이란 명사로 일곱 번 번역했다.

디다스코는 고전 헬라어와 신약 성경에서 흔히 사람 또는 대상의 직접 목적격으로 사용되었다. 거의 모든 경우에 디다스코가 직접 목적격 앞에 놓이면, 예수님이 무리를 가르치심을 의미한다.[14] 주님이 가르치신 무리들을 주목해보라.

군중들(마 5:1-2; 막 2:13; 4:2; 6:34; 10:1; 11:18; 12:37-38)
사람들(마 13:54; 막 1:22; 눅 4:31; 5:3; 20:1; 21:37-38; 요 8:2)
자신의 제자들 (마 5:2; 막 8:31; 9:31; 눅 11:1)

물론 예수님이 가르치신 장면에 항상 디다스코가 사용된 것은 아니다. 흥미롭게도 예수님이 자신을 대적하는 자들을 가르치시는 상황에는 디다스코란 단어가 전혀 사용되지 않았다.

다른 경우들을 보면 디다스코가 예수님이 가르치신 장소를 가리키는 전치사 구문과 함께 사용되었다. 이같은 장소들을 주목해보라:

회당에서(마 4:23; 9:35; 13:54; 막 1:21; 6:2; 눅 4:15; 6:6; 13:10; 요

---

14) Roy B. Zuck "Greek Words for Teach," Bibliotheca Sacra 122 (1965년 4-6월호): 159-60페이지.

6:59; 18:20)

예루살렘 성전 뜰에서(마 21:23; 26:55; 막 11:15, 17; 12:35; 14:49; 눅 19:47; 20:1; 21:37; 뇨. 7:14, 28; 8:2, 20; 18:20)

집에서(눅 5:17-18; 7:36-50)

마을이나 동네에서(마 11:1; 막 6:6; 눅 13:22)

야외에서

산에서(마 5:1-2)

호숫가의 배에서(막 4:1; 눅 5:3)

거리에서(눅 13:26)

주님이 가르치신 다른 야외 장소들로 '가르치다'는 단어가 사용되지 않은 곳에는 저녁 식탁(눅 5:29-31; 7:36; 11:37; 22:14)과 무덤(요 11:38-44), 정원(마 26:36-45), 그리고 길(눅 24:32) 등이 있다.

주님이 가르치셨던 마을이나 장소들로는 가버나움(막 1:21; 눅 4:31; 요 6:59)과 갈릴리(막 9:30), 요단강 건너편(막 10:1), 유대와 갈릴리(눅 23:4-5), 그리고 예루살렘(성전 뜰)이 있다. 또한 어떤 내용을 가르치셨는지는 전해지지 않지만 여러 마을들(마 21:23; 막 1:21-22; 4:1; 6:2, 6; 12:38; 눅 5:17)에서도 가르치셨다.

동사인 디다스코는 예수님의 가르치신 것들과 연관되어 여러 차례 사용되었는데, 주님은 무리들에게 '많은 것들'을 가르치셨고(막 4:2; 6:34), 다가올 십자가상의 죽으심과 부활을 제자들에게 가르치셨다(막 8:31). 바리새인들과 헤롯당원들도 주님이 '하나님의 길'을 가르치셨고(마 22:16; 막 12:14) '바른 것'과 '참으로서 하나님의 도'를 가르치신다(눅 20:21)고 시인했다.

예수님이 가르치신 내용은 동사인 디다스코와 연관된 명사인 디다케

(didache)에 요약되어 있다. 이 명사는 열한 번에 걸쳐 주님이 가르치신 주제를 지적하고 있다.(표 4 아래에 있는 *를 보라.) 이같은 사용 형태는 산상 수훈에서(마 7:28), 부활에 관해서 사두개인들에게 주신 반응에서(마 22:33), 가버나움의 회당에서 가르치신 것에서(막 1:22; 눅 4:32), 같은 회당에서 귀신 들린 자에게 하신 명령에서(막 1:27), 하나님 나라에 대한 비유에서(막 4:1), 돈 바꾸는 자들을 내쫓으신 후에 성전에서 가르치신 내용에서(막 11:18), 율법을 가르치는 서기관들의 거들먹거리는 행위들을 조심하라는 경고 말씀에서(막 12:38), 그리고 장막절에 성전에서 가르치신 내용에서(요 7:16-17) 찾아볼 수 있다.

예수님의 가르침과 관련된 사역에서 사용하신 다른 세 개의 동사들은 1) 주님이 두 비유들을 '말씀' 하셨을 때 사용하신 '…앞에 놓다' 란 의미의 파라티테미(paratithemi, 마 13:24, 31)와, 2)엠마오로 가는 두 제자들에게 주님이 성경을 설명(눅 24:32) 하시고 또한 성경을 이해할 수 있도록 제자들의 마음을 열어주신 경우(눅 24:45)에 사용된 '열다' 란 의미의 디아노이고(dianoigo)와, 3)예수님이 '모든 성경에 쓴 바 자기에 관한 것을 자세히 설명' 하신 경우(눅 24:27)의 '설명하다 또는 해석하다' 란 의미인 디어메네우오(diermeneuo) 등이다.

랍비(Rabbi)와 랍오니(Rabboni)

복음서들에는 예수님이 선생이신 것을 가리키는 또다른 네 개의 단어들이 등장한다. 이 단어들 가운데 두 단어들은 "랍비"와 "랍오니"다. 표 5에서 볼 수 있듯, 랍비는 단 한 번 군중들이 사용한 경우를 제외하고는 오직 예수님의 추종자들에 의해 사용되었다.

─ 표 5 ─
예수님을 선생이라 표현할 때 사용된 네 개의 헬라어들

랍비(Rabbi)

예수님의 두 제자들에 의해 사용됨

"랍비여(랍비는 번역하면 선생이라) 어디 계시오니까?" 하니(요 1:38)

제자들에 의해 세 차례 사용됨

1. 그 사이에 제자들이 청하여 가로되 랍비여 잡수소서(요 4:31)

2. 제자들이 물어 가로되 랍비여 이 사람이 소경으로 난 것이 뉘 죄로 인함이오니이까 자기오니이까 그 부모오니이까(요 9:2)

3. 제자들이 말하되 랍비여 방금도 유대인들이 돌로 치려 하였는데 또 그리로 가시려 하나이까(요 11:8)

나다나엘에 의해 사용됨

나다나엘이 대답하되 랍비여 당신은 하나님의 아들이시오 당신은 이스라엘의 임금이로소이다(요 1:49)

베드로의 의해 두 번 사용됨

1. "베드로가 예수께 고하되 랍비여 우리가 여기 있는 것이 좋사오니"(막 9:5). 병행 구절인 마태복음 17장 4절에서 마태는 "주여"(Lord)라고 했고, 누가는 누가복음 9장 33절에서 "주여"(Master; epistates) 라고 했음.

2. "베드로가 생각이 나서 여짜오되 랍비여 보소서 저주하신 무화과나무가 말랐나이다"(막 11:21). 병행 구절인 마태복음 21장 20절에는 "랍비여"란 단어가 생략되어 있음.

군중들에 의해 사용됨

"랍비여 어느 때에 여기 오셨나이까 하니"(요 6:25)

흥미를 지닌 바리새인이었던 니고데모에 의해 사용됨

"랍비여 우리가 당신은 하나님께로서 오신 선생인줄 아나이다"(요 3:2)

유다에 의해 두 번 사용됨

  1. "예수를 파는 유다가 대답하여 가로되 랍비여 내니이까"(마 26:25)

  2. "곧 예수께 나아와 랍비여 안녕하시옵니까 하고 입을 맞추니"(마 26:49; 막 14:45절 참조)

랍오니(Rabboni)

소경 바디매오에 의해 사용됨

  소경이 가로되 선생님이여 보기를 원하나이다(막 10:51).

막달라 마리아에 의해 사용됨

  예수께서 마리아야 하시거늘 마리아가 돌이켜 히브리 말로 랍오니여 하니(이는 선생님이라) (요 20:16)

에피스타테스(Epistates)

예수님 제자들에 의해 여섯 차례 사용됨

  1. "시몬이 대답하여 가로되 선생이여 우리들이 밤이 맞도록 수고를 하였으되 얻은 것이 없지마는"(눅 5:5)

  2, 3. "주여 (Master), 주여 우리가 죽겠나이다"(눅 8:24). 이와 병행 구절인 마태복음 8장 25절은 "주여 (Lord)"라고, 마가복음 4장 38절은 "선생님이여 (Teacher)"라고 표현함.

  4. 베드로가 가로되 "주여 무리가 옹위하여 미나이다"(눅 8:45).

  5. 베드로가 예수께 여짜오되 "주여(Master) 우리가 여기 있는 것이 좋사오니"(눅 9:33). 이와 병행 구절인 마태복음 17장 4절에서 주여(Lord)란 단어를, 또 마가복음 9장 5절에서 랍비(Rabbi)란 단어를 사용함.

  6. "요한이 여짜오되 주여 어떤 사람이 주의 이름으로 귀신을 내어 쫓는 것을

보고"(눅 9:49).

열 명의 문둥병자들에 의해 사용됨

"소리를 높여 가로되 예수 선생님이여 우리를 긍휼히 여기소서 하거늘"(눅 17:13).

카테게테스(Kathegetes)

예수님 스스로 사용하심

"또한 지도자라 칭함을 받지 말라 너희 지도자는 하나이니 곧 그리스도니라" (마 23:10).

히브리어와 아람어인 랍비(rabbi)를 헬라어로 옮긴 랍비(Rabbi)는 '나의 위대하신 분' (히브리어의 rab, 즉 위대하다는 말에서 왔다)이란 의미를 지닌다. 이 단어는 주로 선생들을 가리키는 존칭이었다(이 단어는 주종 관계에서 주인을 높이거나 장인 제도에서 스승을 높이는 데에 사용되기도 했다). 마태복음 23장 8절과 요한복음 1장 38절은 랍비가 디다스칼로스에 해당하는 말임을 보여준다. 누가는 예수님을 랍비란 말로 표현하지 않았는데, 그 이유는 누가복음의 수신자들이었던 이방인들에게는 그 단어가 아무 의미가 없었을 것이기 때문이었다.[15] 다른 세 복음서들에서는 예수님을 랍비라고 불렀

---

15) F.W. Farrar는 마태복음이 '유대인들을 위한 복음' 이고 마가복음은 '로마인들을 위한 복음' 이며 누가복음은 '헬라인들을 위한 복음' (The Gospel according to St. Luke, Cambridge Greek Testament for Schools and Colleges [Cambridge: Cambridge University Press, 1884], xxiv) 이라고 지적한다. 누가복음의 비 유대인 수신자들에 관한 것은 Scroggie의 A Guide to the Gospels, 334, 337-39 페이지를 보라.

16) 신약 성경에서 Rabbi라고 부른 다른 사람들로는 세례 요한(요 3:26)과 예수님이 말씀하시길 "시장에서 문안받는 것과 사람에게 랍비라 칭함을 받는 것을 좋아하는"

다.[16] 예수님은 제자들이 다른 사람들로부터 랍비라 칭함 받지 말라고 명령하셨다. 이는 오직 예수님만이 그같은 호칭에 합당한 분이시기 때문이다(마 23:8).

제자들(그리고 니고데모와 군중들)은 주님의 거처와(요 1:38), 도착하신 시간과(요 6:25에서 군중들의 질문), 한 사람이 날 때부터 소경된 이유와(요 9:2), 예루살렘으로 가심으로써 왜 다시금 자신의 목숨을 위태롭게 해야 하는지와(요 11:8) 주님을 배신하려는 의도를 부인하는 내용의 질문에서(마 26:25), 또 주님의 건강을 염려해서 음식을 드시라고 하는 내용의 제안에서(요 4:31), 그리고 주님의 정체(요 1:49)와 변화산상의 놀라움(막 9:5)[17], 그리고 마른 무화과 나무 사건(막 11:21)의 감탄하는 말에서, 또한 나다나엘과(요 1:49) 니고데모(요 3:2)가 주님의 정체를 밝히는 진술에서, 그리고 주님을 체포하러 온 자들에게 주님을 지적하고자 했던 유다의 인사말(마 26:49; 막 14:45)과 같은 여러 가지 형태에서 예수님을 랍비라고 불렀다. 그런데 예수님을 대적하던 자들은 예수님을 랍비라고 칭하지 않았다. 그들은 예수님의 가르치시는 사역을 인정해서 그분을 '선생'(didaskalos)이라고 부르긴 했지만 존경심을 표현하는 단어인 랍비란 말로 예수님을 부르지는 않았던 것이다.

유대 사회에서 랍비는 율법을 가르치는 교사로서 학식과 권위를 인정받고 존경받는 높은 위치에 있었다. 서기관들은 율법을 잘 알고 그 일에 헌신한 사람이며 또한 율법을 가르치고 해석하는 일을 맡았기 때문에 사람들은 그들을

(마 23:7; 23:8절 참조) 서기관들 및 바리새인들이었다.

17) 마가는 베드로가 마가복음 9장 5절에서 예수님을 '랍비'라고 불렀다 기록한 반면, 마태는 베드로가 마태복음 17장 4절에서 예수님을 '주님'이라고 불렀다고 밝히므로 아마도 베드로는 예수님을 두가지 호칭을 모두 사용해 불렀던 것 같다.

18) 사실 NIV 번역본에는 그라마테우스(grammateus, 문자적으로는 '글자의 사

존경하는 뜻으로 보통 선생[18]과 랍비라고 불렀다. 사실 서기관들과 바리새인들은 예수님이 지적하셨듯 '랍비' 라고 칭함 받기를 좋아했고(마 23:7) 거리에서 그런 호칭으로 인사 받기를 원했다. 그들은 또한 연회석상에서 귀빈으로 대우 받기를 원했고 회당에서도 맨 앞자리에 앉으려고 했다(마 23:6; 막 12:39; 눅 11:43; 20:46). 또한 그들은 공개석상에서 칭찬받기를 좋아했다(요 5:44; 12:43). 한편 서기관들은 율법에 따라 판결을 내리는 법률가이기도 했다. 그래서 그들은 '신학자이면서 법관' [19]이었다. 복음서에서 종종 율법학자들과 관련되어 등장하는 바리새인들은 율법학자들이 가르치는 유대인 풍습과 율법을 헌신적으로 지키는 자들이었다. 대다수의 율법학자들은 바리새인들이기도 했다.[20]

"랍비에게 보내는 존경심은 부모에게 보내는 것을 능가했다. '지식적인 면의 어른'은 '나이 면에서 어른' 보다 더욱 존경을 받았다(Kid. 32b)."[21] 만약 어떤 사람의 아버지와 선생이 각자 짐을 지고 있다면 그 사람은 먼저 선생을 도와야 하고, 만약 아버지와 선생이 포로가 된 경우에는 선생을 먼저 구출해

람', 즉 문인이나 학자)를 '율법 선생(teacher of the law)'라고 번역한 데 반해 KJV 번역본과 NASB 번역본은 그것을 '서기관(scribe)'라고 번역하고 있다.

19) The New Encyclopedia Britannica, Macropaedia, 1986 ed., '예수', 22:363.

20) Anthony J. Saldarini, Pharisees, Scribes, and Sadducees in Palestinian Society: A Sociological Approach (Wilmington, Del.:Michael Glazier, 1988), 266-67, 273. 누가복음 5장 30절의 헬라어 역의 첫번째 부분은 문자적으로 '바리새인들과 그들의 율법학자들'로 되어 있어서, 일부 율법학자들이 바리새인 그룹에 속해 있었음을 보여준다.

21) Jewish Encyclopedia, 1895 ed., 'Rabbi' 10:295.

22) Emil Schurer, The History of the Jewish People in the Age of Jesus Christ (주전 175-주후 135). rev. and ed. Geza Vermes, Fergus Mullar, and Matthew

야 한다.²²⁾ 이같은 존경심은 하나님께 드리는 것에 근접하는 것이었다. "네 친구 존중함을 선생 존중하듯 하고 네 선생 존중함을 하나님 경외하듯 하라 (미쉬나, 에봇 4:12)."²³⁾ "랍비와 다투거나 그에게 투덜대는 것은 하나님께 불평하는 것과 같은 죄였다. 유대인들은 자신의 부친보다 선생을 더 존귀히 여겼는데, 그 이유는 부친은 인생을 주었지만 선생은 영생을 주었기 때문이었다."²⁴⁾ 랍비들은 자신의 제자들에게서만 아니라 일반인들에게도 상당한 존경을 받았다.²⁵⁾

비록 예수님은 전문적인 율법학자는 아니었지만 존경받는 선생으로서 랍비셨다. 주님이 가르치신 방식은 여러 면에서 랍비들의 교수 방식과 흡사했다.

예수님은 소그룹으로 편성된 제자들을 거느리셨다(마 4:18-22; 막 1:16-20; 3:13-19; 눅 6:12-16; 요 1:35-51). 모든 유대 랍비들은 자기가 훈련시킨 소그룹으로 편성된 제자들을 거느렸다. 심지어 세례 요한도 랍비로 불리웠으며(요 3:26) 제자들이라고 불리우는 추종자들이 있었다(마 9:14; 11:17; 14:12; 막 2:18; 6:29; 눅 5:33; 7:18; 요 3:25).

예수님은 랍비들이 그랬듯 율법을 존중하셨다(마 5:18).

랍비들은 종종 구약을 인용했고 예수님 또한 그러하셨다(막 7:6-7; 11:17; 12:10-11; 12:28-33, 36; 13:24-25; 14:27).

예수님도 랍비들처럼 회당에서 가르치셨다(마 4:23; 9:35; 13:54; 막

Black, 3 vol. (Edinburgh: Clark, 1973-1979), 2:327.

23) Joachim Jeremias의 Jerusalem in the Time of Jesus 에서 인용 (Philadelphia: Fortress, 1969), 235.

24) Clarence H. Benson, History of Christian Education (Chicago: Moody, 1943), 25.

25) Theological Dictionary of the New Testament, "Rabbi, rabbouni," by Eduard Lohse, 6:962.

1:21; 6:2; 눅 4:15; 6:6; 13:10; 요 6:59; 18:20).

예수님은 가르치실 때 랍비들이 그랬듯이 자주 앉으셨다.[26] 주님은 성전에서(눅 2:46; 요 8:2; 마 26:55), 우물 곁에서(요 4:6), 나사렛의 회당에서(눅 4:20-21), 산상에서(마 5:1), 배 안에서(마 13:2; 막 4:1; 5:2), 가버나움의 한 집에서(막 9:33-35), 마리아와 마르다의 집에서(눅 10:39), 그리고 감람산에서(마 24:3; 막 13:3) 가르치시기 위해 앉으셨다. 아마도 주님은 "둘러앉은 자들"을 보시고는 그들을 가르치시기 위해 앉으셨을 것이다(막 3:34).[27] 또한 우리는 주님이 매일 성전에서 가르치셨다는 기록을 두 차례 볼 수 있다(마 26:55; 눅 21:37). 물론 주님이 회당에서 가르치신 때는 안식일이었다(막 1:21; 6:2; 눅 4:31-32; 6:6; 13:10).

예수님은 랍비들이 그랬듯이[28] 비유를 통해(비유를 사용해서 예수님이 가르치신 것에 관해서는 16장을 보라) 가르치셨다.

또한 랍비들처럼 격언들과 간결하면서도 기억하기 쉬운 말씀으로 가르치

---

26) Universal Jewish Encyclopedia, 1942 ed., 소제목: "Education", Max Salmon, 3:84.

27) 복음서에는 예수님이 서서 가르치셨다는 기록이 단지 세 번밖에 없다. 한 번은 나사렛 회당에서 이사야 선지자의 글을 서서 읽으신 것 (눅 4:16) 이고, 다른 경우는 게네사렛 호숫가에 서서 '하나님의 말씀을 듣는' 사람들에게 가르치신 것 (눅 5:1) 이며, 세번째는 장막절 마지막 날에 성전 뜰에 서서 큰 목소리로 영적으로 목마른 자들을 주님께로 초청하신(요 7:37) 일이다.

28) 비유들은 '랍비계통의 설교가들이 공통적으로 사용했던 설교식의 가르침'이었다 (Geza Vermes, Jesus the Jew [New York: Macmillan, 1973], 27). 랍비 힐렐(주후 10년 경에 죽은)은 비유를 들어, 묘사적인 언어를 통해, 그리고 간략하면서도 기억할 만한 격언 등을 사용해 가르쳤다 (James L. Blevins, "First-Century Rabbis," Biblical Illustrator 9 [winter 1993]: 22).

29) G. K. A. Bell and D. Adolf Deismann, Mysterium Christi: Christological Studies by British and German Theologians (New York: Longmans, Green,

셨다.[29]

그리고 예수님은 랍비들처럼 자신의 가르침과 행위들을 성경으로 입증하셨다(마 10:35-36; 11:10; 12:7; 15:4, 8-9; 18:16; 19:4-5; 21:13, 16; 21:42; 22:32; 24:29; 26:31; 막 2:25-26; 4:12; 7:10; 10:6-8, 19; 11:17; 12:10-11, 26; 13:14, 25 등).

랍비들은 종교적인 문제들을 놓고 서로 토론했다. 예수님은 성경에 대한 여러 해석과 구두로 전해지는 전승들을 놓고 랍비들과 다른 종교 지도자들을 반박하셨다. 그런 예들로서 다음과 같은 것들이 있다:

안식일에 곡식을 줍는 일과 치유하는 일이 온당한 일인지에 관한 문제(마 12:1-3)

손을 씻는 의식을 행하지 않고 음식을 먹어도 되는지에 관한 문제(마 15:1-11)

남편이 아내와 이혼하는 것이 적법한 일인지에 관한 문제(마 19:3-9)

예수님의 권위가 정당한 근거를 가지고 있는지에 관한 문제(마 21:23-27)

유대인들이 가이사에게 세금을 내야 하는지에 관한 문제(마 22:15-22)[30]

일곱 남편이 있었던 여인이 부활한 후 어떤 사람의 아내가 될 것인지에 관한 문제(마 22:23-32)

예수님이 하나님이신지에 관한 문제(마 22:41-45)

유대인들이 죄의 종이었는지에 관한 문제(요 8:33-47)

1930), 53.

30) 이 질문은 랍비들이 '세금에서 면제받는 특혜'가 있었다는 점(Jewish Encyclopedia, 1895 ed. 소제목: "Rabbi," 10:295)에서 주목할 만한 것이었다. 분명 그들은 예수님이 이같은 특혜를 이용할 것인지 아니면 그들을 압제하던 로마 정부에게 세금 내는 일을 지지할 것인지 알고 싶었던 것이다.

예수님이 귀신에 사로잡혀 있었는지에 관한 문제(요 8:48-59)
예수님이 메시아이신지에 관한 문제(요 8:24-38)

랍비들은 율법의 권위자들로서 제자들과 군중들에게 품행과 교리에 관한 상담을 해주었다. 예수님 역시 사람들에게서 여러 문제들에 관해 권위있는 대답을 요청받았다. 사두개인들은 예수님에게 부활 후의 혼인 관계에 관한 질문을 던졌고(막 12:18-27), 한 율법학자는 구약의 모든 명령들 중 가장 큰 것이 어느 것인가를(막 12:28-34), 또 제자들은 누가 구원을 받을 수 있는지(마 19:25-26), 또 어떤 사람의 소경된 이유를(요 9:1-5) 질문했다.

또한 랍비들은 법률가로서 법적인 논란에 관한 문제를 해결해달라는 부탁을 받았다. 예수님도 어떤 사람에게서 자신의 유산에 관한 문제를 해결해 달라는 부탁과(눅 12:13-15), 율법 학자들과 바리새인들에게서 간음 현장에서 잡힌 여인을 돌로 쳐야 하는지의 여부(요 9:1-5)를 질문받기도 하셨다.

예수님은 종종 대중들에게 말씀하신 후 제자들에게 따로 설명해주시기도 하셨다. 그런 모습으로, 마가복음 7장 1-15절에 대중들을 향하신 가르침 후에 마가복음 7장 17-23절에서 제자들에게 설명해 주신 장면이 나타나며, 마가복음 4장 10-12절에는 예수님이 마가복음 4장 1-9절에서 대중들에게 한 가르침이 무엇을 의미하는지 제자들에게 설명해주셨다고 기록하고 있다. 이처럼 대중들을 가르친 후에 제자들에게 그 내용을 다시 설명하는 형태는 다른 랍비들에게서도 종종 볼 수 있는 것이었다.[31]

많은 점에서 예수님이 랍비들과 같은 모습을 보이셨기 때문에 예수님을 랍비로서 존경받았음은 의심할 여지가 없다. 불트만은 다음과 같이 말했다:

---

31) Interpreter's Dictionary of the Bible, 소제목: "Teaching of Jesus," by K. Graystone, 4:524.

"예수님의 가르치심과 사역 속에서 랍비의 특성들이 자연스럽게 나타났다는 점은 의심의 여지가 없다."[32]

그렇다면 예수님은 진정한 의미에서 랍비셨는가? 랍비 양성 학교에서 훈련을 받지 않았는데(랍비 훈련은 회당이나 제사장의 집에서 행해짐)[33] 어떻게 예수님이 랍비가 되실 수 있는가?

요한복음 7장 15절에도 이 문제에 관해 다음과 같이 언급한다: "이 사람은 배우지 못하였거늘 어떻게 글을 아느냐?" 예수님의 가르치심은 율법 선생들과는 판이하게 달랐다("그 가르치시는 것이 권세 있는 자와 같고 저희 서기관들과 같지 아니함일러라," 마 7:29; 막 1:22 참고). 그래서 나사렛 사람들이 마태복음 13장 54절에서 "이 사람의 이 지혜와 이런 능력이 어디서 났느뇨"라고 물었던 것도 전혀 이상한 일이 아니다.

예수님은 랍비라고 칭송받던 서기관들이 보여주는 외식하는 모습, 다른 이들에게 행하기 힘든 일들을 짐 지우는 모습, 재물에 집착하는 모습, 연회석상과 회당에서 거들먹거리는 모습, 업적을 이룬 랍비라고 대중들에게 칭찬받으려는 욕망, 연약한 과부들을 착취하는 동정심 없는 모습, 그리고 긴 기도를 통해 자신들의 종교성을 과시하려는 모습들로부터 자신을 차별화시키셨다(마 23:1-7; 막 12:38-40; 또한 마태복음 23장 13-36절에 있는 예수님의 엄중하신 저주의 경고를 보라). 예수님은 랍비들과 달리 그런 바람직하지 않은 점이 없으며 또 그밖에 여러 가지 면에서 다르셨다(표 6을 보라).

---

32) Rudolf Bultmann, Jesus and the Word, Louise Pettibone Smith and Erminie Huntress Lantero 번역 (New York: Scribner, 1938), 61.

33) Schurer, History of the Jewish People in the Age of Jesus Christ, 2:333-34.

표 6
랍비들과 예수님의 차이점

랍비들:	예수님:
랍비들은 다른 랍비들의 가르침을 인용했다.[a]	예수님은 스스로가 자신의 권위였다.[b]
학생들이 자신들이 배우기 원하는 랍비를 선택했다.	예수님은 거꾸로 가르치실 제자들을 선택하셨다(마 4:18-21; 요 15:16).
학생들은 선생이 배운 전승들의 제자들인 셈이었다.	예수님의 열두 학생들은 오직 예수님의 제자들이었다.
랍비들은 계속 반복해서 가르쳤는데, 그렇게 함으로써 제자들이 그 가르침을 완전히 암기하도록 했다.[c]	예수님은 그런 식으로 가르치시지 않았다. 그러나 그분의 가르침은 쉽게 외울 수 있는 것이어서 제자들이 그것들을 암기하게 되었던 것이다.[d]
랍비들은 종종 정해진 장소와 실내 공간에서 가르쳤다.[e]	예수님은 많은 장소들에서 가르치셨는데 종종 야외에서 걸으면서 가르치셨다.
랍비의 제자들은 여러 면에서 랍비들을 섬겨야만 했다.[f]	예수님은 제자들이 자신을 특별히 섬기도록 하지 않으시고 오히려 그들을 친구라고 부르셨다(요 15:14).
랍비들은 예식의 상세한 부분들을 가르치는 데 신경을 많이 썼다.	예수님은 많은 상황들에 적용되는 폭넓은 원칙들을 가르치셨다.[g]
랍비들은 세리들이나 창녀들 또는 여인들 및 아이들과 함께 하는 법이 거의 없었다.	예수님은 종종 그런 사람들과 함께 하셨다(마 9:10-11; 11:19; 21:31; 눅 7:34; 15:1).

랍비의 제자들은 훈련을 마치면 랍비가 되었다.[h]	예수님은 제자들에게 '랍비'라고 불리우지 말라 하셨는데, 오직 예수님만이 그들의 선생이시며 제자들은 서로 형제들이기 때문이었다(마 23:8).
랍비들은 자신들보다 이전 랍비들의 전통들을 따랐는데, 그 전통들이란 성경이 제시하는 것보다 더 많은 것들이었다 (마 15:2-3, 6-9; 막 7:3-9, 13).	예수님은 그같은 전통들을 따르기 보다는 오히려 그것들이 사람들을 외식적인 생활로 인도한다고 반대하셨다 (마 15:7; 막 7:6).

a. 랍비들이 하던 보편적인 말은, "내가 사는 동안 한 말 중의 어느 것도 나의 선생에게서 듣지 않은 것은 없다"는 것이다 (John P. Kealy, Jesus, the Teacher [Denville, N.J.: Dimension, 1978], 11).

b. 예수님이 반복하신 '내가 너희에게 말하노니'란 말씀은 "랍비들 문헌의 것과 같은 것일 수 없다"(Gunther Bornkamm, Jesus of Nazareth, 번역: Irene and Fraser McLusky and James M. Robinson [New York: Harper and Brothers, 1960], 99).

c. 학생들의 주된 책임은 자기 선생의 가르침들을 암기하는 것과 선생의 말들을 사용해서 자신을 표현하는 것이었다 (Josephus, The Antiquities of the Jews 4.8.12). "토라에 있는 그의 가르침 중 한 낱말이라도 잊어버리는 자는 자기 목숨을 상실한 자처럼 간주된다"(미쉬나, 에봇 3.8). "학생에게 가장 큰 칭찬은 '그가 선생의 가르침을 마치 판에 박은 듯 한 방울도 놓치지 않는 저장고와 같다'는 말이다."(미쉬나, 에봇 2.8). 위의 미쉬나의 인용문들은 Schurer의 History of the Jewish People in the Age of Jesus Christ, 2:333에 있는 것들임. 키케로의 말은 랍비적 성격의 유대교로부터 잘 확장된 것이다: repetitio est mater studoprium. "지식은 반복에 의해 획득되고, 반복함으로 전달되며, 반복함으로 생생히 유지된다"(Berger Gerhardsson, Memory and Manuscript [Lund: Gleerup, 1961], 168).

d. 물론 예수님은 다른 경우들에서 가르치신 것을 반복하셨을 수도 있다. 하지만 예수님과 제자들은 같은 문장을 거듭 반복하는 식으로 하지 않았다. 성령님은 예수님과 함께 있었던 신약 성경의 저자들에게 주님의 말씀을 기억나게 하심으로 그들의 기록이

하나님이 감동시키신 말씀들이 되도록 하셨던 것이다 (딤후 3:16; 벧후 1:21).

e. Dictionary of Jesus and the Gospels, 1992년도 개정판. 소제목: "선생", R. Riesner, 808. 그러나 간혹 랍비들도 야외에서 가르치기도 했다(A. Buchler, "Learning and Teaching in the Open Air in Palestine," Jewish Quarterly Review 4 [1913-1914]: 485-91). 분명히 예수님은 당시 그 어떤 랍비보다 야외에서 더 자주 가르치셨다.

f. "제자들은 자기의 선생이 군중들 사이를 갈 때 앞에 서서 군중들이 비켜 서도록 했고, 또 신발 신는 것도 돕곤 했다"(Joseph A. Grassi, Jesus the Teacher [Winona, Minn.: St. Mary's College, 1978], 28). Theological Dictionary of the New Testament의 소제목: "didaskw, didaskalo, diakovno," 2:154와 akolouqein, 1:213을 보라.

g. Anthony C. Deane, Rabboni: A study of Jesus Christ the Teacher (New York: Hodder and Stoughton, 1921), 86-87.

h. Theological Dictionary of the New Testament, 소제목: "rabbi, rabbouni" 6:965를 보라.

예수님은 복음서들을 통해 14차례 랍비라고 불리우셨는데 사실 당시 랍비들의 특징을 많이 지니셨다. 그러나 예수님은 여러 중요한 점에서 랍비들과 다르다는 것을 보여주심으로써 유일한 선생으로서의 모습을 나타내셨다.

랍비를 높인 말인 랍오니(Rabboni)는 히브리어로 '나의 존귀하신 분' 또는 '참으로 높이 여김을 받으실 분'[34]이란 말을 헬라어로 번역한 것이다. 요한 사도가 설명하듯(요 20:16) 랍비란 말과 마찬가지로 랍오니도 '선생'이란 의미를 갖고 있다. 소경 바디매오는 예수님에 관해 들었던 것이 틀림없다. 왜냐하면 그가 주님을 '예수님' 그리고 '다윗의 아들' 또 '랍오니'라고

---

34) rabbon(매우 높은 분)이란 히브리어에 담긴 존경심은 rab(높은 분)이란 단어가 지닌 것보다 한층 더한 것으로 보인다(Jewish Encyclopedia, 소제목: "Rabbi," 10:294.

불렀기(막 10:47, 51) 때문이다. 바디매오가 랍오니라는 단어를 사용한 것은 참으로 높임을 받으실 분이신 예수님 앞에서 자신의 위치가 매우 낮음을 알았기 때문이다. 막달라 마리아는 부활하신 구세주를 보았을 때 너무 기쁜 가운데 '랍오니'라고 외쳤다(요 20:16). 이것은 아마도 바디매오처럼 높이 여김을 받으시는 주님 앞에 자신의 낮은 위치를 알았기 때문이었을 것이다. 흥미로운 사실은 예수님을 이런 식으로 부른 사람들은 복음서를 통해 오직 이 두 사람뿐이었다.

에피스타테스(Epistates)

오직 누가만 예수님께 에피스타테스(epistates)란 명칭을 사용했다(표 5를 보라). 이것은 누가의 문학적 재능을 생각할 때 놀라운 일은 아니다. 누가는 누가복음과 사도행전에서 신약의 다른 책에서는 찾아볼 수 없는 약 800여 개에 달하는 낱말을 사용했다. 누가는 실로 다른 어떤 신약 성경의 저자들보다도 풍성한 어휘를 사용했다.[35] 에피스타테스를 '주인(Master)'으로 번역한 NIV 번역본은 그 의미를 정확하게 전달한 것이다. 고전 헬라어에서 이 단어는 가축 무리를 지키는 자 또는 코끼리를 부리는 자, 공공 사업을 조사하는 자, 체육계의 지도자, 음악 경연대회의 지도자, 고위 관리, 또는 도시 행정관[36] 등을 일컫는 말로 사용되었다. 아마도 '지도자'라는 말이 현대적 감각

---

[35] Norval Geldenhuys, Commentary on the Gospel of Luke (Grand Rapids: Eerdmans, 1951), 38. Farrar, The Gospel according to St. Luke, 156 을 보라.

36. Theological Dictionary of the New Testament, 소제목: "epistath", 2:623을 보라.

에 잘 맞는 번역일 것이다.

누가와 달리 마태는 두 개의 병행 구절에서(마 8:25: 참조. 눅 8:24; 마 17:4: 참조. 눅 9:33)에서 '주님'(kyrie)이란 단어를 사용했고 마가는 4장 38절(참조. 눅 8:24)에서 '선생'(didaskalos)이란 단어를, 또 9장 5절(참조. 눅 9:33)에서 '랍비'란 단어를 사용했다. 누가가 히브리어로 랍비란 단어를 사용하지 않은 것은 자신의 독자들이 헬라권에 속한 사람들이었기 때문이다.

에피스타테스란 단어는 베드로나 요한, 또는 제자들에 의해 여섯 번, 또 문둥병 환자에 의해 한 번 모두 일곱 차례 사용되었다. 이 단어는 항상 예수님의 권세를 나타냈지만,[37] 그와 함께 말하는 사람의 긴급함 또는 필요를 표현했다(예: 눅 8:24절의 "우리가 죽겠나이다"; 8:45절의 "무리가 옹위하여 미나이다"; 17:13절의 "우리를 긍휼히 여기소서"). "이 단어는 말하는 사람이 자신의 행동이나 결론을 책망받은 후에 사용했거나, 어떤 일을 통하여 예수님이 누구신가를 더욱 깨닫게 된 후에 사용했다."[38]

우리 또한 예수님이 우리의 선생님이실 뿐 아니라 예수님께 대한 우리의 이해가 부족하거나 잘못되었을 때 그분을 더욱 깊이 깨닫게 해주시는 우리의 주인(Master) 또는 인도자(Leader)이심을 발견할 수 있다.

카테게테스(Kathegetes)

마태복음 23장 10절("또한 지도자라 칭함을 받지 말라 너희 지도자는 하

---

37) I. Howard Marshall, The Gospel of Luke, New International Greek Testament Commentary (Grand Rapids: Eerdmans, 1978), 385.

38) Elmer L. Towns, The Names of Jesus (Denver: Accent, 1987), 87.

나이니 곧 그리스도니라")에서 예수님은 카테게테스(kathegetes)란 말을 두 차례 사용하셨는데, 이 단어는 신약 전체를 통해 오직 이 곳에만 나타난다. 이 단어는 아고(ago, 인도하다)란 동사에서 파생된 것으로, 예수님이 우리를 진리와 바른 행동으로 인도하시는 지도자란 의미를 지닌다. 제자들은 스스로 그런 일을 할 자격이 없었기 때문에 이 호칭을 받지 말게 하신 것이다.

생·각·할·점

● 사람들은 당신을 선생으로 생각하는가? 만약 그렇다면, 그 이유가 무엇이라고 생각하는가?

● 어떻게 하면 학생들이 당신에게 특별한 대우를 해야 한다는 생각을 갖지 않고 학생들과 스스럼 없이 어울릴 수 있겠는가?

● 다른 사람들에게 따돌림당하거나 무시당한 사람들을 어떻게 돌볼 수 있을까? 다른 사람들에게서 외면당하는 사람을 생각해보라. 그런 사람을 당신이 어떻게 실제적인 면에서 돌볼 수 있는가?

● 당신은 예수님처럼 여러 장소에서 가르칠 수 있겠는가? 가끔 학생들을 데리고

야외로 갈 수 있는가? 만약 밖으로 나갈 수 없다면 가끔 교실의 다른 위치에서 아니면 걸으면서 가르칠 수 있는가? 또는 의자들의 배열을 바꿀 수 있는가? 반원들을 당신의 집으로 오라고 하면 어떨까? 또는 그들을 당신의 사무실이나 커피숍에서 만나는 것은 어떻겠는가? 현장 방문 학습을 계획해 보는 것도 좋을 것이다.

무엇이 예수님을 권세 있는 교사로 만들었는가?

예수께서 이 말씀을 마치시매 무리들이 그 가르치심에 놀래니(마 7:28-29)

당신이 알고 있는 권세가를 생각해보라. 아마 대통령, 국회의원, 시장, 도지사, 시도 의원, 지방의회 의원 등이 있을 것이다. 이들은 선출됨으로써 권세를 지니게 된다. 하지만 그들은 임기가 끝나면 더 이상 그 지위와 연관된 권세를 지닐 수 없게 된다.

다른 부류의 사람들은 임명을 받는데, 그런 예로 경찰서장(행정 관리들에 의해 임명됨), 학교장(학교 이사진에 의해 임명), 각 기관의 부서장(상급 기관에 의해 임명), 그리고 대법관과 외교관(대통령에 의해 임명) 등이 있다.

그런 반면, 왕이나 여왕은 자기 가문의 혈통에 따라 지위를 누린다. 그들은 왕족 가문에서 태어나 한평생 왕족으로서의 권세를 유지한다. 그리고 남편은 결혼을 통하여 한 가정의 가장이 된다.

선출되거나 임명으로 얻게 된 권력들은 다른 사람들에 의해 주어진 파생된 권세를 지니는 반면, 왕이나 여왕 그리고 남편들은 타고난 권세를 누린다고 할 수 있다. 그들이 가지는 권세는 그들이 누구인가 하는 사실에 기반을 둔 것이다.

예수님은 선생으로서의 권세를 지니셨다. 이 권세는 누가 그분을 임명하거나 투표를 통해 선출했기 때문이 아니라, 그분이 누구신가로부터 오는 것이었다. 그분이 지니신 권세는 하나님의 영원하신 아들이시라는 사실 안에 이미 포함된 것이다.

예수님의 가르침에 놀란 사람들

그렇다면 예수님이 가르치실 때 사람들이 깜짝 놀랐다는 것은 오히려 놀라운 일이 아닐까? 예수님이 나사렛 회당에서 이사야서 61장 1-2절을 읽으시고 자신을 통해 그 예언이 성취되었다고 말씀하시자(눅 4:16-21) 사람들이 "그 입으로 나오는 바 은혜로운 말을 기이히 여겼다"고 했다(눅 4:22). 바로 후에 이번에는 가버나움의 회당에서 가르치실 때도 사람들은 "그의 가르치심에 놀랐다"(막 1:22; 눅 4:32). 예수님의 가르치심에는 무언가 놀라운, 그리고 남들과 다른 점이 있었던 것이다. 이 위대한 교사는 유일무이했던 것이다!

사람들이 놀라워한 직후에 예수님은 회당 안에 있던 악령에 사로잡힌 사람에게서 그 악령이 떠나갈 것을 명하셨다. 이 일에 사람들은 "다 놀라 서로 물어 가로되 이는 어찜이뇨 권세있는 새 교훈이로다"라고 말했다(막 1:27). 누가는 이 일을 이렇게 표현했다: "다 놀라 서로 말하여 가로되 이 어떠한 말씀인고…"(눅 4:36).[1]

---

1) 마가복음 1장 27절의 가르침이란 단어는 didache를 번역한 것으로서, 가르쳐진 내용을 말하고, 누가복음 4장 36절의 가르침이란 단어는 logos란 희랍어로서, 주님이 말씀하신 진리를 뜻한다.

예수님이 갈릴리 바다 근처 산중턱에서 우리가 보통 산상수훈이라고 부르는 긴 설교를 마쳤을 때, '무리들이 그 가르치심〔didache〕에 놀랐다' 고 마태복음 7장 28절은 기록하고 있다.

얼마 후 같은 해에 예수님은 나사렛으로 돌아왔고, 회당에서 또 가르치셨다. 또 다시 사람들은 '놀랐다' (마 13:54; 막 6:2).

그런 일들은 예수님 공생애 중 두번째 해에 있었다. 그리고 삼년째 되었을 때 예수님은 장막절을 위해 예루살렘에 가셔서 성전 뜰에서 가르치셨다. 그 때 유대인들은 그것을 기이히 여겼다(요 7:15). 왜냐하면 예수님이 랍비 교육을 받지 않으셨음을 알고 있었기 때문이었다.

그 후 예수님은 요단강 동편, 베레아(한글 성경에는 나오지 않는 지명임)에 계셨다. 예루살렘으로 향한 마지막 여정에서 예수님이 부자 청년에게 "재물이 있는 자는 하나님의 나라에 들어가기 심히 어렵다" (막 10:23) 고 하셨을 때 열두 제자들은 '그 말씀에 놀랐다' (막 10:24). 그들이 놀란 것을 아시고 예수님은 다음과 같은 흥미로운 말씀을 하셨다: "약대가 바늘귀로 나가는 것이 부자가 하나님의 나라에 들어가는 것보다 쉬우니라" (10:25). 이 말에 제자들은 '심히 놀랐다' (막 10:26; 참조. 마 19:25).

십자가에 달리시기 바로 전 주에도 사람들은 여전히 예수님의 가르치심에 놀랐다. 성전에서 예수님은 사람들이 성전을 '강도의 굴혈' (막 11:17)로 만들었다고 가르치셨는데, 이는 돈을 바꾸는 자들의 부정직한 행위들을 지적한 것이었다. "무리가 다 그의 교훈〔didache〕을 기이히 여겼고" (막 11:18), "백성이 다 그에게 귀를 기울여 들었다" (눅 19:48).

바리새인들과 헤롯당원들은 예수님의 말을 책잡으려고 로마 정부에게 세금 바치는 문제를 들고 왔다. 그들은 예수님의 대답을 '기이히' 여겼고(마 22:22; 막 12:17; 눅 20:26), 침묵했으며(눅 20:26) 떠나갔다(마 22:22).

같은 날, 예수님이 부활에 관한 사두개인들의 질문에 답하실 때(마

22:23-32; 막 12:18-27; 눅 20:27-38), "무리가 듣고 그의 가르치심 (didache)에 놀랐다"(마 22:33). 육신의 부활을 부인했던 사두개인들과는 달리 부활을 믿었던 일부 율법학자들은 예수님이 사두개인들에게 하신 답변을 듣고 매우 기분이 좋아서 "선생이여 말씀이 옳으니이다"(눅 20:39) 라고 말했다.

십자가에 달리시기 전 주간만 하더라도 예수님의 가르치심에 대한 군중들의 태도는 종교 지도자들과 달랐다. 지도자들은 어떻게 하면 예수님의 말을 책잡아 그를 죽일 수 있을까 모의했던 반면, 군중들은 그분의 가르치심을 매우 기뻐했다. 성전에서 가르치실 때 주님은 자신의 정체에 대해 바리새인들과 논란을 벌이셨다. 바리새인들은 주님의 도전적인 질문들 앞에 할 말을 잊었고(마 22:41-46), 백성은 그 말을 '즐겁게 들었다' (막 12:37).

심지어 공생애를 시작하시기 전인 12살 때, 예수님은 성전에서 선생들과 함께 앉아 대화를 나누면서 사람들을 놀라게 했었다. "듣는 자가 다 그 지혜와 대답을 기이히 여기더라"(눅 2:47).

그러므로 적어도 열 번 정도 사람들은 예수님이 가르치신 내용과 방법 때문에 놀랐다. 복음서 기자들이 사람들의 놀라움을 표현하기 위해 사용한 단어들을 살펴보는 것도 흥미로운 일이다. 성전에서 소년 예수님의 이야기를 들었던 선생들(눅 2:47)은 정말 제 정신을 잃을 정도로 놀랐었다(existemi). 예수님이 이사야 선지자의 말씀이 이루어졌다고 하셨을 때 사람들은 '기이히 여겼다' (thaumazo: 눅 4:22). 또 세금에 대한 바리새인들과 사두개인들의 질문에 대답하셨을 때, 사람들은 그분의 응답에 심히 놀랐다(마 22:22; 막 12:17; 눅 20:26). 탐베오(Thambeo)라는 헬라어에 '깜짝 놀랐다' 는 뜻이 들어 있다는 것은, 예수님이 부자가 하나님 나라에 들어가는 것에 대해 가르치셨을 때(막 10:24, 32) 제자들이 보인 반응에서 찾아볼 수 있다. 동일한 단어가 마가복음 1장 27절에서 사용되었는데, 이는 귀신들린 사람을 예수님이 고치셨을 때 사람들이 놀랐던 것을 묘사하기 위한 것이었다. 누가는 같은 사건을 기록할 때(눅 4;36), 모든 사람들이 놀라고 탄복했음을 묘사하고자 탐보스(thambos)란 명사형을 사용했다.[2]

예수님의 가르치심으로 인한 놀라움을 표현하는 데 가장 많이 사용된 낱말은 엑플레소(ekplesso)로 매우 충격적인 놀라움을 뜻한다.[3] "이 단어는 36절에 나오는 탐보스란 단어와 마찬가지로 깊은 생각에서 나오는 탄복함이라기 보다는 갑작스럽고 매우 충격적인 놀라움을 표현한다."[4] 이 단어는 오직 마태, 마가, 누가 세 공관 복음과 사도행전에만 등장하는데[5], 예수님의 가르침에 대해 무리들이 보이는 놀라움을 표현하기 위해 열두 차례 사용되었다 (마 7:28; 13:54; 19:25; 22:33; 막 1:22; 6:2; 10:26; 11:18; 눅 2:48; 4:32).

---

2) Walter Bauer, William F. Arndt, and F. Wilbur Gingrich, A Greek-English Lexicon of the New Testament and Other Early Christian Literature, 2nd ed., rev. F. Wilbur Gingrich and Frederick W. Danker (Chicago: University of Chicago Press, 1979), 350.

3) 같은 책. 244

4) F. W. Farrar, The Gospel according to St. Luke, Cambridge Greek Testament for Schools and Colleges (Cambridge: Cambridge University Press, 1884), 155.

5) 고전 헬라어에서 plesso라는 연관있는 단어는 "때리다 또는 치다"란 뜻을 지녔다 (James Hope Moulton and George Milligan, The Vocabulary of the Greek Testament [London: Hodder and Stougton, 1930; reprint, Grand Rapids: Eerdmans, 1972], 520). 그렇기 때문에 ekplesso란 단어는 놀라움으로 인해 제 정신을 잃는 것과 같은 상태를 말한다 (비교: John D. Grassmick, "Mark," in The Bible Knowledge Commentary, New Testament, ed. John F. Walvoord and Roy B. Zuck [Wheaton, Ill.: Victor, 1983], 109).

예수님의 가르치심에는 어떤 경이로움이 있었을까?

사람들이 예수님의 가르치심에 놀랐던 어느 한 경우, 그들은 그같은 놀라움을 "이 사람의 이 지혜와 이런 능력이 어디서 났느뇨?"(마 13:54) 라는 의문으로 표현했다. 마가복음은 이 반응을 다음의 두 질문으로 표현한다: "이 사람이 어디서 이런 것을 얻었느뇨?", "이 사람의 받은 지혜와 그 손으로 이루어지는 이런 권능이 어찌됨이뇨?"(막 6:2).

예수님의 가르침을 들은 사람들은 왜 그렇게 놀랐을까? 그에 대한 답을 다음과 같은 복음서의 네 구절들이 제시한다: "가르치시는 것이 권세 있는 자와 같고"(마 7:29; 막 1:22). "이는 어찜이뇨 권세 있는 새 교훈이로다"(막 1:27). 진실로 예수님이 가르쳐주신 말씀에는 절대성과 완결성, '독특한 신선함'[6] 그리고 확신이 있었다.

하지만 단순히 이런 것들 때문에 사람들이 그렇게 놀라고 경탄한 것일까? 사람들이 전에 이런 가르침을 들어본 적이 없기 때문이었을까? 마태와 마가는 우리에게 다음과 같이 전한다: "가르치시는 것이 권세 있는 자와 같고 서기관들과 같지 아니함일러라"(마 7:29; 막 1:22). 예수님의 가르침은 서기관들의 가르침과 어떻게 달랐을까? 예수님은 어떤 면에서는 서기관들 같았다(그래서 많은 사람들이 그 분을 랍비라고 불렀다)(제3장을 참고할 것). 하지만 예수님은 서기관들과 많은 점에서 달랐다. 서기관들은 자신들의 가르침을 주장하기 위해 성경, 전통 또는 다른 선생들을 인용했다. 그들의 가르침은

---

[6] Norval Geldenhuys, Commentary on the Gospel of Luke, New International Commentary on the New Testament (Grand Rapids: Eerdmans, 1951), 169.

이미 다른 랍비들이 세워놓은 견해들이나 결정들을 반복하는 것이었다. 그들은 자기 고유의 견해를 감히 내세우지 못했다. 한 랍비가 어떤 다른 저명한 랍비의 가르침을 바탕으로 율법을 제시했다 치면 그 저명한 랍비는 또 자신 이전에 있었던 또 다른 랍비의 권세를 가지고 말한다. "예를 들자면, 랍비 엘리아셀(Eliazer)은 경건하게도 새로운 것을 부인했다: '내 평생에 스승에게서 듣지 않은 말은 한 마디도 한 적이 없다' (수카 28절 전반; 이와 흡사한 진술이 랍비 요하난 벤 자카이(Johanan b[en] Zakkai)에 대한 언급에도 있다)."[7] 랍비 힐렐(Rabbi Hillel, 주전 70년 - 주후 10년)에 관한 기록 중에도 "그 문제에 관해 힐렐이 온 종일 말했지만 힐렐 자신이 쉐마이아(Shemaiah)와 아브탈리온(Abtalion)으로부터 그 문제에 관해 전해들었다고 말하고 난 다음에야 사람들이 그의 가르침을 받았다"고 전해질 정도다.[8]

그런 반면 예수님은 다른 랍비들처럼 이전 랍비들의 권세를 빌어 가르치지 않으셨다. 주님 스스로가 권세이셨던 것이다. "청중들을 휘감았던 권세는 명성이 가져다주는 마력이 아니라 신적 사명감 아래 선포되어 도저히 뿌리칠 수 없는 하나님으로서의 메시지였다."[9] 또한 주님은 다른 율법학자들이 흔히 그랬듯 종교 의식의 세부 사항들에 관한 궤변을 늘어놓으시지도 않으셨다.

차이점들은 분명했다. 다른 랍비들은 논란을 벌였지만 예수님은 단순히

---

7) Leon Morris, The Gospel according to St. Luke, Tyndale New Testament Commentaries (Grand Rapids: Eerdmans, 1974), 109.

8) W.D. Davies and D.C. Allison, A Critical and Exegetical Commentary on the Gospel according to Saint Matthew, International Critical Commentary, 2 vols. (Edinburgh: Clark, 1988), 1:726.

9) Henry Barclay Swete, Studies in the Teaching of Our Lord (London: Hodder and Stoughton, 1903), 19.

알리셨다. 그들은 진리를 심의했지만 주님은 진리를 전하셨다. 그들이 심사 숙고하는 반면, 주님은 선포하셨다. 그들은 자기 조상이 말한 것을 가르쳤지만, 예수님은 천부께서 말씀하신 것을 가르치셨다. 그들의 짐은 무거운 것이었지만(눅 11:46), 주님의 '짐'은 가벼운 것이었다(마 11:30).

마가는 가버나움 회당에 있던 사람들이 예수님의 가르침을 "새로운 것"이자 "권세를 지녔다"(막 1:27)고 말한 것으로 기록했다. 주님의 가르침은 이전에는 알려지지 않은 '참신하다'는 의미에서 새로왔다(kainos).[10] 그래서 확신과 결론을 내리는 태도로 가르치신 주님의 새로운 가르침은 듣는 이들에게 매우 놀랍고 할 말을 잃을 정도로 깜짝 놀랄 만한 것이었다. 오늘날에도 복음서들에 기록되어 있는 예수님의 말씀은 많은 사람들을 놀라게 하고 있다.

예수님의 권세 있는 가르침은 사람들을 깜짝 놀라게 했지만 반면 종교 지도자들에게는 커다란 소란을 불러 일으켰다. 주님이 공생애를 마치실 날이 얼마 남지 않았을 때, 대제사장들과 율법 학자들 그리고 장로들은 예수님 권세의 근거를 흠잡기 위해 다음과 같이 물었다: "누가 이 권세를 주었느냐?" (마 21:23; 막 11:28; 눅 20:2). 그러나 그들의 호전적인 태도에 예수님은 대답하지 않으셨다(마 21:27; 막 11:33; 눅 20:8). 물론, 주님의 권세는 하나님 아버지로부터 온 것이었다(마 28:18; 요 5:27; 17:2) - 또한 이 점은 당시 다른 율법 학자들과 분명히 다른 점이었다.

그러므로 예수님을 체포하라고 대제사장들과 바리새인들이 보낸 성전 하속들이(요 7:32) 빈손으로 돌아간 것은 전혀 이상한 일이 아니었다! 영적으로 갈급한 사람들이 성전에서 예수님의 말씀을 듣고자 모여드는 모습은 성전

---

10) Alfred Plummer, The Gospel according to St. Mark, Thornapple Commentaries (1914; reprint, Grand Rapids: Baker, 1982), 69; and Bauer, Arndt, and Gingrich, Greek-English Lexicon, 394.

하속들에게 매우 인상 깊은 일이었다. 그래서 그들은 "그 사람의 말하는 것처럼 말한 사람은 이때까지 없었나이다"(요 7:46) 라고 보고했다. 그래서 매우 경직된 군인들이었던 그들조차도 예수님의 남다른 가르치심에 매료당해 함부로 주님을 체포할 생각을 하지 못했던 것이다.

왜 예수님의 가르침은 권세가 있었을까?

복음서들은 예수님의 가르침이 권세 있던 이유가 적어도 다음과 같은 네 가지가 있다고 밝힌다.

그분의 말씀

율법학자들은 자기 스승들의 의견들을 가지고 사람들을 가르쳤다. 하지만 예수님의 말씀은 다른 근원에서 나오는 것이었는데 그것은 바로 하나님 아버지였던 것이다. 예수님은 그 같은 점을 다음과 같이 밝히셨다:

"하나님의 보내신 이는 하나님의 말씀을 하나니"(요 3:34)
"내 교훈은 내 것이 아니요 나를 보내신 이의 것이니라"(요 7:16)
"나를 보내신 이가 참되시매 내가 그에게 들은 그것을 세상에게 말하노라"(요 8:26)
"내가 스스로 아무 것도 하지 아니하고 오직 아버지께서 가르치신 대로 이런 것을 말하는 줄도 알리라"(요 8:28)
"내가 내 자의로 말한 것이 아니요 나를 보내신 아버지께서 나의 말할 것과 이를 것을 친히 명령하여 주셨으니… 나의 이르는 것은 내 아버지께서 내게 말씀하신 그대로 이르노라"(요 12:49-50)

"내가 너희에게 이르는 말이 스스로 하는 것이 아니라 아버지께서 내 안에 계셔 그의 일을 하시는 것이라"(요 14:10)

"너희의 듣는 말은 내 말이 아니요 나를 보내신 아버지의 말씀이니라"(요 14:24)

"나는 아버지께서 내게 주신 말씀들을 저희에게 주었사오며 저희는 이것을 받고… 아버지께서 나를 보내신 줄도 믿었사옵나이다"(요 17:8)

조상들의 권세에 의지하여 그것을 중심으로 하는 논란에만 치우쳤던 랍비나 율법학자들은 자신들의 말이 하나님 아버지께서 주신 것을 전한다고 감히 말할 수 없었다.

예수님의 말씀은 하나님 아버지로부터 온 것이었다. 왜냐하면 주님 스스로가 하나님의 보내심을 받았기 때문이었다. 요한복음은 마흔두 번이나 예수님이 하나님 아버지에 의해 "보내심을 받았다"고 밝힌다. 이런 구절들은 21장으로 되어 있는 요한복음에서 17장에 걸쳐 나타난다(즉 1, 2, 19, 21 장을 제외한 모든 장이다). 예수님은 아홉 번에 걸쳐 자신이 하늘로부터 왔음을 밝히셨고(요 3:13, 31; 6:33, 38, 41-42, 50-51, 58), 또한 여섯 차례에 걸쳐 "하나님으로부터 오셨음"을 언급하셨다(요 3:2; 13:3; 16: 27-28, 30; 17:8). 그러므로 예수님과 그분의 말씀은 요한복음에 서른두 차례 언급되었듯이 영적 생명의 근원이 된다(3:15, 19, 36; 4:14; 5:21[두번], 24[두번], 39; 6:27, 33, 35, 40, 47-48, 51, 53-54, 57-58, 68; 8:12; 10:10, 28; 11:25; 12:25, 50; 14:6, 19; 17:2-3; 20:31).

예수님의 지식의 확실성

하늘로부터 주어진 권세가 예수님의 가르치심 속에 밝히 드러난다는 것을 확실히 알 수 있는 또 다른 이유는 그 가르치심 속에서 나타나는 인간 본성에 대한 지식이다. 예수님은 신성을 소유하신 분이기 때문에 당연히 모든 것을 아셨다. 요한이 기록했듯이 주님은 "모든 사람"을 또 "사람의 속에 있는 것"을 아셨다(2:24-25). 예수님 당시 아무리 전통적 랍비 교육을 훌륭히 받은 선생이라도, 또한 현대 심리학 또는 교육학을 통해 아무리 잘 훈련된 교사라고 해도 학생들의 마음이나 의도를 확실히 안다고 주장할 수 있는 사람은 아무도 없다. 다른 사람이 생각하는 것을 간파하셨던 예수님의 통찰력은 그분의 유일한 신적 위치를 나타내는 증거였던 것이다.

예수님은 질문자들과 제자들 그리고 대적하는 자들, 이렇게 세 무리의 생각을 아셨다.

질문자들에 관해 "예수께서 나다나엘이 자기에게 오는 것을 보시고 그를 가리켜 가라사대 '보라 이는 참 이스라엘 사람이라 그 속에 간사한 것[dolos, 문자적으로는 속임수가 없는]이 없도다'" 하셨다. 나다나엘은 놀라서 "어떻게 나를 아시나이까?"(요 1:47-48) 라고 물었다. 예수님이 자기를 미리 아셨다는 놀라운 능력을 알아챈 나다나엘은 예수님의 신분에 관한 주목할 만한 진술을 했다: "랍비여 당신은 하나님의 아들이시요, 당신은 이스라엘의 임금이로소이다"(49절).

예수님은 또한 사마리아 여인과 '생수'에 대해 말씀하셨을 때(요 4:10), "네가 남편 다섯이 있었으나 지금 있는 자는 네 남편이 아니니"(18절) 라고 말씀하셔서 여인을 깜짝 놀라게 하셨다. 마을로 속히 되돌아가기 위해 물동이도 우물 곁에 버려 둔 여인은[11] 마을 사람들에게 "나의 행한 모든 일을 내

---

11) 물동이를 버려둔 여인의 모습은 "재빨리 돌아가기 위한 모습으로서, 다른 이들을 어서 찾고자 했던 증거다…. 여인의 이같은 활기찬 모습과 니고데모가 보인 침묵하고 상고하는 듯한 모습은 매우 대조적이지 않는가!"(F. Godet, Commentary on the Gospel of John, 3 vols. [Edinburgh: Clark, 1892], 2:120-21).

게 말한 사람을"(29절) 와서 보라고 재촉했다. 그 결과, "'그가 나의 행한 모든 것을 내게 말하였다' 고 말한 여인의 증거로 인하여 그 동네의 많은 사마리아인이 예수를 믿었다"(39절). 여인은 예수님이 자기를 낱낱이 알고 계신다는 사실에 매우 강력한 영향을 받았고 그로 말미암아 그녀와 다른 사람들이 구세주를 믿게 되었다. 예수님의 말씀은 의심할 여지없이 하늘로부터 온 권세를 가지신 분의 말씀이었다.

예수님은 또한 갈릴리 해변 근처에서 먹여주신 군중들이 '와서 자기를 억지로 잡아 임금 삼으려는 줄' (요 6:15) 아셨다. 오천 명을 먹이시고 물 위를 걸으신 후 예수님은 자신이 생명의 떡이심(요 32-59)을 무리에게 말씀하셨다. 주님의 말씀을 들은 많은 자들이 "이 말씀은 어렵도다 누가 들을 수 있느냐"(60절)고 말했다. 예수님은 "스스로(헬라어 원문에는 61절) 제자들이 이 말씀에 대하여 수군거리는 줄 아시고 가라사대 이 말이 너희에게 걸림이 되느냐?"(61절)고 물으셨다. "이러므로 제자 중에 많이 물러가고 다시 그와 함께 다니지 않"았다(66절). 이 사건에서 분명히 알 수 있는 것은 제자들이라는 단어가 반드시 믿는 사람을 뜻하지는 않는다는 점이다. 여기에서는 관심 있는 청중들, 즉 주님 말씀을 듣고 배우는 것을 원해서 따라다녔던 사람들을 의미한다.(이런 제자들은 예수님이 67절에서 언급하신 열두 제자들과는 구별되었다.) 요한은 예수님이 "믿지 아니하는 자가 누구인지 처음부터 아셨다"(64절)고 설명해주고 있다.

예수님은 제자들의 생각을 아셨다. 그리고 누가 배신할 것인지 아셨다(요 6:64, 70-71). 예수님은 바리새인들과 사두개인들의 누룩에 관한 말씀을 가지고 제자들이 서로 의논했던 것을 아셨다(마 16:5-8). 제자들이 '자기 중에 누가 크냐' 하는 변론을 했을 때 주님은 '그들의 마음' 을 아셨다(눅 9:46-47). 마음이란 단어는 디알로기스모스(dialogismos; 여기서 '다이얼로그〔dialogue〕' 란 단어가 유래됨)의 복수 형태로서 46절에서 '변론' 이라고 번역된 단어와 같은 것이다. 그러므로 누가는 예수님이 제자들의 변론 또는 논쟁을 충분히 알고 계셨다는 사실을 표현했다. 한 여인이 저녁 식탁에서 예수님의 머리에 값 비싼 향유를 부었을 때 제자들은 그 여인의 행위를 낭비라고 하며 분개했다(마 26:6-9). 예수님은 그들이 무엇을 말하는지 아셨다(10절). 예수님은 다락방에서 제자들의 발을 씻기셨을 때 "너희가 깨끗하나 다는 아니니라"(요 13:10)고 말씀하셨다. 이에 대해 사도 요한은 예수님이 '자기를 팔 자가 누구인지 아셨기'(11절; 참조.21절) 때문에 그같은 말씀을 하셨다고 덧붙여 설명했다.

또한 예수님은 대적하는 자들의 생각도 아셨다. 복음서는 이같은 사실을 여섯 차례에 걸쳐 밝히고 있다. 예수님은 가버나움에서 지붕으로부터 침상째 달아 내려진 중풍병자에게 "네 죄 사함을 받았느니라"고 말씀하셨다. 이때 갈릴리와 유대 지방에서 예수님의 말씀을 듣고자 찾아 온 바리새인들과 교법사들은 '서로 의논하더니' 죄사함에 대한 주님의 선포를 참람한 말로 규정했다. 그들은 오직 하나님만이 죄를 사하신다는 점은 올바로 이해했지만 예수님이 성육신하신 하나님의 아들로서 신성을 지니셨음을 인식하지 못했다. 그 즉시 "저희가 속으로 이렇게 의논하는 줄을 예수께서 곧 중심에" 아셨다(막 2:8). "속으로 의논한다"는 말은 디알로기조마이(dialogizomai; 디알로기스모스란 명사와 관련됨. 눅 5:22의 병행 구절에서 사용됨)란 동사를 번역한 것이다.

바리새인 시몬이 예수님을 저녁 식사에 초대했을 때, 죄인인 한 여인이 향유를 담은 옥합 하나를 가져다가 예수님의 발에 부었다. 이것을 보고 바리새인 시몬은 "자신의 마음에 이르되" 만약 예수님이 선지자라면 자기를 만지는 이 여자가 어떤 사람인지 아셨을 것이라고 했다(눅 7:39). 그러자 예수님은 그에게 두 빚진 자와 빚 주는 사람의 이야기를 해주셨다(눅 7:40-47). 이같은 주님의 반응은 바리새인 시몬의 생각을 아셨음을 보여주는 것이다.

이미 누가복음 9장 47-48절에서 살펴본 것처럼, 디알로기스모스란 단어는 토론 또는 논쟁이란 뜻이다. 마가복음 2장 8절에는 이 말의 명사형이 나오는데 생각이나 사유 혹은 마음 속으로 의문을 품는다는 의미를 지니고 있다. 그리고 이곳에서도 마음 속에 품은 서로 다른 생각을 드러낸다는 의미를 가진다고 할 수 있다. 동일한 사건을 마태는 '심사 숙고 또는 생각'이란 뜻의 엔티메시스(enthymesis)란 단어(마 9:4)를 사용해서 기록하고 있다.

예수님이 회당에서 가르치시던 또 다른 경우를 보면, 바리새인들과 율법사들이 안식일에 예수님이 손 마른 사람을 고칠지 주시하고 있었다. 물론 그들은 예수님이 안식일을 범하였으므로 율법을 어겼다고 고소하려고 했다. 그리고 "예수께서 저희 생각을 아셨다"(눅 6:8).[13] 여기서 다시금 '생각 또는 논란'이란 뜻의 디알로기스모스란 단어가 사용되었다.

네번째로 예수님이 대적하는 자들의 생각을 아셨던 것은 주님이 귀신 들려 벙어리, 귀머거리가 된 자를 고치시는 것을 본 바리새인들이 예수님이 귀신들의 왕인 바알세불의 힘을 빌어 귀신들을 내쫓는다고 생각할 때였다(마 12:22-24). 예수님은 그들의 말을 들은 적이 없는데도 '저희 생각을 아시고'(25절, 여기서 사용된 단어인 엔티메시스는 마태가 9장 4절에서 사용한 것과 동일한 것임) 그들의 고소가 허무맹랑한 것임을 지적하셨다. 누가는 예수

---

12) 마태는 또한 12장 25절에서 enthymesis란 단어를 사용했다. 이 단어는 신약 성경에서 단 두 차례 (행 17:29, 히 4:12) 사용되었다. 마샬은 마태가 9장 4절과 12장 25절(그리고 동사인 enthysmeomai 를 1장 20절과 9장 4절에서)에서 enthymesis란 단어를 사악한 또는 틀린 생각들과 연관시켜서 사용한 것 같다고 본다(I. Howard Marshall, The Gospel of Luke, New International Greek Testament Commentary [Grand Rapids: Eerdmans, 1978], 473).

13) 마태와 마가는 이런 사건을 기록하면서 예수께서 적들의 생각을 아셨는지에 대해서는 언급하지 않았다.

님이 그들의 마음을 아셨다고 기록했다(11:17에서 디아노에마타
〔dianoemata〕란 단어를 사용했는데, 이 단어는 신약에서 오직 이 곳에만 사
용되었다).

다섯번째 경우는 세리들이 베드로에게 예수께서도 세금을 내도록 말하라
고 했을 때였다. 예수님께 말씀드리려고 베드로가 집에 들어오자 예수님은
그것에 대해 먼저 말씀하셨다. 예수님이 먼저 말씀하셨다는 것은 세리들이
베드로에게 한 말을 이미 알고 계셨음을 보여주는 것이다(마 17:24-27).

예수님이 대적하는 자들의 생각을 아셨던 여섯번째 사건은 바리새인들과
헤롯 당원들이 "예수로 말의 올무에 걸리게 할까"해서(마 22:15) 로마 황제
에게 바치는 세금에 관해 물었을 때였다. 예수님은 마태가 18절에서 말하듯
이 '저희의 악함을 아셨고' 마가가 마가복음 12장 15절에서 기록했듯이 '그
외식함을 아셨으며' 누가가 기록했듯이 '그 간계를 아셨다' (눅 20:23). 누가
가 사용한 헬라어는 파누기아(panourgia)로서 주로 교활하거나 속임수를 쓰
는 것을 묘사한다(고전 3:19; 고후 4:2; 11:3; 엡. 4:14). 문자적으로 그 단
어는 "어떤 일에 신속함"을 뜻한다.[14] 마가의 다락방에서 열한 제자들은 "우
리가 지금에야 주께서 모든 것을 아시는 줄 아나이다"(요 16:30) 라고 고백
했다.

예수님이 사람들의 생각이 어떤 것인지 아셨다는 사실은 다른 모든 사람
들에 대한 그분의 권세를 보여준다. 그같은 권세를 지닌 지식은 듣는 사람에
게 경이로움, 믿음, 찬양, 거부, 겸손, 분노, 그리고 침묵을 야기시켰다.

주님의 말씀의 최종성

예수님이 하신 말씀의 근원은 유일했고(하나님 아버지로부터 왔음) 예수

---

14) Bauer, Arndt, and Gingrich, Greek-English Lexicon, 608.

님의 지식 또한 유일한 것이었는데, 그 이유는 그 지식이 완전한 것이었기 때문이다. 게다가 주님이 주장하신 것들도 유일한 것들이었는데 그 이유는 그 주장들이 지닌 최종성 때문이었다. 그분이 진리라고 주장하신 것들은 실제와 부합했고 약속하신 것들은 그대로 이루어졌다. 또 그분이 주장하신 것들은 사실이었고 틀림이 없었다. 심지어 종교적으로 대적하던 자들조차도 이같은 사실을 인정할 수밖에 없었다. 그들은 "선생님이여 우리가 아노니 당신은 참되시고 참으로써 하나님의 도를 가르치시며"(마 22:16) 라고 말했다.

예수님은 자신이 주장하신 바에 대해 절대 사과하신 적이 없었다. 그분의 주장들은 조금도 논란의 여지가 있거나 더 조사해야 할 여지가 없었다.[15] 예수님이 말씀하신 것은 확실했는데 그 이유는 단지 그분이 말씀하셨기 때문이었다. 예수님은 자신이 선포하시는 것이 무엇인지 확신하셨다. 로버트슨이 지적하듯이 "주님은 항상 자기가 하시는 말씀이 모든 것에 충분하시듯 말씀하신다."[16] 이같은 점은 주님이 종종 말씀하셨던 "내 말" 그리고 복음서 기자들이 "그분의 말씀"이라고 했던 것에서 명백하게 나타난다.

표 7
예수님의 말씀을 권세 있는 것으로 지적한 참고기록들

"누구든지 나의 이 말을 듣고…"(마 7:24, 26; 눅 7:47, 49)
"내 말은 없어지지 아니하리라"(마 24:35; 막 13:31; 눅 21:33)
이에 베드로가 예수의 말씀에… 하심이 생각나서(마 26:75; 막 14:72; 눅

---

15) G. Campbell Morgan, The Teaching of Christ (Old Tappan, N.J.: Revell, 1913), 4.

16. James Robertson, Our Lord's Teaching (London: Black, 1901), 3.

22:61)

예수께서 이러한 많은 비유로… 말씀을 가르치시되(막 4:33)

"누구든지… 나와 내 말을 부끄러워하면…"(막 8:38; 눅 9:26)

제자들이 그 말씀에 놀라는지라(막 10:24)

저희가 다 그를 증거하고 그 입으로 나오는 바 은혜로운 말을 기이히 여겨…(눅 4:22)

이 말씀을 듣고 하나님을 의롭다 하되(눅 7:29)

백성이 다 그에게 귀를 기울여 들으므로…(눅 19:48)

저희가 예수의 말씀을 기억하고(눅 24:8)

나사렛 예수의 일이니 그는 하나님과 모든 백성 앞에서 말과 일에 능하신 선지자여늘(눅 24:19)

제자들이 이 말씀하신 것을 기억하고 성경과 및 예수의 하신 말씀을 믿었더라(요 2:22)

하나님의 보내신 이는 하나님의 말씀을 하나니(요 3:34)

예수의 말씀을 인하여 믿는 자가 더욱 많아(요 4:41)

"내 말을 듣고 또 나 보내신 이를 믿는 자는 영생을 얻었고"(요 5:24)

"내가 너희에게 이른 말이 영이요 생명이라"(요 6:63)

주여 영생의 말씀이 계시매(요 6:68)

이 말씀을 들은 무리 중에서 혹은 이가 참으로 그 선지자라 하며(요 7:40)

이 말씀은 성전에서 가르치실 때에 연보궤 앞에서 하셨으나(요 8:20)

"그러나 내 말이 너희 속에 있을 곳이 없으므로 나를 죽이려 하는도다"(요 8:37)

"사람이 내 말을 지키면 죽음을 영원히 보지 아니하리라"(요 8:51)

이 말씀을 인하여 유대인 중에 다시 분쟁이 일어나니(요 10:19)

"사람이 내 말을 듣고 지키지 아니할지라도 내가 저를 심판하지 아니하노라"(요 12:47)

"나를 저버리고 내 말을 받지 아니하는 자를 심판할 이가 있으니 곧 나의 한 그 말이 마지막 날에 저를 심판하리라"(요 12:48).
"내가 너희에게 이르는 말이 스스로 하는 것이 아니라"(요 14:10)
"너희의 듣는 말은 내 말이 아니요"(요 14:24)
"너희는 내가 일러준 말로 이미 깨끗하였으니"(요 15:3)
"너희가 내 안에 거하고 내 말이 너희 안에 거하면 무엇이든지 원하는 대로 구하라 그리하면 이루리라"(요 15:7)
"내가 너희더러… 한 말을 기억하라"(요 15:20)
"나는 아버지께서 내게 주신 말씀들을 저희에게 주었사오며"(요 17:8)
이는 예수께서 자기가 어떠한 죽음으로 죽을 것을 가리켜 하신 말씀을 응하게 하려 함이러라(요 18:32)

몰간(Morgan)은 위에 언급한 구절들의 중요성을 다음과 같이 말했다:

> 내가 확신하는 것은 우리가 주님의 신성을 부인한다면 이 중 한 구절도 우리가 믿을 수 없게 된다는 것이다. 그리고 만약 어느 말씀도 의심의 여지가 있다면 어떤 구절이든 하나를 골라서 다른 선생에게 그것을 말하게 해보라. 그러면 그 말이 얼마나 허무맹랑하게 들리는지 확연히 알게 될 것이다. 이 모든 구절들은 그 구절을 말씀하신 분이 완전하고 최종적인 권세를 지니신 분임을 밝히 드러내고 있다.[17]

---

17) Morgan, The Teaching of Christ, 8.
18) NIV번역본은 "내가 진리를 말하노라"라는 표현을 6차례 사용하고 있다. 그렇지만 헬라어의 어순은 다소간 차이가 있다. 누가는 "나는 진실로 네게 말한다"(9:2;

예수님의 말씀의 최종성을 보여주는 또 다른 예는 "내가 진실로 너희에게 이르노니"라는 말씀인데, 주님은 그렇게 말씀을 시작함으로써 말씀에 권위를 더하셨다. 이같은 구절은 사복음서에서 도합 75차례 사용된다[18] (마태복음에 30번, 마가복음에 13번, 누가복음에 6번, 요한복음에 26번 사용됨).[19]

예수님의 권세 있는 가르침을 보여주는 또 다른 구절은 "내가 너희에게 이르노니"란 구절이다. 이 구절은 복음서에 66회 등장하는데[20], 이것 역시 자기 자신의 주장을 말하기보다는 이전 학자들의 견해를 인용했던 율법학자들은 사용하지 않는 표현이었다.

평범한 사람의 한계를 초월하는 주님의 권세는 '나는'이란 말씀들에서도 나타나는데, 특히 요한복음에 기록되어 있다. 예수님은 '나는 생명의 떡' (요 6:35, 41, 48, 51)이고, '나는 세상의 빛' (8:12; 9:5)이며, '나는 문 10:7,

---

12:44; 21:3) 고 3차례 말했고, 요한은 "나는 진리를 말한다" (8:46) 또는 "나는 진리이다" (8:45; 16:7) 라는 말을 3차례 기록했다.

19) 마 5:18, 26; 6:2, 5, 16; 8:10; 10:15, 23, 42; 11:11; 13:17; 16:28; 17:20; 18:3, 13, 18; 19:23, 28; 21:21, 31; 23:36; 24:2, 34, 47; 25:12, 40, 45; 26:13, 21, 34; 막 3:28; 8:12; 9:1, 41; 10:15, 29; 11:23; 12:43; 13:30; 14:9, 18, 25, 30; 눅 4:24; 12:37; 18:17, 29; 21:32; 23:43; 요 1:51; 3:3, 5, 11; 5:19, 24, 25; 6:26, 32, 47, 53; 8:34, 51, 58; 10:1, 7; 12:24; 13:16, 20, 21, 38; 14:12; 16:7, 20, 23; 21:18. 흥미로운 점은 요한이 이같은 예수님의 말씀을 기록할 때, 헬라어인 amen을 반복 사용한다. 바로 이같은 점이 흠정역에서 "진실로, 진실로"라고 반복해서 번역한 동기가 되었다. 이렇게 반복하는 것은 오직 요한복음에서 볼 수 있다.

20) 마 5:20, 22, 28, 32, 34, 39, 44; 6:25, 29; 11:9, 22, 24; 12:6, 31, 36; 16:18; 17:12; 18:10, 19, 22; 19:9, 24; 21:43; 23:39; 26:29, 64; 막 2:11; 5:41; 9:13; 11:24; 눅 5:24; 6:27; 7:14, 26, 28, 47; 10:12; 11:8, 9, 51; 12:4, 5, 8, 22, 27, 51, 59; 13:3, 5, 24, 35; 14:24; 15:7, 10; 16:9; 17:34; 18:8, 14; 19:26, 40; 22:16, 18, 34, 37; 요 4:35; 13:33.

9)이고, '나는 선한 목자'(10:11, 14)이고, '나는 부활이요 생명'(11:25)이며, '나는 길이요 진리요 생명'(14:6)이고 '나는 포도나무'(15:1, 5)라고 말씀하셨다. 이같은 모든 주장 또한 전례 없는 것이었다!

이같은 주장들 외에 이미 이루어졌거나 또는 앞으로 이루어질 예수님이 하신 많은 약속들과 수많은 예언들도 있다. 이같은 말씀을 주님이 하실 때 듣는 사람들은 강력한 권세를 느꼈다. 사람들은 주님의 말씀에 권세가 있음을 느꼈고, 그에 따라 반응했다(부록을 보라). 예수님은 제자 하나 하나에게, 또한 한 무리로서 열두 제자에게, 악령들에게, 낫게 해주신 병자들에게, 요한의 제자들에게, 혼인 잔치에서 하인들에게, 삭개오에게, 바리새인들에게, 막달라 마리아에게, 도마에게, 군중들에게, 사단에게, 그리고 심지어는 죽은 자들에게도 명령하셨다!

예수님이 하신 수많은 직접적인 명령들과 더불어, 복음서 기자들은 예수님이 어떤 특정한 사건과 관련하여 여러 가지를 명하신 경우를 상당수 기록했다. 예수님은 악령들에게 떠날 것을 명하셨고(막 1:25; 9:25; 눅 4:36; 8:29), 자신이 병을 고쳐주신 사실을 말하지 말도록 사람들에게 명하셨고(막 3:12; 5:43; 7:36; 눅 5:14; 8:56), 제자들에게 강 건너 다른 쪽으로 갈 것을 명령하셨고(마 8:18), 바람과 풍랑에게 잔잔해질 것을 명령하셨고(눅 8:25), 제자들에게 자신이 하나님의 아들이란 사실을 말하지 않도록 명령하셨고(눅 9:21), 거지 소경을 주님 앞으로 데려오도록 명령하셨고(눅 18:40), 베드로에게 칼을 버리라고 명령하셨으며(요 18:11), 제자들이 서로 사랑하도록 명령하셨다(요 13:34; 14:15, 21; 15:10, 12, 14, 17).

예수님의 가르치심이 보여주는 누구도 비교할 수 없는 높으신 권세에 대해 어떤 의심도 있을 수 없다. 성부 하나님이 변화산 상에서 베드로와 야고보와 요한에게 "이는 나의 아들 곧 택함을 받은 자니 너희는 저의 말을 들으라"(눅 9:35)고 말씀하신 것은 지극히 당연한 것이었다!

우리도 예수님의 권세로 가르칠 수 있는가?

오직 예수님만이 하나님의 아들이시므로, 오직 그분만 하나님 아버지께로부터 오는 고유한 권세로 가르칠 수 있으셨다. 우리의 권세는 파생적인 것이다. 그러므로 우리는 예수님처럼 하나님 아버지로부터 직접 말씀을 받거나, 다른 사람들의 생각을 완벽하게 이해하거나, 누구와도 비교할 수 없는 절대적인 주장들을 할 수 있거나, 하신 명령들에 대해 주권자적인 권세를 행하기를 기대할 수는 없다.

그렇다면 왜 그분의 권세에 대해 생각해보는가? 그 이유는 예수님의 말씀을 통하여 그분의 권세를 물려받을 수 있기 때문이다. 그리스도는 하나님의 말씀을 권세 있게 밝히셨다. 우리도 '하나님의… 계시에 충실한' 한도 안에서 하나님의 권세를 지닌, 권위 있는 가르침이 가능하다.[21] 권세는 우리 자신에서 오는 것이 아니라 우리가 가르치는 성경에서 오는 것이다. 하나님은 최종적 권세자이시며 성경은 하나님이 우리에게 계시하신 것처럼 "하나님이 부여하신 권세를 지니고 있다."[22] 이렇게 성경이 우리들에게 '진리에 대한 절대적 표준과 시금석'[23]이므로, 성경에 충실하는 한 권세를 가지고 가르칠 수 있다. 우리가 말하는 것이 권위 있는 것이 아니라 하나님이 성경을 통하여 하시는 말씀에 권위가 있는 것이다. 권세 있는 가르침은 우리가 하나님이 말씀하신 것을 말할 때 가능하다!

---

21) Robert W. Pazmino, Principles and Practices of Christian Education (Grand Rapids: Baker, 1992), 125.

22) Roy B. Zuck, Teaching with Spiritual Power (1963; reprint, Grand Rapids: Kregel, 1993), 118.

23) 같은 책.

예수님의 권세 있는 가르침과 우리의 가르침 사이의 비슷한 점과 다른 점들은 다음과 같은 식으로 요약해볼 수 있다.

1. 예수님의 말씀은 하나님 아버지께로부터 왔다. 예수님은 성부 하나님이 가르치도록 명하신 것만을 가르쳤다.

하나님의 말씀을 열심히 연구하고 가르치는 것이 주님의 말씀을 다른 사람들에게 전달하기 위한 기본이다. 우리는 하나님 아버지로부터 시작해서 성자 하나님과, 우리를 거쳐(성경을 통해) 우리가 가르치는 학생들에게까지 연결되어 있는 하나님의 대화 체인의 일부분이다. "우리는 우리 마음을 사용하여 어떤 주제에 정통할 수 있다. 예수님이 절대적인 전문 지식을 지니시고 가르치셨던 것처럼, 우리 또한 연구를 통하여 어느 정도 전문적 지식을 지닐 수 있다."[24]

2. 예수님은 다른 사람들의 생각을 간파할 수 있는 초월적인 능력을 지니셨다. 우리에게는 학생들의 나이에 따른 특성들을 파악하며, 학생 개개인의 환경과 성격, 관심거리, 문제, 장단점 같은 특징들을 알아가는 연구가 필요하다.

3. 예수님은 자신에 대해 그리고 자신의 가르치심에 대해 독특한 주장들을 하셨다. 주님은 영원하며 반드시 이루어질 말씀을 하시며 "내가 진리를 말하노니," "내가 너에게 말하노니," 그리고 "나는… 이다"라고 하셨다.

우리는 다른 사람들로 하여금 반드시 따라야 하는 주장을 하신 예수님과, 그분의 말씀이 충실히 기록되어 있는 성경만을 바라보도록 이끌 수 있다.

4. 예수님은 개인들과 단체들을 향해 수많은 명령─그분을 따르라는 것과 그분을 본받는 것 그리고 가르치심에 순종하라는 명령─을 내리셨다.

---

[24] Robert E. Delnay, Teach as He Taught (Chicago: Moody, 1987), 31.

우리는 학생들이 성경에 나타난 그분의 명령들을 배우고 그리스도께 순종함으로 그 명령을 따르도록 자극을 줄 수 있다.

이런 방법들을 통해 우리의 가르침은 새로운 맛과 엄청난 활력을 지닐 수 있게 된다. 비록 우리의 권세는 자생적인 것이 아닌 받은 것이지만, 우리는 주님이 가르치신 것처럼 가르칠 수 있는 것이다.

당·신·도·할·수·있·다

- 가르칠 준비를 할 때 완벽하게 하라. 준비를 잘 하면 잘 할수록 주님이 당신을 더욱 효과적으로 사용하실 수 있다. 충분히 읽고, 연구하고, 묵상하고, 생각하고 기도할 수 있기 위해서는 월요일부터 준비하기 시작해야 한다.

- 준비할 때 '살았고 운동력 있는'(히 4:12) 하나님의 말씀을 가르치고 있다는 사실을 인식하면서 주님께 자신감을 달라고 기도하라.

- 당신이 가르치는 학생들의 나이에 맞는 특성들에 관해 여러 자료를 읽으라. 그 같은 특성들이 여러분이 맡고 있는 학생들 또는 하나하나에게 어떻게 뚜렷이 나타나는지 주목하라.

● 작은 수첩이나 단어장 등을 준비하여 학생들의 가정 환경, 현재 닥치고 있는 문제점, 그리고 관심거리들을 적으라. 만일 이같은 점들을 모른다면, 학생들과 시간을 보내라. 학생들을 집으로 초대하기도 하고, 그들의 집을 방문하기도 하라. 수업 전과 후에 대화를 나누고, 전화로 대화하기도 하며 친교 행사에도 같이 참석해보라.

● 학생들로 하여금 하나님이 성경을 통하여 그들에게 주시는 명령들을 알고 순종하도록 이끌어주라. 하나님의 말씀은 반응을 요구한다는 점에 주목하게 하라.

5

예수님이 보여주신 위대한 교사의 자질들(1)

나의 멍에를 매고 내게 배우라 (마 11:29)

당신이 만났던 교사들을 기억해보라. 어떤 교사들은 정말 훌륭한 교사들이었고, 어떤 이들은 평범하거나 그런대로 봐줄 만했을 것이다. 그리고 교사로서의 자질이 부족하다고 생각되는 교사도 있었을 것이다. 그런 교사들은 대화를 효과적으로 이어가지 못했고, 수업을 흥미롭게 이끌지 못했으며, 학생들을 불편하거나 지루하게 만들었을 것이다.

이같이 학생들을 잘 가르치지 못한 교사들의 교수 방법은 어떤 문제가 있는 것일까? 거기에 대해 다른 학생들이 말하는 것을 들어보거나 당신의 의견이 있을 것이다. 다음에 열거하는 14가지 사항들은 교수 과정에서 학생들이 흔히 느낄 수 있는 것들 중에서 특별히 몇 가지를 뽑은 것이다. 그런 것들이 여러 가지의 비효과적인 교수법들과 어떻게 연관되는지 살펴 보라.

서투른 교사들에 대한 학생들의 평가	이같은 평가를 통해 알 수 있는 부족한 점
1. "그 선생님은 주님을 깊이 알거나 사랑하지 못하고, 또 인격이 온전치 못해 보인다."	1. 성숙함
2. "내용을 충분히 준비하지 않고 또 잘 알지도 못한다."	2. 내용 이해도
3. "가르치는 것에 확신이 없다."	3. 확실함
4. "교사라고 거만하게 군다."	4. 겸손
5. "자기가 가르친 대로 살지 않는다. 심지어는 정반대로 행동할 때도 있다."	5. 일관성
6. "자신이 준비한 내용 밖의 다른 주제를 토의하지 못하게 한다.	6. 즉흥성
7. "말은 많이 하는데 무슨 말을 하는지 잘 이해할 수 없다."	7. 명확성
8. "본인 스스로 가르치는 내용에 흥미가 없다."	8. 긴박감
9. "수업 진행 방식이 항상 똑같고 다른 보조 교재를 전혀 사용하지 않는다."	9. 다양함
10. "수업 시간이 끝나기도 전에 가르칠 밑천이 바닥을 보인다."	10. 충분한 내용
11. "우리가 무엇을 좋아하고 무엇을 필요로 하는지 전혀 관심이 없다."	11. 공감성
12. "수업 시간 이외에는 우리와 따로 시간을 내서 만나지 않는다."	12. 친밀감
13. "학생들의 마음을 전혀 고려하지 않는다. 어떤 때에는 우리 마음을 너무 몰라준다."	13. 민감함

14. "가르치는 내용이 우리의 실생활에 연관되지 않고 그것을 생활에 어떻게 적용할 수 있는 것인지 가르쳐주지 않는다."	14. 연관성

당신이 알고 있는 훌륭한 교사들은 위의 표에서 오른쪽 칸에 있는 자질들을 소유하고 있을 것이다. 유능한 교사들은 인격적으로, 또 영적으로 성숙하고, 가르치는 내용을 완전히 파악하고 있으며, 표리부동한 삶을 살지 않고, 자기가 가르치는 내용을 확신한다. 또한 그들은 겸손하고 자연스러우며, 융통성이 있고 전달하고자 하는 내용을 분명하게 전달한다. 그리고 가르치는 가운데 교사로서의 열정과 가르치는 내용의 절박함이 배어난다. 또한 능숙한 교사들은 다양한 방법으로 내용을 전달한다. 그리고 가끔씩 알려주고 싶은 것은 많은데 주어진 시간이 너무 짧아 아쉬워하기도 한다. 그들은 학생들을 사랑하고 관심과 감정을 함께 나눈다. 항상 민감한 마음을 갖고 있으며 학생들의 감정을 상하지 않으려고 조심한다. 그리고 학생들이 배운 진리를 자신들의 삶에 적용할 수 있도록 이끌어준다.

예수님은 훌륭한 교사가 지니는 이 14가지 자질들을 모두 갖추셨으며, 그 모든 것을 지속적으로 보이셨다! 예수님은 유일하면서 절대적인 권세로 가르치셨을 뿐 아니라(4장을 보라), 이와 같은 14가지 자질들을 보여주심으로써 교수 과정의 모범을 세워주셨다. 위대한 교사이신 예수님이 남기신 모범을 살펴봄으로써, 우리도 더욱 유능한 교사가 될 수 있을 것이다. 이번 장에서는 그중 8가지를 살펴보고 나머지는 다음 장에서 알아보기로 하자.

성숙함

인간의 입장에서 볼 때 예수님은 모든 면에서 균형을 이룬 성숙하신 분이셨다. 우선 완전한 신성을 소유하신 하나님의 아들로서 영적으로 성숙하셨다. 그분은 어렸을 때 "자라며 강하여지고 지혜가 충족하며 하나님의 은혜가 그 위에 있었다"(눅 2:40). 이 말씀은 예수님이 신체적, 정신적, 영적으로 성장해가셨음을 말해준다. 청소년기에는 "그 지혜와 그 키가 자라가며 하나님과 사람에게 더 사랑스러워" 가셨다(2:52). 이것은 그분이 정신적('지혜와'), 신체적('키가'), 영적('하나님께 더 사랑스러워') 그리고 사회적('사람에게 더 사랑스러워') 네 가지 면에서 성숙해 지셨음을 보여준다. 52절의 자랐다(prokapto)는 말은 '진행하다 또는 진전되다'란 뜻이다. 이 단어는 '방해물을 제거하면서 앞으로 나아간다'는 원 뜻을 상실했다.[1] 이 단어는 이곳 외에는 신약 성경의 로마서 13장 12절, 갈라디아서 1장 1절, 디모데후서 3장 9절에서만 사용되었는데 '군대가 진행할 수 있도록 선발대가 나무를 제거한다'는 의미로부터 파생되었으며, 앞으로 나아가고 있음을 나타내는 것이다.[2] 헬리키아(Helikia, '키')라는 단어는 보통 나이를 뜻하는 말로 이 구절과 누가복음 19장 3절에서는 신장을 말한다.

누가복음 2장 40절과 52절은 완벽한 발달 상황을 보여준다. 예수님은 참으로 성숙하셨다. 그 결과, "그분은 주위 사람들에게서 더욱 더 존귀과 애정

---

1) I. Howard Marshall, The Gospel of Luke, New International Greek Testament Commentary (Grand Rapids: Eerdmans, 1978), 130.

2) F.W. Farrar, The Gospel according to St. Luke, Cambridge Greek Testament for Schools and Colleges (Cambridge: Cambridge University Press, 1884), 125.

3) Norval Geldenhuys, Commentary on the Gospel of Luke, New

을 받으셨고 아는 사람들로부터 최고의 존경과 사랑을 누리셨다."3)

오늘날 교사들이 사람들로 하여금 하나님의 부르심을 받아들이게 하기 위해서는 정신적, 영적 그리고 사회적으로 조화를 이룬 성숙함이 요구된다.

내용 이해도

예수님은 가르치시는 내용을 확실히 파악하셨다. 하나님을 알리시고(요 1:18; 17:26) 그분의 말씀을 주시려고(요 3:34; 14:10, 24; 17:8) 이 세상에 오신 예수님은 가르치신 내용을 완벽하게 이해하셨다. 예수님은 강의 노트에 의존하지도 않으셨고, 무슨 말을 해야 할지 잊으신 경우도 없었으며, 준비가 부족한 적도, 친구나 적으로부터의 질문에 당황하거나 혼란스러워 하신 적도, 무엇을 전달해야 할지 주저하시는 경우가 없었다. 주님은 말씀하셨고 사람들은 단 한마디도 놓치지 않으려고 귀 기울였다(눅 19:48).

예수님은 사셨던 장소와 시간으로 인해 세 가지의 언어를 아셨다. 아람어는 히브리어와 관계 있는 셈족어로서 예수님의 모어였을 것이다. 그 이유는 '아람어가 당시 일세기 팔레스타인 지방의 토착 언어로 통용되었기' 때문이다.4) 이런 사실은 누가가 사도행전 1장 19절에 아람어(아겔다마, 피밭)를 인용하면서 이 말이 당시 예루살렘 사람들의 본방언이라고 표현한 것을 통해 알 수 있다. 그리고 복음서 기자들은 헬라어로 기록된 본문 가운데 예수님이

International Commentary on the New Testament (Grand Rapids: Eerdman, 1951), 130.

4) Robert H. Stein, The Method and Message of Jesus' Teachings (Philadelphia: Westminster, 1978), 5.

5) 참조. 같은 책

말씀하신 여러 개의 아람어도 기록했다.5)

아바(아버지, 눅 14:36)

바(아들, 마 16:17)

보니게(우뢰의 아들들, 막 3:17)

게바(베드로, 요 1:42)

엘리 엘리 라마 사박다니(나의 하나님, 나의 하나님, 어찌하여 나를 버리셨나이까, 마 27:46; 막 15:34)

에바다(열리라, 막 7:34)

게헨나(지옥, 마 5:22, 29, 30; 10:28; 18:9; 23:15, 33; 막 9:43, 45, 47; 눅 12:5; 16:23)

맘몬(돈, 마 6:24; 눅 16:9, 11, 13)

파스카(유월절, 마 26:2, 18; 막 14:14; 눅 22:8, 11,15)

랍비(선생, 마 23:7-8)

라가(바보, 마 5:22)

사바타(안식일, 마 12:5, 11; 막 3:4)

사타(가루 서말, 마 13:33)

사타나스(사단, 마 4:10; 12:26; 16:23; 막 3:23, 26; 4:15; 8:33; 눅 10:18; 11:18; 13:16; 22:31)

달리다굼(소녀야 내가 네게 말하노니 일어나라, 막 5:41)

또한 복음서에 있는 몇몇 표현들은 아람어적인 것들로서, 원래는 아람어였던 것이 희랍어로 번역된 것이다.6)

---

6) 같은 책, 그리고 Joachim Jeremias의 New Testament Theology, John Bowden 번역 (New York: Scribner's Sons, 1971), 6-7

그리고 예수님이 히브리어를 읽고 말씀하신 것도 의심할 여지가 없다. 예수님은 마태복음 5장 18절에서 '일점 일획'이란 히브리어의 알파벳을 말씀하셨는데, '일점'이란 히브리 알파벳 중 '요드'를 의미하고, '일획'이란 히브리 알파벳의 작은 부분을 가리킨다. 또한 주님은 구약을 자주 인용하셨다. 예수님은 여섯 살 때부터 유대인 학교에서 히브리어를 공부하셨을 것이다.[7] 아동들을 위한 학교는 각 지방의 회당들에 있었다. 그러나 예수님 당시 아동들은 초등학교에 입학하기 전에 가정에서 성경을 암송하고 히브리어를 읽을 수 있도록 교육받았다. 아이들은 다섯 살이 되면 가정에서 구약의 레위기를 공부하기 시작했다.[8] 예수님은 12살 때 성전 뜰에서 선생들과 히브리어로 대화를 나누었을 것이다(눅 2:46-47).

그리고 예수님은 분명히 헬라어를 말씀하셨을 것이다. 그 이유는 헬라어가 예수님의 고향인 나사렛 지방에서 그리 멀지 않은 세포리스와 가이사랴 그리고 디베랴 지방의 언어였기 때문이다.[9] 또한 요단강 동쪽 지역의 헬라 제국이 건설했던[10] 도시들로 이루어진 데가볼리에 계셨을 때 헬라어로 말씀하셨을 것이 분명하다(막 5:20; 7:31). 그리고 가버나움에서 유대인 장로들과 백부장의 하인에 관해 이야기를 나누셨을 때(눅 7:1-10) 그 장로들은 아마도 예수님이 헬라어로 하신 말씀을 백부장에게 전했을 것이다. 왜냐하면 백부장은 유대인이 아니었기 때문이다(5-9절).

두로와 시돈 근처 북부 지역을 방문하셨을 때 예수님은 악령에 시달리던 어린 여자 아이를 치유해주셨는데(마 15:22-28; 막 7:25-30), 이 아이의 어미였

---

7) Alfred Eerdsheim, Sketches of Jewish Social Life in the Days of Christ (1876; 1976년도에 Grand Rapids: Eerdmans사를 통해 재출판), 133.

8) 같은 책, 130.

9) Frederick W. Farrar, The Life of Christ (New York: DOran, 1876), 42.

던 '헬라인이요 수로보니게 족속' (막 7:26)인 가나안 여인에게 헬라어로 말씀하셨을 것이다(마 15:22). 또한 빌라도와의 짧은 대화도 헬라어를 알고 계셨기에 가능했을 것이다(마 27:11; 막 15:1-5; 눅 23:1-3; 요 18:33-37; 19:8-11).

예수님은 자신과 대화하는 사람들이 사용하는 언어와 주제를 완전하게 이해하셨기 때문에 매우 능력있는 선생이 되셨던 것이다. 이같은 사실은 오늘날 모든 교사들이 주제들을 분명히 알고, 완벽하게 준비하며, 가르치는 내용을 학생들의 이해 수준에 잘 맞게 가다듬을 것을 요구한다. 하나하나의 수업을 적절하게 준비하기 위해서는 (하나님의 아들로서 준비 없이도 가르치실 내용을 완전히 통달하셨던 주님과 같지 않은 우리들로서는) 많은 연구가 필요하다. 그 연구가 시간과 노력을 들일 만한 일인가? 물론이다. 왜냐하면 완벽한 준비는 더욱 효과적인 수업을 낳기 때문이다.

확실함

예수님은 가르치실 내용을 완벽히 이해하셨기 때문에 확신 있게 말씀하셨다. 예수님은 가르치시는 내용에 의심을 보이거나 느끼지 않으셨다. 진리를 주장하실 때 한번도 '아마', '혹시' 또는 '어쩌면' 같은 말을 하지 않으셨다. 예수님은 복음서에서 한번도 불확실한 말투를 사용하지 않으셨다. '그렇게 생각한다' 든지 '아마 너희들은 그럴지도,' 또는 '이것이 아마 진리일 것이다,' '이것이 올바른 것이길 바란다' 아니면 '나는 모르겠다' 는 말을 한번도 사용하신 적이 없다. 예수님은 절대로 말을 더듬지 않으셨으며 흐릿하게 또는 변명하는 식으로 하지 않으셨다. 예수님은 자신의 메시지를 아셨고 그것

---

10) Howard G. Hendricks, "Following the Master Teacher," in The Christian

을 선포하실 때 절대 더듬지 않으셨다.[10]

　오늘날의 교사들도 얼마만큼 준비를 잘 하느냐에 따라 확실함과 확신을 가지고 가르칠 수 있다. 자기가 말하는 것에 자신이 없는 교사들은 배우는 학생들의 마음에 확신을 심어줄 수 없다. 불확실함은 다른 불확실함을 키울 뿐이다.

　물론 어떤 경우에는 교사도 '모르겠다'고 말할 필요가 있고 또 어떤 경우에는 특정 성경 구절에 대한 해석이 여러 가지로 갈린다는 것을 인정해야 할 때도 있다. 하지만 그런 경우에도, 확실한 답을 더욱 찾아보겠다든지, 아니면 어떤 영적인 문제들은 우리의 한정된 이해력으로는 확실한 답을 얻을 수 없다는 사실을 알려줄 수 있다.

겸손

　바울은 성육신하신 예수님은 '자신을 낮추셨다' (빌 2:8)고 기록했다. 예수님이 이 땅에 오신 것은 종의 모습을 지니고 오신(빌 2:7) 겸손한 행위였다. 그렇기 때문에 인자이신 예수님은 '섬김을 받으러 온 것이 아니라 섬기러 왔다' (마 20:28; 막 10:45)고 하셨고 '섬기는 자로 너희들 중에 있다' (눅 22:27)고 말씀하셨던 것이다.

　겸손에 대한 그같은 말씀들은 예수님을 대적하던 자들, 즉 바리새인들과 율법학자들의 교만한 모습과 매우 뚜렷한 대조를 보였다(눅 18:9; 마 23:5-7). 예수님은 외식하는 바리새인들의 교만을 지적하신 후, 제자들에게 다음

Educator's Handbook on Teaching, ed. Kenneth O. Gangel and Howard G. Hendricks (Wheaton, Ill.: VIctor; 1989), 20.

과 같이 말씀하셨다: "너희 중에 큰 자는 너희를 섬기는 자가 되어야 하리라. 누구든지 자기를 높이는 자는 낮아지고 누구든지 자기를 낮추는 자는 높아지리라"(마 23:11-12).[11] 섬기는 자가 되어야 큰 자가 된다는 말씀은 얼마나 충격적인 말인가!

'섬긴다'는 단어는 Diakoneo라는 헬라어로서, "하찮은 일, 즉 다른 사람이 식사하는 동안 시중을 들거나 가정의 필요를 돌보는 일로, 품위가 없는 일"을 의미한다.[12] 헬라인들에게는 그같은 복종과 의존은 명예롭지 못한 것이었다. "헬라인들의 관점에서 보면 섬기는 행위는 고상한 일이 못되었다. 섬기지 않고 지배하는 것이 남자들에게 적합한 모습이었다… 헬라 남성의 지혜와 자유에 비추어보면 다른 사람들을 섬기는 일은 그들 생활에 맞지 않았다."[13] 분명히 유대인들은 섬김에 대해 이같은 태도를 받아들였다.[14]

거만한 모습으로 사람들의 칭송과 찬양을 받으려 했던 율법학자들과는 달리 예수님은 겸손을 보이셨고 제자들에게도 같은 것을 명하셨다. 이같은 가르침은 주님이 종들처럼 제자들의 발을 씻어주신 사건 속에 아주 분명히 나타났다(요 13:1-17).

가르침은 섬김의 기술로서, 다른 이들을 자신에게가 아니라 겸손히 그리

---

11) 누가는 예수님의 동일한 말씀을 전에 두 차례 기록했는데, 하나는 초대받은 사람들이 상좌를 택하는 사건에서였고 (눅 14:1-11), 또다른 하나는 바리새인과 세리의 기도에 관한 비유를 말씀하신 후였다 (눅 18:9-14). 주님은 또한 제자들에게 어린 아이처럼 스스로를 낮추라고 말씀하셨다 (마 18:4).

12) J. Gary Inrig, "Called to Serve: Toward a Philosophy of Ministry," Bibliotheca Sacra 140 (10-12월호, 1983): 336.

13) Theological Dictionary of the New Testament, "diakonew, diakonia, diakonos," H.W. Beyer, 2:82-83.

14) The New International Dictionary of New Testament Theology, "Serve, Deacon, Worship," K. Hess, 3:545.

스도와 그분의 말씀으로 인도하는 과정이다. 그러므로 교사에게 교만이란 절대 금물이다. 바울은 이 점을 강조하기 위해 다음과 같이 서로 연관된 두 구절을 말했다: "높은 데 마음을 두지 말며… 스스로 지혜 있는 체 말라"(롬 12:16). 첫번째 구절은 분사로서 문자적으로는 '자기 자신을 지혜롭게 생각하지 말라' 는 말이다.

자신을 높이고자 하는 마음으로는 학생들에게 존경을 받을 수 없다. 오히려 자신을 낮추고 종의 자세를 취할 때 학생들이 존경하게 된다. 교만은 불쾌감을 조장하고, 겸손한 섬김은 감사를 가져온다. 교만은 반발하게 만들고 겸손은 빨려들게 한다. 당신이 가르치는 진리에 학생들이 반응을 보이기를 원하는가? 그렇다면 교수 과정 속에 교만(그리고 섬기기를 꺼리는 마음)이라는 장애물이 버티고 서있지 못하게 하라. 겸손한 태도가 효과적인 가르침을 낳는 법이다. 유능한 교사들은 '내 마음은 온유하고 겸손하니' (마 11:29) 라고 말씀하신 주 예수님의 본을 따른다.

일관성

배우는 사람들이 하나님의 말씀대로 살지 못하게끔 하는 가장 빠른 길은 교사의 모순된 생활이다. 학생들에게는 이렇게 살라고 가르치지만 정작 교사 자신은 그렇게 살지 않을 때 더 이상의 배움은 없다. 우리가 '선포한 그대로 실천하지 않는' (마 23:3에서 예수님이 바리새인들을 책망하신 것처럼) 모습을 학생들이 볼 때, 학생들은 우리와 성경과 주님을 확신하지 못한다. 선생들이 가르치는 것과 사는 모습이 하나되는 것을 학생들에게 보여줄 때, 그들도 자신들의 삶 속에 그런 모습이 형성되길 원한다. 진리를 따라 사는 모습은 우리가 전하는 말씀에 힘을 더해주어 우리가 가르치는 것을 더욱 굳세게 한다.

예수님은 생활과 가르침이 완벽하게 일치된 모습을 보여주셨다.[15] 예수님은 제자들에게 원수를 사랑하라고 가르치셨고(마 5:43-48), 그렇게 하셨다(눅 23:24). 그분은 제자들에게 기도하라고 가르치셨고(마 6:5-15; 7:7-12; 9:38; 막 11:22-26; 눅 6:28; 11:1-13; 18:1), 그렇게 하셨다(마 14:23; 막 1:35; 6:46; 눅 5:16; 6:12; 9:28; 22:41, 44; 요 17:1, 9, 20). 그분은 제자들에게 믿고 염려하지 말라 하셨고(마 6:25-33; 눅 12:4-7, 22-34; 요 14:1), 자신도 하나님을 전적으로 신뢰하셨다(마 26:39, 42; 막 14:36). 그분은 제자들에게 서로 사랑하라 가르치셨고(요 15:12a, 17), 그들을 사랑하셨다(요 15:9, 12절b).

예수님의 삶은 가르치신 내용과 조금도 모순되지 않았다. 그분의 삶의 모습은 그분이 가르치신 그대로였다. 그분의 성품은 가르치신 내용과 일치했다. 예수님은 '내가 곧 진리'(요 14:6)라고 선포하셨고, 진리로서 사셨다!

그러기에 예수님은 유대인 지도자들에게 "너희 중에 누가 나에게 죄가 있다 할 수 있느냐?"(요 8:46) 라고 물으실 수 있었다. 빌라도 또한 "대제사장들과 무리에게 이르되 '내가 보니 이 사람에게 죄가 없도다'(눅 23:4), '이 사람이 무슨 악한 일을 하였느냐 나는 그 죽일 죄를 찾지 못하였나니'(눅 23:22)"라고 말할 수밖에 없었다. 예수님과 함께 십자가에 달린 두 행악자 중 하나도 "이 사람의 행한 것은 옳지 않은 것이 없느니라"(눅 23:41)고 했고, 백부장도 예수님이 십자가에서 죽으시는 모습을 보고 "이 사람은 정녕 의인이었도다"(눅 23:47) 라고 말했다.

예수님은 여러 해 동안 제자들과 매일 함께 지내심으로써 가르치신 것을

---

15) William Gorden Blaikie, The Public Ministry of Christ (London: Nisbet, 1883; 재출판, Minneapolis: Klock and Klock, 1984), 151.

직접 본으로 보여주셨다. 제자들은 예수이 어떻게 사시는지, 어떻게 반응을 보이시는지, 어떻게 대적하는 자들에게 대답하시는지, 어떻게 가난한 자들에게 긍휼을 베푸시는지, 어떻게 방해하는 일들을 다루시는지, 어떻게 기도하시는지, 어떻게 참으시는지, 그리고 어떻게 용서하시는지 직접 볼 수 있었다. "함께 지내심으로 제자들을 더 효과적으로 가르치실 수 있었으며, 그보다도 더 중요한 것은 제자들이 하루 24시간 내내 그분이 사역하시는 모습을 지켜볼 수 있었다는 것이다… 열두 제자들은 그리스도의 있는 모습 그대로를 매일, 매시간 지켜보았다."16)

예수님은 열두 제자들을 부르셔서 자신을 따르게 하셨다(마 4:19; 8:22; 9:9; 19:21; 막 1:17; 2:14; 10:21; 눅 5:27; 9:59; 18:22; 요 1:43; 21:19, 22). 그분을 따른다는 것은 그분과 함께 지내면서, 그분을 관찰하고 모방하는 것을 의미했다. 또한 예수님과 함께한다는 의미는 개인적 희생을 감수하고 자신을 주님과 동일시하며(막 8:34) 주님을 닮아가는 것이다. 예수님은 이 일의 목표를 다음과 같이 말씀하셨다: "무릇 온전케 된 자는 그 선생과 같으리라(눅 6:40)."

교육자들은 오래 전부터 교사가 학생들과 개인적으로 관계를 형성하는 것이 매우 중요하다는 사실을 인식해왔다. 관계 형성을 통해 교사가 인격적인 모범을 보일 때 학생들의 배우고자 하는 열의가 증가한다. "교사는 말보다 인격을 통해 훨씬 더 많은 것을 가르친다는 것은 교육적으로 자명한 이치

---

16) Dennis Neil Cramer, "A Study of the Teaching Ministry of Christ in the Light of Developing Leadership in the Local Church" (Dallas Theological Seminary, 석사 논문, 1969), 26.

17) Herman Harrel Horne, Jesus the Master Teacher (재출판, Grand Rapids: Kegel, 1964), 143.

다… 우리는 사람들과의 부대낌을 통해 배운다."17) "가르치는 자와 배우가 가까울수록 학습 능력이 크게 신장된다."18) 학생들의 삶에 미미한 영향을 끼치는 현대 그리스도인 교사에 관해 커시(Kirsch)는 다음과 같이 기록했다: "학생들과의 개인적인 관계야말로 그리스도인 교사가 단지 머리로만 배우는 것의 한계를 넘어 학생들의 삶에 영향을 미칠 수 있는 유일한 것이다. 학생들은 자기가 높이 평가하는 사람에게서가 아니라면 성경에 관한 어떤 가르침도 소중하게 받아들이거나 순종하지 않을 것이다."19)

일관성과 성실에 관한 주님의 본보기는 교사들에게 세 가지 가르침을 주는데, 첫째는 '말씀을 듣기만 하는 것이 아니라 실천하는 사람들'(약 1:22)이 되도록 성령님의 도우심을 계속 구하는 그리스도인의 성품과 성경적 자질들의 본이 되어준다. 둘째로, 주님은 교사가 교실 밖에서도 학생들과 함께하는 시간을 갖는 것이 중요하다는 사실을 보여준다. 이렇게 할 때 학생들을 더 잘 이해할 수 있고 그들이 배운 것을 어떻게 활용하는지 살펴볼 수 있다.20) 또한 학생들이 교사에게 감사하게 되고 교사의 견해와 가치를 귀하게 여기며, 하나님의 진리는 진실로 역사하며 현 시대에 적합한 실제적인 것이라는 사실을 깨닫게 한다.

셋째로, 주님의 본보기는 교사들이(주님의 지식과 완전하심에 비해) '지식이 부족한 것을 시인하고, 실수를 인정하며 용서를 구할' 필요가 있음을 가르쳐준다.21)

---

18) Edward Kuhlman, Master Teacher (Old Tappan, N.J.: Revell, 1987), 78.

19) Philip L. Kirsch, "Personal Interaction: The Missing Ingredient in Christian Education," Journal of Christian Education 3 (1982): 50.

20) 같은 책. 49.

21) Robert W. Pazmino, Principles and Practices of Christian Education (Grand Rapids: Baker, 1992), 128.

즉흥성

예수님은 매일 지정된 시간에 학생들과 앉아 정해진 학습 내용을 가르치지 않으셨다. 물론 전하실 주제는 이미 분명히 정해놓으셨고, 그리고 제법 긴 강의도 여러 번 하셨지만, 대부분의 경우 사전 계획 없이 주변 여건의 흐름에 맞게 즉각적으로 '가르치기에 매우 좋은 순간'을 만들어 가르치셨다.

르바(LeBar)는 다음과 같이 말했다: "복음서를 보면 예수님의 가르침의 약 절반 정도가 학생들이 먼저 배우기를 원했던 경우임을 알 수 있다… 학생들이 자원해서 수업받기를 원한다면 가르치는 일이 얼마나 수월할까! 학생들쪽에서 먼저 배우고자 할 때, 우리는 그들의 높은 관심과, 집중 상태 그리고 개인 참여도에 고무될 수 있을 것이다."[22]

표 8은 마태복음에 나타난 그런 경우들을 기록한 것이다. 이렇게 가르치기에 매우 좋은 순간들은 대부분 좋은 질문이 있기에 가능했다(예수님의 질문 사용법에 대해서는 15장을 보라). 당신 스스로 마가복음과 누가복음 그리고 요한복음에 나오는 이런 상황들을 도표로 만들어보면 아주 재미있는 공부가 될 것이다.

― 표 8 ―
예수님이 즉흥적으로 가르치신 경우들에 관한 마태복음의 기록들

사건들	가르침
백부장 하인을 고치심(8:5-13)	천국에 관한 주제(8:11-12)

---

[22] Lois E. LeBar, Education That Is Christian (Westwood, N.J.: Revell, 1958), 81.

풍랑을 잠잠케 하심(8:23-27)	자연을 두려워할 필요가 없음(8:26)
중풍병자를 고치심(9:1-8)	죄를 사하시는 예수님 권세(9:5-6)
세리 및 죄인들과 함께 식사하신 예수님에 대한 바리새인들의 질문(9:9-13)	예수님이 세상에 오신 목적(9:12-13)
예수님의 제자들이 금식하지 않는 것에 대한 요한의 제자들의 질문(9:14-17)	옛 것과 새 것의 차이(9:15-17)[a]
예수님이 누구신지에 대한 세례 요한의 질문(11:2-3)	세례 요한을 큰 예언자로서 칭찬하심(11:7-19)
예수님이 안식일을 어겼다는 바리새인들의 고소(12:1-2)	예수님과 안식일과의 관계(12:3-8)
예수님이 바알세불을 힘입어 귀신을 쫓아냈다는 바리새인들의 고소(12:24)	성령 훼방죄와 그 사람의 하는 말이 그 마음 상태를 나타낸다는 사실(12:25-37)
바리새인들이 표적을 요구함(12:38)	자신을 요나 및 솔로몬과 비교하신 예수님(12:39-45)
예수님의 모친과 동생들을 언급함(12:46)	하나님의 뜻을 행함(12:48-50)
손씻는 의식에 관한 바리새인들의 질문(15:1-7)	사람의 전통 대 하나님의 명령, 그리고 정결치 못한 마음(15:3-20)
바리새인들과 사두개인들이 표적을 구함(16:1)	사악한 세대라고 저주하심(16:2-4)
누룩에 대한 예수님의 말씀에 제자들이 혼란에 빠짐(16:5-7)	누룩에 대한 설명(16:8-12)

엘리야에 관한 베드로와 야고보 그리고 요한의 질문(17:10)	예수님이 고난당하실 것을 예언(17:11-13)
귀신을 내쫓지 못한 자신들의 무능력에 관한 제자들의 질문(17:19)	겨자씨 같은 믿음(17:20-21)
천국에서 누가 큰지에 관한 제자들의 질문(18:1)	겸손의 필요, 그리고 다른 이를 범죄케 하는 일의 심각함(18:2-14)
용서의 한계에 관한 베드로의 질문(18:21)	용서하지 않는 종의 비유(용서의 필요, 18:22-35)
영생에 관한 부자 청년의 질문(19:16)	예수를 따르는 자의 상급(19:28-30)
야고보와 요한의 모친의 요구(20:20-21)	겸손과 섬김에 대한 도전 (20:24-28)
무화과 나무가 시든 일에 대한 제자들의 질문(21:10)	믿음으로 하는 기도에 관한 도전(21:21-22)
부활에 관한 사두개인들의 질문(22:23-28)	부활과 결혼에 관해 알려주심(22:29-32)
말세에 관한 제자들의 질문(24:3)	말세에 대한 말씀(24:4-25:46)

[a] 새 옷과 낡은 의복을 함께 짜거나 새 포도주를 낡은 가죽 부대에 담지 말라고 하신 예수님의 가르침은, 세례 요한은 '지난 세대에 속했고 예수님은 새 경륜을 가지고 오셨음'을, 그리고 그 둘은 혼동되지 않았음을 뜻한다(Stanley D. Toussaint, Behold the King: A study of Matthew [Portland, Ore.: Multnomah, 1980], 131).

예수님이 갑작스런 질문과 방해를 흔쾌히 받아들이시고 즉각적으로 가르쳐주신 것처럼 오늘날의 교사들에게도 그같은 유연성이 필요하다. 교수안도 갖추어져 있고 준비도 충분히 된 상태 속에서도, 교사들은 학생들의 질문과 새로운 문제들에 열린 마음으로 대처해야 한다. 교실 밖에서 이루어지는 학생과 교사간의 만남은 부드러운 수업 분위기를 만드는 데 도움이 된다. 수업 시간에 학생들이 질문하는 것 중에서 어떤 것들은 그 자리에서 대답해줄 필요가 있다. 반면에 어떤 질문들은 다음 시간에 다루자고 하거나 수업을 마친 후에 개인적으로 만나자고 해야 할 때도 있다.

명확성

"도대체 선생님이 무슨 말을 하는지 못알아듣겠어."
"선생님은 내가 모르는 단어를 너무 많이 사용해."
"그 선생님은 우리에게 무엇을 가르치려고 하는지 제대로 설명조차 하지 않아."
"내용이 너무 혼란스러워 이해할 수가 없었어."

학생들이 자신들을 가르치는 선생을 가리켜 하는 이같은 말은 안타깝게도 주일학교나 대학교에 상관없이 종종 접하는 것들이다.

그러나 예수님에 대해서는 그런 종류의 말은 한마디도 나오지 않았다. 예수님은 항상 명확하게 말씀하셔서 듣는 사람들이 뚜렷하게 알아듣고 이해할 수 있게 하셨다.

물론 제자들이 예수님이 가르치시는 것을 깨닫지 못한 경우들이 있었지만 그것은 예수님의 가르치심에 문제가 있던 것이 아니라 제자들에게 문제가 있던 경우이다.[23] 예수님은 에둘러 말씀하신 적이 없기 때문에, 배우는 사람들

---

23) 제자들은 예수님이 사두개인들과 바리새인들에게 말씀하신 누룩 비유를 예수님이 설명해주시기 전까지는 이해하지 못했다(마 16:5-12). 또한 오병이어의 기적도 예

도 전혀 혼란스러워 하지 않았다. 예수님은 언제나 분명하고 확실하게 가르치셨다. 그분은 항상 분명하게 내용을 전달하고자 하셨지 결코 자신의 지식이나 영적인 깊이로 감명을 주려하지 않으셨다. 예수님은 배우는 사람들이 전달하는 내용을 잘 이해하도록 가르치셨으며 그저 진도나 나가고 보자는 식으로 가르치지 않으셨다.

예수님이 사용하신 단어들은 언제나 단순하고 쉽게 이해할 수 있는 것들이었다. 요한복음을 살펴보면 예수님이 사용하신 단어들이 얼마나 단순한 것들이었는지 알 수 있을 것이다. 그럼 깊이는? 물론 깊이도 있었다. 그러나 간단하고 이해하기 쉬운 것들이다. 또 산상 수훈을 읽어보라. "그 안에 열살짜리 소년이 제대로 읽거나 쓰지 못하고, 이해하기 어려운 단어는 단연 없다." 24)

명확하게 가르치기 원하는가? 그렇다면 어떤 어휘를 사용하고 있는지 잘 생각해보라. 그 낱말들이 전문성을 띠고 있거나 학생들이 잘 이해 못할 신학 용어인 경우 학생들에게 그런 것들을 설명해주는가? 학생들이 이해 못할 말을 하면서 그냥 지나가버리지는 않는지 자신을 살펴보라. 학생들이 소화하기

수님이 설명해주시기 전까지는 제자들이 이해하지 못했는데, 그 이유는 그들의 마음이 닫혀 있었기 때문이다(막 6:52). 제자들은 앞으로 다가 올 배신과 주님의 죽으심 그리고 부활에 대해 말씀하시는 예수님의 가르침을 이해할 수 없었다(막 9:32; 눅 9:45; 18:34). 그 이유는 메시아와 하나님 나라에 대한 자신들의 생각과 전혀 달랐기 때문이다. 주님의 예루살렘 입성(요 12:16), 제자들의 발으 씻기심(13:12), 그리고 '잠시 후' 다시 돌아 오실 것이란 말씀(16:16)도 제자들은 이해할 수 없었는데, 아마도 그 이유는 그들이 영적으로 어두웠기 때문이었을 것이다. 영적으로 소경이었던 바리새인들도 하나님 아버지에 관한 예수님의 가르치심(8:27)과 양과 양을 훔치는 도적에 대한 말씀(10:6)을 이해하지 못했다.

24) Charles Reynolds Brown, The Master's Influence (Nashville:Cokesbury, 1936), 2.

에는 어려운 개념을 무리해서 가르치지는 않는가? 가르칠 내용을 철저히 준비하고, 어떤 내용을, 어떤 단어들을 사용해서 가르칠 것인지 고려한다면 당신의 의사 전달 기법이 크게 발전할 것이며 예수님이 가르치신 모습과 더욱 가까워질 것이다.

긴박감

예수님은 자신의 사명에 대해 긴박함을 갖고 가르치셨고 사역하셨다. 복음서를 보면 예수님은 결연한 의지로, 주어진 짧은 시간 동안 맡겨진 일을 이루셔야 하는 사명감에 이끌리신 모습을 발견하게 된다. 예수님은 복음 전파라는 사명을 감당하고 자신이 이 세상을 떠난 후에도 그 사명을 계속 수행해 나갈 소수의 무리를 훈련시킬 수 있는 기간이 겨우 삼년 반이라는 사실을 아셨다.

예수님은 매일 십자가로 가까이 가셨다. 그분 앞에 놓인 그 어둠의 시각은 마치 그분의 길을 덮는 검은 구름의 그림자처럼 매일 더욱 커져갔다. 예수님은 주어진 기간 동안 자신의 사명을 완수하려고 하나님 아버지가 맡겨주신 일에 전념하셨다. 그리고 제자들에게 "때가 아직 낮이매 나를 보내신 이의 일을 우리가 하여야 하리라 밤이 오리니 그 때는 아무도 일할 수 없느니라" (요 9:4) 라고 말씀하셨다.

하지만 예수님은 한 번도 서두르지 않으셨다. 그분은 절대 뛰어다니지 않으셨고,[25] 일정에 쫓기지 않으셨으며 시간이 없다고 모임을 취소하신 적도

---

25) 그러나 여러 번 사람들이 주님께 달려왔다. 주님의 탄생 소식을 듣고 목자들은

없었다. 그분에게는 필요한 자들을 대상으로 사역하시고, 대적하는 자들의 질문에 답하시며, 제자들을 가르치시기에 필요한 시간이 항상 있으셨다.

예수님은 시간에 민감하셨기 때문에 결단과 열정에 이끌리면서도 여유가 있고 침착하게 행하실 수 있었다. 그분은 자신을 잡으러 온 대제사장들과 바리새인들이 보낸 하속들에게, "내가 너희와 함께 조금 더 있다가 나를 보내신 이에게로 돌아가겠노라 너희가 나를 찾아도 만나지 못할 터이요 나 있는 곳에 오지도 못하리라"(요 7:33-34)고 말씀하셨다.

예수님은 사역할 기간이 얼마 남았는지 잘 아시고는 제자들에게 여러 번 자신의 '때', 즉 십자가에 달리실 때가 아직 오지 않았음을 말씀하셨다(요 2:4; 7:6, 8, 30; 8:20). 다락방에 계실 때 예수님은 "자기가 세상을 떠나 아버지께로 돌아가실 때가 이른 줄 아셨다"(요 13:1). 그리고 아버지 하나님께 대제사장으로서의 기도를 시작하셨을 때 그분은 '아버지여 때가 이르렀사오니'(요 17:1) 라고 기도하셨다. 예수님은 종종 자신이 십자가에서 죽고 부활하는 것이 '영광을 받는' 시간, 즉 그분이 누구신지 세상이 알게 되며, 그분의 사명이 완성되는 때(요 7:39; 12:16, 23, 28; 13:31)라고 말씀하셨다.

십자가의 죽음이 얼마 남지 않은 시간에 예수님은 다락방을 나가버린 유다를 제외한 열한 제자들에게 "소자들아 내가 아직 잠시 너희와 함께 있겠노

아기 예수를 보고자 베들레헴으로 달려왔다(눅 2:16). 거라사 지방의 귀신 들린 자가 주님께 달려왔고(막 5:6) 예수님이 그를 고쳐주신 것을 본 사람들은 마을로 달려가 다른 사람들에게 그 소식을 전했다(눅 8:34). 사람들은 예수님과 함께 있고자 달려왔고(막 6:33), 병든 자들을 데리고왔다(막 6:55). 주님이 변화산에서 내려오셨을 때 사람들은 그분께 달려 왔다(막 9:15, 25). 두 사람이 주님께 달려왔는데, 한 사람은 부자청년(막 10:17)이었고 다른 사람은 삭개오(눅 19:4)였다. 예수님이 죽음에서 다시 살아나셨을 때, 여인들은 빈 무덤을 보고 제자들에게 달려가 그 소식을 알렸다(마 28:8; 요 20:2). 그리고 베드로(눅 24:12)와 요한(요 20:4)도 무덤으로 달려갔다.

라"(요 13:33)고 하셨고, 또 "조금 있으면 세상은 다시 나를 보지 못할 터" (요 14:19)이고 또한 "조금 있으면 너희가 나를 보지 못하겠고"(요 16:16) 라고 말씀하셨다.

예수님은 아버지의 뜻을 행하는 것과 '자기 일을 온전히 이루는 것'이 자신의 '양식'(요 4:32, 34)이라고 말씀하셨다. 이는 주님의 양식이 영적인 것임을 밝히신 것이다. 고뎃(Godet)이 살펴본 것처럼, "예수님은 사역 초기부터 방금 느낀 그런 기쁨을 누리신 것 같지는 않다. 그런 기쁨은 예수님의 육체에도 새 힘을 주었다."26) 그리고 고뎃은 요한복음 4장 32절과 34절을 다음과 같이 풀어서 해석했다: "너희들은 내게 먹으라고 말하지만 나는 배가 부르다; 너희들은 알지 못하고 참여할 수 없는 잔치를 누린 까닭이다."27)

그런 후 예수님은 제자들에게 자신의 사역이 시급한 것을 알리시고 사마리아 여인과 같은 사람들의 영적 필요들에 즉각 관심을 쏟게 하셨다. 팔레스타인의 농업 지대에 보편적인 잠언 하나는 '넉 달이 지나야 추수할 때가 이르겠다'(요 4:35)는 말이다. 보통 추수는 4월에 시작되었는데 이는 11월 말에 파종을 마치고 4개월이 지난 다음이었다.28) 사람들은 추수기는 서둘러서 재촉할 일이 아니라는 사실을 알았다. 그것은 단지 기다려야 할 일이었다(약 5:7). 그러나 예수님은 영적인 일에 관한 한 그같은 생각을 따르지 않으셨다.29) 주님은 이미 희어져 추수하게 된 밭을 추수해야 하는 긴급한 사명을 가

---

26) F. Godet, Commentary on the Gospel of St. John, 3rd ed., 3 vol. (Edinburgh: Clark, 1892), 2:121.

27) 같은 책

28) 농사력은 두 달씩 짝지어 이루어진 다음과 같은 여섯 기간들로 나뉘어졌다: 파종기(10-11월), 겨울(12-1월), 봄(2-3월), 추수(4-5월), 여름(6-7월), 매우 더운 기간(8-9월) (Leon Morris, The Gospel according to John, New International Commentary on the New Testament [Grand Rapids: Eerdmans, 1971], 278-79).

지셨다. 예수님이 사마리아 여인의 영혼에 '씨앗'을 뿌리자 그 즉시 다른 많은 사마리아인들이 예수님께 돌아오는 '수확'이 이루어졌다. 예수님이 제자들에게 '희어져 추수하게 되었으니 눈을 들어 밭을 보라'(요 4:35)[30]고 하셨던 것은 아마도 흰 옷을 입은 사마리아 사람들(4:30)이 마을에서 나오는 것을 생각했기 때문이었을 것이다.(4:35) 그들의 믿음을 통하여(4:39, 41) 예수님은 '영생에 이르는 열매'(4:36)를 거두고 계셨다. 제자들 역시 구세주를 전함으로써 영적 수확을 거두라는 사명을 받았다(4:38).

예수님은 십자가에 달리시기 얼마 전 하나님 아버지께 기도하시면서 자기의 사명을 마쳤음을 다음과 같이 보고하셨다: "아버지께서 내게 하라고 주신 일을 내가 이루어 아버지를 이 세상에서 영화롭게 하였사오니"(요 17:4). '이루다'란 단어는 '완전한 성취를 가져오다'란 의미인 헬라어 텔레이오(teleioo)를 잘 해석한 것으로, 이 구절에서는 일을 마치거나 목적을 성취했음을 말한다. 동일한 단어가 요한복음 5장 36절에서는 '끝마치다'(한글 개역 성경에는 '이루다'로 번역되었음 - 역주)로 해석되었다: "아버지께서 내게 주사 이루게 하시는 역사 곧 나의 하는 그 역사가 아버지께서 나를 보내신

---

29) 같은 책 279쪽

30) '영글다'란 헬라어 leukos는 '희다'란 의미를 지녔다. 수확기에 이른 보리와 밀은 '흰색'이 아니라 황금빛이므로 예수님은 흰옷을 입은 사마리아인들을 일컬어 말씀하셨을 것이다. Morris는 H.V. Morton이 다음과 같이 한 말을 인용한다: "내가 야곱의 우물가에 앉아 있었을 때 한 무리의 아랍인들이 예수님이 바라보셨을 방향으로부터 길을 따라 다가왔다. 그 때 나는 햇빛에 눈부신 그들의 흰 옷을 보았다. 내 생각에는 분명히 예수님은 이 땅의 것이 아닌 천국의 수확을 말씀하셨던 것이고, 또 말씀하실 때 흰 옷을 입은 사마리아인들이 그분의 말씀을 들으려고 모여들고 있는 모습을 가리키면서 말씀하셨을 것이라고 생각한다." (In the Steps of the Master [New York: Dodd, Mead, 1934], 154, Morris가 The Gospel according to John, 279 n. 85에 인용).

것을 나를 위하여 증거하는 것이요." 예수님이 오신 것은 '자기 목숨을 많은 사람의 대속물로 주려 함'(마 20:28)이었기 때문에 십자가는 예수님 사역의 절정이었다. 이같은 이유로, 여섯 시간 동안 십자가에 달려 계신 후 '모든 일이 이미 이룬 줄 아시고'(teleo에서 유래된 단어로서, '끝에 이르다' 란 의미, 요 19:28), 목이 마르다고 말씀하셨다. 그리고 사람들이 신 포도주를 주자 '다 이루었다'(teleo에서 온 단어) 말씀하시고 돌아가셨다(19:30). 그분의 사역은 완성되었고 그분의 사명은 성취되었다.

우리는 하나님의 말씀을 가르칠 책임, 곧 우리의 사명에 대한 헌신을 다른 사람들이 느낄 수 있을 정도로 가르치는가?

우리는 기대감과 열정을 품고 수업 시간을 기다리는가?

학생들은 우리의 가슴이 설레는 것을 느끼는가?

우리는 주어진 시간 속에 최선을 다해야만 한다는 사실을 깨닫고 있는가?

우리는 한정된 시간 때문에 더욱 최선을 다하게 되는가?

우리는 하나님이 맡겨주신 일을 완수하려는 헌신과 결단에 사로잡혀 있는가?

이같은 질문들에 확고하게 대답할 때 예수님이 가르치신 것처럼 가르치는 더욱 훌륭한 교사가 될 수 있을 것이다.

자·신·을·진·단·해·보·자

● 만약 당신이 현재 지적으로, 사회적으로, 영적으로 성장하는 일을 하지 않고 있다면 어떻게 해야 할까?

- 수업 준비에 충분한 시간을 할애하는가? 그렇지 않다면, 충분한 시간을 마련하도록 다른 일정들을 어떻게 조정하겠는가?

- 보통의 경우 가르치는 내용에 대해 자신감이 있는가?

- 당신의 자존심이 문제가 된다면, 더욱 겸손해져서 예수님을 닮아가게 해달라고 기도하라.

- 자기가 가르친 대로 살 수 있도록 주님께 간구하는가? 잘 이루어지지 않는 영역이 있다면 그 문제를 주님께 아뢰고 주님의 도우심을 구하라.

- 가르칠 때 융통성이 있는가? 불쑥 불쑥 튀어나오는 질문과 문제점들을 열린 마음으로 수용하는가?

- 학생들의 수준에 맞게끔 가르치는가? 가끔 수업 시간 후 몇몇 학생들에게 당신이 사용하는 단어들과 개념들을 이해할 수 있는지 솔직하게 물어보라.

- 하나님의 말씀을 가르치는 일에 헌신하고 기쁨을 누리는가?

6

예수님이 보여주신 위대한 교사의 자질들(2)

저희가 다 그를 증거하고 그 입으로 나오는 바 은혜로운 말을 기이히 여겨… (눅 4:22)

지금까지 예수님을 교사로서 뛰어나게 만든 여덟 가지 자질을 살펴보았다. 이어서 예수님이 사용하셨던 강의, 토론, 대화, 논쟁, 문제 해결, 과제물 제시, 현장 실습, 시각 활용, 실물 교수, 도전, 꾸짖기, 명령, 수수께끼, 토론, 격언, 질문 그리고 이야기 등의 여러 교수 방법들을 살펴볼 것이다.(11장) 그러나 그에 앞서 교사로서의 유능한 자질 여섯 가지를 마저 살펴보도록 하자.

다양함

수업시간에 항상 같은 식으로 가르치면 학생들이 지루함을 느낀다. 학생들은 앞으로 어떤 것이 전개될 것인지 이미 예상하고 있기 때문에, 도전이나 자극을 받지 못하게 된다. 예수님의 다양한 가르침은 배우는 이들의 마음을 사로잡고 흥분시켰다. 예수님이 가르치실 때에는 단 한 사람도 지루한 줄을 몰랐다! 예수님은 수업을 시작할 때나, 관심을 집중시킬 때, 학생들을 참여하게 하고, 도전하고, 자극하실 때에도 그리고 가치관을 굳게 세우고 기량을 개발시킬 때에도 매우 다양한 방법을 사용하셨다.

'주님이 여러 가지 다양한 방법들을 사용함으로써 남다른 신선함을 가져온 것처럼' 1) 오늘날의 교사들도 그분을 본받아 다양한 방법들을 접목시켜 훌륭한 수업을 이끌어낼 수 있을 것이다. 수업을 준비할 때마다 교사는 마음속으로 과연 이번 수업은 다른 수업과는 달리 어떤 식으로 접근할 것인가? 어떻게 학생들이 참여하도록 할 것인가? 어떤 방법이 오늘 가르칠 내용을 가장 잘 전달할 수 있는가? 학생들의 생각을 자극시키고, 서로에게 영향을 미치게 하며, 성경을 생활에 적용하게끔 도전하기 위해 어떤 수단을 선택할 것인가? 등과 같은 질문들을 스스로에게 던질 수 있을 것이다.

충분한 수업 내용

예수님의 가르침 사역이 지닌 또 다른 놀라운 점은 가르치신 내용이 엄청나게 많았다는 것이다. 주님은 말씀하시거나 가르치실 것이 다 떨어진 적이 없었다. 또 무엇을 전해줄까 어쩔 줄 몰라 하신 적도 없었다.

각 복음서에 기록된 예수님의 말씀의 양을 살펴보면 그같은 사실이 잘 드러난다(표 9). 사복음서에 있는 구절들 가운데 절반 이상이 예수님의 말씀을

---

1) Donald Guthrie, "Jesus", in A History of Religious Educators, ed. Elmer L. Towns (Grand Rapids: Baker, 1979), 19.

포함한다. 또한 신약 성경의 전체 7,800 구절 중 1/4(정확히 25 퍼센트)이 예수님의 말씀을 기록하고 있다.[2]

─ 표 9 ─
사복음서에 기록된 예수님 말씀 분량

복음서	구절수	예수님 말씀이 들어있는 구절수	비율
마태복음	1,071	646	60
마가복음	564	288	51
누가복음	1,151	584	51
요한복음	843	432	51
총계	3,629	1,950	54

예수님은 표 10에 나타난 50회의 설교에서 보이는 것처럼 많은 경우에 설교(discourse) 형태로 가르쳐주셨다.[3] 예수님이 설교에서 다루고 있는 주제

---

2) 만약 계 1:17-3:22에 있는 주님의 말씀까지 포함한다면, 25.7퍼센트로 증가하고, 예수님의 말씀이 포함된 구절들은 2,005 구절이 된다.

3) 성경을 연구하는 사람들은 예수님이 주신 수훈의 숫자를 놓고 의견이 분분하다. 어떤 사람들은 개인과 나누신 주님의 말씀도 수훈으로 여기고, 또 어떤 사람들은 예수님의 비유도 수훈들 가운데 포함시킨다. W. Graham Scroggie는 40회의 수훈들을 나열한다 (A Guide to the Gospels [London: Pickering and Inglis, 1948], 556-57). Horne은 62개를 나열했고 (Herman Harrell Horne, Jesus the Master Teacher [Grand Rapids: Kregel, 1964], 66-690, Delnay는 6구절 이상으로 이루어진 것들만 세어서 26개의 수훈들을 나열했다 (Robert G. Delnay, Teach as He Taught [Chicago: Moody, 1987], 26-27). 이 책의 16장에서 예수님의 비유에 대해 살펴본다.

들은 매우 다양하다. 그중 잘 알려져 있고, 다른 대부분의 설교들보다 더 긴 것들로는 산상 설교(마 5:-7:), 천국의 '비밀'에 관한 비유들(마 13:), 율법학자들과 바리새인들을 향한 저주(마 23:), 환란과 예수님의 재림에 관한 감람산 설교(마 24:-25: 막 13: 눅 21:), 그리고 다락방 설교(요 13:-16:)가 있다.

― 표 10 ―
예수님의 설교들*

1. 씨뿌림과 거둠 요 4:31-38
2. 생명의 근원이신 예수님 요 5:19-47
3. 열두 제자에게 주신 전도 명령 마 10:5-42; 눅 9:3-5
4. 산상 설교 마 5:2-7:27; 눅 6:20-49
5. 세례 요한의 사역 마 11:7-19; 눅 7:24-35
6. 도시들을 향한 심판의 말씀 마 11:20-24

* 이 도표에 포함된 설교들은 주님이 가르쳐주신 것들로서, 그 중에는 몇몇 비유들도 포함되어 있다. 그러나 대화들(니고데모와, 요 3:1-21; 사마리아 여인과, 요 4:7-26; 부자 청년과, 마 19:16-30; 막 10:17-22; 눅 18:18-25)과, 엠마오로 가는 두 제자와의 대화(눅 24:13-31); 바리새인 시몬과의 대화(눅 7:36-47); 그리고 베드로 및 다른 이들과의 대화들은 제외하였다.

이 설교들은 A. R. Fausset의 Bible Encyclopedia Critical and Expository [Hartford, Conn.: Scranton, n.d.], 359-77페이지를 참고한 Ryrie Study Bible(Chicago: Moody, 1978), 1925-32 페이지에서 제시하는 대로, 복음서 간에 온전히 조화를 이루는 것을 바탕 삼아 시간상 순서로 나열되었다.

7. 신성모독에 관한 대답	마 12:25-45; 막 3:23-29; 눅 11:17-36
8. 하나님 나라에 관한 비유	마 13:3-52
9. 생명의 떡	요 6:26-59
10. 장로들의 유전	마 15:3-20; 막 7:6-23
11. 생명을 잃고 얻음	막 8:34-38; 눅 9:23-27
12. 예수님의 메시아직, 다가오는 죽음, 그리고 제자들의 상급	마 16:13-28
13. 겸손과 용서	마 18:3-35; 막 9:35-50
14. 예수님의 교훈의 근원	요 7:14-24
15. 세상의 빛	요 8:12-20
16. 하나님 아버지와 예수님과의 관계	요 8:21-30
17. 영적 자유와 예수님의 선재(preexistence)	요 8:31-58
18. 문과 목자	요 10:1-18
19. 72인에게 내린 전도 명령	눅 10:2-20
20. 진정한 이웃에 대한 선한 사마리아인의 비유	눅 10:29-37
21. 기도의 효력	눅 11:5-13
22. 바리새인과 율법학자들의 외식	눅 11:37-52
23. 외식과 두려움	눅 12:1-12
24. 탐욕과 염려	눅 12:14-34
25. 경계함	눅 12:35-48
26. 가족의 분열	눅 12:49-53
27. 시대를 분별함	눅 12:54-59
28. 회개하지 않음에 대한 심판	눅 13:6-9
29. 하나님 나라에서 쫓겨남	눅 13:22-30

30. 하나님 아버지와 하나이신 예수님	요 10:25-38
31. 천국 잔치	눅 14:15-24
32. 제자됨을 위한 희생	눅 14:26-35
33. 하나님 아버지의 사랑	눅 15:3-32
34. 돈을 사랑함	눅 16:1-13, 15-31
35. 가해, 용서, 믿음 그리고 섬김	눅 17:1-10
36. 다가 올 하나님 나라	눅 17:20-37
37. 쉬지 않고 기도함	눅 18:1-8
38. 결혼과 이혼	마 19:4-12; 막 10:2-12
39. 천국에서의 상급	마 19:28-20:16; 막 10:29-31
40. 잘못된 욕망과 섬김의 도	마 20:23-28; 막 10:39-45
41. 천국에서의 투자	눅 19:11-27
42. 믿음과 기도	마 21:21-22; 막 11:22-26
43. 하나님 나라에 들어감	마 21:28-22:14; 막 12:1-11; 눅 20:9-18
44. 결혼과 부활	마 22:29-32; 막 12:24-27; 눅 20:34-38
45. 율법학자들과 바리새인들의 비난	마 23:1-39; 막 12:38-40; 눅 20:45-47
46. 예수님 죽으심에 대한 예언	요 12:23-36
47. 환란과 예수님의 다시 오심	마 24:4-25:46; 막 13:2-37; 눅 17:20-37; 눅 21:5-36
48. 누가 큰 자인가	눅 22:24-30
49. 예수님의 떠나심, 성령님의 오심과 역사 그리스도 안에 거함, 그리고 세상의 증오	요 13:31-16:16

50. 제자들의 슬픔과 고통   요 16:19-33

　이 설교에는 몇 가지 사실을 발견할 수 있다. 첫째, 예수님은 단체나 개인이 흥미를 보이는 내용을 전달할 때 항상 세심한 주의를 기울이셨다. 청중들이 준비되었는지, 그 내용을 소화시킬 수 있는지에 상관 없이 모든 설교 내용들을 한꺼번에 다 전하시지는 않았다. 둘째, 예수님은 설교의 길이를 다양하게 잡으셨다. 즉, 어떤 것은 길었고, 어떤 것은 매우 짧았다. 예수님은 청중의 영적 상태에 따라 어떻게 요점을 전할 것인지 잘 아셨다. 셋째, 예수님은 어떤 주제들을 반복해서 전하실 경우 반드시 변화를 주셨다. 반복하신 주제들 중에는 겸손, 용서, 두려움, 돈, 염려, 기도, 잘못된 욕망, 죄와 심판, 하나님 나라와 거기에 들어 가는 길, 깨어 있음, 위선과 율법의 전통, 주님의 정체, 주님의 죽으심, 떠나심 그리고 다시 오심, 성령님의 사역과 같은 것들이 포함되어 있다. 이같은 주제들은 하나님과의 영적 관계, 다른 사람들과의 관계, 그리고 하나님의 계획 등을 다룬다. 넷째, 예수님은 강연과 동시에 다른 교수 방법들도 사용하셨다. 이 설교의 내용들을 연구해보면 예수님은 그 내용을 전하기 위해 많은 다른 교수 방법들을 사용하셨던 것을 알 수 있다.

　현대 교사들도 같은 원리들을 적용하여 가르치는 것이 바람직하다. 첫째, 학생들이 강의 내용에 흥미를 가지고 대하도록 준비시켜주며, 그들이 이해하고 소화시킬 수 있는 정도와 분량만큼만 전달하라. 둘째, 학생들의 영적 상태에 맞춰 강의 길이를 다양하게 변화시키라. 셋째, 어떤 주제들은 다양한 설교를 통해 반복해 가르치라. 예수님이 반복하셨던 주제들을 참조하라. 그같은 주제들은 우리가 가르치는 내용에 어떻게 반영되어 있는가? 넷째, 강연식 가르침과 더불어 다른 교수법들, 즉 예를 들어 시청각 교재나 토의, 과제물 제시 또는 공개 토론 같은 방법들을 사용하라.

공감성

자애로움, 긍휼의 마음 그리고 공감성은 예수님의 사역에서 항상 드러나는 특성이었다. 예수님은 제자들을 사랑하셨고 모든 이들을 깊은 관심과 보살핌으로 대하셨고 수 년 동안 그들과 매일 몇 시간씩 보내셨다. 예수님은 자신을 위해서가 아니라 그들을 위해 사셨고, 그분의 진정한 관심은 자신의 명성이 아니라 그들의 성숙이었다.

사역 초기에 예수님이 나사렛 회당에서 이사야서의 한 부분을 읽으시고 그 말씀이 성취되었음을 설명해주셨을 때, 분명히 부드럽고 은혜롭게 말씀하셨을 것이다. 왜냐하면 "저희가 다 그를 증거하고 그 입으로 나오는 바 은혜로운 말을 기이히 여겼다"(눅 4:22)고 기록되어 있기 때문이다.

자신을 청종하던 사람들 중 일부가 등을 돌렸을 때에도 예수님은 양을 치는 목자와 같은 심정으로 그들을 사랑하셨다(요 10:11-18). 또한 제자들/학생들이 말씀을 이해하지 못해도 참을성 있게 그들에게 중요한 부분을 설명해주셨다. 그리고 그들의 영적인 둔함이나 갑작스레 흐름을 막는 질문을 탓하지 않으셨고, 스스로를 높이려고 할 때에도 꾸짖지 아니하시고 겸손과 섬김에 대해 가르치셨다(마 18:3-9; 20:20-28; 막 9:35-37; 10:35-45; 눅 22:24-30).

예수님은 "사랑받을 만하고 총명한 제자들만 아니라 사랑하기 힘든 제자들도 사랑하셨다."[4] 한 여인이 비싼 향유를 팔아 가난한 사람들에게 주는 대신 예수님의 머리에 부은 일을 제자들이 비난하자 예수님은 사랑과 온유하심으로 그들을 올바로 가르쳐주셨고 여인을 칭찬하셨다(마 26:6-13; 막 14:3-

---

4. Clarence H. Benson, The Christian Teacher (Chicago: Moody, 1950), 205.

9). 흥미롭게도 세 번이나 예수님을 부인한 베드로에게 양을 치라는, 즉 믿는 자들을 돌보고 양육하라는 명령을 내리셨다(요 21:15-19). 그리고 도마가 예수님이 죽은 자 가운데서 부활한 사실을 의심했을 때에도 그의 불신을 호되게 꾸짖지 않으셨다. 그대신 예수님은 도마에게 부활의 증거를 확인해보게 격려하셨다(요 20:24-29).

예수님의 가르치심의 상당 부분은 제자들이 두려워하지 않고(마 10:26-31; 14:27; 17:7; 막 5:36; 6:50; 눅 5:10; 8:50; 12:4, 7, 32; 21:9; 요 14:27), 염려하지 않도록(마 6:25, 28, 31, 34; 10:19; 막 13:11; 눅 12:11, 22, 26, 29; 21:14) 격려하는 방향으로 진행되었다. 제자들을 사랑으로 돌보셨던 예수님의 모습은 다음과 같이 많은 위로와 격려의 말들을 통해 뚜렷이 알 수 있다.

제자들에게는 슬픈 소식이었겠지만 예수님은 떠나기에 앞서 제자들을 준비시키시면서 자신이 다시 오실 것(요 14:2-3)과 위로자이신 성령님을 보내주실 일(14:16-17, 26; 16:7-15), 그리고 그들과 항상 함께 하시겠다(마 28:20)는 말씀들을 재차 확인해주심으로써 제자들을 위로하셨다. 제자들은 핍박 받고(요 15:18-21; 16:2-4, 32) 애통하는 순간(16:20)에 예수님이 말씀하신 평강(14:27; 16:33)과 기쁨(16:20-22)을 깨닫게 될 것이다.

열두 제자를 향하신 예수님의 사랑은 그들을 '얘들아'라고 부르신 사실에서 알 수 있다(막 10:24). Teknon이란 단어는 '태어난 아이'란 의미를 지닌 말로, 흔히 부모와 자식 사이에 사용되던 형태다.[5] 게다가 예수님은 제자들

---

5) Walter Bauer, William F. Arndt, and F. Wilbur Gingrich, A Greek-English Lexicon of the New Testament and Other Early Christian Literature, 2d. ed., rev. F. Wilbur Gingrich and Frederick W. Danker (Chicago: University of Chicago Press, 1979), 808.

의 발을 씻기시고(요 13:1, 5), 직접 그들에게 사랑한다고 말씀하심으로 (15:9, 12) 그들에게 사랑을 표현하셨다.

예수님은 행동이나 말로 가르치시다 가장 적절한 순간에 이적을 보이셨다. 그 이적은 대부분 사회적으로 혹은 종교적으로 소외 당한 어려움에 처한 사람들을 향한 예수님의 사랑과 긍휼을 보여주는 것으로, 그런 사람들에는 병자와 정신 질환자, 소경, 벙어리, 귀머거리, 세리, 이방인 그리고 여인이 포함되어 있었다.[6] 예수님은 문둥병 환자를 긍휼히 여기시고(마 8:2-3; 막 1:41) 그를 어루만지시고[7] 고쳐주셨다. 또한 무리들이 다가오는 것을 보시고 '민망히 여기시니[8] 이는 저희가 목자 없는 양과 같이 고생하며 유리했기[9] 때문'(마 9:36; 막 6:34) 이었다. 많은 병자들이 무리를 지나 예수님 앞으로 다가오자 예수님은 "그들을 보시고 불쌍히 여겨 그 중에 있는 병인을 고쳐 주셨다"(마 14:14). 또한 여리고를 떠나실 때 소경 둘을 보시고 "예수께서 민망히 여기사 저희 눈을 만지시니 곧 보게 되어 저희가 예수를 좇았다"

---

6. Joseph A. Grassi, Jesus the Teacher (Winona, Minn.: St. Mary's College, 1978), 33-37.

7. 주님이 문둥병 환자에게 손을 대신 일은 매우 놀랄 일이었다. 그 이유는 당시 모든 문둥병이 전염되는 것으로 알려져 있었고, 사회적으로, 종교적으로 버림당한 계층이었으며, 그들은 다른 사람들에게 "부정하다, 부정하다!"고 소리쳐서 자신의 상태를 알려야 했기 때문이다.

8. '동정심 또는 긍휼의 마음을 가지다' 란 단어, splanchnizomai의 번역인 '긍휼' 이란 말은 오직 예수님에게만 사용되었고, 또 비유에서 예수님만 사용하셨다. (마 18:27, 33절과 눅 19:20절에 있는 비유에서 나타난다.)

9. '고생하다' 란 말은 '껍질을 벗기다' 라는 원래 의미를 지닌 skyllo 란 단어에서 온 것으로, 매우 심각한 문제에 빠져 있는 상태를 표현했다. '유리한다' 는 말은 '던지다 또는 내팽개치다' 란 의미를 지닌 kripto란 단어에서 온 것으로 사람들이 아주 기가 죽은 상태를 말했다(같은 책, 239 n. 87).

(마 20:34). 오천 명을 먹이신 것도 긍휼의 마음에서 우러난 일이었고(마 15:32; 막 8:2), 거라사인의 지방에 있던 귀신 들린 자를 고치신 것도 그를 '불쌍히'[10] 여기셨기 때문이었다(막 5:19).

복음서에 의하면 예수님이 죽은 사람을 다시 살리신 경우는 모두 셋인데, 그중 두 가지는 죽은 사람을 살리신 동기가 바로 죽은 사람 본인이나 애통해 하는 가족들을 향한 사랑과 긍휼로 인한 것이었다고 말하고 있다. 예수님은 나인 성의 한 과부의 아들을 살리셨는데, 그 이유는 '주께서 과부를 보시고 불쌍히 여기셨기' 때문이었다(눅 7:13). 또한 예수님은 나사로의 죽음 앞에서 '심령에 통분히 여기시고 민망히 여기셨고'(요 11:33) 눈물을 흘리셨으며(11:35) 나사로의 무덤으로 가셔서 다시금 '통분히 여기셨다'(요 11:38). 이런 예수님의 모습을 본 유대인들은 '보라 그를 어떻게 사랑하였는가!'(요 11:36) 라고 말했다. 나사로의 여동생들이었던 마리아와 마르다는 예수님이 자기들 삼남매를 얼마나 사랑하셨는지 분명히 알고 있었다(11:3, 5).

예수님이 사랑하셨던 또 다른 인물로 복음서에 나오는 사람은 부자 청년('예수께서 그를 보시고 사랑하사,' 막 10:21)과 '그의 사랑하시는 제자' 요한(요 13:23; 19:26; 20:2; 21:7, 20)이었다.

학생들을 향한 교사의 사랑을 대신할 수 있는 것은 아무것도 없다. 어려움에 처한 학생들의 입장을 충분히 이해하고 공감하는 모습은 교사로서 필수적인 자질이다. 가르치는 일은 단순히 내용이나 전달하는 것 이상의 일로서 학생의 성격이 도전적이고 교만하고 고집불통이거나 아니면 반대로 온순하고 침착하며 헌신되었건 간에 그들을 향한 깊은 관심과 사랑을 주고 받는 것이 절대적으로 필요하다. 그랜로즈(Granrose)는 교수법에 관한 토론에서 교사

---

10. 헬라어는 eleeo 라는 동사로서 '연민을 느끼다' 란 뜻이다.

에게 가장 먼저 필요한 기술은 학생들을 아끼고 사랑하는 마음이라고 밝힌다.[11]

만약 교사가 예수님이 가르치셨던 것처럼 가르치기 원한다면 자신의 급한 성격과 거부감, 그리고 무관심을 오래참음과 존중함 그리고 관심으로 바꾸어야만 한다.

친밀감

친밀감이라는 요소 또한 예수님이 보여주신 가르치는 사역의 한 특성이었다. 예수님은 제자들과 가까이 하시면서 상당한 시간을 제자들과만 따로 지내시기도 하셨고 때로는 그중에서도 몇 사람을 특별히 가까이 대하시기도 했다. 사실 예수님은 '자기와 함께 있게 하시고자'(막 3:14) 제자들을 부르셔서 자신을 따르도록 하신 것이다. 이런 이유로 해서 예수님이 승천하신 후에 제자들이 사도로서 그분의 사역을 담당할 때 유대 지도자들은 베드로와 요한이 '그 전에 예수와 함께 있던 줄'(행 4:13) 깨닫고 그들이 담대히 복음을 전하는 것을 보고 놀랬다.

예수님은 어떻게 제자들을 친밀한 그룹으로 성장시키셨는지 마태복음에 있는 다음과 같은 스물두 개의 구절들을 기초로 연구해보라.

---

11) Robert W. Pazmino의 Principles and Practice of Christian Education (Grand Rapids: Baker, 1992), 129페이지에 인용된 John T. Granrose의 "Conscious Teaching: Helping Graduate Assistants Develop Teaching Styles," in New Directions for Teaching and Learning: Improving Teaching Styles, ed. Kenneth E. Eble (San Fransisco: Jossey-Bass, 1980), 29.

구절	예수님이 제자들과 하신 일	제자들에게 끼친 영향
마 8:23-27		
9:10-13		
10		
12:1-2		
14:22-28		
15:15		
16:5-6		
16:13-38		
17:1-13		
19:13-15		
19:25-29		
20:20-23		
21:1-7		
21:18-22		
24:3-8		
26:1-2		
26:6-13		
26:17-30		
26:31-35		
26:36-46		
28:16-20		

위와 같은 여러 가지 사건들 속에서 예수님이 제자들을 양육하는 모습들이 어떻게 나타나는가? 그리고 그런 가운데 예수님이 제자들을 가깝게 돌보

시는 모습은 어떻게 드러나는가?

계속해서 나머지 세 복음서들을 살펴보고 주님이 제자들하고만 지내셨던 순간들과 그 순간들이 제자들에게 끼친 영향을 도표로 만드는 연습을 해보라.

치커링(Chickering)과 감슨(Garmson)은 효과적인 대학교 강의에 관한 글에서, 바람직한 강의를 위한 일곱 가지 기준을 제시하는데 그중 첫째가 학생과 교사간의 접촉이다. "교실 안팎에서 이루어지는 교사와 학생간의 잦은 만남은 학생들에게 동기를 심어주고 학습에의 참여를 높여주는 가장 중요한 요인이다."[12] 마치 이 두 사람이 복음서를 읽고 그같은 내용을 쓴 것 같지 않은가! 또 어떤 사람은 "효과적인 교사와 그렇지 못한 교사들간에 거듭 반복해서 목격하게 되는 뚜렷한 차이점은 수업 시간 안과 밖에서 교사와 학생 사이에 이루어지는 접촉 시간의 차이다" 라고 지적했다."[13]

우리 주님이 선명히 보여주신 이 원칙은 당신이 가르치는 학생이 두세 살 박이 어린 아이에서부터 청소년, 대학생, 미혼의 젊은이나 결혼한 청장년에 이르기까지 변함없이 적용되는 진리다.

민감함

공감성과 연관되는 특성은 민감함이다. 그리고 교사가 교실 밖에서 개인

---

[12] Arthur W. Chickering and Zelda F. Garmson, "Seven Principles for Good Practice in Undergraduate Education," AAHE〔American Association of Higher Education〕Bulletin, March 1987, 4.

[13] Robert C. Wilson 이외, College Professors and Their Impact on Students (New York: Wiley and Sons, 1975), 167.

적으로 학생들을 알게 될 때 학생들의 필요에 민감하게 될 수 있다. 예수님은 제자들의 이해력에 보조를 맞추어 가르치셨는데 다음과 같은 두 구절을 통해 그같은 사실을 알 수 있다. '예수께서 이러한 많은 비유로 저희가 알아들을 수 있는 대로 말씀을 가르치시되' (막 4:33). '내가 아직도 너희에게 이를 것이 많으나 지금은 너희가 감당치 못하리라' (요 16:12).

예수님은 학생들이 배우는 속도에 항상 주의를 기울이셨기 때문에 엄청난 양의 정보를 학생에게 일방적으로 쏟아 붓는 '저장탱크식의 방법을 택하지 않으셨다.'[14] 예수님의 교수 방법은 사무적인 성격보다는 다정하면서 온유함을 느끼게 하는 것이었다. 그분은 스스로를 가리켜 '나는 온유하다' (마 11:29)고 말씀하셨다. '온유하다' 는 말은 헬라어 프라우스(praus)를 번역한 것으로 마태복음 5장 5절; 11장 29절; 21장 5절과 베드로전서 3장 4절에서만 사용되었는데, 억지로 시키고 거칠게 다루거나 복수심에서 나오는 것이 아닌 부드럽고 사려 깊은 상태를 말한다.

예수님은 이런 훌륭한 자질을 갖추고 계셨기 때문에 흥분하거나 학생들에게 고함을 친 일이 없으셨다. 학생들을 대하시는 태도가 민감하고 온유하셨기 때문에 전혀 부족한 점이 없으셨다.

예수님이 여인과 어린이들을 향해 보여주신 온유하신 태도와 관심 또한 흥미 있다. 유대 랍비들은 여인의 사회적 지위는 남자보다 낮은 위치라고 생각했기 때문에 여인들을 가르치지 않았다.[15] 그러나 예수님은 여인들을 가

---

14) Howard G. Hendricks, "Following the Master Teacher," in The Christian Educator's Handbook on Teaching. Kenneth O. Gangel 과 Howard G. Hendricks 공동 편집 (Wheaton, Ill.: Victor, 1989), 26.

15) K.N. Giles, Women and Their Ministry (Melbourne: Done Communications, 1977), 19.

16) K.N. Giles, "Teachers and Teaching in the Church: Part I," Journal of

르치셨고 그들을 향해 사역하셨으며 남자들과 동등하게 대하셨다.[16] 표 11을 통해 예수님이 여인들에게, 또 여인들이 예수님께 사역했었던 사건들과 예수님이 여인들의 필요에 얼마나 민감하셨는지 (연대 순으로) 살펴보라.

― 표 11 ―
예수님이 여인들에게 베푸신 사역

1. 예수님의 모친, 마리아	요 2:1-5
2. 사마리아 여인	요 4:5-26
3. 베드로의 장모	눅 4:38-39
4. 나인 성의 과부	눅 7:11-15
5. 치유받은/귀신이 내쫓긴 여인들	눅 8:1-3
6. 예수님과 함께 여행하며 필요를 공급한 여인들	눅 8:1-3 (참고: 마 27:55-56)
7. 열두 해 혈우병을 앓던 여인	막 5:25-34
8. 수로보니게 족속의 가나안 여인	마 15:21-28; 막 7:24-30
9. 간음현장에서 잡힌 여인	요 8:2-11
10. 마리아와 마르다	눅 10:38-42
11. 18년 동안 꼬부라진 여인	눅 13:10-16
12. 야고보와 요한의 모친	마 20:20-28; 막 10:35-45
13. 나사로가 죽은 후 마리아와 마르다	요 11:17-44
14. 성전에 있던 과부	막 12:41-44; 눅 21:1-4

Christian Education (Australia) 70 (April 1981): 12.

15. 예수님의 머리에 향유를 부은 마리아　　마 26:6-13; 막 14:1-9; 요 12:1-8
16. 십자가를 지켜보던 여인들　　요 19:25-27
17. 빈 무덤에 있던 여인들　　마 28:1-10; 막 16:1-8; 눅 24:1-10; 요 20:1-2

이 중 어떤 여인들은 병에 걸려 있었고, 또 어떤 이들은 슬픔에 잠겨 있었으며, 또 다른 이들은 남을 돕거나, 죄를 짓거나, 사랑을 하거나, 희생하거나, 기뻐하고 있었다. 복음서 어디에도 여인들이 예수님께 적대감을 보였다는 기록은 없다. 여인들은 예수님께 도움을 받고 또 예배를 드리려고 찾아왔다.[17] 예수님은 그들 한 사람 한 사람의 필요에 관심을 쏟아주시며 그들을 도우시고, 용서하시고, 위로하시고, 치유하시고, 격려하시고, 칭찬하시고, 보호하시고 가르치셨다. 예수님은 그들의 삶의 모습에 개의치 않으시고 그들을 포용하셨다. 어떤 여인들은 죄를 지었고 어떤 이들은 경건했다. 어떤 여인들은 예수님께 생소한 이들이었고 또 다른 사람들은 친구들이기도 했다. 어떤 여인들은 상당한 재물을 지녔었고 어떤 이들은 가난했다. 어떤 여인들은 교만한 반면에 어떤 이들은 겸손했다. 그러나 예수님은 그런 모든 여인들을 귀하게 여겨주셨고 사려깊게 대해주셨다. 이런 모습은 현대 남성들이 본받아야 할

---

17) Norval Geldenhuys, Commentary on the Gospel of Luke, New International Commentary on the New Testament (Grand Rapids: Eerdmans, 1951), 239.

18) 여인들을 향한 예수님의 사역과 관계에 관해서는 Webb Garrison의 Women in the Life of Jesus (New York: Bobbs-Merrill, 1962); Michael Wiley Perry의 "Jesus' relationship to Women in His Earthly Ministry"(신학석사 논문, 달라스 신학교, 1976); Charles C. Ryrie의 The Role of Women in the Church (Chicago:

이상적인 모범이다.[18]

　우리는 왕의 신하의 아들(요 4:43-52)과 간질병 걸린 아이(마 17:14-18; 막 9:14-27)를 치유하신 예수님의 모습에서 아이들을 향하신 주님의 사랑과 민감하심을 볼 수 있다. 또한 예수님은 죽었던 두 아이들, 즉 야이로의 딸(마 9:18-25; 막 5:21-24, 35-42)과 나인 성 과부의 아들(눅 7:11-15)을 다시 살리셨다.

　아이들을 향하신 예수님의 따스하신 사랑과 관심은 복음서에 있는 또 다른 두 사건들을 통해 알 수 있다. 제자들이 서로 누가 더 큰지 다툴 때, 예수님은 어린 아이[19]를 그들 가운데 세우시고 팔로 안으시며 그런 아이를 영접하라고 말씀하셨다(막 9:33-37). 제자들은 높은 지위를 차지하려고 소란피우지 말고 오히려 어린 아이처럼 자만하지 않고 겸손해야 할 것을 분명히 깨달았다. 예수님의 이런 온유한 행동에 책망 받아 부끄러워했던 제자들을 상상해보라! 그리고 예수님의 품에 안겨 기뻐한 어린 아이를 상상해보라!

　예루살렘을 향한 마지막 여정에서 예수님이 요단강 동편에 들르셨을 때 사람들은 '예수의 만져주심을 바라고 어린 아이[20]들을 데리고'(막 10:13) 왔는데, 그 이유는 '예수의 안수하고 기도하심을 바라고'(마 19:13) 온 것이었다. 제자들은 그런 행동이 예수님을 귀찮게 한다고 생각해서 그 부모들을

Moody. 1978).

　19) paidion이란 단어는 종종 어린아이 또는 갓난 아기를 뜻했다 (비록 막 5:39에서 예수님은 야이로의 12살난 아이에게 이 단어를 쓰셨지만 아마도 그것은 정감어리게 하신 말이었을 것이다).

　20) 이 단어도 막 9:36절에서 사용된 것과 동일한 것이다. 눅 18:15절은 갓난 아기 (brephe)를 데리고 왔다고 기록한다.

　21) aganakteo란 단어는 복음서들에서만(여섯 차례) 사용되었고, 예수님과 연관되어 사용된 경우는 오직 여기다. 이 단어는 부당한 처사에 대한 강한 꾸지람을 뜻한다.

꾸짖었다. 그런데 예수님은 그런 제자들의 모습을 분히 여기시며[21], 오히려 제자들을 꾸짖으셨다! "주님이 그처럼 노하신 이유는 제자들이 예수님의 사랑과 사역에서 아이들을 제외시키려 했기 때문이었다. 어떻게 보면 제자들의 그같은 모습은 베드로가 전에(막 8:32) 범한 잘못의 반복이었다. 베드로는 장차 주님께 닥칠 고난과 죽음을 막으려 했고, 지금 제자들은 현재의 번거로움과 피곤함을 막으려 했던 것이다."[22]

예수님은 제자들에게 어린 아이들이 자기에게로 오게끔 하고(긍정적인 말) 그들을 막지 말라(부정적인 어투)고 명하셨다. 덧붙여서 하나님의 나라는 어린 아이들처럼 스스로 생각하기에 자신은 '힘없고, 보잘것없으며, 주장할 것이나 공로가 없다'고 여기며 '자기에게 주어진 것을 열린 마음으로 확신하는'[23] 사람들의 것이고, 그들만이 천국에 들어갈 수 있다고 말씀하셨다. 그런 후 예수님은 어린 아이를 팔로 안으시고 축복해주셨다(막 10:16). '축복했다'(katenlogeo)란 헬라어는 신약 성경에서는 오직 이곳에서만 나타나는 단어인데, 접두사로 붙은 전치사로 인해 매우 강렬한 의미를 띠게 되었고[24] 또 동사의 시제가 미완료 시제임을 감안할 때 주님이 아이들을 반복적으로 축복하셨음을 알 수 있다. "부모들이 원한 대로 그저 단순히 만지신 것이 아니라, 축복의 말과 함께 그들 머리 위에 손을 얹으셨다."[25]

학습 능력이 떨어지던 제자들에게 보이신 민감함과 사회적으로 남자들보

---

22) Alfred Plummer, The Gospel according to Mark, Thornapple Commentaries (1914; Grand Rapids: Baker 출판사에서 1982년 재출판), 235.
23) William L. Lane, The Gospel according to Mark, New International Commentary on the New Testament (Grand Rapids: Eerdmans, 1974), 361.
24) Henry Barclay Swete, The Gospel according to St. Peter (London: Macmillan, 1913), 222.
25. 같은 책.

다 못한 취급을 당했던 여인과 어린 아이들을 향한 온유한 돌보심을 통해, 교사들은 다양한 학업 능력을 갖고 있는 학생들과 여인들, 어린 아이들, 그리고 소외당하기 쉬운 사람들에게 민감해야 함을 보게 된다.

연관성

의심할 나위 없이 우리 주님의 가르치심은 듣는 자들에게 실제적으로 연관되는 것들이었다. 예수님은 실생활이나 현실에 관계없는 것을 가르치신 적이 없다. 주님의 가르치심은 과녁에 정확히 꽂히는 화살처럼 정곡을 찔렀고 듣는 이들의 영혼을 관통했다. 최종적으로 예수님의 목표는 사람들이 예수님을 자신들의 구세주로 영접하며 영적으로 성숙해가는 바로 이 일이었다(예수님의 사역의 목적에 관해서는 7장 및 8장에서 더욱 상세히 다룬다).

결론

우리 주님이 보이신 열네 가지의 교수 방법들을 생각해볼 때 많은 무리들이 예수님을 따랐다는 복음서의 거듭되는 기록은 결코 놀랄 만한 것이 못된다. 주님의 가르치심은 언제나 사람들의 인기를 끌었다. 사람들이 예수님의 가르침을 듣거나 병자를 고치는 것을 보기 위해서 따라갔던 여든두 번의 기록들 중에 스무 번은 '무리'란 말 앞에 '많은' 이란 말을 붙이고 있다. 또한 복음서 기자들은 스물두 번 '무리들' (복수)이라고 기록했으며, 네 번은 거기에 '많은' 이란 형용사를 붙였다. 요한복음에서는 '큰 무리' 라는 표현이 세 차례 나온다(6:2, 5; 12:12). 누가복음 6장 17절은 '허다한 무리' 가 유대 사방과 예루살렘과 및 두로와 시돈의 해안으로부터 왔다고 전한다. 바리새인들은 그 같은 광경을 보고 '온 세상이 저를 좇는도다' (요 12:19)[26]라고 말하기도 했다. 마가복음 3장 9절; 5장 31절; 누가복음 5장 1절; 8장 45절에서는 사람들이 주님을 에워싸고 밀어대는 일까지 있었음을 알 수 있다. 한 번은 모인 사람들이 너무 많아 '서로 밟힐 만큼 되었다' (눅 12:1).

세상에서 가장 위대했던 교사이신 예수님은 또한 가장 인기 있는 교사이셨다! 그 이유가 뭘까? 그것은 주님이 성숙함과 내용 이해도, 확실함, 겸손, 지속력, 자연스러움, 명확성, 절박감, 다양함, 충분한 내용, 공감성, 친밀감, 민감함, 그리고 연관성을 갖고 가르치셨기 때문이다.

자·신·을·교·수·법·을·돌·아·보·라

● 수업을 준비할 때마다 스스로 다음과 같은 질문을 던지는가?: 이번 수업은 어떻게 다양한 방법을 사용할 것인가? 어떤 방법이 수업 내용에 가장 적합한 것인가?

● 학생들의 영적 상태와 필요에 따라 시간을 다양하게 조절하는가?

---

26. 이와 흡사한 표현들을 마 12:23; 막 9:15; 눅 7:29; 8:47; 18:43; 19:48; 요 8:2절에서 볼 수 있다.

- 당신이 학생들에게 관심이 있다는 사실을 그들도 알고 있다고 생각하는가? 수업 중 학생들에게 인내하지 못했던 일이 있는가? 그런 경험이 있다면 그 결과는 어땠는가?

- 당신은 수업 시간 이외에는 얼마나 자주 학생들과 만나는가? 어떻게 그런 시간을 늘릴 수 있을까?

- 당신이 가르치는 여인들과 어린 아이들 그리고 사회적으로 소수 그룹에 속하는 사람들의 필요에 얼마나 민감한가?

- 당신이 가르치는 내용이 학생들 생활의 필요에 직접 관련되도록 특별한 노력을 기울이는가?

- 당신은 하나님의 말씀을 가르치는 일을 감격스럽게 여기고 그 일에 헌신하는 마음을 지니고 있는가?

7

예수님은 어떤 목표들을 가지고 가르치셨는가?

나사렛 예수의 일이니…말과 일에 능하신 선지자여늘 (눅 24:19)

사람들이 하는 모든 의미 있는 활동에는 반드시 어떤 목적이 있다. 우리는 배고픔을 만족시키기 위해 먹고 돈을 벌기 위해 일한다. 배우기 위해 학교를 가며 세상이 어떻게 돌아가는지 알기 위해 텔레비전 뉴스를 본다. 또한 아이들이 절제하는 법을 배울 수 있게 훈육하고, 다른 이들을 돕는 기쁨을 체험하고 하나님을 기쁘시게 하기 위해 주님을 섬긴다. 주일 학교나 또 다른 공적인 교육을 하는 것은 모두 다른 사람들이 배우는 것을 돕기 위해서다.

그렇다. 우리의 활동은 분명한 목적에 초점이 맞추어져 있다.

그렇다면 예수님이 이 땅에 오신 이유는 무엇일까? 그분이 이루시려고 하신 것은 무엇이었을까? 그분은 무엇을 위해 가르치시고 설교하시고 치유하시고 제자를 삼으시고 훈련하셨을까? 왜 그토록 많은 주제를 그토록 강력히 가르치셨을까? 왜 그렇게 많은 시간을 열두 제자들에게 할애하셨을까? 우리는 남들을 가르치기에 앞서 주님이 가르치신 목적들을 살펴보면서 어떤 점들을 깨달아야 할까?

예수님의 공생애 사역 목적은 하나님 아버지께서 자신에게 맡기신 일을 하심으로써 그분의 뜻을 이루는 것이었다. 예수님이 사역 초기에 제자들에게 말씀하신 것처럼, 그분의 '양식'은 "나를 보내신 이의 뜻을 행하며 그의 일을 온전히 이루는 것"(요 4:34)이었다. 즉, 영의 필요를 채우는 것이 그분의 우선 순위였다. 그래서 사마리아 여인이 영혼을 위한 '생수'를 찾을 수 있도록 도우신 것은 예수님 자신의 목마름을 해결하는 것보다 중요한 일이었다.

예수님은 하나님 아버지께서 맡기신 일, 즉 하나님의 뜻을 행하는 '일'을 마치셨는가(요 6:38-40)? 십자가에서의 죽음을 바로 앞둔 공생애의 마지막 순간 예수님은 아버지께 다음과 같은 보고를 하셨다: "아버지께서 내게 하라고 주신 일을 내가 이루어 아버지를 이 세상에서 영화롭게 하였사오니"(요 17:4).

예수님의 목적은 가르치는 것이었는가 아니면 선포하는 것이었는가?

예수님은 가르치는 일을 주로 하셨다(3장을 보라). 예수님은 선생으로 널리 알려졌고, 그분이 주로 하신 일은 가르치는 일이었다. 그러나 설교하시는 예수님에 관한 구절도 많이 있다. 그렇다면 우리가 예수님을 선생으로 묘사하는 것은 틀린 것일까? 설교와 가르치는 일은 다른 것인가 아니면 같은 것인가?

사실 주님은 공생애를 통해 세 가지 사역에 집중하셨는데, 그것들은 선포하는 것과 가르치는 것과 치유하는 사역이었다. 이 사실은 마태복음 4장 23

절에 다음과 같이 요약되어 있다: "예수께서 온 갈릴리에 두루 다니사 저희 회당에서 가르치시며 천국 복음을 전파하시며 백성 중에 모든 병과 모든 약한 것을 고치시니."

하나님의 복된 소식과 회개의 필요성을 전파하는 것(마 4:17; 막 1:15; 눅 5:32; 참조. 13:3; 15:7)은 예수님이 공표하신 목표들 가운데 하나였다. 예수님은 공생애 초기에 제자들에게 "우리가 다른 가까운 마을들로 가자 거기서도 전도하리니 내가 이를 위하여 왔노라"(막 1:38)고 말씀하셨다. 또한 누가는 누가복음 4장 43절에서 "예수께서 이르시되 내가 다른 동네에서도 하나님의 나라 복음을 전하여야 하리니 나는 이 일로 보내심을 입었노라"고 기록했다.

예수님의 가르치시는 사역에 관해 언급하고 있는 많은 구절들과 함께 이 구절들은 예수님이 선포와 가르치시는 사역을 함께 하셨음을 보여준다.[1] '선포하다'라는 헬라어는 kerysso란 단어로서 '전달자로서 발표 또는 선언하다'란 의미가 있다.[2] 이 동사는 '전달자'라는 뜻을 지닌 keryx라는 명사와 관련이 있다.

마태복음 9장 35절은 예수님이 행하셨던 이 세 가지 사역들을 다음과 같이 언급한다: "예수께서 모든 성과 촌에 두루 다니사 저희 회당에서 가르치

---

1) 물론 복음서에서 예수님과 관련된 구절들에서 가르친다는 단어인 didasko가 사용된 빈도수(47회)를 생각할 때, 가르치는 사역이 예수님의 주된 일이었음을 알 수 있다. 설교는 18회, 치유는 46회 언급되었다.

2) Walter Bauer, William F. Arndt, and F. Wilbur Gingrich, A Greek-English Lexicon of the New Testament and Other Early Christian Literature, 재출판, F. Wilbur Gingrich 와 Frederick W. Danker 에 의해 개정 (Chicago: Universtiy of Chicago Press, 1979), 431; Leon Morris, The Gospel according to Matthew (Grand Rapids: Eerdmans, 1992), 51.

시며 천국 복음을 전파하시며 모든 병과 모든 약한 것을 고치시니라." 또한 마태복음 11장 1절은 "이에 저희 여러 동네에서 가르치시며 전도하시려고 거기를 떠나 가시니라"고 기록함으로써 그중 두 가지를 수행하셨음을 보여준다. 위의 두 구절들 또한 케리쏘(kerysso)란 동사를 사용함으로써 예수님의 사역이 전달자적 성격을 띠고 있음을 말한다. 예수님은 '천국 복음〔euangelion〕'[3], 즉 자신이 이스라엘의 왕이며 이 땅에 자기의 나라를 세우기 위해 오셨다는 사실을 선포하셨다. 이런 내용은 분명히 이스라엘 백성들에게 복된 소식으로서 반갑게 받아들여졌을 것이다. 왜냐하면 그들은 메시아가 와서 하나님의 통치를 이땅에 이루길 오랫동안 고대했었기 때문이다.[4]

---

3) 오직 마태(4:23; 9:35; 11:1)만이 이 표현을 사용했다.

4) 그러나 천년 왕국은 예수님의 초림에 이루어지지 않았는데, 그 이유는 이스라엘이 예수님을 자신들의 메시아로 받아들이지 않았기 때문이다. 이같은 거부의 모습은 바리새인들이 패역스러운 말로 예수님의 축사 사역을 사탄의 힘을 빌어 하는 일인 양 비난한 일(마 12:24)에서 뚜렷이 나타났다. 그들은 그렇게 함으로써 "스스로 하나님의 뜻을 저버렸다"(눅 7:30).

그러므로 '건축가들' (유대 지도자들) 이 '돌' (예수 그리스도)을 버렸기 때문에 주님은 "그러므로 내가 너희에게 이르노니 하나님의 나라를 너희는 빼앗기고 그 나라의 열매맺는 백성이 받으니라"(마 21:43)고 말씀하셨다. 어떤 작가들은 이 구절에서 '백성'이 교회를 의미한다고 말한다(Stanley D. Toussaint, Behold the King: A Study of Matthew 〔Portland, Ore.: Multnomah, 1980〕, 250-52; 또한 Morris, The Gospel according to Matthew, 544). 반면에 다른 작가들은 이스라엘의 장래 세대, 즉 메시아가 도래할 때 구원받을, 믿음으로 반응할 세대를 의미한다고 주장한다 (A.C. Gaebelein, The Gospel of Matthew: An Exposition, 2 vols. in 1 〔Neptune, N.J.: Loizeaux, 1910〕, 2:138; Louis A. Barbieri, "Matthew," in The Bible Knowledge Commentary, New Testament, ed. John F. Walvoord and Roy B. Zuck 〔Wheaton, Ill.: Victor, 1983〕, 70-71).

예루살렘에 입성하신 후 그 도시를 보고 우시며 주님은 이스라엘이 "권고받는 날을 네가 알지 못함"(눅 19:44)을 인해 가슴아파 하셨는데, 이 일은 이스라엘이 메시아를 누가복음 20장 1절은 예수님이 가르치시고 전파하시는 사역을 동시에 하신 사실을 언급하고 있는 네번째 구절(마 4:23; 9:35; 11:1절과 더불어)이다: "하루는 예수께서 성전에서 백성을 가르치시며 복음을 전하실새 대제사장들과 서기관들이 장로들과 함께 가까이 와서." 그러나 여기에서 '복음을 전하실새' 라는 말은 '좋은 소식을 선포하다' 라는 뜻을 지닌 유앙겔리조마이(euangelizomai)라는 한 단어를 번역한 것이다. 누가는 이 단어를 매우 즐겨 사용했던 것 같은데, 그 이유는 그가 이 단어를 누가복음에서 11차례, 사도행전에서는 16차례 사용했기 때문이다. 반면에, 마태는 11장 5절에서 한 번, 마가는 아예 한 번도 사용하지 않았다.[5] 누가는 예수님의 선포를 언급할 때 주로 유앙겔리조마이라는 동사를 사용했다. 그러나 마태와 마가는 케리쏘란 동사를 더 선호했다(표 12를 보라).

예수님과 마찬가지로 세례 요한도 선포 사역을 했고[6], 어떤 세관원들은 그를 선생이라 불렀다(눅 3:12).

예수님은 제자들에게 백성들의 회개를 촉구하며(막 6:12) 하나님 나라(마 10:7; 막 3:14; 눅 9:2)를 선포하라는(kerysso) 사명을 주셨다. 그리고 부활하신 후에는 제자들에게 가르치라고 분부하셨다(마 28:20).[7]

거부했다는 또 다른 지적이었다. 예수님이 제자들에게 말씀하셨듯, 주님은 "먼저 많은 고난을 받으며 이 세대에게 버린바 되어야"(눅 17:25)했다. 그러므로 천년 왕국은 아직 오지 못한, 미래의 사건이다. "유대인들이 메시아를 거부했기 때문에, 약속된 왕국은 보류된 상태에 있다"(Toussaint, Behold the King, 176).

5) 하지만 마태와 마가는 명사인 euangelion(복된 소식)을 자주 사용했다 (마태복음: 7번, 마가복음: 8번).

6) 요한은 유대 광야에서 (마 3:1), 또 요단강가에서 (눅 3:3) 설교 (kerysso)했었는데, 복된 소식 (euangelizomai, 막 1:4; 눅 3:18) 을 전파했다. 그가 전했던 메시지는 사람들이 회개해야 한다는 것이었다 (마 3:2; 막 1:4; 눅 3:3,8).

7) 마가복음이 지적하는 예수님의 가르치심과 전파하심에 관해서는 Robert P.

― 표 12 ―
예수님의 선포 사역에 관한 구절

**예수님의 가르치는 사역 및 선포 사역에 관한
단어가 함께 사용된 구절**

마 4:23	(didasko와 kerysso)
마 9:35	(didasko와 kerysso)
마 11:1	(didasko와 kerysso)
눅 20:1	(didasko와 euangelizomai)

**Kerysso란 단어로 표현된
예수님의 선포 사역**

마 4:17	이때부터 예수께서 비로소 전파하여(kerysso) 가라사대
막 1:14	예수께서 갈릴리에 오셔서 하나님의 복음(euangelion)을 전파하여(kerysso)
막 1:38	이르시되 우리가 다른 가까운 마을들로 가자 거기서도 전도하리니(kerysso) 내가 이를 위하여 왔노라 하시고
막 1:39	이에 온 갈릴리에 다니시며 저희 여러 회당에서 전도(kerysso)하시고 또 귀신들을 내어 쫓으시더라
눅 4:18	나를 보내사 포로된 자에게 자유를 눈 먼 자에게 다시 보게 함을 전파하며(kerysso) 눌린 자를 자유케 하고 주의 은혜의 해를 전파(kerysso)하게 하려 하심이라

Meye의 Jesus and the Twelve: Discipleship and Revelation in Mark's Gospel (Grand Rapids: Eerdmans, 1968), 52-60을 보라.

눅 4:44	갈릴리 여러 회당에서 전도하시더라 [kerysso]

Euangelizomai란 단어로
표현된 예수님의 선포 사역

마 11:5	가난한 자에게 복음이 전파된다 [euangelizomai] 하라
눅 4:18	주의 성령이 내게 임하셨으니 이는 가난한 자에게 복음을 전하게 [euangelizomai] 하시려고 내게 기름을 부으시고
눅 4:43	내가 다른 동네에서도 하나님의 나라 복음을 전하여야 [euangelizomai] 하리니
눅 7:22	가난한 자에게 복음이 전파된다 [euangelizomai] 하라
눅 16:16	하나님 나라의 복음이 전파되어 [euangelizomai]

Kerysso와 Euangelizomai
모두를 포함하고 있는 구절

눅 8:1	이후에 예수께서 각 성과 촌에 두루 다니시며 하나님의 나라를 반포하시며 [kerysso] 그 복음을 전하실새 [euangelizomai] 열 두 제자가 함께 하였고

예수님의 가르치심과 선포 사역 간에는 차이점이 있었는가?

간혹 주님의 가르치심과 선포하시는 사역들은 서로 중복되는 것처럼 보인다. 표 12에서 볼 수 있듯이 예수님의 이 두 가지 사역을 동시에 언급하고 있는 구절은 네 개가 있다(마 4:23; 9:35; 11:1; 눅 20:1). 마태에 의하면 예수님이 성전에 들어가 가르치셨다고 기록된(21:23) 사건이, 누가복음에는 예수님이 복음을 전하셨다(20:1)고 기록되어 있다. 그렇다면 그 두 가지 사역 간에는 어떤 차이도 없는 것일까? 이같은 구절들은 '복음서 기자들이 가르치는 일과 선포하는 일을 뚜렷이 구별하지 않았음'[8]을 보여주는 것인가? 동일한 장소에서 예수님이 그 두 가지 일을 행하셨다는 여러 구절들의 기록만으로는 가르침과 전파의 사역을 동일한 것으로 보기에는 충분하지 않다. 예를 들어 예수님이 복음을 가르치셨다는 기록은 없기 때문이다. 그분은 오직 복음을 전파하셨다.

예수님 선포와 복음 전파 사역에 관한 내용은 주로 공생애 초기에 많이 나타나지만(표 12를 보라) 가르치는 사역은 공생애 전체를 통해 계속 나타난다[9](3장 표 4의 구절들을 참고하라). 예수 그리스도를 선생으로 부르는 다섯 가지 호칭들은 복음서에서 모두 70번 나타난다(3장 표 2를 보라). 그러나 복음 전파와 관련하여 그분을 선포자 또는 전달자라고 부른 기록은 없다.

그렇다면 과연 무엇이 다른 점인가? 예수님의 선포 사역은 믿고 회개함으로 구원받는다는 메시지에 집중되고 있다.[10] 그러나 가르치실 때에는 수많은 주제들을 다루셨다(6장의 표 10에 있는 50회의 강연 목록을 보라).

복음 전파는 죄인들을 그리스도께 오도록 하는 전도가 목적이다. 반면에

---

[8] Charles M. Laymon, The Life and Teachings of Jesus, 개정판 (Nashville: Abingdon, 1962), 121.

[9] Lewis Joseph Sherril, The Rise of Christian Education (New York: Macmillan, 1944), 87.

[10] '회개하다'(metanoeo) 란 말은 사람의 생각을 바꿔 그의 방향을 변경시킴을 뜻한다. 믿음은 신뢰를 행동으로 나타내는 일이다. 회개와 믿음은 함께 일어난다. 사람이 예수 그리스도를 믿을 때 (그들의 믿음을 예수 그리스도께 둘 때) 그는 그 믿는 바에 의해 자신의 삶의 방향을 바꾸는 것이다. 그러므로 믿음과 회개는 두 가지 다른 행동들이 아니라 동시에 일어나는 것이다 (막 1:15; 행 20:21; 살전 1:9 참고).

가르침은 그리스도를 믿는 자들을 교육시키는 훈도가 목적이다. 선포 사역을 통해 전파하셨고, 가르치는 사역을 통해서는 훈련시키셨다. 선포 사역은 선언하는 일이었고, 가르치는 사역은 설명해주는 일이었다. 선포는 회개를 촉구하는 것이었고 가르침은 제자를 만드는 일이었다. 선포는 잃어버린 영혼들을 부르는 일이었고, 가르침은 믿는 자가 온전히 믿음 생활을 하도록 세우는 일이었다.

만약 예수님이 선포만 하시고 가르치지 않으셨다면 사람들은 "이전의 생각으로 인하여 장차 올 하나님 나라를 왜곡했을 것이다. 그분의 메시아로서의 사명은 하나님의 나라가 어떤 것인지 가르치는 일이었고, 그 가르침은 선포 및 복음 전파가 항상 함께 하는 것이었다."[11] 복음 전파에는 가르치는 일이 항상 함께 했다. "예수님이 가르치지 않으셨다면, 그분이 전파하신 복음은 오만 가지로 왜곡되어 주님의 사명까지도 실패로 만들었을 것이다."[12]

예수님은 복음을 선포하셨고 회개와 믿음을 강조하셨기 때문에, 많은 사람들은 그분을 선지자로 생각했다. 이런 생각을 한 사람들은 다음과 같다:

사마리아 여인(요 4:19)
과부의 아들의 장례 행렬에 참석했던 군중들(눅 7:16)
오병이어의 기적을 체험한 무리들(요 6:14)
무리들(막 5:15; 마 16:13-14)
장막절에 예루살렘에 있던 무리들(요 7:40)
날 때부터 소경이었던 자(요 9:17)
예수님의 예루살렘 입성을 목격한 군중들(마 21:11)

---

11) Sherrill, The Rise of Christian Education, 87-88.
12) 같은 책, 89.

예루살렘 입성 며칠 후 성읍에 있었던 군중들(마 21:46)

엠마오로 가던 두 제자(눅 24:19)

예수님은 스스로를 선지자라 칭하셨다(막 6:4; 눅 4:24; 13:33; 요 4:44). 왜 사람들이 예수님을 선지자로 생각했을까? 그것은 그분이 구약의 선지자들처럼 자신이 성부 하나님을 대신해 보내진 사람이며, 하나님과 영적으로 교통하고 있고, 하나님의 계시를 받아 선포하고 해석하며, 표적을 보이고, 하나님께 기름부음 받았으며, 곧 다가올 하나님의 심판을 사람들에게 경고했고 장래에 있을 일들을 예언하셨기 때문이었다.[13]

예수님이 구원을 베푸신 목적

예수님이 복음을 선포하신 목적은 구원을 베푸시기 위함이었다. 주님은 자신이 이 땅에 오신 목적이 '잃어버린 자를 찾아 구원하려 함'(눅 19:10)이고, '세상이 구원을 받게 하려 함'(요 3:17)이며, '자기 목숨을 많은 사람의 대속물로 주려 함'(마 20:28; 막 10:45)이라고 말씀하셨다. 요셉에게 천사가 나타나 마리아가 낳을 아들의 이름을 예수로 지으라고 한 것은 '그가 자

---

13) G. K. A. Bell과 D. Adolf Deissmann의 Mysterium Christ: Christological Studies by British and German Theologians (London: Longmans, Green, 1930). 56-66; Robert H. Stein, The Method and Message of Jesus' Teachings (Philadelphia: Westminster, 1978), 3-4; A. J. B. Higgins, "Jesus as Prophet," Expository Times 57 (1945-1946): 292-94; R.E. Davies, "Jesus and the Role of Prophet," Journal of Biblical Literature 64 (1945): 241-54; F.W. Young, "Jesus the Prophet," Journal of Biblical Literature 68 (1949): 285-99.

기 백성을 저희 죄에서 구원할 자'(마 1:21)이기 때문이었다. 또한 예수님이 태어나시던 날 천사들은 목자들에게 '오늘날 다윗의 동네에 너희를 위하여 구주가 나셨으니 곧 그리스도 주시니라'(눅 2:11)고 전했다. 예수님을 믿게 된 사마리아 사람들도 그가 '세상의 구주'(요 4:42)이신 것을 알았다.

세례 요한은 예수님이 '세상 죄를 지고 가는 하나님의 어린 양'(요 1:29)이라고 했다. 그리고 예수님은 목자로서 양을 위해 자신의 목숨을 내어놓으셨다(10:11, 15, 17-18). 그분은 영생을 주시고(3:16, 36; 5:24; 6:54; 10:10, 28; 11:25; 14:6), 영적으로 어두운 세상에 빛을 주시려고(1:4, 9, 3:19-21; 8:12; 9:5; 12:46) 오셨다. 또한 그분은 영적인 목마름(4:10, 14; 6:35; 7:37)과 굶주림(6:35, 41, 48, 50-51, 58)을 채워주고, 자유(8:36)와 은혜와 진리(1:17)를 주러 오셨다고 선포하셨다. 주님의 목표는 사람들이 '하나님이 보내신 자'(요 6:29)인 자기를 '믿도록' 이끌어주는 것이었는데, 그 이유는 믿는 자들만이 하나님의 자녀가 되어(요 1:12) 구원받기 때문이었다(눅 8:12; 13:23; 18:26; 요 10:9의 '구원받다' 라는 단어를 주목하라).

가르치는 사역과 관련된 예수님의 또 다른 목적들

주 예수님은 자신이 하나님의 아들로서 성육신하신 목적을 여러 가지로 말씀하셨다. 그중 하나는 '율법이나 선지자를 완전케 하려는'(마 5:17) 것이었다. 이 말씀은 그분이 모세 율법의 '완전한 의미를 드러내고'[14] 자신에 관한 구약 선지자들의 예언을 성취하기 위해 오셨다는 것이었다. "예언의 가르침은 (주로) 장차 올 그리스도의 행동들을 가리키며 마침내 비교할 수 없이

---

14) Alan Hugh McNeile, The Gospel according to Matthew, Thornapple

놀랍게 이루어졌다. 모세 율법은 (주로) 그리스도의 가르침을 가리키며 결국 더욱 심오한 형태로 실현되었다."15) 율법과 선지자를 완전케한다는 것은 '율법 자체에서 시작하여 그것이 완성되도록 하는 것이고, 율법이 지닌 원래 의도를 이루어가는 것이며, 글이라는 한계 속에 담긴 포괄적 원리들을 파악하는 것'을 의미한다.16) 이는 예전의 율법학자들이나 바리새인들과 매우 대조적인 것이다. 예수님의 사역은 구약 성경의 진정한 의도를 수행하고, 구약성경이 아니라 그당시 종교 지도자들이 가중시킨 강제적인 규율과 무거운 올무들을 폐지시키려는 것이었다.17) 예수님이 율법학자들이나 바리새인들과 많이 충돌하신 것은 이같은 목적, 즉 구약 성경의 진정한 영적 의도(경건한 삶과 그리스도를 향한 초점과 더불어)를 제시하고, 종교 지도자들이 구약 성경에 부과시킨 율법과 연관된 형식적인 요구들로부터 벗어나게 하기 위함이었다. 예수님의 가르침 대부분은 이 목적과 연관되어 있었다.

주님이 말씀하신 또다른 목표는 하나님 아버지를 나타내는 것(요 1:18)이었다. 말씀이신 예수님(요 1:1)은 하나님을 인간들에게 전하셨는데, 이는 사람의 '말이 그 사람의 생각을 나타내는 수단'18)인 것과 같은 이치이다. 예수님은 아버지 하나님에 관해 말씀하시면서 진리가 어떤 이들에게는 드러나고

Commentaries (London: Macillan, 1915; 개정판, Grand Rapids: Baker, 1980), 58.

15) Robert Banks, "Matthew's Understanding of the Law: Authenticity and Interpretation in Matthew 5:17-20," Journal of Biblical Literature 93 (1974): 231.

16) Alfred Plummer, An Exegetical Commentary on the Gospel according to St. Matthew, Thornapple Commentaries (1915; 개정판, Grand Rapids: Baker, 1982), 76.

17) 같은 책, 77.

어떤 이들에게는 숨겨지는 일이 아버지의 뜻(기뻐하시는 일, NIV)이라고 하셨다(마 11:25-26). 다락방에서 예수님은 빌립에게 '나를 본 자는 아버지를 보았다'(요 14:9)고 하셨다. 또한 제자들에게 '내가 내 아버지께 들은 것을 다 너희에게 알게 하였음이니라'(요 15:15)고 설명해주셨다. 그리고 '세상 중에서 내게 주신 사람들에게 아버지의 이름을 나타내었고'(요 17:6) 그들로 하여금 '아버지의 이름을 알게 하였다'(26a)고 하나님 아버지께 기도하셨다.

아버지를 계시하는 것은 아버지의 말씀을 밝히는 일과 연관되었다: '나는 아버지께서 내게 주신 말씀들을 저희에게 주었사오며'(8a); '내가 아버지의 말씀을 저희에게 주었사오매'(14a). 하나님 아버지께서 아들을 통해 말씀하시고자 한 것을 예수님은 정확히 알려주셨던 것이다.

예수님이 말씀하신 또다른 목적은 진리를 증거하는 일이었다. 그분은 구약의 율법과 선지자를 '완성'시키며 하나님과 그분의 말씀을 드러내는 일을 통하여 자신을 따르던 제자들을 영적으로 성장시키는 사명을 가지셨다. 따라서 사람들로 하여금 회개하고 그리스도를 믿게끔 하는 일과, 죄사함을 통해 잃어버린 영혼들을 구원하는 일, 또한 복음을 전해서 믿는 자들이 영생을 얻도록 하는 일과 같은 목적들은 겨우 시작에 불과한 것들이었다. 그같은 목적들은 예수님의 선포 사역과 관련되었다. 누군가 예수님께 나오면 이제 주님의 목적은 가르치는 사역을 통한 영적 성장과 성숙이었다.

예수님은 제자들이 영적으로 성장할 수 있는 10가지 사항을 강조해서 가르치셨다. 오늘날의 교사들도 이런 것들이 학생들의 삶 속에 자라도록 힘써야 할 것이다.

---

18. Leon Morris, The Gospel according to John, New International COmmentary on the New Testament (Grand Rapids: Eerdmans, 1971), 74.

주님을 사랑함으로써 성장하라. 예수님은 한 율법사에게 '네 마음을 다하고 목숨을 다하고 뜻을 다하여 주 너의 하나님을 사랑하라'(마 22:37)고 하셨고[19] 제자들에게 '내 사랑 안에 거하라'(요 15:9-10)고 말씀하셨다. 그리고 예수님은 베드로에게 "네가 나를 사랑하느냐?"(요 21:15-17) 고 세 번 거듭 물으심으로 주님을 사랑하는 일이 가장 중요하다는 것을 강조하셨다.

다른 이들을 사랑함으로써 성장하라. 예수님은 산상 수훈 가운데서 '원수를 사랑하라'(마 5:44)는 어려운 분부를 내리셨다. 또한 율법학자에게 레위기 19장 18절을 인용하시면서 크고 둘째 되는 계명인 '네 이웃을 네 몸과 같이 사랑하라'(마 22:39; 막 12:31; 눅 10:27)는 명령을 하셨다. 그리고 제자들에게 스스로 '새계명'이라고 부르신 '서로 사랑하라'(요 13:34; 참조 15:17)는 계명을 주셨다. "내가 너희를 사랑한 것같이 너희도 서로 사랑하라"(요 15:12). 하나님의 말씀에 순종함으로써 성장하라. 그리스도께 순종하는 것은 주님을 따르는 제자들의 뚜렷한 표징이다. 예수님은 '나의 이 말'(마 7:24; 참조. 눅 6:47)과 성경의 명령들을 '행하라'(마 5:19)고 말씀하셨다. 그리고 하나님의 말씀을 행하는 자들은 자신의 모친과 형제들과 같다(눅 8:21)고 하셨는데, 그 까닭은 그들이 육신적으로가 아니라 영적으로 하나님의 자녀가 되었기 때문이다. 다락방에서 예수님은 제자들이 주님을 사랑한다는 증거로 순종의 중요성을 강조하셨다. "나의 계명을 가지고 지키는 자라야 나를 사랑하는 자니"(요 14:21). "사람이 나를 사랑하면 내 말을 지키리니"(요 14:23). "너희도 내 계명을 지키면 내 사랑 안에 거하리라"(15:10). "너희가 나의 명하는 대로 행하면 곧 나의 친구라"(14절).

선을 행함으로써 성장하라. 예수님은 제자들에게 "너희의 착한 행실을 보

---

19) 병행 구절들인 막 12:30절과 눅 10:27절은 "그리고 네 모든 힘을 다해"를 덧붙인다.

고 하늘에 계신 아버지께 영광을 돌리게 하라"(마 5:16)고 강력히 말씀하셨다. 예수님은 그들이 '과실을 맺게 하고 또 항상 있게'(요 15:16)하고, 영적인 열매를 맺도록, 즉 주님 안에 거함으로(4-5절), 영적으로 무엇을 생산할 수 있도록 하기 위해 그들을 선택했다고 말씀하셨다. 주님은 그들이 '과실을 많이 맺으면' 하나님께 영광이 되고 그분의 제자임을 사람들이 알게 된다(8절)는 것과 '좋은 나무가 나쁜 열매를 맺을 수 없다'(마 7:18)는 것을 설명해 주셨다.

영적인 문제들을 우선 순위에 둠으로써 성장하라. 이것은 천국에 보화를 두는 것과(마 6:19-21; 눅 12:33-34; 참조. 마 19:21), 하나님 나라와 그의 의를 구하는 것(마 6:33)을 포함한다.

기도 속에서 하나님과 교제함으로써 성장하라. 예수님은 기도의 소중함을 자주 말씀하셨다. 산상 수훈 가운데 두 번 말씀하셨고(마 6:5-13; 7:7-11; 참조 11:1-13), 제자들이 항상 기도하고 낙망하지 않도록(눅 18:1) 격려하셨다.[20] 다락방에서 말씀하시는 중에도 여러 번 기도에 대해 언급하셨는데 이 사실은 예수님이 곧 떠나실 것을 생각할 때 결코 놀랄 만한 것이 아니었다. 다음과 같은 여러 구절들을 살펴보라:

너희가 내 이름으로 무엇을 구하든지 내가 시행하리니 이는 아버지로 하여금 아들을 인하여 영광을 얻으시게 하려 함이라(요 14:13)

내 이름으로 무엇이든지 내게 구하면 내가 시행하리라(요 14:14)

너희가 내 안에 거하고 내 말이 너희 안에 거하면 무엇이든지 원하는 대로 구하

---

20) enkakeo란 동사는 "낙심하다, 실망하다"란 뜻을 지닌다 (A.T. Robertson, Word Pictures in the New Testament, 6 vol. [Nashville: Broadman, 1930), 2:231.

라 그리하면 이루리라(요 15:7)

내가 진실로 진실로 너희에게 이르노니 너희가 무엇이든지 아버지께 구하는 것을 내 이름으로 주시리라(요 16:23)

구하라 그리하면 받으리니 너희 기쁨이 충만하리라(요 16:24하)

주 안에서 믿음을 행사함으로써 성장하라. 주님 안에서 믿음을 행사했던 사람들은 주님께 칭찬을 받았는데, 그런 이들 중에는 백부장(마 8:10)과 수로보니게 여인(16:28) 등이 있다. 이 두 사람은 이스라엘 사람이 아니었음에도 불구하고, 믿음이 적어서 예수님께 여러 차례 꾸중을 들었던 제자들과 매우 뚜렷한 대조를 보여준다(8:26; 14:31; 16:8; 17:20). 그분이 하신 귀중한 격려의 말씀 가운데 하나는 "너희는 마음에 근심하지 말라. 하나님을 믿으니 또 나를 믿으라"고 하신 요한복음 14장 1절 말씀이다.

유혹을 물리침으로써 성장하라. 예수님은 그자신 겟세마네 동산에서 시련을 당하시는 순간에 베드로에게 "시험에 들지 않게 깨어 있어 기도하라"(마 26:41; 막 14:38; 눅 22:40, 46)고 강력히 말씀하셨다. 주님이 제자들에게 본으로 가르쳐주신 기도문에는 '시험에 들지 말게 하옵시며'(마 6:13; 눅 11:4) 라는 간구가 포함되어 있다. 하나님은 사람들이 죄 짓는 것을 원치 않으시고 또 아무도 유혹하지 않으시는데(약 1:13) 왜 그같은 기도가 필요한 것일까? 이 기도의 핵심은 죄가 지닌 매혹적인 면이 감소되어, 믿는 자들이 죄를 짓게 되는 상황에 빠지지 않도록 보호해주시길 구하는 것이다.[21]

주님을 섬김으로써 성장하라. 예수님은 베드로와 안드레를 부르셔서 어부라는 직업을 버리고 자신을 따르게 하시면서 그들을 '사람을 낚는 어부'(마

---

21) Norval Geldenhuys, "Commentary on the Gospel of Luke," New

4:19; 막 1:17)로 삼겠다고 하셨다. 이는 다른 사람들을 주님께로 이끄는 일을 하도록 하시겠다는 뜻이었다. 예수님은 이 두 제자와 다른 열 명의 제자들이 복음 전파와(막 3:14; 6:12) 치유 사역을 통해 자신을 섬기도록 부르셨다. 제자들이 사람들에게 주님에 관해 증거할 수 있었던 이유는 그들이 주님과 함께 있었기 때문이었다(요 15:27; 참조. 막 3:14; 요 3:22). 다른 사람들을 영적으로 강건하게 하는 일은 예수님이 베드로에게 구체적으로 명하신 막중한 책임이었다("네 형제를 굳게 하라," 눅 22:32; "내 어린 양을 먹이라," "내 양을 치라," "내 양을 먹이라," 요 21:15-17). 예수님은 승천하시기 전에 열한 제자들에게 그들이 다른 사람들을 향하여 자신을 증거하게 될 것이라고 말씀하셨다(행 1:8).

영적인 덕을 쌓음으로써 성장하라. 예수님은 성장에 필요한 수많은 중요한 덕목들을 가르쳐주셨다. 흥미로운 연구를 하기 원한다면 각 덕목을 따라 아래에 열거한 구절들을 읽어보라(복음서에 등장하는 순서대로 나열되었음).

겸손(마 5:3-5; 6:11; 18:2-5; 23:5-12; 눅 6:20; 9:47-48; 14:8-11; 17:10; 18:14, 17, 20:46-47; 22:24-27; 요 13:5, 14-15)

긍휼(마 5:7, 9; 9:13; 12:7; 눅 6:36)

깨끗함(마 5:8, 27-32)

기쁨(마 5:12; 눅 6:23; 10:20; 요 15:11; 16:22; 17:13)

정직(마 5:33-37)

희생과 보복하지 않음(마 5:10-11, 38-42; 10:37-39; 16:24-25; 19:29-

International Commentary on the New Testament (Grand Rapids: Eerdmans, 1951), 321.

30; 20:25-28; 막 12:41-44; 눅 6:22, 27-30; 9:57-62; 14:26-33; 18:28-29; 요 12:25; 15:20; 16:2-4, 22)

용서(마 5:21-26; 6:12, 14-15; 18:15, 21-35; 눅 17:3-4)

의로움(마 5:6; 6:1-18, 33)

신실함(마 6:24; 23:23; 25:21, 23; 눅 12:42; 16:8-13)

염려나 두려움 없는 신뢰(마 6:25, 28, 31, 34; 10:26-31; 13:22; 막 4:19; 5:36; 눅 8:14, 50; 10:41; 12:4-7, 22, 25-26, 29; 요 6:20; 14:27)

비판적이 아님(마 7:1-5; 눅 6:37; 요 7:24)

가난한 사람들을 돌봄(마 6:2; 눅 6:20; 12:33-34; 14:12-14; 18:22; 19:8)

감사(눅 17:11-19)

평화(마 5:9; 막 9:50; 요 14:27; 16:33)

관대함(마 5:42; 7:2; 10:8; 막 4:24; 눅 6:30, 38)

당·신·은·?

● 당신이 가르치는 학생들은 모두 예수님을 구세주로 믿고 있는가? 그들을 모두 믿는 사람으로 만들기 위해 어떤 단계들이 필요한가?

● 학생들이 영적으로 어느 정도 성장하고 있다고 생각하는가? 이번 과에서 살펴

본 10가지 영적 성장 방법이 학생들 삶 속에서 나타나는가?

● 학생들이 영적으로 성장하도록 이끌기 위해 어떤 구체적인 단계들을 생각할 수 있는가?

● 이번 과에서 살펴본 15가지 영적 성장 덕목들을 수업 중에 얼마나 자주 언급하는가? 그런 덕목들을 더 많이 강조할 수 있는가? 어떤 방법으로 할 것인가?

8

예수님의 교수 목표는
진리를 아는 것으로 한정되었는가?

무릇 온전케 된 자는 그 선생과 같으리라 (눅 6:40하)

앞에서 살펴본 것처럼 예수님은 청중들에게 매우 다양한 주제를 말씀하셨다. 이 사실은 예수님은 사람들이 단순히 지식적인 면에서 자신이 가르치신 내용을 받아들이는 것에 만족하셨음을 의미하는 것일까? 많은 구절들이 예수님은 자신이 가르치시는 내용을 사람들이 알고 이해하기를 매우 원하셨다고 밝히고 있다. 그러나 그분은 자신의 사역이 단순히 사람들로 하여금 지식을 습득하는 것에 그치도록 하지 않으셨다. 그리고 지식은 주님의 다른 여러 관심들을 생각할 수 있게 하는 기반을 형성시켰다. 이번 과에서 살펴보겠지만 예수님은 사람들이 완전한 의미에서 배우기 원하셨다. 생명의 진리는 먼저 알고 이해되어야 한다. 하나님의 진리를 이해하는 일은 하나님의 진리를 경험하는 디딤돌이 되어준다.

아는 것과 이해하는 것

복음서들은 종종 아는 것과 이해하는 것 그리고 배우는 것의 필요성을 언급한다. 그 예로 예수님은 제자들로 하여금 '이것' (요 13:17), 즉 섬기는 자의 겸손한 자리를 알라고 말씀하셨다. 우리는 하나님의 진리를 붙잡음으로써 주님의 제자가 되고, 그로 인해 '진리를 알게' (8:32) 된다. 예수님은 수 차례에 걸쳐 제자들에게 자신이나 아버지를 알고(요 14:7, 17; 17:3), 예수님이 하나님 아버지께로부터 오셨음(요 17:7-8)을 알라고 말씀하셨다. 예수님은 믿지 않는 자들이 제자들을 미워하면 그들보다 먼저 주님을 미워한 줄을 알라고 하셨다(요 15:18).

복음서에는 주님이 가르치실 때 가지셨던 다른 사람들이 이해하기 바라는 간절한 마음이 드러나는 여러 헬라어 단어들이 나온다. 예수님은 마태복음 13장에서 천국의 비유를 전하시면서 두 가지 이유 때문에 '천국의 비밀을 아는 것' (마 13:11)을 비유로 가르친다고 말씀하셨다. 한 가지 이유는 제자들에게 진리를 밝히시려는 것이었고 또 다른 이유는 '외인' (막 4:11), 즉 예수님을 믿지 않는 자들에게 하나님 나라의 비밀이 감춰지도록 하기 위해서였다. 예수님을 배척하는 모습을 보인 서기관들은(막 3:22) 강퍅한 마음으로 인해 그 비유들을 이해할 수 없었다. 그와는 반대로, 예수님과 그분의 진리에 마음을 열었던 제자들은 하나님이 주신 통찰력으로 말미암아 비유들을 이해할 수 있었다. "하나님의 말씀은 언제나 효력이 있다. 그 말씀은 계몽이나 심판을 가져오는데, 제자들에게는 계몽이고 예수님을 부인하는 자들에게는 심판이다."[1] 그리고 나서 예수님은 자신을 대적하는 무리들이 깨닫지 못할 것

---

1) Leon Morris, The Gospel according to matthew (Grand Rapids: Eerdmans,

임을 보여주기 위해 이사야 6장 9-10절을 인용하셨다(마 13:14-15; 참조. 막 4:12; 눅 8:10). 주님은 마 13:13-15에서 "이해하다, 통찰력을 얻다"[2]란 의미를 지닌 시니에미(syniemi)란 단어를 세 차례 사용하셨는데, 이는 그들이 듣기는 들어도 '완악한'(마 13:15) 마음으로 인해 진리를 깨닫지 못함을 강조하신 것이다. 두 차례 시니에미란 단어를 듣는 것과 연결시켜(13-14절) 말씀하신 후 세번째에는 '마음'('마음으로 깨달아', 15절)과 연관지어 말씀하셨다. 이같은 사실은 영적 실체를 올바로 이해하는 것은 단순히 듣는 것 이상을 포함한다는 것을 보여준다. 즉, 그것은 마음의 문제인 것이다.[3] 듣는 것만으로는 부족하다. 귀도 열려야 하겠지만, 그에 못지 않게 마음도 열려야 한다.

예수님을 적대시하는 자들은 또한 그분이 가르치신 것 중 다른 것들도 이해하지 못했다. 주님이 자신을 보내신 분에 관해 말씀하셨을 때(요 8:26), 바리새인들은 그것이 '아버지를 가리켜 말씀하신 줄을 깨닫지 못하였다'(27절). 27절의 '깨닫다'란 단어는 '알다'란 의미를 지닌 헬라어 기노스코

1992), 34. 비유를 사용하신 예수님의 의도는 "제자들에게는 교육상의 이유고, 제자가 되기 거부하는 자들에게는 징계의 의미였다"(Alfred Plummer, An Exegetical Commentary on the Gospel according to St. Matthew, Thornapple Commentaries [1915; 개정판, Grand Rapids: Baker, 1982], 189).

2) 그러나 13절은 동사인 syniemi의 축약형인 synio를 사용한다 (Walter Bauer, William F. Arndt, and F. Wilbur Gingrich, A Greek-English Lexicon of the New Testament and Other Early Christian Literature, 2d. ed., rev. F. Wilbur Gingrich and Frederick W. Danker [Chicago:University of Chicago Press, 1979], 790; 참고. Theological Dictionary of the New Testament, 소제목: "sunihmi, dunesi, sunetos, asunetos," Hans Conzelmann, 7:888-96).

3) Plummer, An Exegetical Commentary on the Gospel according to St. Matthew, 190.

(ginosko)를 번역한 것이다. 예수님은 유대 지도자들과 계속 토론하신 후에 '어찌하여 내 말을 깨닫지 못하느냐?' (43절, 문자적으로 '왜 내 말을 알지 〔ginosko〕 못하느냐?')고 물으셨다.

예수님이 바리새인들에게 양들이 목자는 알아도 타인은 알지 못하는 것에 관해 말씀하셨을 때(9:40), '저희는 그 하신 말씀이 무엇인지 알지 못했다' (10:6). 그들은 다시금 그리스도를 부인함으로 인해 그리스도의 가르치심에 대해 소경이 되었다. 그러나 예수님은 만약 그들이 내가 베푼 기적을 믿었더라면 그들도 '아버지께서 내 안에 계시고 내가 아버지 안에 있음을 깨달아 알리라〔ginosko〕' (10:38)고 말씀하셨다.

사람들 역시 예수님을 바로 이해하지 못했다. 예수님이 예루살렘에 입성하시고 며칠이 지났어도 많은 사람들은 아직 '저를 믿지 않았다' (12:37). 요한 사도는 무리들이 '능히 믿지 못했다' (39절)는 점을 뒷받침하기 위해, 그들의 부족한 깨달음에 관한 이사야 6장 9-10절 말씀을 인용했다.[4]

예수님이 사람들과 대화하시면서 사람의 입에서 나오는 말이 그 사람을 더럽게 한다고 하셨을 때(왜냐하면 하는 말이 마음 상태를 반영하기 때문에) '듣고 깨달으라' (syniemi, 마 15:10, 18; 막 7:14-15)는 말씀으로 말문을 여셨다.

예수님의 말씀을 들은 대적들과 무리들은 영적인 통찰력이 부족했다. 심지어 제자들조차도 종종 예수님이 가르치시는 의미를 깨닫지 못했다. 예를 들면, 예수님이 사람들을 더럽게 하는 것에 관해 무리들에게 말씀하셨을 때

---

[4] 주님을 믿기를 거부하는 자들은 믿을 수가 없었다 (39절). 그 이유는 그들이 믿지 않았기 때문이었다 (37절). 믿지 않으려고 하는 마음 자세는 그들이 믿을 수 없게 만들었다. 하나님은 의도적으로 주님을 거부한 그들을 스스로의 운명에 내버려두셨던 것이다.

제자들도 어떤 것이 사람을 '더럽게' 만드는지 주님께 물었다(마 15:15; 막 7:17). 그때 예수님은 "너희도 아직까지 깨달음이 없느냐?"(마 15:16; 막 7:18)고 물으셨다.[5] 틀림 없이 예수님은 제자들이 상당 기간 자신과 함께 있었음에도 불구하고 이해하지 못한 것에 어처구니 없으셨을 것이다.

다른 여러 경우에서도 제자들은 주님을 이해하지 못했다. 그들은 마음이 둔하여져 떡 떼시던 일에 대해 이해하지 못했다(막 6:52). 이같은 일은 그들이 오병이어의 기적이 갖고 있는 의미는 '그 자체를 초월해 예수님이 누구신지를 알려준' 것임을 이해하지 못하고 '한낱 놀라운 일'로만 여겼다는 사실을 말해준다.[6]

예수님이 배신당하시고 죽임을 당하시고 부활하실 것을 제자들에게 말씀하셨을 때에도(막 9:32; 눅 9:45)[7] 그들은 알지 못했다(agnoeo, 무지한).

예수님이 바리새인들과 사두개인들의 누룩에 관해 제자들에게 말씀하셨을 때 그들은 떡을 만들 때 쓰는 누룩을 바리새인들이나 사두개인들로부터 사지 말라고 하시는 것으로 이해했다(마 16:6-7). 이때 예수님은 놀라시며 제자들에게 "너희가 아직도 깨닫지 못하느냐?" "어찌 내 말한 것이 떡에 관함이 아닌 줄을 깨닫지 못하느냐?"(9, 11절) 라고 물으셨다. 이 두 가지 질문을 던지시면서 주님은 이해에 대한 또다른 단어를 사용하셨다. '마음으로 인식하다'란 의미를 지닌 노에오(noeo)란 동사는 '마음 또는 지성'이란 의미의

---

5) "둔하다"(dull)는 말은 '이해력이 없는'이란 헬라어인 asynetos를 번역한 것으로서, syniemi란 동사와 관련이 있는데, 복음서에서는 오직 이곳에서만 사용되고 있다.

6) William L. Lane, The Gospel according to Mark, New Inrernational Commentary on the new Testament (Grand Rapids: Eerdmans, 1974), 237-38.

7) 마태는 그들이 '심히 근심했다'(마 17:23) 고 기록했다. 누가는 '그것을 이해하지 못했다'라고 부가 설명을 하면서 aisthanomai란 동사를 사용했는데, 이 단어는 신약에서 오직 여기에서만 사용되었다.

노우스(nous)란 명사와 연관된다. 예수님이 떡을 말씀하신 것이 아니라 종교 지도자들의 잘못된 가르침을 지적하신 것임을 설명해주시자 그제야 제자들은 '깨달았다' (12절, syniemi).

다시 주님이 자신이 심한 구박과 모욕을 당하시고 그 얼굴에 침 뱉음을 당하시고, 채찍에 맞으시는 가운데 죽었다 부활하실 것을 열두 제자들에게 말씀하셨을 때, '제자들은 이것을 하나도 깨닫지[syniemi] 못했고', '그 이르신 바를 알지[ginosko] 못했다' (눅 18:34).[8]

예수님은 제자들의 발을 씻기신 후에 "내가 너희에게 행한 것을 너희가 아느냐?"(요 13:12) 라고 질문하심으로 제자들이 주님의 행하신 일이 얼마나 중요한지 이해하기를 바라셨다.

도마는 예수님이 가는 길에 대해 말씀하셨을 때 그 의미를 이해하지 못했다(요 14:1-5).

예수님이 조금 있으면 떠나실 것이라고 말씀하시자 당황한 제자들은 주님이 '무엇을 말씀하시는지 알지 못했다' (요 16:18).

요한은 베드로와 요한이 빈 무덤을 본 후에도 "저희는 성경에… 하신 말씀을 아직 알지 못하였다"(요 20:9)고 기록했다.

그러나 제자들이 예수님의 가르치심을 이해한 경우도 있었다. 예수님이 하나님 나라에 관한 일곱 가지 비유를 말씀하신 후 "이 모든 것을 깨달았느냐?" 라고 물으실 때 제자들은 '그러하오이다' (마 13:51) 라고 대답했다. 이것은 예수님이 '제자들이 알아들을 수 있는 대로' 가르치시고[9](막 4:33), 또 혼자 계실 때에 그들에게 '모든 것을 해석해주셨기' 때문이었다(막 4:34).

---

[8] 마태와 마가는 제자들의 부족한 이해에 관해 언급하지 않았다 (마 20:17-19; 막 10:33-34).

[9] 여기서 사용된 헬라어 akouo 는 뜻을 파악한다는 의미에서 '듣는다' 는 것이다.

제자들은 또 부활하신 주님이 구약 성경에서 자신에 관해 어떻게 기록되어 있는지 설명해주심으로 자신들의 마음(nous)을 열어주시자 성경을 깨달았다(syniemi).

분명히 예수님은 듣는 자들이 자신의 가르침을 이해하고, 하시는 말씀의 의미를 깨닫기를 원하셨다. 바로 그것이 주님이 가르치실 때 항상 생각하셨던 교수 목표들 가운데 하나다. 그러나 어떤 사람들은 영적으로 어두워져 그 중요성을 붙잡지 못했다.

이해하는 것으로 충분한가?

영적 사실들을 알고 그 의미를 인식하는 일은 배움의 기초다. 하지만 그것으로 배움이 충분한가? 예수님은 사람들이 자신의 가르침을 지적으로 이해하는 것으로 만족하셨는가, 아니면 인식과 지각 그 이상을 원하셨는가? 이 질문에 대한 답을 찾기 위해서는 마태, 마가, 요한복음에 여섯 차례 나타나고, 신약 전서를 통해서는 25회 사용된 만타노(manthano; 배우다)란 단어를 살펴봐야 한다.

만타노란 단어는 광범위한 의미를 지니고 있다. 이 단어는 지적으로 사실을 아는 것(행 23:27; 고전 14:31, 35; 빌 4:9; 딤후 3:7, 14); 사실에 대한 통찰력을 갖거나 중요성을 감지하는 것(마 9:13; 24:32; 막 13:28[10]; 요 6:45[11]);

---

10) 예수님은 마 9:13절에서 바리새인들의 배움에 대해 도전하셨다. 하나님의 말씀에 대한 배움의 중요성을 호 6:6절을 통해 살펴보라. 주님은 마 24:32 (또한 막 13:28)에서 무화과나무 비유가 지닌 중요성을 제자들이 깨닫게끔 도전하셨다.

11) 하나님 아버지의 음성을 듣고 배우는 자는 예수님을 결국 믿게 된다. "이렇게 가

고전 4:6; 골 1:7; 히 5:11) 다른 사람으로부터 지도를 받거나 연구하는 것(요 7:15; 롬 16:17; 딤전 2:1); 경험을 얻거나 익숙해지는 것(빌 4:11; 딤전 5:4; 딛 3:14; 히 5:8); 기술을 습득하는 것(딤전 5:13; 계 14:3); 어떤 일이나 사람에게 헌신하는 것(마 11:29; 엡 5:20) 등의 의미를 가진다.

예수님이 "나의 멍에를 매고 내게 배우라"(마 11:29)고 하셨을 때, manthano가 지닌 여러 의미들 가운데 어떤 것을 염두에 두셨을까? 아마도 단순히 사실을 아는 정도에 그치는 것이 아니었을 것이다. 예수님은 그들이 자신을 따르는 제자들이 되고 헌신하게끔 도전하시고자 했던 것이 틀림없다.[12] 그 이유는 29절을 시작하는 '나의 멍에를 매고'라는 말 때문이다. 유대 문헌에서 멍에란 단어는 의무, 복종 또는 헌신 등의 의미를 은유적으로 표현하는 것이었다.[13] 디다케(Didache; 초대교회의 교리서)는 '주님의 멍에'라고 말하고 있다(Didache 6.2).

그렇게 볼 때 배우는 일은 지적이면서 동시에 영적이고, 정신적이면서 또한 도덕적인 것이다. 배움은 주 예수님께 대한 헌신, 즉 주님과 연합하고 그분과 시간을 보내며, 그분의 시각과 태도 그리고 가치관을 체득하는 일을 포

르침을 받고, 하나님의 음성을 듣고, 배우는 모든 자들은 결국 주님께 오게 된다" (Leon Morris, The Gospel according to John, New International Commentary on the New Testament [Grand Rapids:Eerdmans, 1971], 372). "'듣는 일'은 외적인 대화를, 배움은 그것을 내적으로 이해하는 일이 있게 한다"(B. F. Westcott, The Gospel according to St. John [London: John Muray, 1890], 105).

12) Theological DIctionary of the New Testament, "manqanw 외" K.K. Rengstorf, 4:408.

13) 미쉬나의 내용 중, 에봇 3.8 은 율법의 멍에를 언급한다. 행 15:10은 같은 멍에를 언급하고 있고, 갈 5:1에서도 모세 율법을 '종의 멍에'라고 부른다. 외경에 있는 다음과 같은 부분들도 참고하라: 시락 51:23-27; 바룩의 외경 41:3; 솔로몬의 시편 7:8; 17:32.

함한다. "제자들에게 배움이란 예수님과 함께 그리고 예수님처럼 되어가는 삶 자체였다."14)

만타노의 의미 범위는 기노스코(ginosko)와 오이다(oida; 알다)라는 단어들이 지닌 넓은 뜻 속에서도 보게 된다. 리차드(Richards)가 설명하듯이, 기노스코는

> 아는 것 또는 어떤 것에 관해 알아가는 것(진리, 요 8:32; 하나님의 뜻, 눅 12:47; 열매로 나무를 알 수 있음, 마 12:33)이란 뜻이 있다. 또한 이 단어는 알게 되거나(막 5:43; 눅 24:18), 이해하거나(눅 18:34; 히. 3:10) 또는 깨닫거나 인정하는 것(마 7:23)을 뜻했다. 또다른 헬라어 oida는 사람 또는 그 사람에 관한 것을 아는 것(막 1:34; 요 1:26, 31, 33; 6:42; 7:28; 행. 3:16; 7:18; 갈. 4:8; 살전 4:5; 히 10:30), 그리고 친밀하게 아는 것(마 26:72, 74; 막 14:71; 눅 22:57; 고후 5:16)과 방법을 알거나 할 수 있다(마 7:11; 눅 11:13; 참고: 살전 4:4; 딤전 3:5; 약 4:17)는 의미를 포함한다. 그밖에도 이 단어는 이론적인 차원이 아니라 관계적인 면에서 하나님을 아는 것(마 25:12; 요 7:28; 8:19; 살후 1:8; 딛 1:16)을 표현하는 데 사용되었다. 한편, 에피기노스코(epiginosko)는 지식의 완벽함을 강조하지만 위에서 언급된 다른 두 단어들과 같은 용례로 사용될 수 있다.15)

---

14) Lee Magnen, "Teaching and Learning in the Gospels: The Biblical Basis of Christian Education," Religious Education 70 (Nov.-Dec. 1975): 631.

15) Lawrence O. Richards, A Theology of Christian Education (Grand Rapids: Zondervan, 1975), 33.

이같은 사실은 "아는 것을 표현하는 단어들이 그 자체 지적인 면을 높이는 데 실패했다."16)는 것을 명백히 드러낸다.

예수님은 지적으로 알고 있는 진리를 삶으로 실천하는 것에 깊은 관심을 보이셨다. 주님의 말씀을 듣고 '실행하는 사람'은 지혜로운 자다. 그 이유는 그 사람은 모래 위가 아니라 반석 위에 집을 짓는 사람과 같기 때문이다. 예수님의 말씀을 실행하지 않는 사람은 비록 주님의 말씀을 듣긴 들어도 어리석은 자이다(마 7:24-27; 눅 6:47-49). 예수님은 '내 말을 듣고 행치 않는 자'(눅 6:46)는 '하늘에 계신 내 아버지의 뜻을 행하지 않는 자'라고 말씀하셨다(마 7:21).

예수님은 '하나님의 말씀을 듣고 행하는' 사람이야말로 자신의 어머니 형제라고 말씀하셨다(눅 8:20-21). 즉 예수님께 순종하는 사람은 주님과 가장 가까운 가족보다도 더 긴밀한 관계를 누린다는 것이다.17)

어느 땐가 주님이 가르치실 때, 한 여인이 주님의 어머니를 다음과 같이 목소리 높여 찬양했다: "당신을 밴 태와 당신을 먹인 젖이 복이 있도소이다"(눅 11:27). 예수님은 그 여인의 칭송을 부인하지 않으시면서도 자신의 어머니인 마리아가 되는 것보다 더 큰 축복을 누릴 수 있는 것은 바로 하나님의 말씀을 듣고 순종하는 일이라고 하셨다(28절).

'진리를 좇는'(요 3:21) 사람은 빛 가운데 살고 어둠 속에 있지 않음으로써(20절) 자신의 헌신을 드러낸다. 예수님은 놀랍게도 제자들의 발을 씻기시는 겸손의 본보기를 보이신 후 '종이 주인보다 크지 못하다'(요 13:16)고 말

---

16. 같은 책, 34.

17) 마태는 병행 구절에서 '하늘에 계신 내 아버지의 뜻'을 행하는 것 (12:50; 참고 7:21; 막 3:35)을 말한 반면, 누가는 예수님의 말씀을 실행하는 것을 두 차례 언급했다 (6:46; 8:21).

쓸하심으로 그들에게 겸손할 것을 가르치셨다. 그리고는 "너희가 이것을 알고 행하면 복이 있으리라"(17절)고 덧붙이셨다.

그렇다면 하나님의 진리를 듣는 일을 단순히 머리로 이해하는 정도로 여기는 일은 분명히 제자들이 주님의 가르치심을 실행하거나 순종하기를 기대하신 예수님의 뜻에 미치지 못하는 모습이다.

예수님은 '나를 따르라'고 사람들을 여러 번 부르셨다(마 4:19; 8:22; 9:9; 10:38; 19:21; 막 1:18; 2:14; 8:34; 10:21; 눅 5:27; 9:23, 59; 18:22; 요 1:40; 12:20; 21:19, 22; 참고: 마 16:24; 19:27; 막 10:28; 눅 5:11; 18:28; 요 10:4, 27). 이같은 초대는 그들이 자신의 유익을 버리고(눅 14:26-27), 예수님과 함께 있으며(막 3:14), 그분의 권세를 인정하고, 그분께 배우고 훈련받으며(눅 6:40), 그분께 헌신하고, 그분과 함께 일하며(눅 15:10), 그분을 위해 일하고(마 10:1; 막 3:14-15; 6:14; 눅 10:1), 그분께 순종하고(요 14:15, 21, 23-24; 15:10), 그분을 신뢰하며(요 14:1, 11-12), 그분을 사랑하고(요 14:15, 21, 23; 21:15-17), 심지어는 그분을 위해 고난당할 것(마 10:22; 막 8:34-35; 눅 14:2; 21:12; 요 15:20; 16:32-33; 21:18-19)을 도전하시는 일이었다.[18] 이같은 초대는 예수님의 말씀을 단순히 몇 시간 또는 며칠 정도 듣고 마는 변덕스러운 생각을 위한 것이 아니었

---

18) 로마제국에서는 십자가형을 당하는 범죄자는 자신이 박힐 십자가를 짊어지고 형장으로 가게 되어 있었다. 십자가를 짊어진다는 것은 곧 죽는다는 것을 의미했다. 예수님의 제자가 되어 주님과 관계를 맺는 사람은 예수님이 그러셨듯 자신도 죽음을 각오한 것이다. 예수님은 "죽기 위한 행렬의 앞장을 서신 것이고 주님을 따르는 모든 자들은 자신의 죽음을 맞이해야 하며," 심지어는 육체적인 죽음까지도 감수하는 일이다 (D. Edmond Hiebert, Mark: A Portrait of the Servant [Chicago: Moody, 1974], 209). 또한 Michael P. Green이 쓴 "The Meaning of Cross-Bearing," Bibliotheca Sacra 140 (1983년 4-6월호): 117-33 페이지를 보라.

다. 주님은 헌신되고 순종하는 학생들을 원하셨다! "이 초대는 뚜렷이 장기적인 연관성을 요구한다. 예수님은 해변가를 즐거이 산책하기 위해 그들을 초대하시는 것이 아니라 제자로 삼기 위해 부르신다. 거기에는 개인적으로 예수님께 속해 있다는 의미가 있다." [19] 사실 이 부르심은 "분명히 그들이 지금껏 살아온 생활 방식과 분리되는 것을 의미했다." [20]

이같은 방식으로 주님을 따르던 사람들은 주님이 누가복음 6장 40절에서 "무릇 온전케 된 자[21]는 그 선생과 같을 것"이라고 말씀하신 대로 그분을 닮아갈 것이다. 배우는 자들이 선생보다 뛰어나지는 못하겠지만, 선생의 가르침을 받고 준비하는 자들은 선생과 같은 행실을 보일 것이다. 그런 사람은 예수님이 가르치신 내용을 잘 이해하게 될 것이고, 무엇보다 예수님을 닮아갈 것이다. 주님을 따르는 자들은 "삶 속에서 주인된 분의 모습을 나타낼 때 온전히 훈련받았다고 할 것이다." [22] 주님의 가치관과 덕목들을 따르고, 가르침과 명령에 순종하면 온전히 그리스도를 닮은 성품을 갖게 된다.

"예수님이 제자들을 부르시고 자신과 함께 있도록 하신 이유는 그들이 주님이 가르치시는 개념이 현실에서 어떻게 구체적으로 적용되는지를 보

---

19) Morris, The Gospel according to Matthew, 85.

20) 같은 책.

21) '온전케 되었다'는 말은 katartizo에서 파생된, 수동태 현재분사인 katerismenos로서, '정리하다, 준비하다, 완료하거나 갖추게 하다'란 의미가 있다. 마 4:21과 막 1:19은 이 단어를 그물을 깁는, 즉 사용할 수 있도록 준비하는 것을 뜻하기 위해 사용한다. 또한 이 단어는 갈 5:1과 벧전 5:10에 있는 온전케 하는 일과, 엡 4:12에 있는 준비시키는 뜻을 지닌다. 준비는 히 10:5과 11:3('짊어지다')의 개념이다.

22) K.N. Giles, "Teachers and Teaching in the Church: Part 5," Journal of Christian Education [Australia] 70 (April 1981): 12.

23) Richards, Theology of Christian Education, 34-35.

여주시기 위함이었다. 제자들이 올바로 이해하고 감동 받은 대로 반응하려면, 그래서 선생과 같이 되기 위해서는 성육신하신 말씀을 보아야만 했다!" 23)

제자란 어떤 사람인가?

'제자' 란 의미의 헬라어 단어 마데테스(Mathetes)는 이와 같은 개념을 지닌다. 이 단어는 복음서(234번)와 사도행전(28번)에서만 사용되고 있는데, 단순히 선생의 강의를 앉아서 듣기만 하는 학생이 아니라 그 이상의 모습을 말한다.

렝스토르프(Rengstorf)에 의하면 이 단어는 고전 헬라어에서 가르치는 선생과 개인적인 관계를 맺고 있는 학생을 뜻했다:

중요한 점은 교육의 불완전한 점이나 더 나아가서 부족한 점이 아니라 특정한 학생이 배우게 되었다는 것이다. 즉 그에게 구체적인 지식이나 내용을 개인적으로 전해주며, 그것이 정해진 계획에 따라 진행된다는 것이다. 그러므로 디다스칼로스(didaskalos; 선생) 없이는 마데테스(mathetes; 제자)도 없다. 그 과정은 상호간의 개인적 관계와 연관되어 있다.24)

렝스토르프는 이 단어가 '배우는 사람이 더 많은 지식을 갖고 있다는 권위

---

24) Theological Dictionary of the New Testament, 소제목 "mantano 외", K. H. Rengstorf, 4:416.

에 직접 의존하고 있음을 뜻한다'고 덧붙여 말했다.[25] 마데테스라는 단어는 '선생의 견해를 받아들일 뿐만 아니라 행실도 따르는 것을 포함한다.'[26]

신약 성경에서 '제자'는 간혹 세례 요한의 제자들과(마 9:14; 11:2; 14:2; 막 2:18; 6:29; 눅 5:33; 11:1; 요 1:35, 37; 3:25; 4:1), 바리새인들(마 22:15-16; 막 2:18; 눅 5:33), 그리고 모세를 따르던 자들(요 9:28)을 가리키기도 했지만, 주로 예수님을 따르던 자들을 일컫는 말이었다. 그러나 mathetes가 항상 동일한 의미를 지니는 것은 아니다. 이 단어는 예수님을 따르고 산상 수훈을 들었던 '제자의 허다한 무리'(눅 6:17)와, 예루살렘에 입성하실 때 주님을 찬양했던 '제자의 온 무리'(눅 19:37; 바리새인들은 그들을 '당신의 제자들'이라고 했음, 39절)와 같이 예수님을 따랐던 대규모의 군중들을 가리키기도 했다. 요한복음 6장 60-61절, 64절, 66절을 통해 제자들이라고 불렸던 자들 가운데에서도 예수님을 믿지 않은 자들이 있었음('제자 중에 많이 물러가고 다시 그와 함께 다니지 아니하더라', 66절)을 분명히 알 수 있다. 그렇다면 왜 그들을 제자라고 했을까? 그 대답은 여기서 사용된 마데테스란 단어는 예수님을 따르고 그 말씀을 들었던 자들을 가리켰다는 사실에 있다. 그들은 호기심은 있었지만 정작 확신은 없었다.[27] 그들은 예수님의 말씀을 듣고나서(요 6), 제자가 되는 것이 자신들이 예상했던 것과 다른 것임을 알았다. "자신을 정치적인 왕으로 삼으려는 사람들의 요구를 거절하시고, 개인적인 믿음을 요구하셨으며, 또한 인간의 절대적 무능력함과 구원

---

25) 같은 책

26) International Standard Bible Encyclopedia, 1924, 소제목 "Disciples," G.H. Trever, 2:851.

27) J. Dwight Pentecost, Design for Discipleship (Grand Rapids: Zondervan, 1971), 14-17.

은 오직 하나님의 역사라는 점들을 강조하신 이 모든 것들이 많은 사람들에게 불쾌한 것이었다."[28)]

많은 경우 제자란 단어는 예수님과 밀접한 관계를 지녔던 열두 사람을 가리킨다. 그같은 경우의 예로는 마태복음 5장 1절; 10장 1절; 11장 1절; 20장 17절; 26장 20절; 마가복음 3장 7절, 9절; 4장 34-35절; 누가복음 6장 13절; 8장 1절, 9절; 9장 12절, 14절; 요한복음 6장 67절, 70-71절; 20장 24절 등이 있다. 어떤 경우에는 그들 중 세 명이(마 17:6, 10, 13; 눅 9:36), 또 다른 경우에는 열 두 제자들 중 두 명이(마 21:1, 6) 제자들이라 일컬어졌다. 또한 개인적으로 요한(요 13:23; 19:26; 21:7)과 아리마대 요셉(19:38)이 제자라 불리어졌다.[29)] 예수님을 따르며 배웠던 사람들 가운데 핵심 인물인 열두 제자들은 사도들이라고 불리우기도 했다(마 10:2; 막 3:14; 6:30; 눅 6:13; 9:10; 11:49; 17:5; 22:14; 24:10; 행 1:2).[30)] 유다가 예수님을 배신한 후, 이 그룹은 '열한 제자'(마 28:16; 막 16:14) 또는 '열한 사도'(눅 24:9,33; 행 1:26)로 알려졌다.

마데테스와 연관된 동사인 마데테우오(matheteuo)는 신약 성경에서 네 차례 등장하는데 '예수의 제자'(마 27:57) 또는 '제자로 삼다'(마 13:52;[31)]

---

28) Edwin A. Blum, "John", The Bible Knowledge Commentary, New Testament, John F. Walvoord, Roy B. Zuck 편집 (Wheaton, Ill. Victor, 1983), 298.

29) 사도행전에서는 제자란 단어가 그리스도께 속한 신자들의 공동체를 묘사했다 (행 6:1-2, 7; 9:36; 11:26)

30) 사도행전에서는 이 핵심 서클을 일컫는 '사도들'이라고 하는 단어가 28차례 사용되었다.

31) NIV 번역본은 마 13:52절을 '가르침을 받은 자'라고 번역한 반면, NASB는 '제자가 된 자'로 번역했다.

28:19; 행 14:21)란 뜻을 갖고 있다. 마데테스란 단어의 가장 대표적인 의미는 선생 또는 모델의 가르침을 받아들여 충성스런 추종자, 지지자, 부하가 된 사람을 말한다. 이 단어는 따르는 사람의 '삶 전체를 형성하는 개인적인 밀착 관계'를 포함하며[32], 헌신[33]과 순종[34]을 요구한다.

그러기에 그저 단순히 호기심을 지닌 탐구자가 아닌, 헌신된 제자는 구세주께 배우고, 구세주에게 충성하며, 구세주를 사랑하는 모습이 드러나야 한다. 포기와 충성, 섬김과 고통은 헌신된 제자들의 특징이다. 그들은 주님이 가르쳐주신 신조들을 알 뿐 아니라 주님이 모범을 보이신 대로 실행한다. 제자들은 하나님의 뜻을 이해할 뿐만 아니라 그 뜻대로 행한다(마 12:49-50).

교사들을 위한 제안

지금까지 말한 것들이 교사에게 무엇을 말하고 있는가? 한 가지 매우 뚜렷한 것이 있다. 예수님이 보여주신 교수법에 대한 모범은 교사들에게 다음 세 가지를 청종하고 유념할 것을 도전한다:

예수님처럼 모범적인 삶으로 진리에 대한 본을 세워야 한다.
예수님처럼 진리를 명확하고 설득력 있게 전해서 사람들이 이해하도록 해야 한다.

---

32) Theological Dictionary of the New Testament, 소제목, "manthano 외" K.H. Rengstorf, 4:441.
33) 같은 책, 442.
34) 같은 책, 448.

예수님처럼 학생들이 마음에서 우러난 훈련을 받게 하고, 배운 것을 실천하도록 도전해야 한다.

예수님의 목표는 사람들이 진리를 알게 하시는 것이었을까? 물론 그렇다. 그러나 그분은 거기에서 멈추지 않으셨다. 예수님은 그같은 기반을 다지신 후 자신을 따르는 자들이 주님과 함께하고 주님을 닮아가는 충성스런 학생이 되도록 촉구하셨다.

이·제·무·엇·을·할·것·인·가·?

- 학생들이 당신의 가르침을 이해하지 못한다고 생각될 때가 간혹 있는가? 그 이유가 무엇일까? 좀더 명확하게 가르쳐야 하지 않을까? 아니면 가르치는 내용의 중요성을 학생들이 이해하지 못하고 있는 것은 아닐까? 어떻게 문제점을 파악할 수 있을까? 학생들의 이해 수준을 향상시키기 위해 당신이 할 수 있는 일은 무엇인가?

- 학생들이 예수님을 닮아가도록 용기를 북돋우기 위해 당신은 어떤 구체적인 일들을 할 수 있는가?

- 당신의 교수 목표를 점검해보라. 당신은 학생들이 단순히 사실을 이해하는 정도에서 벗어나 실행의 단계로 가도록 목표를 정하고 있는가? 학생들의 아는 것과

실행하는 것이 연관되도록 매번 학습 시간의 목표를 적을 수 있는가? 다음과 같은 방법으로 학습 목표를 적어 보라: "학생들은 _____ 을 알게 되어〔학생들에게 전하고 싶은 내용들을 적는다〕, _____ 하게 될 것이다〔학생들이 행하거나 계발하기 원하는 행동이나 태도를 적는다〕."

● 어떻게 예수님의 모범을 따라 학생들과 밀접한 관계를 형성할 수 있겠는가? 학생들이 당신을 개인적으로 더 잘 알 수 있기 위해 이번 주 또는 이번 달에 당신이 실천할 구체적인 일들을 적어보라.

● 학생들에 대한 당신의 관심과 흥미를 알려줌으로써 당신이 학생들을 사랑한다는 것을 보여줄 수 있는 방법을 생각해보라.

9

예수님은 무리들과 제자들에게 어떤 영향을 미치셨는가?

"이는 내 사랑하는 아들이요 내 기뻐하는 자니 너희는 저의 말을 들으라!" (마 17: 5)

어떤 반이건 학생들은 마찬가지다. 조용한 학생도 있고 시끄러운 학생도 있으며, 내성적인 학생과 수다스러운 학생이 있다. 어떤 학생들은 규범을 잘 지키는 반면 어떤 학생들은 제멋대로이고 거칠다. 어떤 학생들은 삶에 대해 진지한 반면 어떤 학생들은 만사가 태평이다. 또 빨리 배우는 사람이 있는 반면 어떤 사람들은 배우는 데 많은 시간이 필요하다. 반의 규모와 상관없이 모든 반에는 온갖 다양한 특성을 지닌 학생들이 다 있는 듯하다.

당신이 현재 가르치는 반 또는 이전에 담당했던 반을 생각해보라. 그 반에도 위에서 언급한 그런 학생들이 있었는가? 물론 있었을 것이다. 왜냐하면 같은 배경과 특성을 갖는 학생들은 혹시 있다 하더라도 극소수이기 때문이다.

당신은 그토록 서로 다른 성격을 지닌 학생들의 필요를 어떻게 채워주는가? 당신의 말에 매우 도전적인 학생에게는 어떻게 반응하며, 또 반면에 매우 소극적인 학생은 어떻게 격려하는가? 정도의 차이는 있겠지만 모든 선생들은 이같은 일들에 직면한다.

예수님도 역시 가지각색의 관심과 필요, 염려 그리고 각기 다른 삶의 모습을 가진 매우 다양한 그룹들을 대상으로 사역하셨다. 주님은 때로는 개인을, 때로는 몇몇 사람을 그리고 때로는 큰무리를 상대하셨다. 어떤 사람들은 단순히 호기심만 있었고, 또 어떤 사람들은 헌신되었다. 어떤 사람들은 호의적이었고, 어떤 사람들은 적대적이었다. 예수님은 이런 사람들을 어떻게 가르치셨는지 살펴봄으로써 우리도 매우 다양한 성격을 지닌 학생들을 효과적으로 가르칠 수 있는 통찰력을 얻을 수 있다. 주님이 어떻게 학생들과 관계를 맺으셨으며 그들이 어떻게 주님께 반응했는지를 주목할 때 학생들과 어떻게 좋은 관계를 유지하며 그들의 생활에 어떻게 큰 영적 영향력을 끼칠 수 있는지 알게될 것이다.

예수님은 누구를 가르치셨나?

예수님이 가르치신 여러 대상들을 살펴보면 그분이 얼마나 엄청난 교수능력을 지니셨는지 깨닫게 된다. 그분은 종교 지도자들과 토론하셨고 또한 매우 단순한 마을 사람들과 영적인 일에 대해 대화를 나누셨다. 대규모의 무리들을 가르치셨을 뿐 아니라 소수의 제자들을 훈련시키셨다.[1] 예수님은 진리를 찾아온 니고데모와, 바리새인의 집에서 울었던 창녀와, 믿음을 지닌 로마 백부장을 대하셨다. "예수님은 자신의 죄를 고백하는 죄인들에게는 따뜻

---

1) Norman Anderson, The Teaching of Jesus (Downers Grove, Ill.: InterVarsity, 1983), 10.

한 용서의 말씀을, 외식하는 종교 지도자들에게는 혹독한 질책을 하실 수 있었다."[2] 표 13, 14는 예수님의 말씀을 듣고 배운 다양한 대상들을 나열하고 있다.

— 표 13 —
예수님이 가르치신 사람들*

제자들	마 5:1-2; 막 8:31; 9:31; 눅 11:1; 요 14:23-24; 15:20
무리(들)	마 7:28; 22:33; 막 2:13; 4:1; 6:34; 10:1; 11:18
사람들	눅 5:3; 23:5
마을과 동네 사람들	마 11:1; 막 6:6; 눅 13:22, 26
회당안에 있던 사람들	막 1:21-22, 27; 6:2; 눅 4:15; 6:6; 13:10; 요 6:59; 18:20
성전에 있던 사람들	막 12:35, 38; 눅 19:47; 20:1; 21:37-38; 요 7:14, 28; 8:2

* 이 표에 있는 구절들은 가르치다, 가르침 또는 가르쳤다는 단어를 포함하고 있는 구절들이다. 물론 가르치다란 단어가 사용되지 않았지만 사람들을 가르치신 경우도 많이 있다. 그런 구절들은 표 14에 열거되어 있다.

---

2) 같은 책.

— 표 14 —
예수님이 가르치신 그룹들*

종교 지도자들

한 서기관	마 8:19-22; 눅 9:57-62
바리새인들	마 12:1-8; 19:3-9; 22:41-46; 막 2:24-28; 10:2-9; 눅 6:1-7; 16:14-31; 17:20-22; 18:9-14; 19:34-40
바리새인들과 서기관들	마 12:9-14; 15:1-20; 막 3:1-6; 눅 6:6-11; 15:1-32
바리새인들과 사두개인들	마 16:1
바리새인들과 헤롯당원들	마 22:15-22; 막 12:13-17
대제사장들과 장로들	마 21:23-46; 막 11:27-12:12; 눅 20:1-8
사두개인들	마 22:23-32; 막 12:18-27; 눅 20:27-44
율법에 정통했던 바리새인	마 22:34-40; 막 12:28-34
대제사장 가야바	마 26:62-63; 막 14:61-62
서기관들	막 2:6-10
시몬이란 이름의 바리새인	눅 7:39-47
한 율법사	눅 10:25-37
예수님과 함께 식사한 바리새인	눅 11:37-44
또 다른 율법사	눅 11:45-53
한 바리새인과 율법사	눅 14:1-6
바리새인의 한 두령 집 손님들	눅 14:7-11
바리새인의 한 두령	눅 14:12-14
바리새인의 한 두령 집 손님 하나	눅 14:15-24

세례 요한의 제자들과 예수님의 제자들

세례 요한의 제자들	마 9:16; 11:2-6
베드로	마 16:16-17, 23; 18:21-35; 눅 12:41-53
예수님의 열두 제자 중 아홉	마 17:19-20; 막 9:14-29; 눅 9:41
요한	막 9:38-50
야고보와 요한	눅 9:54-55
칠십이인	눅 10:1-20

다른 사람들

젊은 부자청년	마 19:16-22 (=막 10:17-22; 눅 18:18-30)
마리아와 마르다	눅 10:38-42
무명의 여인	눅 11:27-28
형이 있었던 사람	눅 12:13-21
무리들 가운데 어떤 이들	눅 13:1-9
회당장	눅 13:14-17
신분이 밝혀지지 않은 사람	눅 13:23-30
무덤에 있던 여인들	마 28:10
엠마오로 가던 두 제자	눅 24:13-35

* 예수님과 위에 나온 사람들과의 사이에 가르치다, 가르침 또는 가르쳤다는 단어가 사용된 것은 아니지만 예수님은 그들에게 말씀하셨다. 여기에는 예수님이 병을 고쳐주신 사람들은 포함되지 않았다.

예수님과 무리들

예수님은 '무리들'이라고 지칭된 수많은 사람들을 가르치셨다(표 13을 보라). 이 무리들에는 예수님이 갈릴리에 있는 산 기슭(5:1)에서 말씀하신 산상복음(마 7:28; 8:1)을 들은 무리들과, 사두개인들에게 하신 예수님의 대답을 들은 무리들(22:33), 예수님이 배에 타시고 비유를 말씀하셨을 때 갈릴리 해변에 있었던 무리들(4:1), 주님이 '한적한 곳'(6:32-34)으로 배를 타고 가셨을 때 호숫가로 따라온 무리들, 예수님이 가르치시고 먹이신 무리들(6:35-44), 성전을 청결케 하셨을 때 그분의 가르치심에 놀란 무리들(11:17), 그리고 요단강 건너편으로 주님을 따라온 무리들(눅 10:1)이 포함된다.

예수님을 따랐던(예수님께 배우거나 병고침 받기 원해서) 다른 무리들에 관한 기록은 마태복음 4장 25절(예수님을 따라 팔레스타인 사방에서부터 온 큰 무리), 8장 18절(예수님이 많은 사람들의 병을 고치신 후 그분의 곁에 있었던 무리), 9장 8절(중풍병자를 고치시는 것을 본 무리들), 9장 23, 25절(야이로의 딸이 고침을 받았을 때 집 바깥에 있었던 '소란한 무리들'; 누가복음 8장 42절은 '무리가 옹위하더라'라고 기록), 9장 33절(예수님이 귀신을 쫓으시는 것을 보고 놀란 무리들), 9장 36절(목자 없는 양과 같아 주님이 불쌍히 여기셨던 무리들), 11장 7절(세례 요한에 대해 말씀해 주신 무리들), 12장 46절(예수님이 바리새인들에게 말씀하실 때 집 밖에 있었던 무리들)과, 13장 34절(예수님이 천국의 '비밀'을 비유로 말씀하시는 것을 들은 무리들), 15장 10절(손을 씻는 예식에 대한 바리새인들의 질문에 대답하실 때 있었던 무리들), 15장 33, 35, 39절(예수님이 먹이신 사천 명의 무리들), 17장 14절(귀신에 들려 간질 증세를 보이던 소년 및 아버지, 또 그들과 함께 있던 무리들), 19장 2절(요단강 건너편으로 예수님을 따라왔던 큰 무리들), 20장 29절(여리고로부터 예루살렘까지 예수님을 따라 온 큰 무리), 21장 8절(예수님이 예루살렘에 입성하실 때 겉옷과 나뭇가지를 길에 펼치며 크게 주님을 찬양하던 '큰 무리'), 21장 46절(예수님을 선지자로 믿었던 예루살렘의 무리들), 23장 1절(예수님이 바리새인들의 외식을 꾸짖는 것을 들은 무리들; 누가복음 12장 1절은 이 무리들이 수만 명이었다고 기록)이 있다.

예수님과 함께 있었던 무리들에 관한 기록은 다음과 같은 구절들이다: 마가복음 7장 33절(데가볼리에서 주님이 귀먹고 어눌한 자를 고치셨을 때 함께 있었던 무리); 8장 34절(제자가 되기 위해 버려야 할 것들에 대해 말씀하신 것을 들은 무리들); 12장 37절(예수님의 주님되심과 다윗 왕과의 관계를 말씀하셨을 때 그 가르치심에 놀라던 성전 뜰의 큰 무리); 누가복음 4장 30절(나사렛 회당에서 가르치실 때 있었던 무리); 5장 15절(예수님의 치유 능력을 들었던 무리들); 5장 29절(레위의 집에서 예수님과 함께 식사했던 많은 세리와 또 다른 사람들); 7장 12절(나인성 과부의 아들의 장례 행렬에 있던 큰 무리); 11장 29절(예수님이 표적을 보여달라고 하는 바리새인들에게 대답하실 때 점차 모여 들었던 무리들); 19장 3절(삭개오가 여리고로 들어서신 예수님을 보려고 했을 때 그의 앞을 가로막았던 무리들); 요한복음 5장 13절(베데스다의 연못가에 있었던 무리들); 6장 22, 24절(예수님을 보고자 가버나움으로 배를 타고 온 무리들); 7장 12, 20, 31-32절(장막절에 예루살렘에 있었던 무리들, 그들 중 어떤 자들은 예수님이 귀신들렸다고 했고, 어떤 자들은 예수님을 믿었음); 12장 9절(베다니의 나사로 집에 갔던 무리); 12장 29, 34절(유월절에 하나님 아버지께서 예수님의 이름을 영광되게 했던 음성을 들은 무리).

이 무리가 몇 명이었는지 알 수는 없으나 예수님이 먹이신 무리가 여인들과 아이들을 제외하고도 오천명이나 되었던(마 14:21) 것을 감안할 때 매우 많은 사람들이었음을 짐작할 수 있다. 또, 누가복음 12장 1절에서 예수님이 바리새인들의 외식함을 경계하셨을 때 그것을 들은 무리의 숫자가 '수만 명'

이라고 한 것을 보아도 어느 정도 큰 무리였는지 알 수 있다. 이같은 일은 주님의 선포와 치유의 능력과 인품에서 오는 매력으로 가능했다! 자기도 예수님처럼 그토록 많은 사람들을 그렇게 많은 도시와 마을에서 불러모을 수 있는 흡인력을 가지고 있다고 주장할 수 있는 교사들은 없을 것이다.

무리들은 예수님과 그분의 사역에 매우 흥미로운 반응을 보였다. 많은 사람들은 예수님의 말씀과 사역에 놀랐다(제4장을 보라). 마태복음 22장 33절과 마가복음 1장 22, 27절; 11장 18절, 그리고 누가복음 4장 22, 32절에는 사람들과 무리들이 놀랐던 모습이 기록되어 있다.

무리들의 또 다른 반응은 예수님을 믿게 된 것이다. 예수님이 유월절에 예루살렘에서 베푸신 기적을 목격한 많은 사람들은 그분을 믿었다(요 2:23). 그리스도를 만난 사마리아 여인의 고백을 들은 많은 사마리아 사람들이 예수님을 믿었으며(4:39), 예수님이 그들에게 직접 하신 말씀으로 인해서 더욱 많은 사람들이 믿게 되었다(4:41-42). 주님이 자신이 세상의 빛이라고 말씀하셨을 때, '많은 사람들이 믿었다'(8:30). 그리고 요단강 건너편에 있던 '많은 사람이 예수를 믿었다'(10:42). 죽은 나사로를 살리시는 것을 보고 많은 유대인들이 예수님을 믿었다(11:45). 많은 관원들도 그리스도를 믿었다 (12:42).

무리들이 예수님께 보인 또 다른 반응은 찬양이다. 예수님이 들것에 실려 지붕으로부터 내려진 중풍병자를 고치신 것을 목격한 무리들은 놀라움에 사로잡혀 하나님을 찬양했다(마 9:8; 막 2:12; 눅 5:26). 벙어리와 다리 저는 자와 소경들을 고치시는 예수님의 능력에 놀란 갈릴리 사람들은 하나님을 찬양했다(마 15:31). 또한 예수님이 '친히 여러 회당에서 가르치시매 뭇 사람에게 칭송을 받으셨다'(눅 4:15). 나인성 과부의 아들을 장사지내려던 무리들은 예수님이 아이를 소생시키시자 하나님을 찬양했다(7:16). 예수님이 여리고에서 거지 소경의 눈을 뜨게 하셨을 때도 그와 비슷한 일이 일어났다

(18:43). 또한 예수님이 예루살렘에 입성하실 때 큰 소리로 하나님을 찬양했다(19:37).

복음서를 보면 무리들이 특이한 반응을 보인 한 가지 사건이 있다. 예수님의 아홉 제자가 귀신 들린 아이를 고치지 못하자 큰 무리들이 '곧 예수를 보고 심히 놀라며 달려와 문안했다'(막 9:15, 25).

성전에 있던 큰 무리도 예수님의 말씀을 매우 즐겁게 들었다(막 12:37). 사람들은 '다 그에게 귀를 기울여 들었다'(눅 19:48). 심지어는 예수님을 죽일 방도를 찾고 있던 대제사장들조차도 빌라도에게 '온 유대에서 가르치고 백성을 소동케 한다(눅 23:5)고 말할 정도였다. 모든 사람들은 예수님이 자신들로 하여금 경이감에 사로잡히고, 생각하고, 반응하고, 믿고, 경배케 하는 - 그 말씀으로 어떤 이들은 뿌리째 흔들리는 반면 어떤 이들은 너무도 기뻐하는 - 능력 있는 선생이심을 인정했다.

예수님과 열두 제자

예수님이 열두 제자에게 끼치신 영향은 어떤 것이었을까? 그리고 그들은 예수님의 가르침과 훈련에 어떻게 반응했는가? 우리는 주님이 열두 제자들을 위해 그리고 그들과 함께 하신 여러 일들을 찾아볼 수 있다.

예수님은 열두 제자를 선택하시고 훈련시키셨다. 그들에게는 하나로 뭉칠 수 있는 여러 특성들이 있었다. 그들은 모두 유대인들이었고, 같은 지역 출신

---

3) Ronald Lee Rusing, "A Comparison of the Discipleship Principles and Methods of Christ and Paul" (Th. M. 논문, Dallas Theological Seminary, 1981), 33-34.

이었으며, 같은 언어를 사용했다. 또한 정규 교육을 제대로 받지 못했으나 배우려는 마음이 있으며, 성인 남성들이었고 평범한 것이 공통점이었다.[3] 그들은 말 그대로 보통 사람들이었다.

그러나 그들은 다양한 그룹이었다. "그들이 지닌 다양한 배경과 직업과 모습은 예수님이 팀을 형성하시는 일을 어렵게 하는 것이었다… 분명히 팀 형성을 위한 응집력과는 상당히 거리가 먼 사람들이었다."[4] 제자들의 성격도 달랐다. 또한 그들의 직업이 다 알려지지는 않았으나 그 중 네 명은 어부였으며(베드로, 안드레, 야고보, 요한), 마태는 세리였다. 시몬(베드로가 아닌)은 로마 정권을 전복시키고 독립된 유대 국가를 세우려는 열성당원이었다.

놀라운 사실은 예수님이 이같은 열두 사람을 택해서 자신과 함께 있게 하시고, 훈련시키시며, 주님을 섬기기 위해 보내셨다는 점이다. 그들은 예수님이 기도하시는 모습을 보고 자극을 받아 기도를 가르쳐달라고 했고(눅 11:1), 예수님의 가르침을 듣고 믿음을 더해달라고 요청했다(눅 17:5).

예수님은 모범을 보이심으로, 말로[5], 기적으로, 개인적인 친분으로, 그리고 직접 일에 참여케 함으로 제자들을 가르치셨다. 그 결과, 그들은 주님을 믿고 주님께 헌신된 사람으로 변화되었다. "왕 중의 왕 되신 분과 함께 매일 동행하고 식사를 하는 일은 우리가 상상조차 할 수 없는 특권 중의 특권이었

---

4) David L. McKenna, Power to Follow, Grace to Lead (Dallas, Tx.; Word, 1989), 124.

5) 복음서에서 오직 소수의 경우를 통해 예수님이 제자들을 '말로' 가르치셨음을 보게 된다(마 5:2; 막 8:31; 9:31; 눅 11:1). 그러나 그들은 예수님을 따랐던 무리들과 함께 있었고, 여러 강론과 대화들로 가르치실 때 그것들을 다 들었다.

6) Warren S. Benson, "Christ the Master Teacher," in Christian Education: Foundation for the Future, Robert E. Clark, Len Johnson, Allyn K. Sloat 편집 (Chicago: Moody, 1991), 98.

음에 틀림없다."[6]

　예수님은 열두 제자를 사랑하셨다. 예수님과 열두 제자와의 관계는 선생과 학생이라는 공식적인 관계 이상의 것으로, 제자들의 유익을 우선시하는 주님의 관심을 보아 알 수 있듯이 사랑 그 자체였다. 사랑의 사도인 요한은 예수님이 제자들의 발을 씻기심으로 "세상에 있는 자기 사람들을 사랑하시되 끝까지 사랑하시니라"(요 13:1)고 기록했다. 그런 직후 예수님은 그들을 향한 자신의 사랑을 하나님이 자신을 사랑하시는 것에 비유하셨다(15:9). 그리고 '내가 너희를 사랑한 것같이'(12절) 서로 사랑하라고 분부하셨다. 제자들을 향한 예수님의 사랑은 그들을 위해 자신의 목숨을 내어주신 것에서(13절) 분명히 알 수 있다.

　이같은 멘토와 제자 사이의 상호 관계 속에서, 예수님은 제자들에게 자신을 사랑할 것과 자신의 계명에 순종함으로써 그 사랑을 드러낼 것을 세 차례 당부하셨다(14:15, 21, 23). 베드로를 향한 예수님의 사랑은 베드로에게 복이 있다고 말씀해주신(마 16:17) 것과, 그가 주님을 부인했을 때에도 그를 비판하거나 거부하지 않으신 것에서 드러난다.

　예수님은 베드로가 배신할 것을 아셨지만(눅 22:34), 자신이 그를 위해 기도하셨음을 말씀해주셨다(32절). 제자들을 향한 이같은 사랑은 예수님이 그들을 확신했다는 점에서도 찾아볼 수 있다. 예수님은 제자들의 사역이 성공할 것을 확신하시고 그들에게 말씀을 전파하고 치유의 사역을 감당하도록 사명을 주셨다(마 10:1, 7-8; 막 3:14-15). 예수님은 누구든지 제자들을 영접하는 자는 자신을 영접하는 것과 같다고 말씀하셨다(마 10:40). 또한 자신이 하늘로 올라간 후에 제자들이 자신이 한 것보다 더 큰 일도 할 것이라고 말씀하셨다(요 14:12).[7] 예수님이 승천하신 후 제자들은 그분을 증거했고

---

7) 이 말은 제자들이 예수님이 행하신 기적보다 더 놀라운 일을 할 것이라는 것이 아

(15:27), 제자들을 길러냈으며(마 28:19), 그분의 증인이 되었다(행 1:8). 예수님은 모든 족속으로 제자를 삼으라고 명하시면서 자신의 권세와 함께하심의 축복을 약속해주셨다. '그들에게 더 이상 무엇이 필요했겠는가?'[8] 또한 주님은 제자들을 종이 아니라 친구라고 부르심으로 그들을 향한 친밀한 사랑을 보여주셨다(요 13-15).

예수님은 기도하시면서 선택하신 제자들을 믿으셨고, 그런 마음을 제자들에게 확실히 전해주셨다. "제자들을 향하신 예수님의 태도와 말씀은 그들의 자부심과 능력을 긍정적으로 키우는 일에 초점이 맞추어져 있었다"[9]

예수님의 사랑에 관한 또다른 증거는 제자들이 부당하게 비판당할 때 그들을 변호해주시는 모습에서 나타난다. 바리새인들이 예수님의 제자들이 안식일에 밀밭 사이로 가다가 이삭을 잘라먹는 것을 보고 비난할 때, 주님은 다윗이 하나님의 전에 들어가 진설병을 먹은 사실과 호세아서 6장 6절 말씀을 통해 제자들을 옹호하셨다(마 12:1-8).

니다. 인간의 관점에서 볼 때 제자들이 행한 기적들(사도행전에 기록된)은 예수님의 기적들(죽었던 나사로를 다시 살리신 것보다 더 놀라운 기적이 어디 있겠는가?) 보다 놀라운 것이 아니었고, 분명히 기적을 행한 숫자도 적었다. "-보다 더 큰 일"이란 제자들이 더 많은 사람들과 접할 것을 가리킨 것이었다. "오순절날에 잃어버린 영혼들이 주님께 돌아온 숫자는 예수님이 이 세상에서 공생애 기간 중에 구원하신 숫자보다 많은 것이었다" (Leon Morris, The Gospel according to John, New International Commentary on the New Testament [Grand Rapids: Eerdmans, 1971], 646). 게다가 예수님의 사역은 팔레스타인과 그 부근 지역으로 한정되었던 반면, 사도들은 매우 넓은 지역을 대상으로 사역했다. 또한 치유 사역보다 잃어버린 영혼들을 구원하는 역사가 훨씬 많았다.

8) Howard G. Hendricks, "Following the Master Teacher," in The Christian Educator's Handbook on Teaching, Kenneth O. Gangel and Howard G. Hendricks 편집 (Wheaton, Ill.: Victor, 1989), 24.

9) Matt Friedeman, The Master Plan of Teaching (Wheaton, Ill.: Victor,

또한 바리새인들이 예수님 제자들이 떡 먹을 때에 손을 씻지 않음으로 장로들의 유전을 범했다고 비방했을 때, 예수님은 바리새인들이야말로 유전이 아닌 하나님의 말씀을 어겼으므로 그들의 주장은 유효하지 못하고 오히려 외식하는 자들이라고 말씀하셨다(마 15:1-9). 이런 질책은 구약성경 이사야서 29장 13절의 말씀을 통한 것이었다.

예수님의 제자들이 금식을 하지 않는다는 사람들의 비난에, 예수님은 다시금 제자들을 변호하셨다(눅 5:33-35). 네번째 주님이 제자들을 변호하시는 일은 예수님이 예루살렘에 입성하실 때 그를 따르던 제자들이 예수님을 왕이라 칭하며 소리 높여 기뻐하는 것을 보고 바리새인들이 주님께 제자들을 책망하라고 했을 때였다. 주님은 다음과 같이 수수께끼 같은 말씀을 간결하게 하셨다: "내가 너희에게 말하노니 만일 이 사람들이 잠잠하면 돌들이 소리 지르리라"(눅 19:37-40). 한 마디로 말해 예수님을 찬양하는 것은 마땅한 것이었다.

예수님은 열두 제자들을 사랑과 헌신 때문에 제자들을 향한 부당한 비난을 그냥 지나치실 수 없었다. 제자들은 자신들을 비난하는 자들을 향해 예수님이 변론해주시는 말씀을 듣고 크게 고무되었고, 주님을 더욱 사랑하게 되었다.

예수님은 열두 제자들을 나무라시고 교정하셨다. 자기 사람들을 향하신 예수님의 사랑은 '그저 값싼 감상적인 것이 아니라 매우 강도 높은 사랑이었다.'[10] 필요하면 주저하지 않고 제자들을 바로잡아 주시는 모습은 그분의 가르치심과 훈련의 한 부분을 차지했다. 열다섯 번에 걸쳐 예수님은 제자들의 부족한 점이나, 실패 또는 그릇된 개념을 바로 잡으시고, 꾸짖으시고, 나무라시거나 매우 엄중히 경고하셨다(표 15를 보라).

1990), 125.

10) Hendricks, "Following the Master Teacher," 21.

제자들을 나무라시고 바로 잡아 주시는 것은 제자들이 성숙하기를 바라시는 주님의 마음을 보여주는 것이다. 예수님은 제자들의 말이나 행실에서 문제점을 보시는 순간을 그들을 가르치는 매우 좋은 기회로 삼으셨다. 그러나 제자들이 실패했다고 그들을 거부하신 적이 한번도 없으셨다. "예수님은 제자가 되기 위해 매우 높은 헌신을 요구하셨지만, 그렇다고 그들에게 처음부터 완전히 성숙한 믿음을 요구하시지는 않으셨다. 또한 제자들이 불완전하거나 믿음이 흔들리거나 하나님의 계명에 따라 살지 못한다는 이유로 그들을 거부하신 적이 없으셨다."[11] (베드로는 다른 제자들과 함께 일곱 차례, 그리고 개인적으로 네 차례에 걸쳐 잘못을 바로 잡았다.)

예수님은 열두 명을 선택하시고 훈련시키셨다. 주님은 그들을 사랑하셨고, 바로잡아 주셨다. 그들은 자신들을 향한 주님의 사역에 어떻게 반응했는가? 예수님은 그들에게 어떤 영향을 미치셨는가?

복음서 기자들은 이같은 질문들과 연관해서 여러 가지를 언급한다. 다른 무리들과 마찬가지로 제자들도 '그 말씀에 놀랐고'(막 10:24; 참조. 26절), 심히 놀랐다(32절). 비록 때로는 주님이 하시는 일에 의문을 제기하거나(요 11:8), 주님께 어떤 정보를 알려드리고자 하거나(마 15:12), 아니면 주님이 하신 일을 이상히 여기기도 했지만(요 4:27), 그들은 예수님을 믿었고(요 2:22; 17:8), 그분이 메시아란 사실을 인정했으며(마 16:16; 막 8:29; 눅 4:20), 경배했다 (마 14:33; 28:17; 눅 24:52-53).

이 적은 무리가 주 예수님께 엄청난 영향을 입었던 것은 의심할 여지가 없다. 위대한 교사이신 그분으로 말미암아 그들의 삶은 변화되었고, 마음은 새롭게 되었다. 그리고 사도행전을 통해 보듯이, 그들은 예수 그리스도를 힘있

---

11) 같은 책, 22.

— 표 15 —

예수님이 제자들의 부족한 점을 교정해주신 경우들

분류[a]	사건	예수님의 반응	성경 구절
믿음의 부족	1. 풍랑을 만나 물에 빠져 죽을까 두려워한 제자들	1. "어찌하여 무서워하느냐 믿음이 적은 자들아" 라고 하심	1. 마 8:23-26; 막 4:40
	2. 간질에 걸린 소년을 고칠 수 없었던 아홉 제자	2. "믿음이 없고 패역한 세대여 내가 얼마나 너희와 함께 있으며 얼마나 너희를 참으리요" 라고 하심	2. 마 17:17; 막 9:19; 눅 9:41
예수님의 죽으심과 부활하심에 대한 이해 부족	3. 자신의 죽음과 부활 그리고 베드로의 부인을 미리 말씀하신 예수님	3. 베드로에게 "사단아 내 뒤로 물러가 너는 나를 넘어지게 하는 자로다" 라고 하심	3. 마 16:22-23; 막 8:32-33
	4. 예수님이 겟세마네에서 기도하심	4. "너희가 나와 함께 한 시간 동안도	4. 마 26:40, 45;

a. 이런 분류는 James Jones Steward의 '그리스도께서 제자들을 바로 잡으신 이유' (Th.M 논문, Dallas Theological Seminary, 1979) 이라는 논문에 실린 것을 채택한 것이다. 그러나 그 논문에는 분류를 다섯 가지로 나누었고 예수님이 바로 잡아 주신 경우는 열 가지를 기록했다.

분류	사건	예수님의 반응	성경 구절
	때 잠이 든 베드로와 야고보와 요한	이렇게 깨어 있을 수 없더냐"라고 물으심	막 14:37, 41; 눅 22:46
	5. 대제사장의 종의 귀를 자른 베드로	5. "검을 집에 꽂으라"고 말씀하심	5. 눅 22:49-51; 요 18:10-11
주의 나타내심에 대한 이해 부족	6. 하늘로부터 불을 내려 믿지 않는 사마리아인들의 마음을 불사를 것을 구한 야고보와 요한	6. 돌아서서 그들을 꾸짖으심[b]	6. 눅 9:54-55
	7. 예수님이 어루만져 주시기를 바라고 어린아이들을 데리고 온 부모들을 꾸짖은 제자들[d]	7. 제자들에게 분노하시고[c] 접촉과 신뢰의 모습을 보이는 어린아이들의 모습이 바로 하나님 나라에 들어간 사람들	7. 마 19:13-14; 막 10:13-16; 눅 18:15-17

b. epitimao라는 단어는 매우 심한 질책을 의미한다. 예수님의 계획은 이 땅에 오셔서 도시들을 심판하시는 것이 아니었다. 이 단어는 제자들을 향하신 예수님의 꾸짖으심만이 아니라 여러 차례 악령들을 꾸짖으실 때와(마 17:18; 막 9:25; 눅 4:41; 9:42), 풍랑을 잠잠케 하실 때(마 8:26; 막 4:39; 눅 8:24), 그리고 열병을 꾸짖으실 때에도(눅 4:39) 사용되었다. 예수님은 절대로 대적하는 자들을 꾸짖지 않으셨다.

c. 분개하다라는 뜻의 헬라어인 aganakteo는 오직 복음서에만 나타난다(마태와 마가복음에서 세 차례, 그리고 누가복음에서 한 차례 등장). 예수님은 이 단어를 한 번만(막 10:14) 사용하셨다. 이 단어는 강렬한 분노, 깊은 불쾌함을 나타낸다. 제자들도 여러 경우에 분개했다(마 20:24; 26:8; 막 10:41; 14:4).

d. 분명히 제자들은 예수님이 어린 아이들과 같이 중요하지 않은 사람들에게 시간을 낭비하게 될 것이라고 생각했다. 그들은 자신

분류	사건	예수님의 반응	성경 구절
겸손함의 부족	8. 귀신을 쫓아내는 사람에게 그 일을 그치도록 요구한 요한[e]	8. 요한에게 "그를 금하지 말라"고 하심	8. 막 9:38-39
	9. 예수님의 좌우편에 앉아 권세를 누리기를 원한 야고보와 요한	9. "너희 구하는 것을 너희가 알지 못하는도다"라고 하심	9. 막 10:35-40
	10. 야고보와 요한의 분수를 모르는 교만한 요구에 분개한 열 제자	10. 섬기는 자가 가장 큰 자라고 하심	10. 막 10:41-42; 눅 22:24-30
	11. 절대로 주님을 부인하지 않을 것이라고 선언한 베드로	11. 베드로가 자신을 부인할 것이라고 말씀하심	11. 마 26:33-34; 막 14:29-30; 눅 22:33-34; 요 13:37-38.
	12. 요한의 장래에 관해 물은 베드로	12. 베드로에게 요한에 관해서는 알 것이 없다고 하심	12. 요 21:21-22

들이 보기에 하찮은 일이 주님의 시간과 에너지를 요구하는 것은 이치에 맞지 않는 것이고, 아이들에게 시간을 쏟는 일도 주님의 권위에 어울리는 것이 아니라고 생각했으므로, 자신들이 주남과 더 오래 방해받지 않고 함께 있기를 원했다 (Alfred Plummer, An Exegetical Commentary on the Gospel according to St. Matthew, Thornapple Commentaries [1915; Grand Rapids: Baker, 1982], 261-62).

e. 요한은 예수님이 제자들의 교만을 나무라시는 것에서 주제를 바꾸고자 했던 것 같다. (제자들이 서로 누가 가장 큰가 하는 문제

분류	사건	예수님의 반응	성경 구절
그리스도에게 드려야 하는 영예에 대한 인식의 부족	13. 예수님의 발에 값비싼 향유를 부은 마리아를 신랄히 비판한 제자들	13. "가만 두라… 내 몸에 향유를 부어 내 장사를 미리 준비하였느니라"고 말씀하심	13. 마 26:6-13; 막 14:3-9; 요 12:48
다른 사람들의 증거에 대한 인식의 부족	14. 부활하신 주님을 목격한 사람들의 말을 믿지 않은 제자들	14. 그들의 불신을 꾸짖으심	14. 막 16:14
	15. 예수님을 만져보기 전에는 부활하신 것을 믿지 않겠다고 한 도마	15. 보지 않고도 믿는 자는 복이 있다고 말씀하심	15. 요 20:27-29

를 놓고 변론하는 것을 아신 예수님은 어린 아이처럼 겸손할 것을 말씀하셨다. 막 9:33-37). 아마도 요한 역시 자신의 열정을 주님이 친히 해주시기를 원했을 것이다(James W. Shepherd, The Christ of the Gospels (Grand Rapids:Eerdmans, 1947), 331).

f. '체망하다'라고 번역된 embrimaomai란 단어는 '노기찬 함박으로 쓴' 또는 '매우 강한 또는 엄한 정도로 분개하는' 이란 의미가 있다. 고전 헬라어에서 이 단어는 시샤추 또는 말이 많이 쉬는 것과 연관되어 사용되었다(G.F. MacLear, The Gospel according to Mark, Cambridge Greek Testament for Schools and Colleges (Cambridge: Cambridge University Press, 1889), 61). 이 단어는 깊이 감동된 것을 표현하는 의미로 마태복음 9장 30절; 마가복음 1장 43절 그리고 요한복음 11장 33, 38절에서도 사용되었다.

게 증거하는 증인들이 되었다. 구세주의 손길에 닿았던 제자들은 이제 그 자신이 수많은 사람들을 예수 그리스도께 인도하는 대리인이 되었다. 제자들에게 미친 그 영향으로만 판단하더라도 예수님은 진실로 놀랍도록 유능하신 교사이셨다.

자·신·을·점·검·해·보·자

● 당신은 제자들을 가르치셨던 예수님의 모범을 얼마나 잘 따르고 있는가?

● 당신은 예수님처럼 학생 한명 한명에 대해 관심을 가지고 있는가? 그들을 얼마나 잘 아는가?

● 당신은 자신이 학생들을 사랑하고 그들의 생활과 영적 필요에 관심을 지니고 있다는 사실을 알려주는가? 이번 주에 어떤 구체적인 방법을 사용하여 당신의 사랑과 관심을 알리겠는가?

● 학생들이 더 많이 생각해 보도록 어떤 방법으로 격려해 주는가?

● 학생들의 생각이나 행실을 바로 잡아준 일이 있는가? 만약 그렇다면, 그 일을 조심스레, 그리고 사랑을 가지고 했는가? 그리고 예수님처럼 그 일을 다음 단계의 가르침을 위한 기회로 삼았는가?

● 당신이 학생들을 믿고 있다는 것을 보여주고, 그들의 긍정적인 자아 발전을 꾀하기 위해 어떤 구체적인 일들을 할 수 있겠는가?

● 당신은 학생들이 배우고 성장할 수 있도록, 어떤 과제물이나 책임 또는 도전들을 그들에게 줄 수 있겠는가?

10

대적하는 자들에게 예수님이 끼치신 영향은?

"그 사람의 말하는 것처럼 말한 사람은 이때까지 없었나이다" (요 7:46)

학생들이 당신의 말에 동의하지 않으면 어떻게 하는가? 만약 학생이 공공연히 도전적이거나 싸우는 것처럼 대들면 어떻게 반응해야 하는지 아는가? 당신에게 올무에 씌워서 다른 사람들의 신뢰감을 상실시키려는 학생을 어떻게 다루는가?

예수님은 자신의 가르침에 이런 식으로 반대하는 종교적, 정치적 무리들을 만나셨다. 그들은 바리새인, 사두개인, 서기관, 헤롯당원, 대제사장과 장로들로서 대단히 많았다. 예수님이 그들의 호전적인 태도에 대응해서 보여주신 능숙한 모습과, 때로는 주도권을 쥐고 강력히 행하신 뛰어난 모습들은, 때로는 다루기 힘들고 화목하기 어려운 학생들을 다루는 우리 교사들에게 좋은 통찰력을 제시한다.

바리새인과 사두개인들은 어떤 사람들이었는가?

이들은 누구였으며 무엇을 믿었는가? 왜 그들은 예수님의 가르침에 반대했고, 심지어는 그분을 죽이려고 할 정도가 되었는가?

이름과 기원

신약 성경에 약 일백 번 언급된 바리새파(복음서에서 88회, 사도행전에서 9회[1]) 그리고 빌립보서 3장 5절에서 한 번)는 주전 2세기 경에 형성되었다. 주전 175년에 안디오쿠스 에피파네스는 팔레스타인의 통치자가 되었다. 그러나 그가 유대인들에게 헬라 문화와 이방 풍속들을 강요하자 큰 반발이 일어났다. 에스라의 뒤를 이어 말씀을 연구하고 그것을 철저히 실행했던 하시딤(충성스런 자들)은 외세에 대항해서 하스모니아파(마카비인들로 알려지기도 함)를 형성했다. 아마도 바리새인들은 하시딤으로부터 파생된 여러 무리들 중 하나였을 것이다.[2]

바리새란 이름은 페루심(Perushim)이란 히브리어에서 유래된 것으로, '분리된 자들'[3]이란 의미다. 그러나 무엇으로부터 또는 누구로부터 분리되

---

1) 행 5:34; 15:5; 23:6 (세 번), 7-9; 26:5

2) R. Travers Herford, Pharisaism: Its Aim and Method (London: Williams and Norgate, 1912), 19.

3) 어떤 학자들은 perushim이란 명사를 파생시킨 동사인 parash는 '뚜렷이 만들다, 선언하다' 란 의미가 있기 때문에 바리새인들이 율법의 해석가들을 가리킨 것이라고 주장해왔다 (W.O.E. Oesterley와 G.H. Box, Religion and Worship of the Synagogue〔London: Pitman and Sons, 1907〕). 그와 다른 견해를 주장하는 Manson은 그 단어가 원래 페르시아인과 흡사한, 부활과 천사와 영적 존재들에 관한 것을 믿었기 때문에 대적하는 자들로부터 '페르시아인' 라는 별명이 주어진 것이라고 말한다 (T.W. Manson, "Sadducee and Pharisee: The Original Significance of the

었다는 말인가? 어떤 사람들은 그 이름이 정치적인 면보다 종교적인 문제에 더 관심을 갖기 위해 요한 하이카누스(기원전 134-104년)와 하스모니아 왕조로부터 멀어졌던 사실을 말한다고 한다[4]. 또 어떤 사람들은 바리새인들 스스로가 제사장들과 달리 일반 서민의 지도자로 자신들을 구별했다고 한다. 가장 일반적인 견해는 그들 스스로가 의식적으로 정결하기 위해 다른 사람들로부터 스스로 구별시켰다고 하는 설이다.[5]

예수님 당시에는 아마도 더 많은 사람들이 바리새인들과 연관이 되었겠지만 '6천명이 넘는' 바리새파 정회원[6]들이 있었다. 그들은 점차 대중의 지지를 얻어 '주도적인 분파' [7]가 되었다. 그들은 대부분 기술자 농부 상인들이었지만, 서기관 혹은 율법사[8]도 적지 않았다. 바리새인들은 유대인들의 생활을 지배했고[9] 일반인들에게 상당한 영향을 미쳤다.[10] 그들은 "오로지 고도의 엄격함과 일관성으로 인해 다른 무리들과 구별된 국가의 핵심"[11] 이었다.

Names," Bulletin of the John Rylands Library 22 [1938]: 153-58). 또 다른 설명은 히브리 명사가 '구체화시키는 자들' 이란 의미라는 것이다 (A.I. Baumgarten, "The Name of the Pharisees," Journal of Biblical Literature 102 [1983]: 420, 426-28). 그러나 이 견해중 어느 것도 학자들의 전반적인 지지를 얻지 못했다.

4) Eduard Lohse, The new Testament Environment, John E. Steeley 번역 (Nashville: Abingdon, 1976), 77.

5) 같은 책. International Standard Bible Encyclopedia, 1986, 소제목 "Pharisees," R.J.Wyatt, 2:822.

6) Josephus The Antiquities of the Jews 17.2.4

7) Josephus The Jewish Wars 2.8.14

8) Joachim Jeremias, Jerusalem in the Time of Jesus, F.A. Cave, C.H. Cave 공동 번역 (Philadelphia: Fortress, 1969), 246-51.

9) Josephus The Antiquities of the Jews 13.6.2

10) 같은 책 13.10.6

11) Emil Schurer, The History of the Jewish People in the Age of Jesus Christ

그와 대조적으로 사두개인들은 부유하고 영향력 있는 배경 출신들이었는데, 그들 중 많은 사람들이 제사장들과 성전 관리들이었다. 그들은 "어느 정도 헬라 문명의 영향을 입었다."[12] 사두개라는 명칭은 아마도 다윗 왕과(삼하 8:17; 20:25; 왕상 1:8, 26, 32-33), 솔로몬 시대(왕상 2:35; 4:4)[13]의 제사장이었던 사독으로부터 유래되었을 것이다. 그들은 하스모니아 왕조 때 생겨났던 것 같다. 그 이유는 사두개인들에 관한 최초의 기록을 남긴 요세푸스는 사두개인들을 유다 마카비(주전 160-143)[14]의 형제인 요나단의 시대와 관련짓기 때문이다.

유대인들의 최고 법원인 산헤드린 공회는 70인으로 구성되는데 그 중에는 바리새인들도 약간 명 있었으나 주로 사두개인들로 구성되었다. 사두개인들은 일반 평민들에게 별로 영향을 미치지 못했다. "심지어는 산헤드린 내에서도 바리새인들의 존재를 인정해야만 했다."[15] 사두개인들은 "정치와 종교 양면에서 보수적이었다."[16]

(주전 175- 주후 135), Geza Vermes, Fergus Millar, Matthew Black 편집 및 개정, 2 vols. (Edinburgh: Clark, 1973, 1979), 2:389.

12) R. Alan Culpepper, "Pharisees and Saducees in the First Century," Biblical Illustrator 8 (Fall 1981): 51

13) 사두개인의 명칭에 대한 유래에 관해서도 학자들의 견해가 다르다. 예를 들어, T.W. Manson은 '사두개인'이라는 단어는 'syndics' 또는 재판관들이란 의미를 지닌 syndikoi라는 헬라어를 문자적으로 번역한 것이라고 말한다 ("Saducees and Pharisee: The Original Significance of the Names," 144-59). 다른 사람들은 그 단어가 '의로운 자들'이란 뜻이라고 말한다 (Alfred Edersheim, The Life and Times of Jesus the Messiah, 2 vols. 〔재판, Grand Rapids: Eerdmans, 1962〕, 1:323-24).

14) Josephus The Antiquities of the Jews 13.5.9

15) Marcel Simon, Jewish Sects at the Time of Jesus, James H. Farley 번역 (Philadelphia: Fortress, 1967), 24.

16) 같은 책.

사두개인이란 단어는 신약 성경에서 오직 14번 등장한다. 그 중 9번은 복음서들에(마 3:7; 16:1, 6, 11-12; 22:23, 34; 막 12:18; 눅 20:27), 그리고 5번은 사도행전에(4:1; 5:17; 23:6-8) 기록되었다.

그들의 신조와 관행

바리새인들과 사두개인들의 신조와 관행을 살펴 보면 그들이 왜 예수님과 주님의 가르침과 충돌했는지 알 수 있다. 표 16은 이 두 종파의 신조를 요약한 것이다.

— 표 16 —
바리새인과 사두개인들의 신조

바리새인	사두개인
구전되는 전통은 구약성경의 권위와 동등하다.[a]	오직 구약성경만이 권위 있고, 구전되는 전통은 권위가 없다.[b]
어떤 일은 하나님이 결정하시고, 또 다른 일은 사람이 결정한다.[c]	사람은 무제한의 자유 의지가 있다.
영혼은 사람이 죽어도 존재한다.[d]	영혼은 육신과 함께 소멸한다.[e]
육신의 부활이 있다.[f]	죽은 사람의 육신의 부활은 없다.
야웨는 전 우주의 하나님이시며 누구라도 유대인의 믿음에 동조할 수 있고 하나님을 경배할 수 있다.[g]	야웨는 오직 유대인들만을 위한 하나님이시다.
천사와 악령은 계급적인 조직으로 존재한다.	천사와 악령은 존재하지 않는다.

a. "바리새인들은 모세의 율법에는 기록되지 않은 선조들의 전통을 후손에게 전했다"(Josephus The Antiquities of the Jews 13.10.6; 참조 13.6.2)

b. "오직 기록된 법들만 권위가 있지 선조들로부터 내려온 전통은 지킬 필요가 없다"(같은 책.)

c. "바리새인들은 어떤 일들은 운명에 의해 일어나지만 모두 그런 것은 아니라고 한다. 운명적이 아닌 것들이라면 그것들이 일어나고 안 일어나는 것은 우리 자신들에게 달려 있다는 것이다… 하지만 사두개인들은 운명을 인정하지 않는다… 모든 것들은 우리 자신들의 능력에 달려 있다고 말한다"(같은 책 13.5.9)

d. "영혼들은 그 속에 죽지 않는 활력이 있다. 그리고… 이 세상에서 선하게 혹은 악하게 생활한 것을 기준으로 저 세상에서 상급과 심판이 주어질 것이다"(같은 책. 18.1.3).

e. "사후에 영혼의 계속적인 존재나 저 세상에서의 상과 벌 같은 것은 사두개인들에게는 없는 개념이다"(같은 책. 18.1.4). "그들은 또한 영혼의 불멸성과 음부에서의 심판이나 상급에 대한 것도 믿지 않는다"(Josephus The Jewish Wars 2.8.14).

f. Josephus The Antiquities of the Jews 18.1.3. 참고 Solomon Zeitlin, "The Pharisees: A Historical Study," Jewish Quarterly Review 52 (Oct. 1961): 115.

g. Zeitlin, "The Pharisees," 115-16.

모세 오경은 일상 생활에서 일어날 수 있는 모든 경우에 관한 지침을 하나하나 제시해주지 않았기 때문에, 바리새인들은 그에 대한 가르침을 세우는 것이 절실히 필요하다고 여겼다. 이 복잡한 규정들은 한 세대에서 다음 세대로 구전된 것으로, 이들은 모두 모세 율법들에 대한 해석이었기 때문에 바리새파는 그것들을 모세 율법과 동등한 권위로 여겼다.

구전된 전통은 율법을 반의도적으로 어기는 일을 막는 방법으로서 마치 '율법 주변의 울타리'(미쉬나, 에봇 1.1)와 같은 것이 되었다. 그런 결과 '너무 복잡하고 지나칠 정도로 세밀한'[17] 규정들이 생겨났다. 그러나 또 한편으로는 율법에 대한 그같은 열정과 고도의 경건함, 그리고 금욕 생활 때문에 바리새인들은 대중의 존경과 지지를 받았다.[18]

'바리새인' 또는 '바리새적'이라는 말을 들으면 당신은 어떤 생각이 나는가? 많은 사람들은 틀림없이 위선, 율법주의, 자기 의, 전통, 분리주의, 그리고 용납지 않음, 자만, 예배의 조그만 부분들에 대한 너무 지나친 관심, 종교적 허식, 정화 의식, 그리고 허세적인 종교 행사와 같은 단어들이 생각날 것이다. 이런 단어들은 예수님 당시의 바리새인들을 정확히 묘사하고 있다. 그러나 예수님과 바리새인들 간에는 아무런 공통점도 없었을까? 사실 그들 간에는 하나님의 주권, 창조의 능력, 공평, 사랑, 전지, 무소부재와 같은 속성들에 대한 믿음과 계시, 하나님의 형상을 따라 지음받은 인간, 죄, 용서, 기도, 영혼불멸, 부활, 상급, 그리고 천사들과 영들에 관한 믿음에 공통 부분이 있었다.[19]

바리새인들의 칭찬할 만한 특성들

바리새인들에게도 칭찬받을 만한 특성들이 여럿 있었다. 첫째, 그들은 분

---

17. Simon, Jewish Sects at the Time of Jesus, 32.
18. Josephus The Antiquities of the Jews 13.10.6
19. 바리새인들과 예수님이 서로 공유했던 믿음들에 관해 더 알기 원하면 R. Traverse Herford의 The Pharisees (1924; Boston: Beacon, 1952), 147-75를 보라.

리와 거룩함 그리고 정결함을 매우 심각하게 받아들였다. 그들은 구약 성경의 명령, 즉 "너희는 거룩하라 나 여호와 너희 하나님이 거룩함이니라"(레 19:2; 참조. 11:44-45)는 말씀을 신실하게 따르려고 했다. 그들은 거룩한 삶에 헌신했는데, 그 이유는 하나님이 "나는 너희를 만민 중에서 구별한 너희 하나님 여호와라"(레 20:24)고 하셨고, "내가 또 너희로 나의 소유를 삼으려고 너희를 만민 중에서 구별하였음이니라"(26절)고 하셨기 때문이었다. 레위기에 빈번하게 나오는 '정결'이나 '정결해짐'(61회), 또는 '거룩함(70회)에 대한 언급은 바리새인들로 하여금 정결 예식에 특별히 관심을 쏟도록 만들었다.

둘째, 바리새인들은 종교적 의무 사항들을 진지하게 받아들였다. 그들은 안식일을 지키는 일, 십일조, 금식, 기도, 구제, 종교 축제일들의 준수, 그리고 윤리적으로 올바른 모습 등에 정신을 쏟았고 율법을 연구하는 일에 전력을 기울였다.

셋째, 그들은 사람들의 종교적 유익에 관심을 두었다. 콜린즈(Collins)가 기술하듯이 "그들은 하나님의 율법이 제사장들뿐 아니라 일반인들에게도 상관이 있다는 점을 심각하게 생각하고, 대중들을 가르치는 일에 열심을 냈다."[20] 종교는 제사장들이 드리는 성전 예배 정도로 그치는 것이 아니고 모든 사람들 삶의 중심이 되었어야만 했다.

넷째, 바리새인들은 하나님의 말씀을 일상 생활과 연결시키려고 노력했다. 새로운 상황이 발생할 때, 그들은 성경 말씀이 그같은 문제에 어떤 가르침을 주는지 사람들에게 제시했다.

---

20) A. O. Collins, "The Pharisees," Biblical Illustrator 11 (1985 겨울): 33.

예수님과 바리새인들은 서로 어떻게 대했나?

바리새인에 대한 예수님의 비판

그렇다면 왜 예수님은 바리새인들을 비난하셨을까? 그들의 헌신과 열정을 아시면서도 왜 그들을 맹렬히 반대하셨을까? 복음서들은 예수님의 비난을 초래한 바리새인들에 관한 여러 사실들을 밝혀준다.

그들은 자신들의 종교적 헌신을 자랑했다. 이것은 그들의 복장과 연보와 기도와 금식 같은 것들에서 뚜렷이 나타났다. 예수님은 다음과 같이 말씀하셨다: "저희 모든 행위를 사람에게 보이고자 하여 하나니 곧 그 차는 경문을 넓게 하며 옷술을 크게 하고"(마 23:5). 산상 복음에서 예수님은 바리새인들처럼 사람들의 관심을 집중시키는 일들을 주의하라고 엄히 말씀하셨다. "그러므로 구제할 때에 외식하는 자가 사람에게 영광을 얻으려고 회당과 거리에서 하는 것같이 너희 앞에 나팔을 불지 말라"(마 6:2).[21] "너희가 기도할 때에 외식하는 자와 같이 되지 말라. 저희는 사람에게 보이려고 회당과 큰 거리 어귀에 서서 기도하기를 좋아하느니라"(마 6:5). "금식할 때에 너희는 외식하는 자들과 같이 슬픈 기색을 내지 말라. 저희는 금식하는 것을 사람에게 보이려고 얼굴을 흉하게 하느니라"(마 6:16). 바리새인들의 외형적인 의로운 모습들은 구원으로 이어지지 못했다. 그 이유는 예수님의 말씀에 의하면 사람이 천국에 들어가려면 그 사람의 의는 바리새인들보다 더 나아야 하기 때

---

21) "이들은 가난한 자들을 염려하는 모습을 보이지만 실상은 경건하다는 평판을 듣고 싶어서 그런 행동을 보이는 사람들이었다"(Leon Morris, The Gospel according to Matthew [Grand Rapids: Eerdmans, 1992], 137). 예수님은 마태복음 6장 4,5, 16절에서 외식하는 자들을 바리새인이라고 구체적으로 지적하시지는 않았으나, 바리새인들을 외식하는 자들이라고 마태복음에서 여러 차례, 마가복음에서 한 번, 그리고 누가복음에서 세 차례 말씀하셨기 때문에 분명히 비난의 대상들 가운데 포함되어 있었다.

문이다(마 5:20). 후에 주님은 바리새인들에게 "겉으로는 사람에게 옳게 보인다"(마 23:28)고 말씀하셨다.

그들은 자긍심과 다른 사람들의 관심을 끌려 하는 것으로 유명했다. 다음과 같은 구절들은 바리새인들의 행위들의 동기를 보여준다: '저희 모든 행위를 사람에게 보이고자 하여'(마 23:5), '사람에게 영광을 얻으려고'(마 6:2), '사람에게 보이려고'(마 6:5). 또 예수님은 그들이 '잔치의 상석과 회당의 상좌'(마 23:6)를 좋아하고, '시장에서 문안받는 것과 사람에게 랍비라 칭함을 받는 것을 좋아한다'(마 23:7; 참조. 눅 11:43)고 말씀하셨다. 예수님은 바리새인들에게 '너희도 겉으로는 사람에게 옳게 보인다'(마 23:28)고 하셨고, 또 '너희는 사람 앞에서 스스로 옳다 하는 자'(눅 16:15) 라고 말씀하셨다.

그들은 하나님의 말씀을 어긴 조상들로부터 내려오는 전통들을 따랐다. "너희는 어찌하여 너희 유전으로 하나님의 계명을 범하느뇨"(마 15:3). "너희 유전으로 하나님의 말씀을 폐하느니라"(마 15:6). "바리새인들과 모든 유대인들이 장로들의 유전을 지켰다"(막 7:3). "또… 그 외에도 여러 가지를 지키어 오는 것이 있었다"(7:4). "너희가 하나님의 계명은 버리고 사람의 유전을 지키느니라"(7:8). "또 가라사대 너희가 너희 유전을 지키려고 하나님의 계명을 잘 저버리는도다"(7:9). "너희의 전한 유전으로 하나님의 말씀을 폐하며 또 이같은 일을 많이 행하느니라"(7:13).

그들은 스스로 판단하여 영적으로 무지하거나 불결하게 보이는, 자신들보다 못한 사람들과 가까이 하지 않았다. "또 자기를 의롭다고 믿고 다른 사람을 멸시했다"(눅 18:9). 이같은 바리새인들의 태도는 예수님이 세리들 및 죄인들과 함께 잡수신 것에 의혹을 품었던 모습과(막 2:16) 예수님의 발에 입맞추고 향유를 부은 여인에 대해 의혹을 보인 모습에서도 알 수 있다(눅 7:39). 그들은 편협한 마음을 지녔었고 자신들과 다른 견해를 보이는 사람들을 용납하지 않았다.

그들은 도덕적 문제들을 등한시하면서도 의식 형태에 있어서는 매우 엄격하고 까다로왔다. "너희가 박하와 회향과 근채의 십일조를 드리되 율법의 더 중한바 의와 인과 신은 버렸도다"(마 23:23). "너희가 박하와 운향과 모든 채소의 십일조를 드리되 공의와 하나님께 대한 사랑은 버리는도다"(눅 11:42).[22] 그들의 잘못된 영적 우선 순위들은 마치 하루살이는 걸러내고 약대는 삼키는 모습과 같았다(마 23:24).[23] 그러나 그들이 '사람 중에 높임을 받는 것은 하나님 앞에 미움을 받는 것' 이었다(눅 16:15).

바리새인들은 다른 사람들보다 월등하다고 생각한 나머지 탐욕과 자만감에 빠졌다. 누가는 '바리새인들은 돈을 좋아하는 자' (눅 16:14) 라고 기록했고, 예수님은 '너희 바리새인은 지금 잔과 대접의 겉은 깨끗이 하나 너희 속인즉 탐욕과 악독이 가득' (눅 11:39)하고, '탐욕과 방탕으로 가득하게 한다' (마 23:25)고 말씀하셨다.

그들은 예식적인 정결 작업에 지나치게 빠져 있었다. 정결 의식을 유지하는 데 관심이 많았던 바리새인들은 여러 가지 손씻는 방법들을 고안해냈다.

---

22) 하나님은 이스라엘 백성들에게 '땅의 십분 일 곧 땅의 곡식이나 나무의 과실이나 그 십분 일' (레 27:30) 과 '매년에 토지 소산의 십일조' (신 14:22) 를 드리도록 명하셨다. 바리새인들은 이것이 가장 작은 채소도 포함시키는 것으로 이해했다. 이런 생각은 구약에서 명한 것 이상의 것이었지만, 그렇게 하는 것이 잘못되지는 않는 것이었다. 예수님이 말씀하신 대로 '이것도 행하고 저것도 버리지 아니하여야 할 것' (마 23:23; 눅 11:42) 이었다. 예수님은 '그들이 한 것에 대해서가 아니라, 그들이 하지 않은 것에 대해' 지적하셨다(같은 책, 583). 예수님의 비유에 등장하는 바리새인도 '소득의 십일조를 드리는 것' (눅 18:12) 을 자랑했다.

23) 이것은 낙타 (팔레스타인 지방에서는 가장 큰 짐승으로서, 레 11:4에 의하면 부정한 종류에 속함)는 삼키면서 가장 작은 불결함 (하루살이) 은 체질해서 걸러내는 것을 말함.

심지어 불결한 손으로 컵의 바깥 부분을 만지면 음식도 불결해진다고 생각했다.(마 15:2; 막 7:2-4a, 눅 11:38).[24] 그들은 또한 식기를 씻는 일(마 23:25; 막 7:4절 후반부, 눅 11:39)과, 안식일에 일하는 것도 피했으며(마 12:1-2; 막 2:24; 3:1-2; 눅 6:1-2, 6-7; 13:14; 14:1-3)[25], 잦은 금식(마 9:14; 막 2:19; 눅 5:33; 18:12)[26]을 강조했다.

그들은 자기들의 규정 속에 하나님의 계명들을 교묘히 피하는 구별을 만들었다. 예를 들면, 예수님은 마태복음 23장 16-22절에서 성전으로 맹세하면 아무 일 없지만 성전의 금으로 맹세하면 지켜야 한다는 바리새인들의 주장을 언급하셨다. 제단으로 맹세하면 아무 일 없지만 그 위에 있는 예물로 맹세하면 지켜야 한다는 식이었다. 그러나 예수님은 맹세에 사용된 말을 따져서 하나는 유효하고 다른 하나는 유효하지 않다는 식의 논리는 하나님이 인정하지 않으시기 때문에 그같은 말장난은 아무 쓸모가 없다고 설명하셨다.

게다가 바리새인들은 부모에게 드려야 할 것이지만 하나님께 바치기로 했다고 부모에게 말함으로써 부모를 공경하라는 하나님 말씀을 회피하는 길을 모색했다(마 15:3-6; 막 7:9-13). 마가는 하나님께 드려지는 헌물을 가리키는 말로써 고르반이란 단어를 사용했는데(7:11), 이 단어는 하나님께 바쳐진 헌물을 표현하기 위해 레위기 2장 1, 4, 12-13절; 7장 13, 38절; 9장 7, 15절에서 사용된 히브리어를 음역한 것이다. 사람의 유익을 위해 하나님의 말씀을 그런 식으로 왜곡되게 만든 일은 수없이 많았다. 예수님이 말씀하셨

---

24) Asher Finkel, The Pharisees and the Teacher of Nazareth (Leiden: Brill, 1974), 50-55, 141.

25) 바리새인들은 파종, 일굼, 수확, 체질, 키질, 도살, 저술 작업, 경작과 같이 안식일에 금지된 39가지 종류의 일들을 열거했다 (미쉬나, 안식일 7.2).

26) 바리새인들은 일주일에 두 차례, 즉 월요일과 목요일에 금식했다 (Lohse, The New Testament Environment, 79).

듯이 바리새인들은 '이같은 일을 많이 행했다' (막 7:13).

바리새인들은 하나님의 나라로 사람들이 들어가는 것을 가로막았다. 바리새인들은 이방인들을 바리새적 유대교로 개종시키기는 했지만(마 23:15) 사실 사람들이 구원에 이르게 되는 일을 막았다. "너희는 천국 문을 사람들 앞에서 닫고 너희도 들어가지 않고 들어가려 하는 자도 들어가지 못하게 하는도다" (마 23:13; 참조. 눅 11:52). "너희는 교인 하나가… 생기면 너희보다 배나 더 지옥 자식이 되게 하는도다" (마 23:15). 그들은 사람들이 하나님 나라에 들어가도록 돕는다고 주장했지만 그들은 사실 자신들의 비일관성으로 인해 다른 사람들이 하나님 나라에 들어가는 것을 막았던 것이다. 예수님을 인정하지 않았던 바리새인들은, 예수님에 관해 듣고 그분의 가르침에 관심을 지닌 자들이 예수님을 따르려고 하면 그들을 설득시켜 그렇게 하지 못하도록 했다. 성경에 있는 하나님의 '지식의 열쇠' (눅 11:52)를 지녔다고 주장하는 바리새인들이 실상은 그 진리에 관하여 소경이었다. 바리새인들은 율법과 선지자들을 완성시키기 위해 오신 예수님(마 5:17)을 부인함으로써 사람들이 주 예수님을 통해 구원을 받지 못하도록 막았다.

그들은 사람들을 도와주기는 커녕 오히려 짐을 가중시켰다. 예수님은 바리새인들이 "무거운 짐을 묶어 사람의 어깨에 지우되 자기는 이것을 한 손가락으로도 움직이려 하지 않는다" (마 23:4)고 말씀하셨다. 예수님은 대다수가 바리새인이었던 서기관들에게 '지기 어려운 짐을 사람에게 지우고 너희는 한 손가락도 이 짐에 대지 않는다' (눅 11:46)고 말씀하셨다. 정결 예식에 관한 바리새인들의 지나친 규정들은 사람들에게 큰 짐이 되었다. 그러나 바리새인들은 그같은 의무들을 수행하는 일을 조금이나마 도와주거나 그 짐을 덜어주려고 하지 않았다.

그들은 영적으로 우월함을 주장했지만 위선적이었다. '모세의 자리' (마 23:2)에 앉았다는 의미는 바리새인들이 모세의 후계자로서 모세의 권위를 지닌다고 생각했던 것을 말한다. 그러나 그들은 영적으로 불모지와 같았다. 왜냐하면 예수님이 "저희는 말만 하고 행치 않는다"(마 23:3)고 하셨기 때문이다. 예수님은 바리새인들은 자신들이 주장하는 것같이 살지 못하고, 또 다른 사람들을 가르친 그대로 살지 못하는 위선자들이라고 여러 번 말씀하셨다. '외식하는 자가… 회당과 거리에서 하는 것같이'라는 마태복음 6장 2절의 예수님 말씀은 아마도 바리새인들을 일컫는 것이었는데, 그 이유는 바리새인들이 회당의 예배에 많이 참여했기 때문이었다(대부분이 제사장들이었던 사두개인들은 성전의 활동과 관계했다). 아마도 사람들이 잘 볼 수 있는 회당과 거리에 서서 기도한 외식하는 자들(6:5)과, 금식할 때 얼굴을 흉하게 했던 자들(6:16)은 바리새인들이었을 것이다. 예수님은 또한 바리새인들이 자신들의 전통으로 하나님의 말씀을 폐하려 했다고 비난하셨을 때(15:7), 그들을 외식하는 자라고 부르셨다. 바리새인들과 헤롯당원들이 세금을 내는 문제에 관한 질문으로 예수님에게 올무를 씌우려고 했을 때, 주님은 그들을 외식하는 자들이라고 부르셨다(22:18; 참조. 막 12:15, "예수님은 그 외식함을 아셨다").

마태복음 23장에서 예수님은 서기관들과 바리새인들에게 일곱 번 '저주'를 선포하셨고, 그 중 여섯 번의 저주에서 그들을 가리켜 외식하는 자들이라고 말씀하셨다(13, 15, 23, 25, 27, 29). 그리고 누가복음 11장 42-53절에서는 바리새인들에게 여섯 번의 저주를 선포하셨다(42-44, 46-47, 52). 저주란 단어는 불쾌함 또는 질책[27]을 의미했는데, 그 이유는 예수님의 선포는 그

---

27) 그러나 어떤 사람들은 저주라는 단어가 슬픔 또는 후회를 표현한다고 말한다 (예. Morris, The Gospel according to Matthew, 462; R.V.G. Tasker, The Gospel according to Matthew, Tyndale New Testament Commentaries [Grand Rapids: Eerdmans, 1961], 217). 하지만 긍휼보다는 책망이 예수님이 하신 말씀의 성격에 부

들의 위선적 생활에 대한 다가올 심판을 강하게 담고 있었기 때문이다.

예수님이 바리새인들의 위선을 묘사한 또다른 방법은 그들을 '회칠한 무덤'이라고 말씀하신 것이다. 희게 칠한 무덤처럼, 바리새인들은 외면적으로는 매력적으로 보였으나 실상 영적인 내면은 부정했다(마 23:27-28). 만약 사람이 무덤을 디디면 그 사람은 예식상 불결하게 여겨졌다(민 19:16). 그래서 무덤이 눈에 잘 보이도록 희게 칠한 것이다. 이와 병행해서 예수님은 누가복음 11장 44절에서 바리새인들을 '평토장한 무덤 같아서 그 위를 밟는 사람이 알지 못한다'고 하셨다. 이 말씀은 눈에 잘 보이지 않은 무덤을 밟아 불결하게 되는 것처럼, 바리새인들과 지내는 사람들은 영적으로 부정적인 영향을 받게 된다는 것이다.

비록 바리새인들이 '선지자들의 무덤을 쌓고 의인들의 비석을 꾸몄지만' 선지자들이 가졌던 정신은 갖고 있지 못했다(마 23:29-30; 눅 11:47-51).

예수님이 바리새인들의 외식을 누룩에 비유하신 의미는 무엇인가?(마 16:6, 11-12; 막 8:15; 눅 12:1) 아마도 누룩은 노출되지 않은 채 존재할 수 있거나, 침투해 들어오거나, 또는 부풀게 만드는 특징과 연관된 듯 싶다. 외식하는 일 역시 쉽게 발견되지 않고, 모든 사람의 태도에 침투해 들어오고, 자긍하게 만들 수 있다.[28] 마태복음 16장 6, 12절에서 예수님은 바리새인들

합되는 듯 보인다. "이 일곱 가지 저주들은 그들의 대답할 수 없는 심각함에 대한 천둥과도 같은 소리였고, 그들의 노출되지 않는 것을 향한 번개와도 같은 것이었다" (Alfred Plummer, An Exegetical Commentary on the Gospel according to St. Matthew, Thornapple Commentaries [1915; 개정판 Grand Rapids: Baker, 1982], 316). 이 같은 저주들은 '팔복과 정반대되는 것이었다. 예수님의 쉬운 짐은… 바리새인들이 지게 하는 그 짐과 대조적인 것이다' (W.D. Davies, The Setting of the Sermon on the Mount [Cambridge University Press, 1964], 106).

28) Albert Barnes, Barnes' Notes on the New Testament (개정판, Grand Rapids: Kregel, 1962), 218.

과 사두개인들의 가르침이 누룩과 같다고 하셨다. 다시 말해서, 그들의 교리상의 잘못은 쉽사리 발견해 낼 수 없고(그래서 주님은 6절의 분부를 내리셨다: "삼가 바리새인과 사두개인들의 누룩을 주의하라"), 깊게 영향을 미칠 것이며, 자긍심을 심게 될 것이었다.

그렇기 때문에 예수님은 분명히 저주를 받게 될 바리새인들을 가리켜 두 차례 '독사의 자식들'이라고 일컬으셨다(12:34; 23:33). 바리새인들은 독사들처럼(23:33) 사악한 의도를 가득 품고 있었다.[29] 영적으로 죽어 있는 그들의 상태는 그들이 '스스로 하나님의 뜻을 저버렸다'(눅 7:30)는 말씀에서 알 수 있다.

주님이 말하셨듯이, 바리새인들은 내적인 영적 실제가 없는 겉으로만 나타나는 종교적 형식이라는 위선으로 인하여 영적으로 소경이 되었다. 예수님은 바리새인들의 하나님에 관한 진정한 지식이 결여되어 있는 모습을 가리켜 여러 차례 '소경이 인도한다'(마 15:14; 23:16, 24), '우맹이요 소경들이여'(마 23:17), '소경들이여'(마 23:19), '소경'(23:26)이라고 하셨다. 분명히 예수님은 그들의 허식을 꿰뚫어 보시고, 그들의 진정한 마음 상태를 보실 수 있으셨다('너희 마음을 하나님이 아시나니' 눅 16:15). 그렇다면 왜 예수님이 제자들에게, "무엇이든지 저희의 말하는 바는 행하고 지키되 저희의 하는 행위는 본받지 말라"(마 23:3)고 하셨을까? 어떤 주석가들은 예수님이 이런 말씀을 냉소적으로 하셨다고 본다.[30] 그러나 그보다는 모세가 가르친 것과 일치하는 바리새인들의 가르침은 따를 것을 격려하셨던 것이다.[31]

---

29) 세례 요한 역시 바리새인들을 '독사의 자식들'(마 3:7) 이라고 불렀다.

30) 예: D.A. Carson, "Matthew," in The Expositor's Bible Commentary, 12vols. (Grand Rapids: Zondervan), 8:473.

31) Morris, The Gospel according to Matthew, 573.

예수님께 대한 바리새인들의 반응

그들이 반대했던 이유. 왜 바리새인들은 예수님과 그분의 사역을 반대했을까? 복음서들은 그들이 적대감을 품은 여러 이유들을 말한다.

첫째, 예수님은 그들의 텅 빈 종교성을 반대하셨다. 예수님은 그들의 부족함을 계속 지적하셨다. 예수님이 그같은 일을 자주 하신 이유는 그들이 사람들에게 미치는 영향이 매우 컸기 때문이었다.

둘째, 예수님은 그들이 매우 중요시 여기는 전통들을 어기셨다. 바리새인들은 공개적으로 계속해서 자신들의 전통을 무시하는 사람을 분명히 공격했다. 그들은 주님이 '죄인들' 및 세리들과 함께 어울리시는 것과(마 9:10-11; 막 2:16; 눅 5:30; 7:39; 15:11; 19:7), 금식하지 않으시는 것(막 2:18; 눅 5:33), 자신들이 보기에는 율법을 거역하는 노동이라고 생각한 안식일에 치유하셨던 일(막 3:1-3; 눅 13:14; 14:1-4; 요 5:8-10; 9:13-14),[32] 그리고 손을 씻는 일을 두 차례 어기셨던 일(마 15:2; 막 7:1-5; 눅 11:37-41)에 대해 매우 분노했다. 마태복음과 마가복음에서 바리새인들과 서기관들은 예수님께 왜 예수님의 제자들이 의식상 손을 씻지 않는가고 질문했고, 누가복음을 통해 우리는 예수님 스스로도 바리새인의 집에 계셨을 때 손을 씻지 않으셨던 것을 알 수 있다.[33] 게다가 예수님이 안식일에 제자들이 밀을 따 먹는

---

32) 예수님은 안식일에 다섯 차례 치유 사역을 하셨는데, 각 경우에 종교 지도자들은 주님께 도전했다. 그 다섯 가지 경우는 다음과 같다: 손마른 자 (막 3:1)와, 18년 동안이나 꼬부라져 조금도 펴지 못했던 여인 (눅 13:11), 고창병 든 자 (눅 14:2), 또한 38년된 병자 (요 5:5) 와, 태어날 때부터 소경된 자 (요 9:1). 이 모든 경우는 매우 심각한 중증 환자들이었다.

33) "분쟁을 피할 수 없었던 이유는 유대교에 있어서 그같은 전통이 차지하는 바가 매우 크고 중대했기 때문이다. 미쉬나의 여섯 책들 가운데 그 안에 열두 주제를 다루고

것을 개의치 않으셨는데 바리새인들은 이같은 행위에 분노를 느꼈다(마 12:1-8; 막 2:23-28; 눅 6:1-5). 바리새인들의 눈에 예수님과 그분의 제자들의 이같은 행위는 분명히 율법을 어기는 자들의 모습이었던 것이다.

셋째, 바리새인들이 예수님을 반대했던 것은 예수님이 그들의 종교 체제와 자신들의 지도자적 위치를 위협했기 때문이었다. 예수님의 가르침과 설교와 치유는 유대와 갈릴리 지방과 팔레스타인 지역 여러 곳에 있는 수많은 사람들의 관심을 집중시켰다. 바리새인들의 근본적인 가르침들과 전통들을 빈번히 비난했던 유명 인사인 예수님은 그들이 생각할 때 '자신들에게 죽고 사는 것처럼 중요한 것을 파괴시키겠다고 위협하는'[34] 인물이었다. 그러므로 그들은 그분을 막아야 했다. 그렇지 않으면 자신들이 확신하던 것들이 잘못되었다는 것과, 지난 수세기에 걸친 자신의 선조들이 틀렸다는 것을 인정해야 했기 때문이었다.

넷째, 바리새인들은 예수님이 중풍병자(눅 5:20-21)[35]와 죄를 지은 여인(7:47-48)의 죄를 용서해 주셨음에 분노했다. 그들이 분노했던 이유는 오직 하나님만이 죄를 사하실 수 있었기 때문에 예수님의 그같은 말씀이 참람되다고 생각했던 것이다(마 9:3; 막 2:7; 눅 5:21). 그러나 바로 그 점이야말로 예수님이 강조하셨던 것이었다. 즉, 하나님만이 죄를 사하시는데, 예수님이 그렇게 하셨으므로 예수님이 바로 하나님이시라는 것이다. 하나님 아버지와 자신이 같다는 예수님의 선포로 인해(요 10:30) 유대인들은 돌을 들어 그분

있는, 가장 큰 "정결" 이라고 하는 편에서 이 주제를 다룬다. 이 정결 예식이 의도했던 것은 신체적인 정결이 아니라 예식적인 정결이었다" (J.W.Lightley, Jewish Sects and Parties in the Time of Jesus [London: Epworth, 1925], 122).

34) Herford, The Pharisees, 208.

35) 병행구절 (마 9:3; 막 2:5-7)은 오직 율법 교사들만 언급하는 반면, 누가는 율법교사들과 더불어 바리새인들도 언급했다.

을 치러고까지 했다. 그 이유는 "참람함을 인함이니 네가 사람이 되어 자칭 하나님이라 함이로라"(요 10:33)는 것이었다.

다섯째, 바리새인들은 하나님 말씀에 대한 자신들의 한계를 지적하시는 예수님으로 인해 당황했다. 예수님은 단순히 사람들의 외적인 순종이 아니라 내면의 태도들에 미치는 구약 성경의 영향에 관심을 기울이셨다. 분노는 살인과 같이 심각한 것이고, 욕정을 품는 것은 간음이나 마찬가지며, 하나님은 결혼을 평생 연합하는 것으로 보시고, 한번 한 맹세를 말장난으로 혼잡하게 만들지 말며, 보복하지 말고 오히려 도우며, 원수를 사랑하는 일은 친구를 사랑하는 마음으로 해야 할 것이다(마 5:21-48).

예수님께 대한 반응. 바리새인들은 예수님께 대한 적대 감정을 어떻게 표현했는가? 바리새인들은 계속해서 자신들의 종교 시스템을 공격하고 모욕하는 예수님을 공격하기 위해 다양한 방법들을 동원했다. 그리고 그들이 내보인 감정 상태도 여러 가지였는데 그 가운데에는 놀라움, 의심, 고소, 비난, 분노, 냉소, 그리고 살인 음모(예수님께 대한 여러 반응들은 그것들을 시간 변이에 따라 정리한 표 17을 보라) 같은 것들이 있었다.

— 표 17 —
예수님께 대한 바리새인들의 반응들

1. 죄를 사하신 예수님에 대해 놀라워함	눅 5:21
2. 예수님이 세리와 죄인들과 함께 음식을 드신 것에 대해 제자들에게 질문함	마 9:11; 막 2:16; 눅 5:30
3. 금식에 대해 예수님께 질문함	마 9:14; 막 2:18; 눅 5:33
4. 안식일에 낟알을 따는 것에 대해 질문함	마 12:2; 막 2:24; 눅 6:2
5. 예수님을 고소할 구실을 찾음	마 12:10; 막 3:2; 눅 6:7

6. 예수님을 죽일 모의를 함	마 12:14; 막 3:6; 눅 6:11a
7. 예수님이 선지자인지 의심함	눅 7:39
8. 예수님이 귀신의 왕을 빙자해 귀신을 쫓아냈다고 비난함	마 9:34
9. 바알세불의 힘을 빌어 귀신을 쫓아낸다고 비난함	마 12:24
10. 하늘로부터 표적을 내리도록 예수님께 요구함	마 12:38; 눅 11:16
11. 제자들이 먹기 전 손을 씻지 않는 것에 대해 예수님께 질문함	마 15:1-2, 막 7:1-2, 5
12. 자기들의 질문에 대한 예수님의 답변에 매우 언짢아 함	마 15:12
13. 하늘로부터 내려오는 표적을 두번째 요구함	마 16:1; 막 8:11
14. 주님을 체포하도록 성전지기들을 보냄	요 7:32
15. 간음 현장에서 잡힌 여인을 돌로 쳐야하는가를 질문함	요 8:36
16. 예수님이 스스로 자신을 위하여 증거했다고 비난함	요 8:13
17. 예수님이 안식일을 범했기 때문에 하나님께로부터 오지 않았다고 주장함	요 9:16
18. 자신들 역시 소경인지 예수님께 질문함[b]	요 9:40
19. 예수님이 음식을 들기 전 손을 씻는 예식을 지키지 않으신 것에 놀람	눅 11:38
20. 예수님이 하신 말씀을 책잡기 위해 질문 공세를 함	눅 11:53-54

21. 예수님이 자신을 하나님이라고 주장하신
    이유로 돌로 치려 함 요 10:31, 33
22. 예수님을 잡으려고 함 요 10:39
23. 헤롯의 지경을 떠나서 유대지방으로
    가도록 말해줌ᶜ 눅 13:31
24. 유명한 바리새인의 집에 초대된
    예수님을 주시함 눅 14:1
25. 예수님이 안식일에 치료하는 일이
    불법인지 질문했을 때 대답하기를 거부함 눅 14:3-4, 6
26. 예수님이 죄인들을 부르시고 함께 음식을
    드시는 것을 보고 자기들끼리 불평함 눅 15:2
27. 교활한 청지기에 대한 예수님의 비유를
    듣고 냉소함 눅 16:14
28. 예수님의 인기가 상승하는 것이
    자신들의 힘을 위협할 것이라고 염려함 요 11:47-48
29. 예수님을 죽이기 위해 음모를 꾸밈 요 11:53
30. 언제 천국이 올지에 대해 예수님께 질문함 눅 17:20
31. 예수님께 이혼의 사유들을 질문함 마 19:3; 막 10:2
32. 예수님을 체포하기 위해 사람들에게
    주님의 행방을 보고하라고 명령을 내림 요 11:57
33. 주님이 예루살렘에 입성하실 때 제자들이
    칭송하는 것을 못하게 하도록 예수님께 명령함 눅 19:39
34. 예수님을 체포할 방법을 모색함 마 21:46
35. 가이사에게 세금 내는 문제에 관해 질문함 마 22:15, 17; 막 12:13, 15
36. 예수님의 대답을 기이히 여김 막 12:17

37. 어느 계명이 큰지 예수님께 질문함   마 22:34-36
38. 시편 110편 1절에 관한 예수님 말씀에 침묵함   마 22:46
39. 예수님을 체포하기 위해 군병들 및
    제사장들과 함께 겟세마네로 감   요 18: 3

　a. 누가는 예수님이 손마른 자를 안식일에 고치시는 것을 본 바리새인들이 분노했다고 표현했다. 헬라어로는 그들이 '지독한 분노(또는 비이성적인 것)로 가득 찼다'고 되어 있다. 이같은 분노는 '극도의 흥분 상태로 인해 이성을 상실한' 상태였다(Fritz Ridenour and Cleon L. Rogers Jr., A Linguistic Key to the Greek New Testament (Grand Rapids: Zondervan, 1980), 154. 그들은 예수님을 제거하려는 욕구에 빠져 다른 아무 것도 느끼지 못할 정도로 광분하게 되었다.

　b. 바리새인들의 질문은 부정적인 반응을 내포하고 있었다. 그 질문은 다음과 같은 식으로 달리 표현될 수 있다: "우리가 소경은 아니지 않은가?" 그들의 질문에 대한 대답은 그들이 소경이었다는 것이다! 육신으로 소경이었던 사람은 이제 영적인 시각을 갖게 되었는데 반해 비록 바리새인들은 육신적으로는 본다고 했으나 영적으로는 소경이었던 것이다.

　c. 일부 학자들은 이것을 바리새인들이 예수님께 다가오는 위험을 우호적인 마음에서 경고해준 것이라고 말한다. 그러나 그보다는 예수님이 자기 지역에서 인기가 있으니까 그곳을 떠나 산헤드린 공회의 눈에 잘 띠게 유대로 가도록 설득하려는 노력이었다(Jacob Neusner, From Palestine to Piety: The Emergence of Judaism (Englewood Cliffs, N.J.: Prentice-Hall, 1973), 71).

　바리새인들이 가장 자주 사용한 방법은 질문이었다. 위의 표에서 2, 3, 4, 10, 11, 13, 15, 18, 20, 30, 31, 35, 그리고 37번은 바리새인들이 예수님께 질문했던 경우이다. 그렇게 볼 때 예수님을 대할 때 그들이 적어도 세 번 중

한 번은 질문공세를 폈던 셈이다![36] 초기의 질문들 가운데 어떤 것들은 의심과 더불어 솔직한 질문들도 있었다. 하지만 나중의 질문들은 율법에 어긋난다는 이유로 체포할 수 있는 틀린 답이 나오기를 유도했던 함정들임이 분명했다.

바리새인들은 또 예수님을 고소하거나 비난(8, 9, 16 번)했고, 예수님을 붙잡으려는 음모(6, 14, 21, 22, 29, 34, 39)가 숨어 있는 질문들을 했다. 그들의 음모는 예수님의 사역이 중간기에 들어서면서부터 시작되었다(막 3:6). 그런 중 예수님의 말씀에 할 말을 잃은 적도 세 번 있었다(25, 36, 38). 분명히 그들의 마음은 드러내놓고 거부하고 불같은 노여움을 품는 상태로까지 갔다.

그러나 모든 바리새인들이 그랬던 것은 아니다. 밤중에 은밀히 주님을 찾은 니고데모는(요 3:1-2) 예수님을 믿었을 것이다. 그래서 그는 후에 예수님을 저주하려던 동료 바리새인들에게 예수님의 말씀을 듣고 그 행한 것을 알기 전에 판결하지 말라고 말했고(요 7:50-51), 예수님의 장사를 위해 몰약과 침향을 가져왔다(요 19:39).

오직 누가복음에만 기록된 세 가지 경우를 보면, 바리새인이 예수님을 식사에 초대한 일이 있었다(눅 7:36; 11:37; 14:1).[37] 하지만 성경은 그 바리새인들이 예수님을 진정 믿었던 자들이었는지에 대해서는 밝히지 않는다.[38] 분명히 어떤 바리새인들은 주님의 기적의 역사에 놀랐는데, 그 이유는 주님이

---

36) 예수님이 이런 질문들과 또 다른 많은 질문들을 어떻게 대답하셨는지 제15장을 보라.
37) 복음서들은 예수님이 식사에 초대받으셨던 여섯 번의 경우들을 기록한다. 세 바리새인들의 경우를 제외하고 보면, 다른 저녁 식사를 베푼 사람들은 마태 (마 9:10; 막 2:15) 와, 삭개오 (눅 19:1-10), 그리고 마리아와 마르다와 나사로 (요 12:2) 였다.
38) 사복음서 모두에 기록되어 있는 아리마대 요셉(마 27:57; 막 15:43; 눅

진정 하나님의 사람이 아니고 죄인이라면 도저히 소경의 시력을 회복시키는 일 같은 기적들을 행하지 못할 것이라고 생각했기 때문이었다(요 9:16).

바리새인들에 대한 예수님의 반응

예수님은 바리새인들의 모든 전략에 직면하시는 경우, 그 대부분을 오히려 사람들을 가르치시는 기회로 삼으셨다. 많은 경우 주님은 질문들을 사용하셔서 반응하셨다(흥미로운 연구를 위해, 표 17에 나오는 구절과 이어지는 구절들을 읽어보고 예수님이 어떻게 반응하셨는지 살펴보라. 예수님의 대답 안에 수많은 질문들과 다양한 주제들이 다루어진 사실을 주목하라.) 예수님의 응답 후, 바리새인들은 더 이상 아무 말도 하지 못했다.

사두개인들은 예수님께 어떻게 반응했나?

복음서 기자들은 사두개인들이 부유했고 제사장 계층이었다고 묘사하는데, 마태복음에 일곱 번, 마가복음에 한 번, 그리고 누가복음에 한 번 언급했다.[39] 마태복음에 있는 일곱 번 가운데 다섯 번은 바리새인들과 사두개인들이 함께 있었다고 기록하고 있다(마 3:7; 16:1, 6, 11-12). 다른 두 번의 경

23:51; 요 19:38) 은 예수님의 비밀 제자였다 (요한이 기록하듯). 어떤 이들은 아리마대 요셉이 바리새인이었다고 말하지만 복음서들은 단지 그가 산헤드린의 멤버였다고만 밝힌다. 산헤드린에는 바리새인들과 사두개인들이 있었기 때문에 요셉은 아마 둘 중 하나였을 것이다.

39) 복음서 이외에는 오직 사도행전에서 사두개인들을 언급한다. 이 다섯 가지 경우들(4:1; 5:17; 23:6-8)을 포함하면 모두 열네 차례 사두개인들에 관한 언급이 있는 것이다.

우, 오직 사두개인들만 언급되어 있다(22:23,34). 마가복음(12:18)과 누가복음(20:27)은 마태복음 22장 23절과 병행 구절들이다.

바리새인들과 사두개인들 간의 심각한 차이점(표 16을 보라)을 미루어 볼 때, 그들이 함께 세례 요한을 보러 갔었다는 사실은 놀라운 것이다(마 3:7). 그들은 요한이 세례를 베풀고 있던 요단강 가로 갔다. 그들은 세례를 받거나 단순한 호기심이나 관심을 갖고 요한을 찾아갔다. 그들이 호기심 혹은 관심이 있었다는 사실은 요한이 삶을 통한 진정한 회개의 증거가 없고(8절) 오직 하나님의 심판을 피할 것만 생각(10-12절)했던 그들을 가리켜 '독사의 자식들'이라고 비난했었음을 생각해 볼 때 가능하다.

사두개인들과 바리새인들은 함께 예수님에게 하늘의 표적을 보여달라고 시험했다(16:1). (그 이전에 12:38절에서는 바리새인들과 서기관들이 예수님께 표적을 보여달라고 요구했다). 예수님을 '시험'하면서 예수님이 기적을 행하지 못할 것이고 그렇게 되면 그분에 대한 사람들의 신뢰가 떨어질 것이라고 생각했던 것이다. 그들의 사악한 의도에서 우러나온 요구를 거부하신 예수님은 그들이 '시대의 표적'(3절)은 분별하지 못하는 '악하고 음란한 세대'(4절)이며, 그들에게 필요한 것은 오직 요나의 '표적' 뿐이라고 말씀하셨다. 예수님은 그 이전에도 표적을 구했던 그들에게 답변하실 때 요나의 경험의 중요성을 설명하셨다(12:39-41).

그리고 나서 예수님은 제자들에게 '바리새인과 사두개인들의 누룩을 주의하라'(마 16:6)고 말씀하심으로 사두개인들과 바리새인들을 경계하게 하셨다. 이 말씀은 주님이 12절에서 말씀하셨듯이 쉽게 적발하지 못하고 부패성과 침투력이 있는 그들의 교훈을 조심하라는 것이었다.[40]

바리새인들과 사두개인들 간의 대표적인 차이점 가운데 하나는 바리새인

---

40) 병행 구절에서 마가는 바리새인들과 헤롯의 누룩을 언급(8:15)했는데, 이는 "아

들은 미래의 부활을 믿는 반면 사두개인들은 그것을 부인했다는 점이다. 예수님을 함정에 빠뜨리려는 의도에서 사두개인들은 일곱 형제들로 인해 과부가 된 여인의 경우에 대해 예수님의 의견을 물었다(신 25:5의 형사취수제). "이 여인이 부활 때에 일곱 중에 뉘 아내가 되리이까"(마 22:28; 막 12:23; 눅 20:33) 라는 그들의 질문은 육신의 부활이 터무니없음을 보이기 위한 것이었다. 천국에서 그 여인이 일곱 남편과 동시에 살 수 없기 때문에, 그들은 부활의 삶이 불가능한 것이라고 주장했던 것이다. 예수님은 그들의 생각이 잘못되었음을 쉽게 지적하셨다. 첫째, 예수님은 그들의 무지함을 지적하셨다. 왜냐하면 부활의 삶에는 결혼이 없기 때문이었다(마 22:30; 막 12:25; 눅 20:35-36). 둘째, 예수님은 모세의 율법(사두개인들이 권위를 인정했었던)이 부활에 대해 언급하고 있음(마 22:31-32; 막 12:26-27; 눅 20:37-38)을 지적하셨다. 예수님은 "나는 네 조상의 하나님이니 아브라함의 하나님, 이삭의 하나님, 야곱의 하나님이니라"는 출애굽기 3장 6의 말씀을 하셨다. 예수님은 이곳에서 과거 동사가 아닌(I was) 현재 동사인 '나는… 이니라'(I am)가 쓰인 것은 분명 이전 선조들이 부활해 있음을 의미한다고 지적하신 것이다. 이 구절이 부활에 대해 뚜렷하게 말하지 않고 있지만, "유대인이셨던 예수님은 불멸성은 몸의 부활을 포함한다는 것을 자명하게 여기신 것이다"[41]

이런 응답을 통한 가르치심에서 예수님은 대적하는 자들이 그랬듯이 논리를 사용하셨고 구약 성경을 인용하셨다. 놀랍게도 사두개인들은 침묵했다

마도 정치적 기회주의자적인 면에서 사두개인들과 비교되는 헤롯당원들을 의미했던 것 같다", (International Standard Bible Encyclopedia, 1988 ed., 소제목 "Saducees", William J. Moulder, 4:280). 누가복음의 병행 구절은 단지 바리새인들의 누룩만 언급한다 (12:1).

41) Tasker, The Gospel according to St. Matthew, 211.

(마 22:34). 이같은 대화를 듣고 바리새인들과 함께 있었던 서기관들 중 일부는 부활을 믿었다. 그들은 부활 교리에 대한 예수님의 변론과 대적하는 자들을 향한 도전에 매우 만족해 했고, "선생이여 말씀이 옳으니이다"(눅 20:39) 라고 말했다.

서기관들은 예수님께 어떻게 반응했나?

'서기관'은 헬라어로 grammateus(문자적으로 학문의 사람), 즉 저술가 또는 학자를 의미했던 것으로 영어 번역본 가운데 하나인 NIV에서는 '율법 선생'(Teacher of the law)으로 번역했다. 다른 성경 번역본들은 그 헬라어 단어를 '서기관'(Scribe) 또는 '율법사'(Lawyer, expert in the law) 라고도 번역한다 (역자 주 ― 한글 개역 성경에서는 교법사, 서기관, 율법사라는 단어들을 자유롭게 사용하고 있음). 복음서에서 Grammateus라는 단어가 혼자 사용된 것은 열여섯 번이고, 바리새인들과 함께 등장한 것은 열아홉 번이다.[42] (율법사란 번역은 여덟 번 나오는데, 한 번은 마태복음에 그리고 나머지는 누가복음에 등장한다.) 그러므로 교법사란 번역으로 표현된 스물 두 번의 다른 경우들(대제사장들과 함께 묘사된 것은 열한 번이고, 장로들과 함께 나타난 것은 한 번, 그리고 제사장들과 장로들과 함께 묘사된 것은 열 번이다)을 포함하면, 복음서에서 서기관이 등장한 경우는 쉰일곱 차례가 된다. 이것 이외에 또 다른 무리들과 섞여 등장한 경우들은 다음과 같다: 바리새인

---

42) 누가복음 5장 17절에서 '교법사들'은 헬라어로 동의어인 nomodidaskoloi라는 단어를 번역한 것인데, 누가복음 5장 17절 외에 신약 성경에서 이 단어를 볼 수 있는 것은 오직 사도행전 5장 34절과 디모데전서 1장 7절이다.

— 표 18 —
예수님을 대적한 다양한 무리들에 관한 기록*

	마태	마가	누가	요한	합계
사두개인들(단독으로 등장)	22:23, 34	12:18	20:27		4
사두개인들과 바리새인들	3:7; 16:1, 6, 11-12	1:22; 2:6, 16; +9:11,			5
서기관들(단독으로 등장)	7:29; 8:19; 9:3; 13:52; 17:10; 23:34	14:12:28, 35, 38	20:39,46		16
서기관들과 바리새인들	5:20; 12:38; 15:1; 23:2, 13, 15, 23, 25, 27, 29	7:1, 5	5:17, 21, 30; 6:7; 7:30; 11:53; 14:3; 15:2	8:3	19
율법사(단독으로 등장)	22:35		10:25; 11:45, 46, 52		6
바리새인과 율법사들			7:30; 14:3		2
바리새인과 헤롯당원들	22:16	3:6; 8:15; 12:13			4
바리새인과 대제사장들	21:45; 27:62			7:32, 45; 11:47, 57; 18:3	7
대제사장과 장로들	21:23; 26:3, 47; 27:1, 3, 12, 20; 28:12	15:1	22:52		10
대제사장과 서기관들	2:4; 20:18; 21:15	10:33; 11:18; 14:1; 15:31	19:47; 20:19; 22:2; 23:10		11
서기관과 장로들	26:57				1
대제사장들, 서기관들, 그리고 장로들	16:21; 27:41	8:31; 11:27; 14:43, 53; 15:1	9:22; 20:1; 22:66		10
					95

* 이 도표는 바리새인들만 등장한 경우는 제외했다. 그 이유는 그런 경우가 복음서들에 너무도 많기 때문이다. 마가복음 2장 16절은 문자적으로 '바리새인들의 교법사들' 이라고 되어 있다.

들과 사두개인들(다섯 차례), 바리새인들과 헤롯당원들(네 차례)[43], 그리고 바리새인들과 대제사장들(일곱 차례). 표 18에서 이 모든 경우를 상세히 나열했다.

이 서기관들(또는 율법사들)은 어떤 사람들이었는가? 그들은 모세 율법을 연구하고 해석하고 가르치기에 전념했다(제 3장을 보라). 그들은 전문가들이었지 정치적인 집단은 아니었다. 율법에 대한 전문적 지식 때문에 사람들은 그들을 존경했고, 그들이 율법을 가르쳤기 때문에 사람들은 그들을 랍비 또는 선생이라고 불렀다.

그들은 복음서에서 종종(21 차례) 바리새인들과 연관되어 등장하는데, 그 이유는 서기관들 중 많은 사람들이 바리새인들이었기 때문이다. 바리새인들은 율법을 철저히 지키기 원하는 성향으로 인해 서기관들과 가까운 관계였다. "바리새인은 일반적으로 정규 교육을 받은 사람이 아닌 일반인이었던 반면 서기관은 랍비 율법을 배우고 정식 지위가 있는 사람이었다."[44] 일부 바

---

43) 헤롯당원들은 헤롯 법정의 관원들로서, 헤롯 왕족 계열이었거나 아니면 헤롯 안티파스의 지지자들이었다 (H.W. Rowley, "The Herodians in the Gospels," Journal of Theological Study 41 [1941]: 14-27). 민족자결주의자들이었던 바리새인들은 로마인들과 가깝게 지내던 이유로 그들이 혐오했던 헤롯당원들과 한 패가 되어 예수님을 살해할 음모를 꾸몄고 (막 3:6), 나중에는 로마 황제에게 세금을 바치는 문제에 관한 질문을 던짐으로써 예수님을 함정에 빠뜨리려고 했다 (막 12:13; 마 22:16). 만약 예수님이 가이사에게 세금을 내지 않아도 된다고 하셨더라면 "헤롯당원들이 로마 총독에게 그같은 사실을 보고, 그같은 이유로 해서 주님을 처형시키고자 했던 것이다. 그러나 만약 주님이 세금을 내라고 하셨더라면 바리새인들이 나라를 파는 매국노라는 식으로 비난했을 것이었다 (The NIV Study Bible [Grand Rapids: Zondervan, 1985], 1474).

44) International Standard Bible Encyclopedia, 1986, 소제목 "Pharisees," R.J. Wyatt, 3:823.

리새인들은 율법에 관한 전문가였기 때문에 종종 서기관이 되기도 했다.[45] 그러나 바리새인들과 서기관들은 동일한 신분이 아니었다. 대부분의 바리새인들은 서기관들이 아니었고, 많은 서기관들은 바리새인들이 아니었다.[46] 마가복음 2장 16절에서 '바리새인의 서기관들'이라고 한 것과 병행 구절인 누가복음 5장 30절에서 '바리새인과 저희 서기관들이'라고 한 표현에서 미루어볼 수 있는 사실은 서기관들 가운데 일부는 사두개인들이었음을 알 수 있다.[47] 그렇게 볼 때 대부분의 서기관들은 바리새인이었고, 일부분은 사두개인이었으며, 또 일부 서기관들은 어느 쪽도 아니었다.[48] 이같은 관계는 아래와 같이 표현될 수 있다 (숫적인 면도 포함해서 묘사하려는 것은 아님):

---

45) Ch. Guignbert, The Jewish World in the time of Jesus, S.H. Hooke 번역 (New York: Dutton, 1939), 168-69.

46) 같은 책, 71.

47) Schurer, History of the Jewish People, 1:320.

48) G. H. Box, "Scribes and Saducees in the New Testament," Expositor 15 (June 1918): 402, 408, 411; and 15 (July 1918): 55-56.

이런 점들은 다음과 같이 요약될 수 있다:

1. 대부분의 서기관들은 바리새인들이었다.
2. 일부 서기관들은 사두개인들이었다.
3. 일부 서기관들은 바리새인도, 사두개인도 아니었다.
4. 대부분의 바리새인들은 서기관들이 아니었다.
5. 대부분의 바리새인들은 일반인들이었고 대부분의 사두개인들은 제사장들이었다.

복음서에서 서기관들은 대제사장들과 함께 스물두 차례 등장한다. 아마도 서기관들은 제사장들과 함께 유대 율법과 전통을 강화시켰던 것으로 보인다. 유대 종교 전통과 예수님과의 충돌은 매우 거센 것이긴 했으나 예상치 못했던 것은 아니었다. 또다른 선생인 예수님이 어떤 정규적인 랍비 교육을 받지 않으셨음에도 불구하고 더 뛰어난 권세와 새로운 메시지로 가르치셨을 때 (마 7:29; 막 1:27) '충돌은 피할 수 없는 것이었다.' [49] 예수님이 사역을 시작하신 때부터 서기관들은 주님을 적대시했다. 그들이 우려했던 것은 율법과 예수님의 권세였다. 그들은 자신들이 볼 때 참람한 행위였던 예수님의 죄사하심(막 2:6-7; 눅 5:17, 21)과, 또 그분이 '죄인들'과 세리들과 함께 식사하심으로 자신들처럼 분리주의자가 아닌 것(막 2:16; 눅 5:30)에 큰 위기감을 느꼈다.[50] 그들은 예수님이 귀신들렸다고 비난했다(막 3:22).[51] 그들이

---

49) International Standard Bible Encyclopedia, 1988 소제목 "Scribes," Donald A. Hagner, 4:361.
50) 이 두 가지 경우 모두에서 누가는 바리새인들을 교법사들 속에 포함시켰다.
51) 마태는 바리새인들이 이같은 비방을 했다고 기록했고 (12:24), 누가는 단순히

예수님의 아홉 제자들과 귀신 들린 소년에 관해 논란을 벌였을 때에도 귀신 들린 것이 서기관들의 관심사였다(막 9:14).[52] 한 서기관이 예수님께 다음과 같은 구약성경에 기반을 둔 질문을 했다: "내가 무엇을 하여야 영생을 얻으리이까?"(눅 10:25). 그 질문에 대한 답으로써 예수님은 선한 사마리아인의 비유를 말씀하셨다.

예수님이 바리새인들의 외식과, 영적인 문제에는 등한시하면서 율법에만 집착하는 것과, 그들의 자만심에 대해 저주의 말씀을 하셨을 때(눅 11:39-44), 율법사들은 자신들도 모욕을 당했다고 말했다(11:45). 이것은 놀랄 일이 아니다. 그 이유는 그 두 무리들이 상당히 많은 내용을 공유했고, 서기관들 가운데 많은 이들이 바리새인들이었기 때문이었다.

예수님은 율법사들을 모욕한 것을 사과하지 않고 오히려 그들을 향해 세 가지 저주를 분명히 말씀하셨다(11:46-52). 이것들은 후에 서기관들과 바리새인들을 향해 하신 일곱 가지 저주 가운데 세 가지와 비슷한 것이었다(마 23:4, 14, 29-32). 예수님의 반응은 종교 지도자들의 분노를 일으켰다. 그래서 그들은 '맹렬히 달라붙어 여러 가지 일로 힐문했으며'(눅 11:53), 예수님이 율법에 어긋나는 말씀을 하시는 것을 꼬투리 잡고자 혈안이 되었다.

다시금 대적하는 자들에 앞서, 예수님은 안식일에 병 고쳐주는 것이 합당한지 율법사들과 바리새인들에게 질문하셨다(눅 14:3). 이 질문 역시 율법의 해석에 관한 것이었다.

바리새인들은 부활을 믿고 사두개인들은 그렇지 않았기 때문에, 바리새인들은 부활에 대한 사두개인들의 질문에 예수님이 대답하신 것을 즐겼다. "서

무리들 중 어떤 자들이었다고 했다 (11:15).

52) 그들이 논란을 벌인 내용은 기록되어 있지 않지만 분명히 교법사들은 제자들이 귀신을 내쫓지 못했던 무능력함으로 인해 예수님에 관한 신뢰를 떨어뜨리고자 했다.

기관 중 어떤 이들이 말하되 선생이여 말씀이 옳으니이다"(눅 20:39) 라고 한 사실은 그 말을 한 자가 바리새파에 속한 자였음을 보여준다.

사두개인들의 질문에 대한 예수님의 응답을 기뻐했던 어느 율법사가 예수님께 구약의 어느 율법이 가장 중요한지 물었다(마 22:35; 막 12:28). 이것 또한 모세 오경에 관련된 문제였다.

예수님은 자신과 관련하셔서 시편 110편 1절의 해석에 관해 질문하셨다(막 12:35-37). 그때 예수님은 사람들에게 서기관들을 조심하라고 하셨는데, 그 이유는 그들이 눈에 띄는 옷을 입고, 사람들의 관심을 받기 좋아하고, 상석에 앉으려고 하며, 과부들을 이용하며, 남들에게 보이려고 기도하기 때문이었다(12:38-40; 눅 20:46-47).

바리새인들이 서기관들과 함께 있었을 때, 그 두 무리들은 예수님이 정결 예식을 준수하지 않으시는 것과 죄인들과 어울리시는 것으로 인해 분노했다 (마 15:1; 막 7:1, 5; 눅 15:2). 또 다른 자들은 표적 보기를 원했고(마 12:38), 다른 자들은 참람함을 인해 비난했으며(눅 5:21), 예수님이 안식일에 병을 고칠 권한이 있는지의 여부(눅 6:7; 참조. 14:3)를 놓고 함께 비난했다. 그러나 이미 살펴 본 것처럼, 서기관들은 바리새인들과 떨어져서 등장했을 때는 구약성경의 가르침과 해석에 관한 것들을 주로 질문했다(막 1:22; 2:6; 9:11; 12:28, 32, 35; 눅 10:25, 37; 11:45).[53]

서기관들은 대제사장들과 장로들, 그리고 바리새인들과 함께[54] 예수님을

---

53) Elizabeth Struthers Malbon, "The Jewish readers in the Gospel of Mark: A Literary Study of Marcan Characterization," Journal of Biblical Literature 108 (sum. 1989): 266.
54) 예수님과 대제사장들 및 장로들 간의 관계에 대해서는 이 책의 다음 내용을 보라.

살해하려고 모의했다. 그들은 예수님을 처형하기 위해 절대 독단적으로 행동하지 않았다. 그들은 항상 다른 무리들과 함께 행동했는데, 아마도 그 이유는 종교적인 교사들로서 정치적 권세가 전혀 없었거나 아니면 있어도 매우 약했기 때문이었던 것 같다.

그러나 한 서기관이 예수님을 따르겠다고 했을 때(마 8:19) 예수님이 거처가 없다고 하신 것은 그 서기관이 주님을 따를 때 치러야 하는 대가를 생각하지 않았기 때문으로 보인다. 사두개인들의 질문에 예수님이 하신 대답을 매우 만족스럽게 여기고 율법 중 어느 계명이 가장 중요한지 질문했던 또 다른 서기관(막 12:28)은 예수님께 '지혜롭게' 대답했고, 예수님은 그에게 '네가 하나님의 나라에 멀지 않도다' (막 12:34)고 하셨다. 이 서기관이 예수님의 제자가 되었는지는 성경이 밝히고 있지 않다.

예수님이 서기관들에게 끼치신 영향은 분명히 한계가 있었다. 어떤 종교 지도자도(어쩌면 한 명은 제외하고) 그분을 따르는 제자가 되지 않았다. 그들은 자신들의 오랜 전통들을 버릴 수 없었고, 예수님의 혁신적인 가르침을 받아들이기에는 그들의 방식이 생활 속에 너무 깊이 배어 있었다. 이같은 사실은 오늘날 우리들의 믿음을 거부하는 다른 견해를 가진 사람들로 인해 가르치는 일에 실망할 필요가 없음을 보여 준다. 왜냐하면 예수님조차도 거부하고 증오했던 사람들이 있었기 때문이다.

대제사장들과 장로들은 예수님께 어떻게 반응했는가?

대제사장들은 어떤 사람들이었을까? 어떻게 종신직인 대제사장이 한 사람 이상이 될 수 있었는가? 장로들은 어떤 사람들이었을까? 그들은 예수님의 사역에 대해 어떤 반응을 보였는가? 앞의 두 가지 질문에 대한 해답은 예수님 당시에 로마 통치자들은 간혹 대제사장을 면직시키는 일이 있었기 때문에 대제사장이라 할 때 새로 임명된 사람과 함께 전임자도 포함되기도 했고 55) 중요한 제사장 계보의 인물도 거기에 속하기도 했다는 사실에서 찾아볼 수 있다. 그들은 사두개인들로서, 종교적 정치적인 면에서 보수적이었다. 대제사장은, 사두개인들과 약간의 바리새인들, 서기관들 그리고 장로들의 모임 70인으로 구성된 유대인들의 법정이었던 산헤드린의 의장이거나 중재자였다.56) 그래서 예수님이 산헤드린 앞에서 재판을 받으실 때 대제사장이었던 가야바가 의장이었다(마 26:57-59; 요 18:13).

장로들은 평신도 지도자들로서 '정치적 제사장들과 마찬가지로 사두개파 성향을 가진'57) 영향력 있는 가족들의 연장자들이었다. 회당의 회중들은 장로들이 다스렸는데, 그들을 가리켜 회당장이라고 불렀다(막 5:22; 눅 13:14; 행. 18:8).58)

---

55) 대제사장이란 용어는 성전 수비대장과, 제사장들의 재정 관원, 그리고 다른 관원들도 포함할 수 있었다(Jeremias, Jerusalem in the Time of Jesus, 160-81).

56) 산헤드린에 관한 더 상세한 사항은 Donald A. Hagner의 Zondervan Pictorial Encyclopedia of the Bible의 소제목 "Sanhedrin" 편 (5:268-73); William J. Moulder의 International Standard Bible Encyclopedia, 1988, 소제목 "Sanhedrin" (4:331-34); 그리고 Schurer의 History of the Jewish People, 2:163-95를 보라. 사도행전 23장 6절에서도 분명히 바리새인들과 사두개인들이 산헤드린의 구성원이었다는 것을 보여준다.

57) Zondervan Pictorial Encyclopedia of the Bible, 소제목, "Sanhedrin," Donald A. Hagner, 5:271.

58) The Illustrated Bible Dictionary, 소제목 "Synagogue," Charles L. Feinberg, 3:1502. 회당장들과 회당 예배 순서와 같은 것들에 관해서는 Brian Breffny의 The Synogogye (New York: Macmillian, 1978); Alfred Edersheim, The Life and Times of Jesus the Messiah, 2 vols. in 1 (1906; 재판, Grand Rapids: Eerdmans, 1986), 1:430-50; Lohse, The New Testament Environment, 158-67;

예수님은 제자들에게 자신의 죽음과 부활에 대해 세 차례 말씀하셨다(마 16:21; 17:22-23; 20:18-19; 병행 구절들은 막 8:31; 9:31; 10:33-34; 눅 9:22, 44; 18:31-33). 예수님의 첫번째 말씀에서 모든 세 구절들(마 16:21; 막 8:31; 눅 9:22)은 예수님이 장로들과 대제사장들 그리고 서기관들이 자신을 죽일 것이라고 말씀하셨다고 기록한다. 평민 중 특권 계층과 성전 제사장들(주로 사두개인들) 그리고 학자들(그들 중 많은 사람이 바리새인들), 이 모든 사람들이 가담할 것이었다. 자신의 죽음과 부활에 관해 하신 두번째 말씀을 기록한 세 병행 구절들에서, 예수님은 단순히 '사람들'(마 17:22, 막 9:31; 눅 9:44)이라고만 하셨다. 세번째 말씀에서, 마태와 마가는 예수님이 대제사장들과 서기관들을 가리키셨고(마 20:18; 막 10:33), 누가복음에서는 예수님이 이방인들도 포함해서 말씀하셨다고 기록했는데(눅 18:32), 이는 아마도 로마 총독인 빌라도와 그 군병들을 뜻하셨을 것이다.

예수님이 예측하셨듯이 대제사장들은 혈안이 되어 주님을 체포해서 죽이려고 애썼다. 그 이유는 주님의 가르침과 행동들이 국가적 종교 지도자들로서 자신들의 권세를 위협했기 때문이었다. 간혹 그들은 예수님을 죽이기 위해 다른 무리들과 별도로 활동하기도 했지만 그보다는 서기관들과 장로들, 그리고 가끔 바리새인들과 함께 그같은 일을 도모했다. 복음서 기자들은 간혹 예수님을 대적하던 무리들을 묘사할 때 차이를 보였다. 세 무리들, 즉 대제사장들과 서기관들 그리고 장로들은 대부분의 경우 함께 행동했는데, 공관복음서 기자들은, 성령님의 감동으로, 어떤 경우에는 한 무리, 또는 두 무리를 강조했고, 다른 경우에는 모든 무리들을 강조하기도 했다.

요한복음에서는 장로들이 언급되지 않으며, 서기관들은 단지 한 번(8:3), 그리고 대제사장들은 오직 다섯 번(12:10; 18:35; 19:6, 15, 21) 언급되었

Schurer, History of the Jewish People, 2:415-54를 보라.

고, 바리새인들과 함께 언급된 것은 다섯 번이었다(7:32, 45; 11:47, 57; 18:3). 요한복음은 또한 63회에 걸쳐 '유대인들'이라고 기록했는데, 이것은 아마도 예수님을 대적했던 종교 지도자들을 가리켰던 것 같다.[59] 이 '유대인들'은 대제사장들과 장로들을 포함했을 것이다. 그 이유는 예수님이 베데스다 연못에서 병자를 고치신 후, 그들이 예수님이 안식일을 범했고 자신이 하나님과 동등하다고 말씀하신 것(요 5:16, 18)때문에 주님을 죽이려 했던 사실 때문이다. 예수님이 자신을 하나님과 동등하게 말씀하신 일이 특히 대제사장들과 장로들을 자극시켰을 것이다. 그리고 대제사장들과 바리새인들이 하속들을 동원해서 예수님을 잡으려고 했었으나 실패했다(요 7:32, 45). 예수님이 나사로를 죽음에서 살리신 후, 대제사장들과 바리새인들은 예수님을 체포하려는 목적으로 산헤드린 공회를 소집했으나 무산되었다(11:47, 57).

예수님의 승리의 입성 후 대제사장들과 서기관들은 예수님이 성전을 청결케 하신 일과 아이들이 주님을 칭송하는 것에 분개했다(마 21:12-15). 그들은 예수님을 죽일 방법을 찾기 시작했는데, 예수님의 인기가 자기들의 위치를 위협할 것이라고 여겼기 때문이었다(막 11:18). 이같은 생각으로 인해 대제사장들과 장로들은 예수님의 권위에 대해 직접 질타를 가하기 시작했다(마 21:23). (막 11:27-28과 눅 20:1은 이 세 무리들, 즉 대제사장들과 서기관들 그리고 장로들 모두가 주님의 권세를 도전했다고 말한다.)

이같은 충돌에 더욱 불을 붙인 사건이 있었는데 그것은 예수님이 종교지도자들에게 말씀하시길 그들이 자신을 거부하기 때문에 하나님의 나라가 그

---

[59] Urban C. von Wahlde, "The Terms for Religious Authorities in the Fourth Gospel: A Key to Literary Strata," Journal of Biblical Literature 98 (1979): 233-34; B. F. Westcott, The Gospel according to St. John (London: John Murray, 1890), ix-x.

들에게서 멀어질 것이라고 하신 일이었다(마 21:43). 그래서 다시금 그들은 비록 군중들이 두렵긴 했지만 주님을 체포하려고 흉계를 꾸몄다(46절). 마태복음 26장 3절은 밝히길 이 지도자들이 대제사장들과 장로들이라고 했으며, 마가복음 14장 11절과 누가복음 22장 2절은 대제사장들과 서기관들이라고 구체적으로 밝히고 있다.

종교 지도자들의 반대는 그들이 예수님을 체포하고 재판하고는 십자가에 매다는 일에 동조하는 일에서 극치에 달했음을 복음서 기자들의 기록이 밝힌다(표 19를 보라). 대제사장들은 그같은 행동들 가운데 열 가지 일에 관여했다.

대제사장들과 다른 지도자들에 대한 예수님의 반응은 사뭇 흥미롭다. 그들이 아이들이 예수님을 칭송하는 일에 염려하는 빛을 보이자 예수님은 시편 8편 2절(마 21:16)을 인용하여 대답하셨다. 대제사장들과 장로들이 예수님의 권위를 의문시하자 예수님은 세례 요한의 권세의 출처에 대한 질문을 던지심으로 그들이 아무 말 못하도록 만드셨다(21:24-25). 예수님은 자신을 향하신 하나님의 계획을 아셨기에 체포당하시는 것을 저항하지 않으셨다. 또한 자기를 고발하는 자들의 마음이 어떻게 해도 변하지 않기에, 그들에게 대답하는 것도 그만두셨다(막 15:3-5). 그리고 예수님은 헤롯의 많은 질문과(눅 23:8-9), 십자가에 달리셨을 때 자신을 조롱하던 자들의 질문에도 대답하지 않으셨다.

대적하는 사람들에 대한 예수님의 반응을 통해 우리는 무엇을 배울 수 있는가?

예수님이 자신을 공격하는 자들을 대하신 모습에서 우리는 여러 가지를 관찰할 수 있다. 첫째, 예수님은 적들과 견해가 다르다는 점을 뚜렷이 하셨다. 그래서 그들의 틀린 관점과 행동을 지적하셨다. 그리고 그들의 잘못된 믿음들과 그릇된 행실을 깊이 가슴 아파하셨다. 둘째, 예수님은 종종 대적하는 자들의 고소에 대한 답으로 그들에게 질문을 던지심으로 그들로 하여금 생각하게 만들었다. 예수님이 대화를 주고 받으시는 모습은 놀랄 수밖에 없는 것이었다. 셋째, 예수님은 대적하는 자들이 자신들의 생각들을 계속 고집함에도 주님의 시각을 받아들이게끔 힘쓰셨다. 넷째, 예수님은 대적하는 자들이 자기의 습성 속에 숨어버리는 것을 감지하실 때면 서슴지 않고 그들을 비난하셨다. 다섯째, 예수님은 자신의 목숨까지도 위태롭게 하는 일이었지만 교리와 행실을 교정하시는 일을 분명히 하셨다. 주님은 절대 진리를 타협치 않으셨고, 자신의 편리함을 위해 하나님의 진리를 가두지 않으셨다. 여섯째, 예수님은 종종 대적하는 자들의 질문이나 도전들을 사용하셔서 오히려 진리를 더욱 가르치시는 기회로 삼으셨다. 그래서 긴장의 순간들은 '가르칠 기회들'이 되었다.

이상의 여섯 가지 보기들은 오늘날 교사들이 자기에게 동의하지 않거나 반대하거나, 아니면 틀린 견해를 극구 주장하는 사람들을 어떻게 다루는지를 제시한다. 첫째, 성경과 상충되는 점들을 지적하라. 분명히, 그러나 사랑 어린 태도로 그들의 행실이 성경의 기준들과 어떤 점에서 다른지 볼 수 있게 이끈다. 둘째, 대적하는 사람들이 말로 공격할 때 그들의 생각을 자극시키는 질문들을 사용한다. 셋째, 우리와 견해를 달리 하는 사람들을 더 흥분시키기보다는 사랑과 신중한 모습을 가지고 진리로써 그들을 사로잡으려고 노력해야 한다. 넷째, 학생들의 믿음과 행실 가운데 잘못된 점들이 지닌 위험성을 일깨워 주려고 한 모든 노력들이 실패했을 때에만 비난한다. 다섯째, 개인의 편리함을 위해 하나님의 말씀을 타협하지 않는다. 여섯째, 만약 학생이 진리를 무시하거나 하나님의 말씀의 권위에 도전하면, 그런 순간을 논란거리로 사용하지 말고 오히려 더 가르칠 수 있는 기회로 삼으라.

— 표 19 —

예수님의 체포, 재판, 그리고 죽음에 관련된 종교 지도자들

행동	마태복음	마가복음	누가복음	요한복음
1. 예수님을 체포함	26:47, 대제사장들과 장로들	14:43, 대제사장들, 서기관들, 장로들	22:2, 47 대제사장들, 성전 관원들과 장로들	18:3, 대제사장들과 바리새인들
2. 예수님을 대제사장인 가야바 앞으로 끌고 감	26:57, 대제사장들, 서기관들과 장로들	14:53, 대제사장들, 장로들, 서기관들		
3. 예수님을 죽이기 위해 증거를 구함	26:59, 대제사장들과 공회원 전체	14:55, 대제사장들과 공회원 전체	22:66, 공회의 장로들(산헤드린), 대제사장들과 서기관들	
4. 예수님을 빌라도 앞으로 끌고감	27:1-2, 대제사장들과 장로들	15:1, 대제사장들, 장로들, 서기관들과 공회원 전체	23:1, 모든 무리	18:28, 유대인들
5. 빌라도에게 예수님을	27:12, 대제사장들과	15:3, 대제사장들		

고소함				
6. 예수님을 헤롯에게 고소함			23:8-10, 대제사장들과 서기관들	
7. 빌라도에게 바라바를 놓아 주고 예수님을 십자가형에 처하도록 설득함	27:20, 대제사장들과 장로들	15:11, 대제사장들	23:18, '그들'(대제사장들과 서기관들, 10절)	19:6, 대제사장들과 관원들
8. 십자가 위에 쓴 팻말을 빌라도에게 항의함				19:21, 유대인들의 대제사장들
9. 십자가에 달린 예수님을 모욕함	27:41, 대제사장들, 장로들, 서기관들	15:31, 대제사장들과 서기관들	23:35, 관원들	
10. 빌라도에게 무덤을 봉하고 지키도록 요구함	27:62-64, 대제사장들과 바리새인들			
11. 예수님의 몸에 관해 군병들이 거짓말하게 돈 지불함	28:11-14, 대제사장들과 장로들			

생·각·할·점·들

- 반에서 논란을 잘 벌이는 학생 때문에 마음 상하지 않는가? 누군가 당신의 가르침을 거세게 반박하지는 않는가? 위에 언급한 여섯 가지 보기들을 살펴보고 그것들을 실제로 적용해보라. 하나님이 말을 듣지 않는 학생들을 하나님의 방법으로 잘 인도하도록 도와주시길 기도하라.

- 자신의 잘못된 견해를 계속 주장하는 사람과 대화한 때를 기억해보라. 그때 당신은 무슨 말을 했고 어떤 행동을 했는가? 어떻게 했으면 그 상황을 더 잘 조정할 수 있었겠는가?

11

예수님은 어떻게 학생들의 학습 흥미를 유발시키셨나?

너희가 나를 '선생'이라 또는 '주'라 하니 너희 말이 옳도다 내가 그러하다 (요 13:13)

추리소설이건, 역사물이건, 혹은 전기물이건 간에 당신이 책을 읽는 이유는 분명 흥미를 느끼기 때문일 것이다. 운동 경기를 관람하는 것도 그렇다. 축구, 야구, 농구, 배구 같은 운동 경기를 관람하는 이유는 당신이 그런 운동 경기에 흥미를 느끼기 때문이다. 이와 마찬가지로 당신이 사는 곳을 청소하거나 옷이나 양복을 사거나, 어떤 강좌에 등록을 하거나, 교회에 출석하거나, 성경 공부 그룹을 가르치거나, 또는 교회나 다른 기독교 단체들을 재정적으로 후원하거나, 외국어를 공부하는 그 모든 일은 당신이 흥미를 갖고 있기 때문이다. 흥미가 없으면 당신은 활동하지 않을 것이다. 반면에 흥미를 느끼면 느낄수록 더 많이 활동할 것이다.

대부분의 활동은 희생을 요구한다. 책을 읽는 데는 시간이 소요되고, 옷을 사는 데는 돈이 들고, 청소를 하거나 성경 공부를 가르치는 데는 노력이 필요하다. 그러나 이러한 희생에도 불구하고 흥미가 있으면 동기가 생기기 마련이다. 흥미가 있느냐 없느냐에 따라 활동 여부가 결정된다.

이 원리는 교육에도 적용된다. 사람들은 흥미를 느낄 때 배운다. 그런 이유 때문에 흥미를 불러일으키는 작업은 교사에게 매우 중요한 일이다. 흥미는 마치 학습의 기쁨으로 통하는 문을 여는 열쇠와 같다.

예수님은 뛰어난 교사이셨다. 여러 가지 이유들 가운데 하나는 청중들의 흥미를 유도함과 동시에 청중들 스스로 그분이 가르치고자 하시는 것을 배우고 싶어하게 만드셨기 때문이었다.

예수님은 사람들이 미처 준비가 되지도 못한 상태에서 지식을 전하시기 위해 세상에 오신 것은 아니었다. 그분은 사람들이 하품을 하는데도 무조건 가르치지 않으셨다. 예수님은 먼저 자신이 말해야 할 내용들을 사람들이 듣도록 그들의 마음을 자극시키셨고, 그런 후 예수님이 자신들의 필요를 채워주시기를 원하도록 듣는 이들의 마음을 여셨다. 예수님은 청중들 스스로가 제기한 문제들, 필요들 혹은 질문들에 대답하셨다.

예수님은 사람들로 하여금 진리를 열망하고, 배우기를 사모하며 그분의 가르침을 간절히 바라도록 하기 위해 다양한 교수 방법을 사용하셨다. 예수님은 사역하실 때 4가지 요소들 — 동기 부여, 변화, 참여 그리고 시각화 — 을 사용하셔서 학생들의 흥미를 일으키셨다. 예수님은 자신을 따르는 사람들이 큰 무리건, 소그룹이건, 개인이건간에 배우고 싶어하는 동기를 일으키는 방법들을 알고 계셨다. 예수님은 가르치실 때 많은 변화를 시도하셨다. 즉, 늘 같은 방법으로 학생들을 지루하게 만들지 않으셨던 것이다. 예수님은 학생들의 흥미를 지속시키시며 그들의 배움에 도움이 되는 정신적, 육체적 활동을 사용하셨다. 예수님은 자신이 말씀하시는 내용들을 학생들이 보도록 시각화시키셨다. 이것 또한 배우는 자들의 관심을 사로잡고 이해력을 크게 증진시켰다.

동기 부여 : 예수님은 동기 부여 방법을 어떻게 사용하셨는가?

사람들이 어떤 주제나 활동에 흥미를 갖게 되는 이유는 무엇일까? 아마도 그것은 그 사람이 동기 부여가 되었기 때문일 것이다. 동기 부여는 우리의 배후에서 흥미를 유도한다. 왜냐하면 동기가 우리들의 마음을 움직여서 활동하도록 만들기 때문이다.[1] 이렇듯 동기는 우리 모든 행위의 근간이 된다. 따라서 학생들에게 동기를 심어주면 학생들은 흥미를 느끼게 되고 자연스레 학습 효과가 발생한다.

다음의 진술에서 볼 수 있듯이 교육자들은 오래 전부터 가르치고 배우는 과정에서 동기 부여가 매우 중요하고 핵심적인 역할을 한다는 것을 인식해 왔다. "동기 부여는 학습에 이르는 열쇠다." "학습에 동기 부여가 없으면 학습 효과가 발생하지 않는다." "무엇인가를 체계적으로 배우기 위해서는 어느 정도의 동기 부여가 있어야만 한다." 필자가 다른 곳에서 기술했듯이, "학습상의 동기 부여란 배우기를 간절히 원하고 또한 바람직한 것이 되도록 하는 것이다. 동기 부여는 사람들로 하여금 배우고 싶은 욕망을 느끼도록 한다."[2]

---

1) Herman Harrell Horne, Jesus — The Master Teacher (재발행본, Grand Rapids:Baker, 1964), 149.

2) B. R. Bugelski, The Psychology of Learning (New York: Holt, 1956), 220; Edward Kuhlman, Master Teacher (Old Tappan, N.J.:Revell, 1987), 88; Raymond J. Wlodkowski, Enhancing Adult Motivation to Learn (San Francisco: Jossey-Bass, 1985), 3, 13; 또한 H. J. Wahlberg 와 M. Uguroglu, "Motivation and Educational Productivity: Theories, Results, and Implications," in Achievement Motivation: Recent TRends in Theory and Research, ed. L. J. Fyans Jr. (New York:Plenum, 198-); Roy B. Zuck, Teaching with Spiritual Power (1963; 재발행본, Grand Rapids: Kregel, 1993), 156.

그렇다면 어떻게 학생들로 하여금 배우고 싶은 욕망을 느끼도록 할 수 있는가? 어떻게 하면 동기 부여의 수도꼭지를 틀어서, 흥미의 수돗물이 콸콸 쏟아지도록 할 수 있을까? 예수님이 가르치셨을 때 사람들은 배웠다. 그 이유는 무엇일까? 그것은 주님이 그들에게 동기를 주셨고 흥미를 일으키셨기 때문이다.

예수님은 적어도 다음과 같은 다섯 가지 방법을 사용하셨다. 우리도 마치 목마른 말이 물가로 가서 물을 마시게 하듯, 학생들도 배우고 싶어 갈증을 느끼도록 하기 위해, 주님이 사용하신 다섯 가지 단계를 적용할 수 있다.

예수님은 사람들의 관심을 끌었다

발로우(Barlow)가 말했듯이 동기 부여를 하려면 "시작부터 학생들의 관심을 끌어야만 한다."[3] 예수님은 여러 가지 방법으로 이것을 효과적으로 행하셨다.

먼저, 예수님은 배우는 자들에게 집중하라고 요구하셨다. 예수님은 청중들에게 '들을지어다' (마 11:15; 13:9, 43; 막 4:9, 23; 눅 8:18; 14:35), '들으라' (마 13:18; 15:10; 21:33; 막 4:3; 7:14; 눅 9:44; 18:6), 그리고 '보라' (일반적으로 NIV 번역본에는 번역이 되어 있지 않으나 KJV 번역본에는 나타나 있다.) (마 10:16; 11:10; 12:41, 42, 49; 막 3:34; 10:33; 14:41; 눅 7:25, 27, 34; 10:3, 19; 11:31, 32, 44; 13:7, 30, 32, 35; 18:31; 21:29; 22:10, 31; 요 4:35; 5:14; 16:32)고 하시면서 주의를 기울이게 만드셨다.

둘째로, 예수님은 깜짝 놀랄만한 표현들을 사용하셨다. 예를 들어 산상수

---

3) David Lenox Barlow, Educational Psychology: The Teaching-Learning Process (Chicago:Moody, 1985), 366.

훈을 시작하실 때, 심령이 가난한 자, 애통하는 자, 그리고 온유한 자가 복이 있다(마 5:3-5)고 힘주어 말씀함으로써 확실하게 듣는 이들의 관심을 즉시 집중시키셨다. 일반적으로 그 자리에 있던 사람들은 자신이 복이 있다는 의식을 지니지 못한 사람들이었을 것이다. "소자야 네 죄사함을 받았느니라" (막 2:5) 라고 중풍병자에게 하신 예수님의 권위에 찬 말씀 또한 분명히 그 말을 듣는 사람들을 놀라게 했던 것이다.

셋째로, 예수님은 이야기로(16장을 보라), 질문으로(14장을 보라), 시각적인 방법으로(본장의 후반부를 보라), 그리고 많은 이적으로 사람들의 관심을 끌어내셨다.

넷째로, 주님은 사마리아 여인에게 "나에게 물을 좀 달라"(요 4:7)고 하신 말씀처럼 사람들에게 어떤 것을 청하시는 방법으로 그들의 관심을 끌었다.

마지막으로 예수님은 각 개인의 이름을 부르셔서 관심을 일으키셨다. 예를 들어 예수님이 마르다(눅 10:41), 삭개오(19:5), 그리고 베드로(22:31; 요 1:42)의 이름을 직접 부르신 것을 볼 수 있다.

예수님은 사람들의 호기심과 혼란을 자극하셨다

사람들은 호기심이 생기면 흥미를 갖게 된다. 어떤 질문에 대한 답이나 문제에 대한 해결책을 궁리하다 보면 저절로 관심을 집중하게 되지 않는가? 혼란 혹은 혼돈 등의 상태는 배우는 사람의 마음에 해답을 원하는 마음을 불러 일으킬 수 있다. "많은 교육가들은 학생들의 마음 가운데 '혼돈', '불확신', 혹은 '의구심'을 창조해내는 일이야말로 학습의 본격적인 단계로 그들을 이끄는 필수불가결한 일"이라고 믿는다.[4]

---

[4] William A. Reinsmith, "Education for Change: A Teacher Has Second Thoughts," College Teaching 35 (summer 1987):83.

울로코프스키(Wlodkowski)는 이러한 생각을 더 발전시켜 다음과 같이 말했다: "학습 참여는 학습자가 좌절감을 느끼지 않을 정도의 혼란을 맛볼 때 가장 극대화된다. 사람들은 긍정적인 차원의 불만족감을 느낄 때 더욱 힘써 생각하게 되고, 더 깊은 성찰을 하게 될 것이다.5)

예수님은 종종 이러한 동기 유발 수단을 사용하셨다. 예수님이 말씀하신 밭의 가라지 비유는 제자들의 호기심을 자극했다. 그래서 제자들은 "밭의 가라지의 비유를 우리에게 설명하여 주소서"라고 요청하기에 이르렀다(마 13:36). 입으로 들어가는 것과 입에서 나오는 것들에 관한 예수님의 말씀은 베드로의 호기심을 자극해서 마침내 그가 "이 비유를 우리에게 설명하여 주옵소서"라고 주님께 가르쳐 주시길 요청하도록 만들었다(마 15:15).

예수님이 부자가 하나님의 나라에 들어가기가 어렵다는 말씀을 하셨을때 제자들은 그 말씀에 놀랐다. 그들의 놀라움은 학습의 효과를 증대시켰는데 그 이유는 그 놀라움이 제자들로 하여금 "그런즉 누가 구원을 얻을 수 있는가?"라는 질문을 할 정도로 그들의 마음을 자극시켰기 때문이었다(막 10:26).

예수님이 사마리아 여인에게 건네신 생수에 관한 말씀도 여인의 호기심을 자극하여 어디서 그러한 생수를 얻을 수 있겠는가 하고 묻게 만드셨다(요 4:10-11).

호기심 때문에 베드로는 "주여 어디로 가시나이까?" 하고 예수님께 물었고 (요 13:36), 예수님이 대답하시자, 다시금 "주여, 내가 지금은 어찌하여 따를 수 없나이까?" 하고 물었다(요 13:31). 도마도 생각이 혼란스러워지자 예수님이 어디로 가시는지 그 길을 알고자 물어보았으며(14:5) 예수님이 '조금

---

5) Wlodkowski, Enhancing Adult Motivation to Learn, 168.

있으면' 그를 보지 못하겠다고 하신 말씀에 제자들은 혼란스러워진 나머지 '무엇을 말씀하시는지 알지 못하노라' 고 말하게 되었다(16:18). 제자들의 호기심과 생각의 혼란에 대한 고백은 16장 19-33절에 잘 나타나듯이 예수님이 가르치신 것을 좀 더 부연 설명하시게끔 만들었다.

두 아들의 비유를 말씀하시면서, 주님은 제자들에게 "너희 생각에는 어떠하뇨"라고 질문하셨고(마 21:28), 제자들은 그 비유의 의미에 관해 관심을 갖게 되었다.

성전이 파괴될 것에 관하여 언급하신 예수님의 말씀에 마음이 어지러워진 제자들은 어느 때에 그런 일이 있겠고 어떻게 알 수 있겠는가에 관해 관심을 갖게 되었다(막 13: 3-4). 그들의 관심이 고조되었을 때, 예수님은 감람산상의 설교를 하셨던 것이다 (13:5-37).

위에서 살펴본 예들을 통하여 한가지 흥미로운 사실을 주목할 수 있다. 그것은 제자들이 질문에 대한 답을 찾고자 하는 관심을 보일 때까지 그리고 그들이 문제에 대한 해결을 찾는 도중 생각에 혼란이 오기 전까지는 절대로 자신의 생각을 그들에게 먼저 말씀하시지 않으셨다는 사실이다. 이러한 방법은 다른 어떤 방식보다도 쉽게 제자들의 동기를 불러일으켜 그들이 더욱 효과적으로 배울 수 있도록 이끌었다.

예수님은 사람들의 필요와 문제들을 강조하셨다

사람들에게 자신들의 필요를 인식하도록 도와주면 그들은 그 필요에 대한 해결책을 찾게 된다. 헨드릭스(Hendricks)가 언급하듯이 동기 부여의 최상의 길은 '배우는 자로 하여금 자신의 필요를 깨닫도록 도와주는 것' 이다.[6]

---

6) Howard G. Hendricks, Teaching to Change Lives (Portland, Ore.:

마가복음은 사람들이 예수님께 가지고 나왔던 자신들 혹은 다른 사람들의 많은 필요들을 기록하고 있다(표 20).

— 표 20 —
마가복음에 기록된, 사람들이 예수님께 가져온 필요

필요사항	관련 성구	예수님의 해결책
1. 귀신 들림	1:23 - 26	
2. 육체적인 질병	1:30 - 34	
3. 문둥병	1:40 - 45	
4. 죄사함과 중풍병자를 고치심	2:1 - 12	
5. 하나님을 받아들임	2:17	
6. 손마름	3:1 - 6	
7. 호수에서 광풍을 만남	4:35 - 41	
8. 정신 이상과 귀신 들림	5:1 - 20	
9. 딸의 죽음	5:21, 35-43	
10. 혈루증	5: 25 - 34	
11. 오천 명을 먹일 음식	6:30 - 44	
12. 귀신 들린 딸	7:24 - 30	
13. 귀먹고 어눌함	7:31 - 37	
14. 사천 명을 먹일 음식	8:1 - 13	
15. 소경됨	8:22 - 26	
16. 제자들의 치유 능력의 결핍	9:14 - 19, 28 - 29	

Multnomah, 1987), 129.

17. 경련을 일으킨 귀신 들린 소년   9:17 - 27
18. 소경됨   10:46 - 52

흥미 있는 연구를 위해서 위에 언급한 참고 성경 구절을 찾아보고, 예수님이 어떻게 그러한 필요들을 채우셨는지를 찾아보기 바란다. 그리고 마태복음, 누가복음 그리고 요한복음에 기록된 이러한 필요들과 기타 다른 필요들을 도표로 그려보기 바란다. 또한 위에 제시한 것과 기타 다른 필요들을 다른 복음서에서 찾아보도록 하라:

두려움에서 벗어나는 방법
의심을 없애는 방법
핍박에 대처하는 방법
하나님의 말씀을 받아들이는 방법
거절에 대응하는 방법
효과적인 사역 방법
다른 사람들을 돕는 방법
기도하는 법에 관한 지침을 얻는 방법
근심으로부터 벗어나는 방법
예수님의 재림을 예비하는 방법
예수님의 제자가 되는 방법
하나님께 영접을 받는 방법
지옥을 피하는 방법
더욱 큰 믿음을 지니는 방법
지속적으로 기도하는 방법
하나님의 왕국에 투자하는 방법

- 삶의 염려를 피하는 방법
- 중생하는 방법
- 영적인 갈증을 해소하는 방법
- 목자되신 예수님의 인도를 받는 방법
- 부활의 생명을 소유하는 방법
- 겸손을 표현하는 방법
- 기도의 응답을 받는 방법
- 성령님의 인도를 받는 방법
- 하나님에 대한 사랑을 표시하는 방법
- 슬픔 가운데에서 기뻐하는 방법

또한 어떤 사람들은 문제를 가지고 예수님께 접근하였다(표 21). 그렇다면 필요와 문제의 차이는 무엇인가? 필요는 어떤 것이 부족하거나 결핍된 상태(예, 건강, 양식, 용서, 생활, 시력, 혹은 평화의 결핍 등)인 반면, 문제는 어떤 내용을 알기 위해 제기된 질문들을 말한다. 필요는 부족함을 뜻하고, 문제는 마음의 혼란 상태를 표현해준다. 전자가 어떤 일을 수행하려 할 때의 무능력을 뜻한다면, 후자는 어떤 것을 이해하려 할 때의 무능력을 말하는 것이다. 관련 성구를 찾아보고 예수님의 해결책을 적어보라.

예수님은 질문들이 제기되기 전까지는 결코 답을 주지 않으셨던 사실을 주목하기 바란다. 예수님은 사람들이 자신들의 문제점을 인식할 때까지 참고 기다리셨다가 그에 반응하셨다.

표 21

마가복음에 기록된, 사람들이 예수님께 가져온 문제들

문제	구절	예수님의 해결책
1. 왜 예수님이 안식일에 일하셨는가?	2:23-28	
2. 왜 예수님이 안식일에 치유하셨는가?	3:1-6	
3. 예수님의 능력의 근원은?	3:20-30	
4. 예수님의 지혜의 근원은?	6:1-6	
5. 왜 예수님이 정결 예식을 따르지 않으셨나?	7:1-23	
6. 누가 하나님 나라에서 가장 큰 자인가?	9:33-37	
7. 악령들을 물리치는 것이 허용되는가?	9:38-51	
8. 아내와 이혼하는 것이 적법한 일인가?	10:1-12	
9. 영생을 얻는 길은?	10:17-22	
10. 부자가 어떻게 구원받는가?	10:23-27	
11. 누가 하나님 나라에서 권세 있는 자리에 앉는가?	10:35-45	
12. 누가 예수님께 권세를 주었는가?	11:12-33	
13. 가이사에게 세금을 내야 하는가?	12:13-17	
14. 하늘에서도 결혼을 하는가?	12:18-27	
15. 어느 것이 가장 중요한 계명인가?	12:28-34	
16. 언제 성전이 무너지고 어떤 징조가 있는가?	13	
17. 왜 시몬의 집에서 여인이 돈을 낭비했는가?	14:1-11	

18. 예수님은 메시아인가?　　　　14:61-62

예수님은 감사의 마음을 표현하셨다

사람들에게 동기를 부여할 수 있는 또 다른 방법은 그들에게 감사하는 마음을 표시하는 것이다. 학생들의 단점을 지적하면 학습 의욕이 매우 저하된다. 반대로 학생들이 잘한 일을 칭찬하면 학습 동기가 일어나 한층 더 높은 단계의 학습 효과를 달성할 수 있다. '자신감과 자율 정신이 고양되면 동기 유발이 촉진되는' 반면, 그런 성향이 저하되면 배우는 사람의 동기가 매우 떨어질 것이다.[7]

여러 경우에 예수님은 다른 사람들을 칭찬하심으로 그들의 관심을 끌었고 아울러 사람들의 자신감을 북돋으셨다. 예수님은 다른 이들이 분명히 듣는 가운데 나다나엘에 관하여 "이는 참 이스라엘 사람이다. 그 속에 간사한 것이 없도다"라고 말씀하셔서 그를 칭찬해주셨다(요 1:47). 이일은 나다나엘을 부추겨 예수님이 어떻게 자신에 관해 아시는지 알고자 하는 마음을 갖게 했고(48절), 이어서 즉시 주님을 향해 다음과 같은 세 개의 칭호를 말하도록 만드셨다; "랍비여, 당신은 하나님의 아들이시요, 이스라엘의 임금이로소이다(49절)."

예수님은 제자들에게 "너희는 세상의 소금이요 너희는 세상의 빛이다"라고 강조해서 말씀하셨다(마 5:13, 14). 베드로가 예수님의 메시아되심과 신성을 밝혔을 때("주는 그리스도시요, 살아계신 하나님의 아들이시니이다." 16:16), 예수님은 "바요나 시몬아 네가 복이 있도다(16:17)"하고 말씀하시며 베드로의 말에 동의하셨다.

---

7) E. L. Deci, Intrinsic Motivation (New York: Plenum, 1975), 141.

또 다른 경우 예수님은 축복의 말씀으로 제자들을 칭송하셨다: "너희의 보는 것을 보는 눈은 복이 있도다(눅 10:23)." 예수님은 다락방에서 제자들에 대한 사랑을 반복해서 확인시키셨다. "내가 너희를 사랑한 것같이 너희도 서로 사랑하라(요 13:34)." "내가 너희를 사랑한 것같이 너희도 서로 사랑하라(요 15:12)" 제자들은 예수님이 "너희는 나의 친구라…. 이제부터는 너희를 종이라 하지 아니하리니… 너희가 나를 택한 것이 아니요 내가 너희를 택하였나니"(15:14-16)라고 말씀하시는 것을 들었을 때 그 말씀에 한층 고무되었을 것이 틀림 없다.

예수님은 2명의 이방인들을 칭찬하셨다. 그중 한 사람은 로마의 백부장(마 8:10; 눅 7:9)이었고 다른 사람은 수로보니게 여인(마 15:28; 참조. 막 7:29)이었다.

예수님은 바리새인의 대답과("네 판단이 옳다." 눅 7:43), 율법사의 대답을("네 대답이 옳도다." 10:28) 칭찬하셨다.

또한 예수님의 머리에 값비싼 향유를 부은 한 여인에게도 다음과 같은 칭찬의 말씀을 하셨다: "저가 내게 좋은 일을 하였느니라(마 26:10).

감사를 표시하고 칭찬하면 배우는 사람들은 동기가 부여되어 더 잘 배우게 된다. 윌슨(Wilson)은 이같은 원리가 아동들을 가르칠 때 매우 중요하다면서 다음과 같이 말한다: "종종 칭찬을 받은 아동들은 만족해 하고, 좀 더 높은 목표를 향해서 도약하려고 한다. 흔히 이러한 아이들은 자신을 칭찬해 주는 사람을 위해 더 잘하고 싶어하는 욕망을 가진다." [8]

---

[8] Clifford Wilson, Jesus, the Master Teacher (재발행본, Grand Rapids: Baker; 1975), 64.

변화 : 예수님은 가르치실 때 어떤 변화를 주셨는가?

예수님은 가르치실 때 접근 방식과 과정에 변화를 꾀하셔서 듣는 이들이 더 잘 배울 수 있도록 하셨다. 어느 교육가가 언급한 것처럼 "변화는 동기 부여의 효과를 지니고 있다… 사람들은 변화 없는 것보다는 변화 있는 것에 더 큰 주의를 기울인다."[9] 또 다른 교육가는 이 문제를 언급하면서 변화의 원리가 모든 가르치는 사람들의 마음에 아로새겨져야만 한다고 진술하고 있다.[10] 그는 덧붙여서 다음과 같이 말했다:

교사의 수행 능력을 평가하거나 교육적 접근 방식의 장점을 측정할 때, 내가 주시하는 첫번째 사항 중 하나는 다양성이다. 교사가 일련의 다양한 교수 방법을 사용하고 있는가? 교사가 구두 및 인쇄 자료 외에 시각 자료도 사용하고 있는가? 교사가 개인 학습과 그룹 학습을 병행하고 있는가? 교사가 강의, 토론, 역할 연기와 모의 실습 등을 혼합 사용하는가? 교사가 평가 분석하는 시간을 두고 있는가?[11]

예수님은 다양한 교수법을 사용하시는 데 탁월하셨다. 그분은 강의, 토론, 질문, 응답, 간단한 진술, 대화 혹은 문답, 이야기나 비유, 논의, 예증, 인용, 경구, 도전, 훈계, 설명, 어려운 문제, 논쟁 그리고 심지어 침묵도 사용하시면서 하나님의 진리를 전파하셨다. 또한 주님은 종종 이같은 것들 몇 가지를 혼

---

9) Wlodkowski, Enhancing Adult Motivation to Learn, 151.

10) Stephen D. Brookfield, The Skillful Teacher (San Francisco: Jossey-Bass, 1990), 69.

11) 같은 책

합해서 사용하셨다. '감람산 설교'가 그 중 하나인데, 예수님은 여기에서 시각 재료에 주의를 환기시키셨고(성전, 마 24:1), 간결하면서도 놀랄만한 진술을 하셨으며(2절), 두 가지 질문에 대해 강의하셨고(4-51절), 두 가지 이야기를 하셨으며(비유들, 25:1-30), 마지막으로 강의를 좀 더 하시고 마치셨다(31-46).

예수님은 다락방 설교에서 예증과 강의 그리고 질문에 응답하시는 방식을 사용하셨다(요 13:-16:). 이 설교에서 다섯 명의 제자들이 주님께 질문을 했고, 강의를 시작하시기 전에 그들의 질문에 먼저 답변하셨다. 질문한 다섯 명은 요한(13:25), 베드로(13:36, 37), 도마(14:5), 빌립(14:8) 그리고 유다(14:22)였다. 이밖에도 몇몇 제자들이 주님이 가르치시는 내용들을 잘 이해할 수 없음을 서로 말했고(16:17-18), 이에 대해서 주님은 가르치시던 내용을 더욱 충분하게 설명해주셨다(16:19-28). 이같은 식으로 주님이 부연하시는 가르침은 제자들의 이해를 돕고 믿음을 고백하는 결과를 맺었다(16:31-32).

또한 예수님은 엠마오로 가던 두 제자들에게 질문을 던지셨고(눅 24:17, 19, 26), 구약의 말씀을 강의하셨으며(27절), 자신이 누구신지를 예증해보이셨다(30-31절). 그 결과 두 제자는 놀랐고(32절), 예수님이 부활하신 소식을 열한 사도와 나누었던 것이다(33-35절).

강의

교육가들은 교수 방법 중 하나인 강의는 죽은 것이라고 말함으로써 종종 그것을 낮게 평가한다. "그렇게 빈번하게 죽었음에도 불구하고, 그 시체는 놀랄만한 생동력을 보여준다."[12] 수 년 전에 프라이스(Price)가 냉소하며 말

---

12) 같은 책, 71

했듯, 많은 사람들은 강의를 사용하는 것이 효과가 없다는 사실을 강의를 통하여 가르쳐왔다.[13]

그러나 예수님은 빈번하게 강의를 사용하신 탁월한 강사였다. 6장의 표 10에 나열된 것들은 예수님이 강의하신 50개의 주제들이다.

강의가 유일한 교수법은 아니다. 그러나 효과적인 배움의 방편이다. 복음서 저자들은 예수님이 가르치실 때 사람들이 경청하던 모습을 상당히 많이 기록하고 있다.

그런 예들로는 마가복음 12장 37절(백성); 누가복음 5장 1절(게네사렛 호수가에 모인 무리), 10장 39절(마리아), 19장 11절(여리고에 모인 무리), 그리고 20장 45절(예루살렘에 있던 백성) 등이 있다. 예수님은 종종 사람들로 하여금 자기의 말을 들으라고 촉구하셨다. 이 책 4장은 예수님이 여러 차례 사람들에게 어떤 사실을 '말하신 것과' '알리신' 것들을 언급하고 있다.

예수님의 강의를 그토록 뛰어나게 만든 것들은 무엇일까? 여러 가지의 관찰을 통해 그 답을 알 수 있다.

예수님의 강의 내용은 다양했다. 예수님은 50여 개의 설교를 통하여 매우 다양한 주제들을 놓고 강의를 하셨다(표 10을 보라). 그 주제들은 '부와 이혼에서부터 안식일과 사명에 이르기까지' 시종 다양하게 펼쳐져 있다.[14] 예수님의 강의는 분량도 다양했다. 어떤 것들은 짧고, 또 어떤 것들은 다소 길었다. 강의하신 장소도 일정치 않았다. 예수님은 실내와 실외, 여러 다양한 장소에서 강의하셨고, 마가와 누가가 기록한 대로(막 8:27; 9:31, 34; 10:32; 눅 16: 38) '길을 가는 도중에' 제자들을 가르치기도 하셨다.[15] 또한

---

13) J. M. Price. Jesus the Teacher (Nashville:Convention, 1946), 105-6.
14) 같은 책, 107.
15) Matt Friedeman, The Master Plan of Teaching (Wheaton, Ill.: Victor,

예수님의 강의는 종종 예기치 않게 행해졌다. 즉, 순간 순간 일어나는 사건에 맞춰 강의를 하셨다.(제5장에 있는 표 8은 예수님의 강의를 이끌어낸 22개의 상황들이다.)

예수님의 강의는 다른 학습 방법들과 혼용해서 진행되었다. 이같은 경우들은 이미 앞에서 언급했으므로 그것들을 참고하기 바란다.

예수님의 강의는 잘 아는 것에서 시작하여 잘 모르는 것을 다루는 식으로 진행되었다. 사마리아 여인과의 대화에서, 주님은 여인이 길러 왔던 문자 그대로의 물(요 4:7-9)을 가지고 대화를 시작하신 후, 마침내 생수를 언급하셨다(10, 13-14절). 율법에 정통했던 한 율법사가 영생에 관한 질문을 가지고 예수님께 접근했을 때, 예수님은 그 사람의 전문 지식 분야인 율법에 관한 것을 질문하심으로써 그에게 반응하시고는(눅 10:25-26) 이야기 형식을 사용하셔서 '이웃'의 의미를 강의하셨다(29 -37). 생명의 떡이신 예수님 자신에 관해 강의하실 때, 주님은 먼저 무리들에게 낯익은 주제인 이스라엘 조상들이 광야에서 먹었던 만나에 관해 말씀하셨다(눅 6:31-40). 또한 예수님은 좋은 열매와 나쁜 열매를 맺는 나무(눅 6:43-44)에 관해 말씀하심으로 선한 자와 악한 자에 대한 간결한 강의의 토대를 마련하셨다(45절).

예수님의 많은 비유들은 듣는 사람들에게 친숙한 것들로 시작하여 점점 생소한 것들로 발전하는 이같은 원리를 잘 보여준다(16장을 보라).

예수님은 의견이나 질문들로 인해 강의가 중단되는 것을 오히려 환영하셨다. 왜냐하면 배우고 싶어서 듣는 사람들이 제기한 문제들에 최선을 다해 응답해주시길 원하셨기 때문이다. 예수님은 이런 식으로 강의가 중단되는 것을 '자신의 생각을 납득시킬 목적으로 몇 번이고 되풀이하여' 활용하셨

1990), 80.

다.16)

　한 예로, 예수님이 가버나움에 있는 한 집에서 가르치고 계실 때, 사람들이 지붕을 뚫고 한 중풍 병자를 예수님 앞에 내려놓았다. 주님은 주저하지 않으시고 그 병자의 필요를 채워주시고는, 자신이 갖고 있는 죄를 사하시는 권세와 병을 치유하시는 능력에 관해 가르치셨다(막 2:1-12). 또한 예수님의 어머니와 형제들이 자신을 찾으러 왔다는 소식을 들으셨을 때 그 상황을 하나님의 뜻을 행하는 것을 설명하는 기회로 삼으셨다(3: 31-35). 한 번은 어떤 여인이 "당신을 밴 태와 당신을 먹인 젖이 복이 있도소이다"라고 하면서 음성을 높여 예수님의 가르침을 중단시킨 적이 있었다(눅 11:27). 그 순간 예수님은 하나님의 말씀을 듣고 지키는 일의 축복에 관해 간결하게 말씀하심으로써 강의가 중단된 일에 대처하셨다(28절). 예수님을 적대시하는 자들이 한 여인이 비싼 향유를 쓸데없이 예수님의 발에 쏟아부어 많은 돈을 낭비했다면서 분내어 말했을 때에도(막 14:4-5), 가난한 자들, 주님의 임박한 장사지냄, 그리고 그 여인의 행한 일의 중요성을 가르치는 데 매우 효과적으로 사용하셨다(6-9절).

　예수님의 강의는 영혼의 여러 면에 호소하였다. 예수님은 산상수훈에서 소망(마 5:3-10), 염려(25절), 본능(29-30), 양심(7:4), 그리고 추론(7:11)의 문제를 다루셨다.17) 주님의 강의는 청중들의 지능, 정서 그리고 의지적인 면들을 파고 들었다.

　예수님은 개인의 성품에 맞추어 강의하셨다. 알폰소(Alfonso)는 예수님이

---

16) Bennett Harvie Branscomb, The Teachings of Jesus (Nashville: Abingdon-Cokesbury, 1931), 104.

17) William Garden Blaikie, The Public Ministry of Christ (London:Nisbet, 1883; 재발행본, Minneapolis: Klock and Klock, 1984), 213.

어떤 식으로 배우는 사람들의 특성에 맞추어서 가르치셨는지 지적했다. 그녀는 다음과 같은 열한 가지 경우들을 통해 예수님이 어떻게 그 사람들을 다루셨는지를 정교하게 설명한다: 불안정한 자(병약한 자, 요 5:1-18), 실험자(베드로, 마 14:28-33), 열망하는 자(한 부자 청년, 19:16-23), 낙심한 자(엠마오로 가던 두 제자, 눅 24:13-35), 수치를 당한 자(간음하다 잡힌 여인, 요 8:1-11), 가면 쓴 자(사마리아 여인, 요 4:1-30), 끈기 있게 추구하는 자(막달라 마리아, 막 15:40-41, 47; 16:1-10; 요 20:17), 소외당하고 환영받지 못한 자(문둥병자, 마 8:1-4), 재능 있는 자(니고데모, 요 3:1-12), 간교한 자(삭개오, 눅 19:1-9), 소극적인 자(혈루증을 앓는 여자, 막 5:25-34).[18] 또한 알폰소는 오늘날의 교사들이 위와 비슷한 각 개인들을 교실에서 어떻게 다룰 것인가에 관한 세부적인 지침을 학생들의 필요와 특성에 맞게 강의를 조정하는 방법을 통해 제시하고 있다.

예수님의 강의는 예화들로 한층 생동감이 넘친다. 예수님의 예화들은 가르침에 묘미를 더해주고, 강의 듣기를 한층 유쾌하게 해준다.

예수님은 가르침을 분명히 하기 위해 일상 생활 속의 것들을 예리하게 관찰하시고 그것들을 적절히 사용하셨다. 어디에서나 볼 수 있는 참새가 하나님 아버지의 사랑을 증거해 줄 수 있다(마 10:29); 눈 속에 있는 들보가 영적 분별력에 대한 장애물을 떠올리게 한다(마 7:5); 들풀이 인생의 덧없음을 보여 주고(마 6:30), 나무들이 참된 성장의 비밀을 보여준다(마 7:17, 18). 이러한 예화들은 추상적인 말로 표현하는 것보다 훨씬 생생하게 사람들의 마음을 파고 들었다.[19]

---

18) Regina M. Alfonso, How Jesus Taught (New York:Alba, 1986), 15-36.
19) Donald Guthrie, "Jesus," in A History of Religious Educators, ed. Elmer

표 22는 예수님이 자연의 모습을 사용하셨던 많은 예들이다.

표 22
마태복음에 기록된 예수님이 예로 사용하신 자연의 창조물들

땅, 5:5	소금, 5:13	해, 5:45
비, 5:45	좀, 6:19-20	동록, 6:19-20
새, 6:26	백합화, 6:28	들풀, 6:30
티끌, 7:3	들보, 7:4-5	개, 7:6
돼지, 7:6	돌, 7:9	생선, 7:10
뱀, 7:10	이리, 7:15	열매, 7:16
포도, 7:16	가시나무, 7:16	무화과, 7:16
엉겅퀴, 7:16	나무, 7:17-19	열매, 7:16-17, 19-20
여우, 8:20	새, 8:20	포도주, 9:17
추수, 9:37	추수터, 9:38	양, 10:16
이리, 10:16	뱀, 10:16	비둘기, 10:16
참새, 10:29, 31	어두움, 10:27	광명, 10:27
음부, 11:23	땅, 11:25	나무, 12:33
실과, 12:33	독사, 12:34	큰 물고기, 12:40
씨, 13:3-4, 7-8, 19, 24-27, 37-38	새, 13:4	돌밭, 13:5, 20
흙, 13:5, 8, 23	해, 13:6	식물, 13:6-7
뿌리, 13:6, 21, 29	가시떨기, 13:7, 22	결실, 13:8, 23

M. Towns (Grand Rapids: Baker, 1975), 21 - 22.

가라지, 13:25-27, 29-30, 36, 38, 40	곡식, 13:25-26, 29-30	가라지, 13:25
추수, 13:30, 39	겨자씨, 13:31	밭, 13:31, 36-38, 44
나물, 13:32	나무, 13:32	새, 13:32
가지, 13:32	누룩, 13:33	가루, 13:33
가루반죽, 13:33	불, 13:40	해, 13:43
진주, 13:45	호수, 13:47	물고기, 13:47-48
물가, 13:48	떡, 14:17	물고기, 14:17
식물, 15:13	뿌리, 15:13	배, 15:17
몸, 15:17	입, 15:18	마음, 15:18-19
떡, 15:26	개, 15:26	저녁, 16:2
날씨, 16:2	하늘, 16:2	아침, 16:3
누룩, 16:6, 11	반석, 16:18	땅, 16:19
겨자씨, 17:20	산, 17:20	바다, 18:6
양, 18:12-13	산, 18:12	약대, 19:24
전도, 19:29	포도원, 20:1-2, 4, 7-8	무화과나무, 21:28, 33, 39-41
포도짜는 기구, 21:33	추수, 21:34, 41	결실, 21:41
돌, 21:42, 44	머릿돌, 21:42	열매, 21:43
소, 22:4	짐승, 22:4	밭, 22:5
바다, 23:15	금, 23:16	박하, 23:23
회향, 23:23	근채, 23:23	하루살이, 23:24
약대, 23:24	뼈, 23:27	피, 23:30, 35
뱀, 23:33	독사, 23:33	암탉, 23:37
병아리, 23:37	날개, 23:37	산, 24:16

예수님은 어떻게 학생들의 학습 흥미를 유발시키셨나?

밭, 14:18	광야, 24:26	번개, 24:27
주검, 24:28	독수리, 24:28	해, 24:29
달, 24:29	별, 24:29	하늘의 권능들, 24:29
하늘, 24:30	땅, 24:30	구름, 24:30
방위(方位), 24:31	무화과나무, 24:32	가지, 24:32
잎사귀, 24:32	여름, 24:32	땅, 24:35
밭, 24:40	기름, 25:3, 9-10	수확, 25:26
씨, 25:26	양, 26:32-33	염소, 25:32-33
포도나무, 26:29	양, 26:31	양떼, 26:31

* 이 표에는 예수님이 가르치신 부분이 아닌, 단지 자연을 서술하는 것은 포함하지 않았다(예: 14:17에 나타난 물고기와 떡)

예수님 시대에는 많은 유대인들이 농업에 종사했기 때문에 예수님은 영적인 진리를 가르치시기 위해 종종 농사와 연관된 일화들을 사용하셨다. 농작물을 재배하고, 과일나무를 가꾸고, 포도원을 손질하고, 양, 염소, 가축을 키우는 일들이 위대한 스승이신 예수님이 기독교 교리를 명백히 밝히는 창문이 되었다.[20] 야생이나 집짐승들, 새들, 야생의 혹은 재배된 식물들, 자연 현상, 가사일(예: 혼인, 요리, 식사, 출산, 장사)과 상업 활동들(예: 판매, 건축, 무역, 재봉, 세금징수)이 예수님의 훌륭한 예증 자료들이었다.

놀랍게도 주님은 이런 평범한 것들을 사용해서 심오한 진리들을 가르치

---

20) 4복음서는 예수님이 말씀하신 놀랄만큼 많은 수의 양(38번)과 목자(11번)에 관한 인용을 담고 있다. 주님은 또한 씨뿌리는 것을 28차례, 곡식을 거두고 수확하는 것을 29차례, 그리고 씨에 관한 것을 38차례 언급하셨다.

셨다:

예수님은 잃어버린 양, 잃어버린 동전, 그리고 탕자를 통해 얼마나 놀라운 진리들을 천상으로부터 가지고 오셨는가! 하찮은 동전 한닢을 다시 찾은 데서 얻는 한 가난한 여인의 기쁨이 천사의 마음에 감동을 주며 어떻게 보면 하나님의 마음에도 큰 감동을 일으키는 일과 깊은 연관이 될 줄 감히 누가 상상조차 할 수 있겠는가? 일상적인 목자의 일에서, 크고 작은 자들이 모두 함께 육체의 행위대로 심판을 받기 위해 백보좌 앞에 서는 무시무시한 장면을 누가 발견할 수 있었겠는가? 예수 그리스도의 손이 아니시면 그 누구도 조악스럽거나 고상한 것들을 엮어서 그와 같은 직물을 짜내지는 못할 것이다.[21]

예수님의 많은 비유들은 잊을 수 없는 생동감 넘치는 모습으로 진리를 나타냈다. 드넓은 자연으로부터 이끌어 낸 예수님의 예증과 이야기는 거듭해서 그 시대 사람들을 매료시켰으며 그 결과 예수님의 강의는 그 누구의 가르침보다 효과적이었다.

무미 건조? 따분? 지루함? 그런 것들은 예수님의 강의와 거리가 멀다.

상상력? 즉각적? 매혹적? 이런 것들이 바로 예수님의 강의였다.

토론

학생과 교사 사이의 토론은 풍성한 학습 기회를 제공한다. 또한 토론은 학생과 교사간의 상호 교류를 일으키며, 학생들로 하여금 새로운 생각을 하도록 만들고 그것을 평가하도록 인도함으로써 학생들의 생각의 폭을 넓혀

---

21) Blaikie, The Public Ministry of Christ, 70-71.

준다. 또 교사는 토론을 통해 자신들의 학습 자료를 명백히 하거나 학생들의 잘못된 생각을 바로잡을 수 있고, 학생들이 어떠한 생각을 하고 있는지 알 수 있게 된다. 또한 토론은 학생들이 자신의 생각이나 의견을 발표함으로써 스스로의 자신감을 키워갈 수 있도록 도와주며, 자신의 사고방식을 바꾸고 문제를 깨닫게 해준다.[22]

예수님은 제자들 및 종교 지도자들과 수없이 많은 토론을 하셨는데, 이같은 토론을 통해 사람들의 이해와 명확도 그리고 생각에 변화를 몰고 오셨다.

조금 후에 살펴볼 대화는 서로 말을 주고 받는 것을 말한다. 몇몇 작가들은 이것을 토론이라고 잘못 부르기도 한다. 비록 전부는 아니나 대부분 토론들이 학생 혹은 교사들이 시작한 질문들에서 시작되지만 질의-응답 방식과 토론은 다른 것이다. 14장에 예수님이 행하신 질문들이 나와 있고, 15장에는 다른 사람들이 질문을 하고 예수님이 답변하신 것들이 있다. 예수님의 강의가 청중들의 질문으로 인해 종종 중단되었던 사실을 기억하라.

다음 사항들은 예수님이 보여주신 것으로서, 효과적인 토론을 위해 알아야 할 것들이다.

먼저, 그룹이 공통적으로 지닌 경험 또는 관심 있는 주제에 근거해서 토론하라. 예수님은 "사람들이 인자를 누구라 하느냐?"(마 16:13)고 질문하셨을 때 바로 이 방법을 사용하셨던 것이다. 당시 열두 제자들은 사람들이 예수님에 관해 말하는 것을 듣고 예수님이 누구신지 토론하고 있었다. 예수님이 제자들이 서로 논쟁한 것이 무엇인지 그들에게 질문하심으로(막 9:33) 제자들

---

22) 토론에 관한 더 많은 유익에 관한 것은 Brookfield의 "The skillful Teacher," 93-96 과 William E. Cashin과 Philip C. McKnight의 "Improving Discussions", Idea Paper no. 15 (Manhattan, Kan.: Center for Faculty Evaluation and Development, Kansas State University, 1986), 1을 보라.

의 공통 관심사를 토론의 주제로 삼으셨다. 또한 부자들의 구원에 관한 문제를 제기하셨는데, 그 문제는 제자들을 포함해서 당시 대부분의 유대인들이 관심 있어 하는 것이었다(마 19:23).

둘째, 학생들을 토론에 참여시켜서 자신들의 의견을 발표하도록 격려하라. 예수님은 생각하게 만드는 질문을 하시거나 반응할 수 밖에 없는 말씀을 하셔서 학생들이 토론에 참여토록 만드셨다. 예수님이 이끄시는 토론에는 대화의 단절이란 없었는데, 그 이유는 예수님이 문제들을 제기했을 때 청중들이 즉시 참여했기 때문이었다. 이런 경우는 예수님이 자신에 관한 사람들의 생각을 질문하셨을 때(마 16:13), 임박한 죽음과 부활에 관해 언급하셨을 때(16:21), 제자들의 논쟁에 관해 물으셨을 때(막 9:33), 부자와 구원에 관해 언급하셨을 때(마 19:23-24), 그리고 "나는 세상의 빛이다(요 8:12)"라고 선언하셨을 때 엿볼 수 있다.

셋째, 너무 애매모호한 내용의 토론도, 또 단순히 예-아니오 식의 반응을 유도하는 토론도 피하라. 마태복음 16장 13, 15절 그리고 마가복음 9장 33절에서 알 수 있듯이 예수님은 무엇을, 누가 등의 질문을 하셨던 것을 잘 눈여겨 보라. 예수님은 예 혹은 아니오 같은 식의 답이 나올 질문을 거의 던지지 않았다. 그 이유는 그런 질문들은 토론을 더이상 진전시키지 못하기 때문이다.

넷째, 학생들이 올바른 대답으로 접근하도록 생각을 환기시키라. 예수님은 사람들이 자신을 어떻게 생각하는지 제자들에게 질문하신 후 다시 그들에게 "너희는 나를 누구라 하느냐?(마 16:!5)"고 질문하심으로써 제자들의 생각을 자극하고 그들을 주님이 의도하신 목적으로 점차 이끄셨다. 또 예수님이 유대인 지도자들과(분명히 그 중에는 몇몇 '까다로운' 사람들이 있었을 것이다.) 자신이 세상의 빛이심(요 8:12)을 토론하실 때, 그들이 던진 질문들 하나 하나마다 토론을 진전시키셔서 결국 아브라함이 태어나기 전부터 자신이 존재하셨으므로 하나님이란 진리(8:58)를 밝히시려는 목표를 이루셨다.

다섯째로, 학생들의 그릇된 개념을 분명히 지적하되 부드러운 대화 방식을 취하라. 잘못된 진술을 무시해 버리거나 혹은 '그건 틀렸어'라고 단도직입적으로 말하기보다는 "그것이 이 사실에 어떻게 부합하는가?" 혹은 "재미있는 내용이긴 하지만 이런 내용을 생각해 보았는가?", 혹은 "다른 사람들은 어떻게 생각하는가?"라고 묻는다거나 또는 그 견해가 그릇된 이유를 친절히 설명한다. 예수님이 자신에게 닥칠 죽음과 부활을 이야기하셨을 때, 베드로는 예수님을 매우 못마땅해 하며 비난했다. 그러면서 그같은 일은 결코 예수님께 일어나지 않을 거라고 말했다(마 16:22). 그전에 예수님은 베드로가 올바른 대답을 했을 때 칭찬해 주셨다(16:17-19). 그러나 이 순간에는 베드로가 하나님의 관점에서 보기보다 사람의 관점에서 대답을 함으로 틀렸음을 다음과 같이 명확히 지적해 주셨다: "네가 하나님의 일을 생각지 아니하고 도리어 사람의 일을 생각하는도다"(16:23). 그리고 나서 예수님은 제자들에게 주님을 섬기는 데에 따르는 희생과 받을 상급에 관하여 부연 설명하시며 토론을 전개시키셨다(16:24-28).

예수님은 모든 것을 버리고 주님을 따르면 무엇을 얻을 수 있느냐는 베드로의 질문에(19:21) 답변을 하시고는(19:28), 자신을 따르기 위해 소유나 가족을 버린 자는 '누구나' 그같은 상급을 받게 된다고 말씀하셨다(19:29-30).

예수님은 자신의 주장을 펴시기 위해 어린 아이 하나를 제자들 앞에 세우시고 섬김은 겸손을 수반해야 한다는 사실을 말씀해 주셨다(막 9:33-37). 그 순간, 요한은 그럴듯하게 이야기의 화제를 바꾸려고 했다. "선생님, 우리를 따르지 않는 어떤 자가 주의 이름으로 귀신을 내어 쫓는 것을 우리가 보고 우리를 따르지 아니하므로 금하였나이다."(9:38). 예수님은 적절하면서도 간결하게 그들의 그릇된 행동을 바로 잡아 주시고는(9:39-41) 다음과 같은 세 가지 사항을 말씀하심으로 어린아이와 같은 겸손함이란 주제를 다시 시작하셨다: 영적으로 실족시킬 때 져야하는 막대한 책임, 더 큰 유익을 위해서 작은 유익을 희생하는 원리, 그리고 증거하는 삶 가운데서 소금의 짠 맛을 유지하는 일의 중요성(9:42-50).[23]

대화

예수님은 적어도 5번 정도 개인적인 대화를 나누셨다. 각각의 경우를 보면 예수님과 대화한 사람들은 아직 믿음이 없던 상태였다. 이런 사건들을 통해 예수님은 각 사람을 가르치심과 동시에 복음을 전파하는 기회로 삼으셨다.

이런 대화들 속에서 예수님이 추구했던 원리들을 살펴보고, 각각의 경우에 예수님이 어떤 방식으로 변화를 주어 접근하셨는지 알아보기 위해 다음에 주어진 성경구절들을 읽고 제시된 질문에 대한 해답을 적어보자.

---

23) Lilas D. Rixon, "How Jesus Taught" (Croydon, N.S.W.: Sidney Missionary and Bible College, 1977), 42. "너희 속에 소금을 두고(막 9:50)"란 말씀은 제자들이 "어떠한 희생을 치르고라도 예수님께 충성함이 지속되어야 함과 파괴 성향이 있는 요소들을 깨끗이 정화시켜야 할" 필요가 있음을 지적한다. (John D. Grassmick, "Mark", in The Bible Knowledge Commentary, New Testament, ed. John F. Walvoord and Roy B. Zuck [Wheaton, Ill.: Victor, 1983], 148).

	예수님은 어떻게 그들의 관심을 이끌어 내셨는가?	예수님이 말씀을 시작하셨을 때 사람들은 어떻게 반응했는가?	그 때 예수님은 어떻게 말씀 하셨는가?	그 사람의 반응은 어땠는가?
요 3:1-21 (니고데모)				
요 4:1-26 (사마리아 여인)				
눅 7:36-47 (시몬)				
요 9:35-39 (소경)				
마19:16-22 (부자 청년)				

또한 위의 다섯 군데 성경 구절들에서 다음과 같은 점들을 살펴보자: 주님은 각 사람들에게 예기치 않은 것들을 말씀하실 때 어떻게 하셨는가? 예수님은 어떤 식으로 질문을 하셔서 사람들의 반응을 이끌어 내셨는가? 또 그들의 질문에는 어떻게 대답하셨는가?(각 사람들이 한 질문의 수효를 세어보라.) 예수님은 각 사람의 죄에 관해 어떤 방식으로 다양하게 접근하셨는가? 예수님은 어떻게 각 개인과 대면하셨으며, 어떤 식으로 사람들이 예수님 자신을 발견하도록 유도하셨는가?

예수님은 대화하실 때 우호적이고 친근감을 보이셨고, 각 개인의 상황에 맞게 진리를 적용시키셨고, 이해하는 정도에 따라 말씀하셨으며, 예수님의 가르침을 깊이 생각하도록 도전하셨고, 그에 대한 반응을 이끌어 내셨다. 당신이 가르치는 사람들 중에는 아직 예수님을 믿지 않는 경우도 있을 것이다. 그러므로 하나님의 구원 계획을 제시하고 구원받지 못한 출석자들에게 개인적으로 이야기할 기회를 위해 기도하라. 이 때, 예수님이 대화 중 사용하신 것과 동일한 원리들을 적용해 보라. 즉, 개인적이고 친근하며, 진리를 각 개인의 상황에 맞게 적용하고, 이해 수준에 맞게끔 이야기하고, 예수님의 말씀을 깊이 생각하도록 도전을 주며, 그들의 반응을 구하라.

다른 방법들

예수님의 논쟁, 질문, 대답, 격언 그리고 이야기들을 사용하신 법에 관해서는 제 10장 및 13장-16장의 내용을 보라.

참여: 예수님은 어떻게 학생들이 참여하게 만드셨는가?

대학교육 전문가 두 사람이 다음과 같은 주장을 했다: "배움은 방관자의 활동이 아니다."[24] "학생들은 단지 교실에 앉아 선생님의 말씀을 듣고, 미리 주어진 과제를 해오고, 줄줄 외운 대답을 내뱉는 식으로는 많은 것을 배울 수 없다… 학생들은 그들이 배운 것을 자신들의 한 부분으로 만들어야 한다."[25]

사람은 활동을 통해 배운다. 학생들은 활동과 숙제와 연구 과제를 통해

---

24) Arthur W. Chickering and Zelda F. Gamson, "Seven Principles for Good Practice in Undergraduate Education," AAHE [American Association of Higher Education] Bulletin 39 (March 1987):5.

25) 같은 책.

교실에서 배운 것을 강화하고, 깨달은 진리를 실행하며, 연구한 개념들을 자신의 것으로 소화시키고, 창의력과 책임감을 발전시킨다. "원리와 기술들은 주어질 수 있지만, 전체 윤곽을 잡고 문제를 해결하고, 토론하고 실험하는 것과 같이 배운 것들을 내면화 시키는 작업은 학습자의 활동에 달려있는 것이다."26) 이 책 다른 부분에서 이미 말했듯이 "그 활동이 육체적, 정신적, 혹은 정서적인 것 중에서 어느 것이 되든지간에 학습이 이루어지려면 그런 활동이 반드시 있어야만 한다."27) 예수님은 배우는 사람들이 참여하는 것이 매우 중요하다는 것을 알고 계셨다. 이런 사실은(연대순으로 기록된) 예수님이 학습 과정에 제자들과 다른 사람들을 참여시킨 다음과 같은 점에서 입증된다.

1. 제자들을 명하셔서 사람들에게 가르치시는 동안 앉으실 배를 구하도록 하셨다(막 3:9).
2. 제자들에게 회심한 자에게 세례를 주도록 하셨다(요 4:2).
3. 제자들을 보내셔서 근처 사마리아 동네에 가서 먹을 것을 사오도록 하셨다(요 4:8).
4. 예수님이 고쳐주신 거라사 지방의 귀신 들린 자에게 명하셔서 주님이 자기에게 행하신 일을 그의 친족들에게 가서 알리게 하셨다(막 5:19; 눅 8:19). 이 사건은 개인 간증의 중요성을 보여준다.
5. 열두 제자를 둘씩 짝지어 보내시며 특별 세부 지침사항을 내리시고(마 10:5-40) 그들로 하여금 귀신을 쫓아내고, 병든 자를 치료하며, 말씀을

---

26) Wlodkowski, Enhancing Adult Motivation to Learn, 171.
27) Roy B. Zuck, Teaching with Spiritual Power (1963; 재발행본, Grand Rapids:Kregel, 1993), 161.

전파하고, 가르치도록 하셨다(마 10:1-4; 막 6:7-13, 눅 9:1-6; 참조, 막 3:14-15).

6. 제자들이 행한 사역에 대해 보고하도록 하셨고(막 6:30; 눅 9:10), '휴식'을 취하도록 따로 한적한 곳으로 데리고 가셨다(막 6:31-32; 눅 9:10).

7. 제자들을 명하사 오천 명의 남자(여자와 아이들 이외에)를 무리를 지어 앉게 하시고 떡과 물고기를 돌리신 후, 남은 조각을 거두게 하셨다(마 14:19-20; 막 6:39, 41. 43; 눅 9:14-17; 요 6:10, 12). 사천 명의 남자와 그들 가족을 먹이실 때도 똑같은 방식으로 제자들에게 행하게 하셨다(마 15:36-37; 막 8:6, 8).

8. 베드로와 야고보와 요한을 데리고 변화산에 오르셨다(마 17:1; 막 9:2; 눅 9:28).

9. 베드로에게 명하사 물고기를 한 마리 잡아 그 입에서 돈 한 세겔을 가져오도록 하셨다(마 17:27).

10. 사자들을 사마리아 마을에 앞서 보내시어 숙박을 예비하도록 하셨다(눅 9:52). 야고보와 요한이 하늘로부터 불을 내려 그 마을 사람들을 멸하기를 요구하자 그들을 꾸짖으셨다. 이 사건은 그들에게 관용과 용서의 교훈을 가르쳐 주었다.

11. 칠십이 인을 세우셔서 각기 둘씩 짝지어 보내시며 아픈 자를 치료하고 말씀을 전파하도록 하셨다(눅 10:1-17).

12. 두 제자를 벳바게에 보내어 예수님이 타실 나귀 새끼를 가져오도록 하셨다(마 21:1-3; 막 11:1-3; 눅 19:29-30).

13. 제자들을 보내셔서 유월절 음식을 준비하게 하셨다(마 26:17-19; 막 14:12-16; 눅 22:7-13).

14. 제자들에게 명하셔서 온 천하에 다니며 복음을 전파하고(막 16:15) 모든

족속으로 제자를 삼게 하셨다(마 28:18-20).
15. 베드로에게 주님의 양을 먹이라고 명하셨다(요 21:15-17).

열두 제자와 뒤이어 선택된 72명의 제자들은 분명히 여러 감정이 교차되는 것을 느꼈을 것이다. 그들은 어쩌면 예수님 자신이 행해왔던 동일한 일들을 자신들도 할 수 있다는 생각에 가슴이 벅찼을지도 모른다. 그들은 자신감을 느꼈을까 아니면 두려움을 느꼈을까? 담대했을까 아니면 의기소침했을까?

그들의 감정이 어떤 것이었든 간에, 그들은 사람들이 자신들이 전하는 내용에 반응하고 병이 낫는 것을 보고 주님의 권능과 권세를 확실히 깨닫게 되었다. 두 명씩 짝을 지어 구성된 서른 여섯 무리는 돌아와서는 주님이 그들을 통해 이루신 일들로 인하여 기뻐했다(눅 10:17). 이처럼 그들이 적극 활동하자, 주님은 위임 받은 사명자들에게 책임감과 소속감 및 자신들이 주님을 섬길 때 주님이 그들을 어떻게 사용하시는지를 직접 보는 기회를 주셨다.

예수님이 제자들과 다른 이들에게 베푸신 이런 모든 활동들은 그들로 하여금 주님께 배운 것들을 실천하고, 주어진 진리들을 적용하며, 주님께 향한 충성과 사랑과 순종하는 자세를 입증할 수 있도록 해주었다.

학습 과정에 학생들의 참여를 유도하신 예수님처럼 당신도 배우는 학생들을 학습 과정 속에 참여시킬 수 있는 방법을 생각해 보라. 어떻게 하면 그들에게 더 많은 참여의 기회와 활동을 제공할 수 있을까? 어떻게 하면 학생들의 관심을 증가시키고 학습 효과를 극대화할 수 있겠는가?

시각화: 예수님은 학생들에게 자신이 가르치시는 내용을 어떻게 예시하셨는가?

당신에게 깊은 영향을 미친 수업 시간을 기억해 보라. 그같은 영향은 주로 당신이 들은 것을 통해 일어났는가? 아니면 듣고 또 동시에 본 것을 통한 것이었는가? 시각 및 청각이 동시에 사용될 때 수업 내용을 훨씬 잘 기억할 수 있다. 듣는 것은 잊혀지기 쉽다. 그러나 보는 일이 듣는 일과 병행되면 더 많은 것을 더 오래 기억하게 된다. 이같은 현상이 일어나는 이유는 우리를 지배하는 감각 기관이 바로 시각이기 때문이다. 수 년 전 제록스 회사가 보고한 바에 의하면, 우리가 배우는 내용의 83%가 시각을 통해 일어난다고 한다. 청각은 우리가 배우는 내용의 11%를 제공하는데, 이는 다음과 같은 세 가지 다른 감각 기관과 좋은 대조를 보인다: 후각 3.5%; 촉각 1.5%; 미각 1%.

예수님이 시각 자료를 이용하신 것은 놀랄만한 일이 아니다. 예수님은 물론 전기 혹은 전자 장치가 된 기구들을 가지고 계시지는 않으셨다. 칠판을 사용하신 적은 없지만 땅 위에 글씨를 쓰시기는 했다. 또 필름을 보여주시지는 않으셨지만, 주위의 사물들을 지적하시면서 말씀하셨다.

시각 자료들이 왜 효과적인가? 그 이유는 시각 자료들이 주의를 집중시켜서 학습을 더욱 즐겁게 해주고, 배우는 것과 현실 사이에 존재하는 시공의 차이를 연결시켜 줌으로써 학습을 더욱 의미 있게 만들기 때문이다. 또한 시각 자료들은 학생들이 사실과 생각들을 더 오래 기억하는 데 효과적이어서 학습 기간을 더 오래 지속시켜 준다.

이제 복음서들을 통해 예수님이 효과적으로 사용하셨던 여러 가지 시각 자료들을 살펴보자.

전도의 필요성을 보여주시기 위해, 주님은 추수하는 일을 가리키셨다(요 4:35-39).[28] 제자들이 이토록 인상적인, 잃어버린 자들의 모습을 잊을 수 있겠는가? 추수할 일꾼들로서, 그들은 곡식을 거두듯 사람들을 주님께로 인도하게 되었다.

누가 더 높은가를 따졌던 제자들에게, 예수님은 겸손과 믿음을 시각화해 가르치시기 위해 어린아이 하나를 불러 저희 가운데에 세우셨다(마 18:2-5; 막 9:36; 눅 9:46-48). 말로만 요점을 설명하는 것보다 그들로 하여금 어린아이들처럼 되도록 권유하시기 위해 직접 어린아이를 보여줌으로써 한결 더 힘있게 내용을 전달하고 있다. 어린 아이를 볼 때마다 제자들은 주님의 통찰력 있는 가르침을 기억했을 것이다!

서기관들과 바리새인들이 간음하다 잡힌 여인에 관한 질문을 던져서 예수님을 함정에 빠뜨리고자 했을 때, 주님은 땅바닥에 두 차례에 걸쳐 무언가를 쓰셨다(요8:1-8).[29] 사람들은 자신들이 본 것과 또한 주님이 말씀하신 내용에 압도되어(8:7), 양심의 가책을 받아 떠나갔고, 예수님을 책략에 빠뜨리지 못한 서기관들과 바리새인들은 자신의 무능함을 탓해야 했다.

---

28) "동네에서 나오는 하얀 옷을 입은 사마리아인들 (30절) 이 아마도 추수할 때가 다된 곡식 밭을 시각적으로 나타내 주었을 법하다" (Blum, "John," 287).

29) 예수님이 땅위에 쓰신 내용은 아무도 모른다. 어떤 학자들은 고소하던 자들의 죄들을 썼다고 하고 또 다른 학자들은 예수님이 7절에 말씀하신 문장을 썼다고 본다. 다른 사람들은 예수님이 출애굽기 23:1, "너는 허망한 풍설을 전파하지 말며 악인과 연합하여 무함하는 증인이 되지말며." 혹은 출애굽기 23:7, "무죄한 자와 의로운 자를 죽이지 말라"는 내용을 썼다고 생각하기도 한다. 또 어떤 이들은 예수님이 생각하시는 동안 선을 그으셨을 뿐이라고 말한다. (이런 견해들에 관해서는 동일한 책, 347페이지 또는 Raymond E. Brown의 The Gospel according to John, Anchor Bible, 2 vol. [Garden City, N.Y.: Doubleday, 1966), 1:333-34) 를 보라.

예수님의 말씀에 의해 밤새 말라버린 무화과나무는 주님의 말씀에 대한 믿음의 권능과 기도의 효력에 대한 강력한 교훈을 심어 주었다(막 11:12-14, 20-24). 이후부터 무화과 나무들은 제자들에게 믿음과 기도에 관한 주님의 가르침을 생각나게 만들었을 것이다.

예수님을 함정에 빠뜨리려는 바리새인들과 헤롯당원들은 예수님께 가이사에게 세금 내는 일에 관해 질문했다. 주님은 소리 높여 반응하시는 대신 그들에게 동전 하나를 보여주셨다. 그리고는 그들에게 동전에 새겨진 형상과 글이 누구의 것인지 물으셨고, 그들의 한계를 뛰어넘는 대답을 하셔서 다시금 그들이 주님의 가르침을 기이히 여기도록 만드셨다(마 22:15-22 ; 막 12:13-17).

예수님이 한 과부를 지적하시면서 그 여인이 자신이 지닌 전부였던 동전 두닢을 연보궤에 넣는 것을 제자들로 하여금 보도록 하셨을 때, 그들의 마음은 희생과 주는 것에 대한 동기 그리고 돈의 상대적 가치들로 가득차게 되었을 것이다.(막 12:41-44 ; 눅21:1-4). 그들은 부유하고 거만한 서기관들(눅 20:45-47)과 가난한 과부 사이에서 목격하는 그 생생한 대조를 절대 잊을 수 없을 것이다.

성전을 떠날 때, 제자들은 성전 건축과 사용된 어마어마한 분량의 돌들을 보고 놀랐다. 이것들은 장차 임할 도시의 파괴에 관한 예수님의 교훈을 전하는 시각 자료가 되었다(마 24:1-2 ; 막 13:1-2; 눅 21:5-6).

최후의 만찬에서 나눈 떡과 잔은 제자들에게 영원한 시각적 인상을 심어 주었다(마 26:17-30 ; 막 14:22-26 ; 눅 22:14-20).

수건과 물을 담은 대야는 주님이 제자들 앞에서 겸손을 가르치실 때 사용하신 시각 자료들이었다(요 13:4-17). 예수님이 그들 곁을 떠나 승천하신 후에, 제자들은 그분께서 비천한 종처럼 자신들의 발을 씻기신, 전혀 예기치 못했던 행동에 놀라고 압도되어 끊임없는 마음의 동요가 있었을 것이다. 예수님은 겸손에 관해 말씀하셨고, 제자들은 주님이 몸소 그것을 실천해 보이시는 것을 목격했다!

예수님이 십자가에 달리셔서 생긴 상처를 만졌던 도마를 통해, 보지 않고도 예수님을 믿는 모든 사람들에 관한 좋은 교훈을 주셨다(요 20:27-29).

예수님이 행하신 많은 표적들은 무리들과 제자들 그리고 종교지도자들에게 주님의 권능과 사랑과 신성을 드러내 보인, 힘있는 시각적 본보기였다. 제자들은 예수님이 거듭해서 이적들을 행하시는 것을 보면서 그분에 대한 믿음과 신뢰를 더욱 굳건히 다졌을 것이다.

예수님의 말씀은 중대한 시각적 이미지를 전달했다. 예수님의 가르침을 특별하게 만든 요소들 중 하나는 주님이 사용하신 말씀을 통한 예시들이다. 이점에 대해서는 12장과 13장에서 좀 더 자세히 살펴보기로 하자.

예수님의 삶 자체가 자신의 가르침을 강화시켜주는 시각적 교재였다. 제자들은 예수님이 기도하시는 것을 보고 시각적으로 영향을 받았다(막 1:35-37). 그들은 예수님이 사람들의 필요를 채우시는 것을 보았다. 그들은 예수님이 자신을 고소하는 자들을 지혜로운 대답으로 잠잠케 하시는 것을 보았고, 어린아이들을 축복하고, 성전을 청결케 하시며, 순순히 체포당하시는 모습에 깊은 인상을 받았다. 십자가에 달리신 주님의 모습은, 사흘 후의 빈 무덤이 그랬듯이 제자들의 기억에서 결코 지워지지 않는 흔적을 남겨주었다.

여러모로 볼 때, 예수님은 제자들에게 살아있는 시청각 교재였다. 세금을 내야 하는가? 세리들을 경멸해야 하는가? 예수님은 그렇게 하지 않으셨다. 오히려 그들과 함께 잡수셨으며 자신의 사역에 몇 사람을 참여시키셨다. 여자들은 남자보다 못하다고 여겨야 하는가? 예수님은 그러지 않으셨다. 그분은 남자나 여자 모두를 매우 소중한 가치를 지닌 개성있는 존재로 받아주셨다. 가정생활을 중시해야 하는가? 예수님은 그런 모습을 보여 주셨다. 재물은 중요한 것일까? 예수님은 하늘에 보화를 쌓는 일이 더 중요하다고 가르치셨으며, 주님 스스로가 실례가 되어 보이셨다.30)

예수님 당시의 사람들은 그분의 가르치심에 관심이 있었을까? 분명히 그랬다! 그들은 호기심을 느꼈고 흥미로워했으며, 심지어 매료되기까지 했다. 예수님은 어떻게 해서 그런 관심과 존경심을 얻으셨을까? 예수님의 교수 역량은 동기 부여자로서의 놀라운 능력과, 가르치는 방법의 창조적 변화, 또한 배우는 사람들을 참여시키는 기술, 그리고 호소력 있는 시청각 교육 등에서 찾아볼 수 있다. 오늘날의 교사들도 주님이 가르쳐 주신 방법들, 즉 학생들을 자극하고 동기를 부여하며, 학습 방법에 다양한 변화를 주고, 학습자들의 참여를 조장시키며, 말로 할 것들을 시각화하는 법들을 통하여 많은 것을 배울 수 있다.

시·도·해·보·자

● 다음 수업 시간의 도입부를 준비하면서 예수님이 사람들의 관심을 불러모았던 방법들을 살펴보라. 당신은 학생들의 흥미를 불러 일으키기 위해 그 아이디어들 중 어느 것을 사용할 수 있겠는가?

---

30) Wilson, Jesus the Master Teacher, 115.

- 학생들의 필요와 그들이 직면한 문제들을 생각해 보라. 당신은 수업 중에 그들의 필요들과 문제점들을 얼마나 잘 다루는가?

- 어떻게 하면 예수님처럼 학생들에게 감사함을 표현할 수 있겠는가? 또 다른 좋은 방법을 생각할 수 있는가?

- 예수님의 강의에 나타나는 특징들과 비교해서 당신 강의를 평가해 보라.

- 당신의 가르침에 불을 붙일 실례들과 일화들을 얻을 수 있는 출처들의 목록을 만들어 보라.

- 아래의 열거한 57가지 교수 방법들의 목록을 살펴보고, 어떤 것들을 사용할 수 있는지 스스로 질문해보라. 분명한 것은, 이 모든 방법을 모든 연령층을 초월해서 다 적용할 수는 없다는 것이다.

강의	과제물
토론	연구 과제
질문	토론회(Panels)
응답	공개 토론회(Forums)
이야기	토의(Dabates)
현장 답사	좌담회(Symposium)

외부 초빙 강사	학급 취재
찬성-반대 설문지	현장 취재
시험	음악
쪽지시험	학생 교사제
빈칸 채우기	출장 과제
옆사람 쿡쿡 찌르기	학생들에게 읽어주기
소수 그룹회의	함께 읽기
브레인스토밍	돌아가며 대답하기
역할극	문제 해결
촌극	개인 간증
독백	대화
무언극	개인 교습
극화해서 읽기	경연대회
몸짓 게임	무성영화 찍기
관찰	문답
그룹 보고	부연 설명
개인 보고	이야기 기술
기사 작성	취재
토론용지	연습장 사용
청취 팀	프로그램 학습
3인조그룹	귀납법적 연구(성경연구)
반응 용지	요절 암송

문예 창작(이야기, 시, 편지, 음악, 일기)

● 다음에 열거한 42가지 시청각 교재의 목록을 살펴보고 어떤 것들을 수업시간에 사용할 수 있는지 생각해 보라. 다시 말하지만, 이 모든 것들이 모든 연령층에 적합한 것은 아니다.

칠판	실물설명
플란넬판	그림자 극
OHP	퍼즐
영화	플래시 카드
영사	슬라이드
실물	전시
녹음테이프	분필 그림
녹화테이프	도표
인형극	공작 및 만들기
사진, 그림	깃발, 배지
포스터	골동품, 미술품
만화	손가락 그림
연대표	모자이크
평면지도	녹음기
입체 지도	지도 명소
지구의	흥미 코너
벽화	그래프
모빌	진흙
벽보판	손가락 유희
콜라쥬	모래판
모형세트	불투명 프로젝트

또 다른 교재들을 생각할 수 있는가?

- 수업을 계획할 때마다 다음 두가지 질문을 하기 바란다: 학생들에게 무엇을 하도록 준비할 것인가? 학생들에게 무엇을 보여주도록 준비할 것인가? 발상의 전환을 시도하라.

12

예수님은 어떻게 회화적 표현법을 사용해서 가르치셨나?

"백성이 다 그에게 귀를 기울여 들으므로" (눅 19:48)

"그는 자신의 수박을 떨어뜨렸다"

달라스 신학교의 하워드 헨드릭스(Howard G. Hendricks) 교수의 설교나 가르침을 들은 사람은 한 번쯤 위의 표현을 들어 본 적이 있을 것이다. 이 경탄할 만한 회화적 표현은 수박이 떨어져 쪼개지면서 속이 터져 나와 사방으로 튀는 것같이 사람이 돌이킬수 없는 실수를 저지른 것을 표현한다. 그저 맹숭맹숭하게 '그는 실수를 범했다,' 또는 '그는 결코 돌이킬 수 없는 잘못을 범했다,' 아니면 '그는 회복 불가능한 실수를 저질렀다' 라고 표현하는 것보다 얼마나 더 효과적인가!

왜 그럴까? 그것은 듣는 사람의 관심을 불러일으키기 때문이다. 예시적인 언어나 비유적인 말들은 흥미를 증가시켜서 사람들의 관심을 즉시 끌어들이고, 듣는 사람의 생각을 자극한다. 다채로운 언어는 듣는 사람들로 하여금 그림 같은 표현들의 의미를 되새기도록 해준다. 수박이 땅에 떨어지는 모습은 당신으로 하여금 그런 뜻밖의 일이 서투른 실수와 어떻게 비교될 수 있을까 생각하게 만든다. 생동감 있는 말은 기억력을 높여준다. 과연 누가 그 수박의 이미지를 잊을 수 있겠는가? 그런 표현은 우리 마음 속에 생생한 모습을 담아서 잊으려고 해도 잊혀지지 않게 만든다. 비유적인 말은 지워지지 않는 인상을 우리 머리 속에 심는다.

예수님이 여러 가지 그림 같은 표현들을 사용하시면서 가르치신 이유는 듣는 이들의 관심을 집중시키고, 예수님이 하신 말씀을 되새기도록 부추기며, 하신 말씀을 기억하도록 돕기 위한 것이었다. 예수님의 회화적인 표현에는 다음과 같은 여러 가지 비유법이 포함된다:

직유법
은유법
다지칭법
환유법
제유법
과장법
의인법
돈호법
완곡어법
반어법
역설법
언어유희

다음 장에서는 예수님이 사용하신 여덟 가지의 수사학적 방법들을 살펴본다. 이런 많은 비유법과 수사적 기법들은 예수님께서 세상에서 가장 탁월하신 선생이신 이유를 이해하는 데 도움을 준다. 예수님은 상상력이 풍부한 말들과 그림 같은 언어를 사용하셨는데 그런 말들은 수세기를 거치는 동안 존속해왔고 오늘날도 여전히 기억할 말한 격언과 경이에 가득찬 생생한 묘사로 인정받고 있다.

많은 현대인들은, 그리스도인은 물론이고 그리스도인이 아니더라도 예수님께서 남기신 언어 표현의 일부를 널리 인용하는데, 그 예로서 다음과 같은 것들이 있다: '한 사람이 두 주인을 섬기지 못할 것이니'(마 6: 24); '너희 진주를 돼지 앞에 던지지 말라'(7: 6); '남에게 대접을 받고자 하는 대로 너희도 남을 대접하라'(7: 12); '하루살이는 걸러내고 약대는 삼키는도다'(23: 24); '소경이 소경을 인도할 수 있느냐?'(눅 6: 39).

예전에 브라운(Brown)이 말했듯이 "우리에게 익숙한 예수님의 말들은 현재 가장 위대한 문학의 선봉에 위치해 있다."[1]

우리는 비유적으로 살고 생각한다. 관심을 끌기 위해 한 대상을 다른 대상과 비교하기도 하고 강조를 하기 위해 과장하기도 한다. 또한 자신들의 주장을 더 적절하게 하기 위해 언어의 유희도 시도한다. 어떤 사람들은 차이점을 강조하거나, 수수께끼 같은 말을 하거나 무생물을 의인화시키기도 한다. 이 모든 것들은 한결같이 의사소통의 목적을 갖고 행해지는 것이다. 윌더(Wilder)가 언급한 것처럼 분명히 "사람들은 어느 문화권에 속했든지 이미지에 의해 살고 있다."[2] 다시 말하면 비유적인 표현들 가운데 살고 있다.

그렇지 않고서야 어떻게 추상적이고 영적인 진리들이 사람의 유한한 마음

---

1) Charles Reynolds Brown, The Master's Influence (Nashville: Cokesbury, 1936), 22.

2. Amos N.Wilder, The Language of the Gospel (New York: Harper and Row, 1964), 127.

에 전달될 수 있겠는가? 예수님께서는 듣는 사람들에게 천국의 메시지를 전달하시기 위해 구체적인 보기와, 일상적인 물건, 평상적인 활동들을 사용하셨다. 예수님의 의사 소통 도구들은 격언, 역설법, 유머, 과장법, 직유법, 의인법 등을 비롯한 많은 것들이었다. 예수님은 심오한 진리를 이해하기 쉬운 언어를 사용해서 전하셨다.

그 한 예로 '나는 선한 목자라' (요 10: 11)는 예수님의 표현은 그분과 제자들 간의 영적인 관계를 한층 더 긴밀하게 드러낸다. 많은 사람들이 목양을 하던 농경 사회였던 당시에 예수님은 청중들에게 이러한 비유적인 묘사를 통해 깊은 의미가 있는 많은 생각들을 전달하셨다. 예수님은 자신의 양들을 돌보고, 그들에게 필요한 것을 공급하며 먹을 것을 주고, 인도하며 보호하고 치료하며 심지어 그들을 위해 죽기까지 하셨다. 이런 모든 심오한 영적 개념들이 단순하면서도 간결한 형태로 표현된 것이다.

그러나 예수님은 "그저 자신의 연설을 장식하기 위해서나, 혹은 시적 상상력을 충족시키려고 비유적인 표현을 사용하신 것이 아니다."[3]

예수님의 회화적 표현 방식을 살펴 봄으로써 많은 것을 배울 수 있는데, 바로 학생들의 관심을 붙잡고 그들의 생각을 자극시키며 잘 기억하도록 도울 수 있다. 결국 이 모든 것들은 우리가 가르칠 때 달성하려는 목표들 - 주의집중, 성찰, 기억 등 - 로써, 학생들의 마음과 생각 속에 하나님의 진리가 투사되도록 하는 것이다. 우리도 비유적인 언어들을 사용함으로써 예수님이 가르치신 것처럼 가르칠 수 있다.[4]

---

3) Donald Fraser, The Metaphors of Christ (London: Nisbet,1885; 재발행본, Minneapolis: Klock and Klock, 1985), vii.

4) 삶과 성경말씀, 설교에서 차지하고 있는 비유에 관해 훌륭한 견해를 소개하는 Warren W. Wiersbe의 "Preaching and Teaching with Imagination"(Wheaton, Ill.:

비유법은 "원래의 혹은 단순한 의미나 용법과는 달리, 특별한 형태로 제시된 단어나 문장이다."[5]

예수님께서 "삼가 바리새인과 사두개인들의 누룩을 주의하라"(마16:6)고 말씀하셨을 때, 제자들은 주님이 빵에 관한 평범하고 단순한 말씀을 하신 것으로 생각했다. 하지만 예수님께서 그것의 의미를 설명하셨을 때 그들은 누룩이 바로 종교 지도자들의 가르침을 뜻한다는 것을 알게 되었다(16: 7-12). 만약 예수님이 요한복음 10장 7절에서 "내가 바로 너희들이 구원을 받기 위해서 믿어야 하는 사람이다"라고 말씀하셨다면 일반적인 진술을 하신 셈이 되지만, 그 대신 "나는 양이다"라고 말씀하셨을 때에는 동일한 생각을 한층 특이한 방식으로 전달하고 계신 것이다.

은유적인 표현은 문자적 사실을 비유적으로 제시해주며, 따라서 우리의 주의를 끌어모으고, 우리로 하여금 생각하게 만들며(어떤 면에서 예수님이 양의 문과 같은가?) 기억을 쉽게 해준다.

직유법

직유법은 '같이' 혹은 '처럼'과 같은 말을 사용해서 보통은 유사하지 않은 두 가지를 비교하는 것이다. 직유법에서는 "덜 알려진 것이 더 알려진 것에 의해 더욱 명확해진다."[6]

Victor;1994)를 보라.

5) E. W. Bullinger, Figures of Speech Used in the Bible: Explained and Illustrated (London: Eyre and Spottiswoode, 1898; 재발행본, Grand Rapids: Baker, 1968), xv.

6) Wilder, The Language of the Gospel, 80.

일반적으로 직유적인 표현을 읽거나 듣게 되면 두 가지 이질적인 것들이 어떤 식으로 유사하게 될 수 있는가 생각하게 된다. 물론, 그 두 가지 요소가 모든 면에서 다 같게 여겨지는 것은 아니다. 한 가지 예를 들면, 천국은 마치 겨자씨 한 알과 같다는 주님의 말씀(마 13:31)은 천국의 형태가 겨자씨처럼 생겼다고 하신 것은 아니었다. 또한 천국이 마치 누룩과 같다고 말씀하신 것은(13:33) 천국이 누룩 반죽과 같은 맛이 난다고 하신 것은 아니다.[7]

예수님의 직유적 표현들을 공부하려면 보조관념(image)과 원관념(non-image, 즉 예수님께서 비유적 표현을 통해 전하려고 하신 원래의 것), 그리고 그 두 가지가 어떤 식으로 유사한지 유의해 보는 것이 필요하다.

예를 들어 "내가 너희를 보냄이 양을 이리 가운데 보냄과 같도다"(마 10:16) 라고 하신 예수님의 표현에서, 보조관념은 '이리 가운데 있는 양'이고, 원관념 내지 지칭되어지는 것은 '너희' 즉 열두 제자들이며 유사점은 마치 이리가 양들을 공격하면 양들이 생명을 잃게 될 위험에 처하듯 제자들도 위험에 직면하게 될 것이라는 것이다. 이러한 비유적 표현은 예수님이 "나는 너희들을 위험한 사명을 띠고 보낸다"라고 하셨을 때보다 훨씬 더 생동감 있게 예수님의 생각을 나타낸 것이다.

표 23에 있는 예수님의 직유적 표현들에 대해서 보조관념과 원관념, 그리고 비교되는 점을 적어보라. 처음 세 가지는 보기로 주어진 것이다. 예수님께서는 가끔 마태복음 9장 36절을 통해 알 수 있듯이 비교점들을 진술하셨다는 사실에 주목하라.

예수님의 직유는 그분이 동식물과 같은 자연 환경과 당시의 직업들을 잘 알고 계셨음을 반영한다. 예수님이 사용하신 50여 가지의 직유적 표현에서

---

[7] G. B. Caird, The Language and Imagery of the Bible (Philadelphia: Westminster, 1986), 145.

지칭하고 계신 생물과 무생물들은(그것들 중 몇몇은 한번 이상씩 언급되고 있다.), 양, 뱀, 향유, 씨, 누룩, 가라지, 해, 암탉, 번개, 밀, 빛, 그리고 나뭇가지 등이다. 그리고 예수님이 언급하신 사람들로는 어린 아이, 씨뿌리는 사람, 상인, 집주인, 이방인, 왕, '당신 자신', 땅주인, 처녀들, 여행 중인 자, 목자, 젊은이, 종, 고아들이 있다. 또한 요나, 노아, 롯 그리고 천사들도 예수님의 직유적 표현 속에 등장했다. 예수님의 직유 속에서 볼 수 있는 사람이 만든 것들로는 집, 보물, 그물, 속전, 무덤, 등, 묘지, 덫 등이 있다. 예수님은 이렇게 간단하면서도 보편적인 대상들을 사용하셔서 심오한 영적 진리들을 전파하셨다. 특별하고 잘 알려져 있지 않은 것들에 비교해 볼 때 보편적인 일상의 것들은 듣는 사람들의 사고를 자극하고 지속적인 인상을 심어준다.

— 표 23 —
예수님의 직유적 표현들

구절	보조관념	원관념	비교점
마 7: 24, "누구든지 나의 이 말을 듣고 행하는 자는 그 집을 반석 위에 지은 지혜로운 사람 같으리니" (참조. 눅 6: 47-48)	반석 위에 집을 지음	예수님의 말씀에 순종하는 사람들	안정
마 7: 26, "나의 이 말을 듣고 행치 아니하는 자는 그 집을 모래 위에 지은 어리석은 사람 같으리니" (참조. 눅 6: 49)	모래위에 집을 지음	예수님의 말씀에 불순종하는 사람들	불안정

구절	보조관념	원관념	비교점
마 9: 36, "저희가 목자없는 양과 같이 고생하며 유리함이라"	군중들	목자 없는 상태	고생함
마 10: 16, "내가 너희를 보냄이 양을 이리 가운데 보냄과 같도다" (참조. 눅 10: 13)			
마 10: 16, "뱀 같이 지혜로와라"			
마 11: 16, "이 세대는 마치 아이들과 같아서…제 동무를 불러" (참조. 누가7:31-32)			
마 12:40, "요나가 밤낮 사흘을 큰 물고기 뱃속에 있었던 것 같이 인자도 밤낮 사흘을 땅속에 있으리라" (참조. 눅 11: 30)			
마 13: 24-25, "천국은 좋은 씨를 제 밭에 뿌린 사람과 같으니, 사람들이 잘 때에 그 원수가 와서 곡식 가운데 가라지를 덧뿌리고 갔더니"			

구절	보조관념	원관념	비교점
마 13: 31, "천국은 마치 사람이 자기 밭에 갖다 심은 겨자씨 한 알 같으니"(참조. 막 4: 30-32; 눅 13: 18-19)			
마 13: 33, "천국은 마치 누룩과 같으니"(참조 눅 13: 20-21)			
마 13: 40, "가라지를 거두어 불에 사르는 것 같이 세상 끝에도 그리하리라"			
마 13: 43, "그때 의인들은 자기 아버지 나라에서 해와 같이 빛나리라."			
마 13: 44, "천국은 마치 밭에 감추인 보화와 같으니"			
마 13: 45, "천국은 마치 좋은 진주를 구하는 장사와 같으니"			

구절	보조관념	원관념	비교점
마 13: 47, "천국은 바다에 치고 각종 물고기를 모는 그물과 같으니"			
마 13: 52, "천국의 제자된 서기관마다 마치 새것과 옛것을 그 곳간에서 내어오는 집 주인과 같으니라"			
마 17: 20, "너희가 만일 믿음이 한 겨자씨만큼만 있으면 이 산을 명하여 여기서 저기로 옮기라 하여도 옮길 것이요"			
마 18: 3, "너희가 돌이켜 어린 아이들과 같이 되지 아니하면 결단코 천국에 들어가지 못하리라" (참조. 막 10: 15; 눅 18:17)			
마 18: 4, "그러므로 누구든지 이 어린아이와 같이 자기를 낮추는 그 이가 천국에서 큰 자니라"			

구절	보조관념	원관념	비교점
마 18: 17, "만일 교회의 말도 듣지 않거든, 이방인과 세리와 같이 여기라"			
마 18: 23, "천국은 그 종들과 회계하려 하던 어떤 임금과 같으니"			
마 19: 19; 22: 39, "네 이웃을 네 몸과 같이 사랑하라" (참조. 막 12: 31,33,38; 눅 10: 27)			
마 20: 1, "천국은 마치 품군을 얻어 포도원에 들여 보내려고 이른 아침에 나간 집주인과 같으니"			
마 20: 28, "인자가 온 것은 섬김을 받으려 함이 아니라…자기 목숨을 많은 사람의 대속물로 주려 함이니라" (참조. 막 10: 45)			
마 22: 2, "천국은 마치 자기 아들을 위하여 혼인 잔치를 베푼 어떤 임금과 같으니"			

구절	보조관념	원관념	비교점
마 22:30, "부활 때에는 장가도 아니가고 시집도 아니가고 하늘에 있는 천사들과 같으니라"(참조. 막 12: 25; 눅 20: 35-36)			
마 23: 27, "외식하는 서기관들과 바리새인들이여… 회칠한 무덤 같으니"			
마 23: 37, "예루살렘아, 예루살렘아… 암탉이 그 새끼를 날개 아래 모음같이 내가 네 자녀를 모으려 한 일이 몇 번이냐?"			
마 24: 27, "번개가 동편에서 나서 서편까지 번쩍임같이 인자의 임함도 그러하리라"			
마 24: 37, "노아의 때와 같이 인자의 임함도 그러하리라"(참조. 눅 17: 26)			

구절	보조관념	원관념	비교점
마 25: 1, "천국은 마치 등을 들고 신랑을 맞으러 나간 열 처녀와 같다하리니"			
마 25: 14, "천국은 어떤 사람이 타국에 갈제 그 종들을 불러 자기 소유를 맡김과 같으니"			
마 25: 32, "모든 민족을 그 앞에 모으고 각각 분별하기를 목자가 양과 염소를 분별하는 것 같이 하여"			
막 4: 15, "어떤 사람들은 길가에 뿌리운 씨와 같으니, 곧 말씀을 들었을 때에 사단이 즉시 와서 저희에게 뿌리운 말씀을 빼앗은 것이요"			
막 4: 16-17, "다른 사람들은 돌밭에 뿌리운 씨와 같으니, 곧 말씀을 들을 때에 즉시 기쁨으로 받으나…곧 넘어지는 자요"			

구절	보조관념	원관념	비교점
막 4: 18-19, "또 어떤 이는 가시떨기에 뿌리운 씨와 같으니, 이들은 말씀을 듣되 세상의 염려와… 말씀을 막아, 결실치 못하게 되는 자요"			
막 4: 26, "하나님의 나라는 사람이 씨를 땅에 뿌림과 같으니"			
눅 10: 18, "사단이 하늘로서 번개같이 떨어지는 것을 내가 보았노라"			
눅 11: 36, "네 온 몸이 밝아 조금도 어두운 데가 없으면 등불의 광선이 너를 비출 때와 같이 온전히 밝으리라"			
눅 11: 44, "화 있을진저 너희여 너희는 평토장한 무덤 같아서 그 위를 밟는 사람이 알지 못하느니라"			

구절	보조관념	원관념	비교점
눅 17: 6, "너희에게 겨자씨 한 알만한 믿음이 있었더라면 이 뽕나무더러 뿌리가 뽑혀 바다에 심기우라 하였을 것이요 그것이 너희에게 순종하였으리라"			
눅 17: 29-30, "롯이 소돔에서 나가던 날에 하늘로서 불과 유황이 비오듯 하여 저희를 멸하였느니라. 인자의 나타나는 날에도 그와 같으리라"			
눅 21: 34, "너희는 스스로 근심하라 그렇지 않으면 마음이 둔하여지고… 뜻밖에 그날이 덫과 같이 너희에게 임하리라"			
눅 22: 26, "너희 중에 큰 자는 젊은 자와 같고 두목은 섬기는 자와 같을지니라"			
눅 22: 31, "시몬아, 시몬아, 보라 사단이 밀까부르듯 하려고 너희를 청구하였으나"			

예수님은 어떻게 회화적 표현법을 사용해서 가르치셨나? 293

구절	보조관념	원관념	비교점
요 3: 14, "모세가 광야에서 뱀을 든 것같이 인자도 들려야 하리니"			
요 12: 46, "나는 빛으로 세상에 왔나니"			
요 14: 18, "내가 너희를 고아와 같이 버려두지 아니하고"			
요 15: 6, "사람이 내 안에 거하지 아니하면 가지처럼 밖에 버리워 말라지나니"			

은유법

은유법은 서로 유사하지 않은 두 가지 내용을 대상으로 하나가 다른 하나로 말해지거나, 하나가 다른 하나처럼 행동하거나 혹은 하나가 다른 하나를 대표하는 비유법을 말한다. 직유법에서는 비교가 명백히 드러나는 반면 은유법에서는 암시적이다. 한편, 은유적인 표현에서 동사는 항상 '…이다'란 형태를 취하는 반면, 직유적 표현은 언제나 '…처럼' 아니면 '…같이'와 같은 단어를 사용한다.[8]

은유적 표현은 '이것은 저것과 같다' 대신에 '이것은 저것이다' 라고 말함

---

8) Roy B. Zuck, Basic Bible Interpretation (Wheaton, Ill.:Victor, 1991), 148-49.

으로써 더욱 강력한 형태를 취한다. 또한 은유적 표현은 달리 주목하지 않으면 간과하게 될 두 가지 다른 것들 간의 유사점을 이끌어 내는 것이라고 볼 수 있다. "은유는 렌즈다; 그것은 마치 이렇게 말하는 것과 같다. '이것을 통해서 내가 본 것을 보시오. 이 렌즈가 없었다면 결코 보지 못했을 것이오'."9)

유사한 점이 없는 것들을 한데 묶어 하나가 다른 어떤 것과 같다고 말하는 것은(예, "거짓 선지자들은… 노략질하는 이리라," 마 7: 15), 듣는 사람이나 독자들을 놀라게 한다. 왜냐하면 그러한 비교는 이전에 생각하지 못했던 의미를 밝혀주기 때문이다. 아리스토텔레스는 "낯선 말들은 우리를 당혹스럽게만 한다; 일상적인 말들은 우리가 이미 알고 있는 것만을 전달해 준다; 무엇인가 신선한 것을 가장 잘 이해할 수 있는 것은 바로 은유적 표현을 통해서이다"10) 라고 말했다. "은유적 표현 속에는 상상에 충격을 가하는 관념이 담겨져 있다."11) 은유적 표현들이 놀랍고 충격적인 것은 '일반적 관례를 뒤엎고… 긴장감을 초래하며… 내적으로 혁신적인 내용을 담고 있다'12)는 점에 기인한다. 예수님의 은유적 표현들 속에서 유사점을 찾아보고 그 충격적인 효과를 살펴보기 바란다.

마 5: 13, "너희는 세상의 소금이니." 어떻게 믿는 자들이 소금과 같을까?
마 5: 14, "너희는 세상의 빛이라." 어떻게 믿는 자들이 빛과 같은가?
마 6: 22, "눈은 몸의 등불이니"(참조. 눅 11: 34) 어떤 의미에서 눈은 등불과 같은가?

---

9) Caird, The Language and Imagery of the Bible,152.
10) Aristotle The Art of Rhetoric 3.10.
11) Wilder, The Language of the Gospel, 80.
12) Sallie McFague, Metaphorical Theology (London:SCM, 1983), 17.

마 7: 15, "거짓 선지자들은… 노략질하는 이리라." 어떤 면에서 거짓 선지자들이 이리와 같은가?

마 13: 19, "천국 말씀은… 뿌려진 씨니." 어떻게 예수님의 말씀이 씨와 같을 수 있는가?

마 13: 20, "돌밭에 뿌리운 씨는 말씀을 듣고 곧 넘어지는 자요." 어떻게 씨와 사람이 유사한가?

마 13: 22, "가시떨기에 뿌려진 씨는 말씀을 듣는 자나, 세상의 염려가…그것을 막아." 어떻게 가시떨기에 있는 씨와 걱정하는 사람이 비교가 되는가?

마 13: 37, "좋은 씨를 뿌리는 이는 인자요." 어떻게 예수님이 씨뿌리는 자와 같은가?

마 13: 38, "밭은 세상이요." 어떻게 이들이 흡사한가?

마 13: 39, "가라지는 악한 자의 아들이라." 어떻게 이들이 비교되는가?

마 13: 39, "가라지를 심은 원수는 마귀요." 어떻게 이들이 서로 유사한가?

마 13: 39, "추수 때는 세상 끝이요." 어째서 세상 끝이 추수 때와 동일시 되는가?

마 13: 39, "추수꾼은 천사들이니." 어째서 천사들이 추수꾼에 비유되는가?

마 26: 26, "예수님께서 떡을 가지사… '이것이 내 몸이니라'"(참조. 막 14: 22; 눅 22: 19). 어떤 점에서 떡이 예수님의 몸과 흡사한가?

마 26: 27-28, "또 잔을 가지사… 이것은 나의 언약의 피니라"(참조. 막 14: 24; 눅 22: 20). 어떤 점에서 잔이 예수님의 피와 흡사한가?

요 6: 35, "내가 곧 생명의 떡이니." 예수님이 어떻게 떡과 같은가?

요 8:12; 9:5, "나는 세상의 빛이니." 어떻게 예수님이 빛에 비유되시는가?

요 10:7,9 "나는 양의 문이라." 왜 예수님이 자신을 문이라고 부르시는가?

요 10:11,14 "나는 선한 목자라." 예수님과 목자 사이에 어떤 유사점이 존재하는가?

요 14:6, "내가 곧 길이요." 어째서 예수님이 길이라고 말씀하셨는가?
요 14:6, "내가 …진리요" 어떤 의미에서 예수님이 진리이신가?
요 14:6, "내가 …생명이니" 어떻게 예수님이 생명이신가?
요 15:1,5, "내가 포도나무요." 어떻게 예수님이 포도나무와 같은가?
요 15:5, "너희는 가지니." 어떻게 믿는 자들과 포도나무 가지가 흡사한가?

다지칭법

이 비유법은 정상적으로 유사점이 없는 두 가지 대상들 간에 직접적인 호칭을 붙이는 경우다. 예수님께서 헤롯을 가리키면서 '가서 저 여우에게 이르되' (눅 13: 32) 라고 말씀하셨을 때 다지칭법을 사용하셨던 것이다. 만약 예수님께서 이것을 직유법으로 표현하셨다면 '헤롯은 여우와 같다' 고 하셨을 것이고, 또 은유법을 사용하셨다면 '헤롯은 여우다' 라고 단언하셨을 것이다. 그러나 다지칭법에서는 헤롯을 직접적으로 '여우' 라고 이름 붙이셨다.

주님은 종종 어떤 대상에 다른 명칭을 붙여 비유하셨다. 즉 제자들을 '사람을 낚는 어부' (마 4:19; 막 1:17), 추수 때의 '일꾼' (마 9:37-38; 눅 10:2), '어린아이들' (11: 25; 눅 10:21), '적은 무리' (눅 12:32), 그리고 '거두는 자' (요 4:36)로 부르셨다. 그리고 세례 요한은 '피리' (마 11:17), '등불' (요 5:35)이라고 부르셨다. 믿는 자들은 예수님의 '형제요 자매' (마 12:49), '어린 양 및 '양' (요 21:15-16)으로, 그리고 예수님 자신은 '신랑' (마 9:15; 막 2:15-20), 그리고 '빛' (요 12:35-36)으로 지칭하셨다.

주님을 섬기는 것은 멍에를 메는 일(마 11:29), 양식을 위해 일하는 것(요 6:27), 십자가를 지는 일(마 16:24; 막 8:34; 눅 9:23)[13] 그리고 쟁기질하는 것(눅 9:62)으로 비유된다. 예수님은 믿지 않는 자들을 '개들'과 '돼지들'(마 7:6), '추수밭'(harvest field, NIV, 9:37-38; 요 4:35), '식물'(마 15:13), 그리고 '죽은 자'(눅 9:60)들로 부르셨다. 이방인들은 '개들'(막 7:27)이며, 믿지 않은 이스라엘 백성은 '잃어버린 양'(마 10:6)인 것이다. 바리새인들은 독사의 새끼들(마 16:6; 막 8:15), 예수님의 적들은 삯군과 도둑(요 10:1,8, 12-13)이고, 헤롯은 '여우'(눅 13:31-32)다.

가벼운 잘못은 '티'로 불리우고 심각한 죄는 '들보'(마 7:3-5)다. '불'은 하나님의 마지막 심판(눅 12:49)이고, 행위는 '열매'(마 7:16, 20)며, 영적 진리는 '빛'(요 3:19, 21)이다. 영적 축복은 '결실'(마 13:23)이고 '꿀'(요 10:9)이며, 성령은 '생수'(4:10,11,14; 7:38)다.[14] 천국으로 가는 길은 '문'(마 7:13)이고, 켜진 등불은 영적으로 깨어있음을 나타낸다(눅 12:35).

예수님은 자신의 몸을 '성전'(요 2:19)으로, 자신의 사역은 '양식'(요 4:34)으로 부르셨으며, 그분과 교제하는 것은 그분의 살과 피를 나누는 것이

---

13) 로마 시대에는 유죄 선고를 받은 죄인은 처형을 받기 위하여 자신의 십자가를 지고가야 했는데, 그것은 자신이 이전에 대적했던 법률에 굴복한다는 것을 공개적으로 입증하는 것이었다. 이와 비슷하게 제자들이 '십자가'를 '진다'는 것은 자신이 한때 대적했던 주님께 고통이 따르더라도 순복한다는 것을 공개적으로 표현하는 일이다. (Louis A. Barbieri, "Matthew," in The Bible Knowledge Commentary, New Testament, ed. John F. Walvoord and Roy B. Zuck [Wheaton, Ill.: 1983], 59).

14) "유대인들은 생수라는 표현을 고여서 썩은 물과 대조시켜, 샘물 혹은 흐르는 시냇물을 지칭하기 위해 사용했다"(Albert Barnes, Barnes' Notes of the New Testament [재발행본, Grand Rapids: Kregel, 1962), 282). 여기서 예수님은 영생을 주시는 성령님을 가리키셨다. (참고: 요. 7:38-39) "예수님은 자신이 주실 새 생명, 성령의 활동과 관련된 삶에 관해 말씀하고 계신다"(Leon Morris, The Gospel according to John, New International Commentary on the New Testament [Grand Rapids: Eerdmans, 1971], 260).

다. 예수님은 자신의 고난과 죽음을 '잔'(마 20:22-23; 26:39; 막 10:38; 14:36; 눅 22:42)과 '세례'로 부르셨다.

예수님께서 사용하신 다지칭법의 많은 예들은 직유 또는 은유적 표현처럼 자연 만물에서 나왔는데, 이렇게 추상적인 진리들이 구체적이고 회화적인 언어로 전해짐으로 해서 듣는 이들을 놀라게 했고 그들의 생각에 도전을 주었다.

환유법

환유적 표현은 한 단어나 구절을 그것과 연관되는 단어나 구절로 대체하는 것이다. 예수님이 '검'을 주러왔다고 말씀하셨을 때 문자 그대로의 칼을 말한 것이 아니라 칼과 연관된 전쟁을 의미하셨다. 고라신, 벳새다, 가버나움(마 11:21,23; 눅 10:13,15)을 언급하신 것은 그 도시들의 외형적인 실체를 지칭한 것이 아니라 그곳 주민들을 의미했다. 이같은 사실은 '모든 동네와 집'(마 12:25), 예루살렘(마 22:37) 그리고 '다른 동네'(눅 4:43)를 언급할 때에도 마찬가지인데 이 말들은 그 도시 안에 거주하는 사람들을 지칭하신 것이다.

입술로 주를 존경한다는 것(마 15:8)은 입을 통해 하는 말들을 뜻한다. '만일 집이 스스로 분쟁하면 그 집이 설 수가 없고'(막 3:25)라고 말씀하셨을 때, 그것은 분명히 문자 그대로의 집을 뜻한 것이 아니라 가족 구성원을 뜻했다.

최후의 만찬에서 예수님과 열두 제자들이 마셨던 '잔'은 하나의 환유적인 표현인데 그 이유는 그들은 잔 속에 들어있는 것을 마신 것이지, 잔 그 자체를 마시지 않았기 때문이다. 이것이 바로 환유적 연상 관념이다.

제유법

제유법은 환유법과 비슷한 것으로서 차이가 있다면 제유법은 부분으로 전체를, 혹은 전체로 부분을 나타낸다는 점이다. 예수님께서 '수태 못하는 이' (wombs that never bore, 아이를 배지 못한 태, 눅 23:29) 라는 말씀을 하셨을 때, 신체의 일부분(태: womb)으로 모든 여인을 지칭하셨다. 따라서 아이를 배지 못하는 태란 자식을 낳지 못하는 모든 여인을 가리킨다.

과장법

과장법은 말하는 내용에 충격 또는 강조를 더하기 위해 사용된 의도적인 과장법을 말한다. 과장법은 문자 그대로 받아들여지지는 않지만, 확대해서 말하거나, 불가능 또는 자연스럽지 못하다고 여겨지는 말들을 사용해서 진리를 전달하는 것이다. 예수님을 청종하던 사람들은 자연스럽게 그분의 과장된 표현들을 생생한 의사소통의 수단으로, 또 영적 진리에 관한 그들의 관심을 사로잡는 경이로운 말씀으로 이해하였다.

과장법적 표현들의 예로서 마태복음 5장 29-30절을 보자: "만일 네 오른 눈이 너로 실족케 하거든 빼어 내 버리라 네 백체중 하나가 없어지고 온몸이 지옥에 던지우지 않는 것이 유익하며 또한 만일 네 오른손이 너로 실족케 하거든 찍어 내 버리라 네 백체 중 하나가 없어지고 온몸이 지옥에 던지우지 않는 것이 유익하리라".[15] 어떤 사람들이 이 말을 과장법으로 생각하지 못하고

---

15) 다른 경우에 예수님은 신체의 세 부분을 언급하셨다:손, 발, 눈 (마18:8-9; 막 9:43-47).

문자 그대로 받아들여 신체를 절단했더라도 죄의 문제를 해결하지는 못했을 것이다. 왜냐하면 한 눈이나 한 손, 심지어는 양 눈과 양 손이 없어도 죄를 범할 수 있기 때문이다! 예수님께서 지적하신 것은 "사람들로 하여금 죄를 짓도록 하는 모든 것들을 그들의 삶에서 제할 필요가 있다는 것이다. 삶 가운데 죄만큼 무슨 수를 써서라도 없애야 할 것은 없다. 죄를 안고 지옥에 던져지는 것보다 차라리 한쪽 눈을 도려내고 한쪽 손을 잘라내는 것처럼 고통스러울지라도 죄를 회개하고 그 결과 천국에 들어가는 것이 훨씬 낫다."[16)

나팔을 불어대며 자신의 구제를 다른 사람에게 널리 알리는 것(마6:2), 오른손이 하는 것을 왼손이 모르게 하지 않는 행위(6:3), 자기 눈 속에 있는 들보를 제거하지 않는 일(7:3-5), 자식에게 떡 대신에 돌을, 생선 대신에 뱀을 주는 것(7:9-10), 천하를 얻는 일(16:26), 산을 움직이는 일(17:20), 490번 용서하는 일(18:22, 무한정 용서해야 하는 마음가짐을 의미하는 구절), 약대가 바늘귀로 들어가는 일(19:24; 참조. 막 10:24-25),[17) 교인 하나를 얻기 위하여 바다와 육지를 두루 다니는 일(23:15), 하루살이는 걸러내고 약대는 삼키는 일(23:24),[18) 검을 가진 자는 다 검으로 망한다는 말씀

---

16) Robert H. Stein, The Method and Message of Jesus' Teachings (Philadelphia: Westminster, 1978), 9.

17) 예수님의 요점은 비록 큰 짐승이 바늘귀(어떤 이의 주장처럼 낙타가 겨우 지나갈 수 있는 작은 문이 아니라 실제 바늘의 구멍이다)와 같이 작은 구멍으로 들어가는 것이 불가능할지라도, 부자가 구원을 받는 일이 전적으로 불가능한 것은 아니라는 것이다. (같은 책, 12)

18) 예수님께서는 서기관들과 바리새인들이 문자적으로 이러한 일을 하고 있음을 의미하는 것이 아니다(왜냐하면 그 누가 약대를 삼킬 수 있단 말인가!). 주님은 그들이 율법의 사소한 문제들에 온통 관심을 쏟고 마치 쉽사리 약대를 삼키듯 더 중요한 것들을 등한시 여김을 지적한 것이다 (Zuck, Basic Bible Interpretation, 155). 부정한 것들을 제거하려다가(레 11:41), 오히려 팔레스타인 지역에서 통상 발견할 수 있는 가장

(26:52),[19] 자기 부모와 처자를 미워하는 일(눅14:26; 참조. 마 10:37)[20] 들이 마치 비수처럼 듣는 사람들의 양심을 깊이 찔렀던, 예수님께서 사용하신 12가지 과장법적 표현들 중 몇 가지다.

의인법

의인법은 무생물이나 생각 또는 동물들에게 인간의 성격이나 행동을 부여하는 수사법이다. 마치 사람의 손이 무엇인가 알 수 있는 것처럼 표현된다(마 6:3). 주님은 '내일'이 염려하는 마음을 지닌 것으로(NIV, 마 6:34), 천국이 마치 군대처럼 진군하는 것으로(11:12), 또 지혜가 행동하고(11:19), 돌들이 소리지르며(눅 19:40), 산들이 귀가 있어 들을 수 있고(23:30), 예루살렘이 들을 수 있으며(23:37), 바람이 의지가 있는 것처럼('바람이 임의로 불매,' 요 3:8) 말씀하셨다.

이렇듯 인간의 성격과 행동 양식이 사물에 부여됨으로써 예수님이 하시는

크며 부정한 짐승인 낙타를 삼키는 것을 피하지 못해 그들 스스로가 더럽혀진 것이었다 (레 11:4; Morris, The Gospel according to Matthew, 583).

19) 전쟁에서 칼을 쓰는 사람들이 모두 다 칼로 죽지는 않으므로 이것도 아마 하나의 과장법에 속할 것이다.

20) 문자적으로 자신과 가장 가까운 사랑하는 사람들을 미워한다는 것은 부모를 공경하라는 예수님의 계명(막 7:10)과 상치된다. 예수님은 친척을 사랑하는 것이 주님을 사랑하는 것에 앞서서는 안 된다는 것을 말씀하신 것이다. 인간을 향한 사랑은 하나님을 사랑하는 것에 비교해 볼 때 미움처럼 보이게 되는 것을 말한다 (Stein, The Method and Message of Jesus' Teachings; 8-9). 이 명령은 사람들이 "하나님의 요구를 부모의 요구보다 상위에 놓을 것"을 강력히 요구한다 (Cecil S. Emden, "Our Lord's Impressive Rhetoric," Church Quarterly Review 157[1956]: 419).

말씀에 생동감이 더해졌다.

돈호법

돈호법은 어떤 물체가 마치 가상의 사람인 양 직접 그 물체에 말을 건네는 것이다. 의인법은 어떤 사물을 사람으로 간주하고 그것에 관해 말하는 반면, 돈호법은 사물이 마치 사람인 양 직접 그것에 말을 건넨다는 차이가 있다. 그런 예를 예수님의 가르침에서 찾아보면, 고라신, 벳새다, 가버나움(마 11:21,23; 눅 10:13), 예루살렘(마 23:27; 눅 13:34)[21]과 같은 도시를 향해 말씀하신 것을 생각할 수 있다.

완곡어법

완곡어법은 불쾌하거나 뻔뻔한 표현들 대신에 부드럽고 온화한 표현들로 대체하는 수사법이다. 예수님께서 야이로에게 그의 딸이 잔다고 말씀하셨을 때(마 9:24; 막 5:39; 눅 8:52), 또 제자들에게 나사로가 잠들었다고 말씀하셨을 때(요 11:11) 완곡어법을 사용하신 것이다. 비록 그 소녀와 나사로가

---

[21] 예수님이 예루살렘을 향해 하신 마 23:37과 눅 13:34 말씀은 실제적으로 네 가지 수사법을 동반한다! 즉, 예루살렘이 마치 사람인 양 말하는 것은 의인법이다. 도시를 향해 직접 말하는 것은 돈호법이다. 또한 도시를 언급하셨지만 실제적으로는 그 안에 거주하는 사람을 뜻하신 것은 환유법이고, 암탉이 그 새끼를 날개 아래 모음같이 주님이 그의 백성들을 그에게로 모으려 한다고 말씀하신 것은 직유법이다.

실제로 죽었다고 해도 예수님은 의도적으로 온화한 표현을 사용하셨던 것이다.

반어법

반어법은 비꼬는 내용을 칭찬하는 말로 표현하는 것이다. 따라서 말한 내용의 실제 의미는 표면상의 내용과 반대되는 것이다. 반어법은 예상치 못한 어떤 것을 제시한다는 점에서 놀라움과 충격적인 요소를 지닌 여러 다른 형태의 수사법과 유사하다고 볼 수 있다.

예수님은 바리새인과 사두개인들이 천기는 분별할 줄 알면서 자신들의 전문 분야인 종교 분야에서는 주님의 사역의 중요성을 알지 못한다고 말씀하셨다(마 16:2-3). 그들은 우리가 기대하는 것과 반대되는 모습을 보였던 것이다. 바리새인들이 예수님께서 세리와 죄인들과 함께 식사한다고 비난하자, 예수님은 그들에게, "건강한 자에게는 의원이 쓸데없고 병든 자에게라야 쓸데 있느니라 내가 의인을 부르러 온 것이 아니요 죄인을 부르러 왔노라"(막 2:17)고 말씀하셨다. 이 말에서 반어법적 요소를 찾아보면, 종교 지도자들 스스로는 건강하고 의롭기 때문에 구원이 필요 없다고 생각한다는 점이다. 사실은 그들도 자신들이 멸시하던 세리와 죄인들과 마찬가지로 구세주가 필요했다![22] 그들은 자신들은 죄인들과 다르다고 구별함으로써 유일한 구원의 소망이신 예수님을 부인했던 것이다. 그들도 역시 예수님과 세리들과 같이 앉아 식사를 했어야만 했다!

---

22) Jakob Jonsson, Humour and Irony in the New Testament (Leiden:Brill, 1985), 186-87.

그리고 바리새인들은 종교 지도자로서 안식일에도 선을 행하고 생명을 구해야만 했다. 그러나 예수님은 어떤 희생을 치르고라도 안식일에 일하는 것을 피하고자 했던 그들의 이율배반적인 의도를 하나의 질문을 던지심으로써 적나라하게 드러내셨다(막 3:4).

예상밖으로 그리고 모순되게 로마와의 유대관계를 불편하게 여기던 바리새인들은 예수님을 대적하기 위해 오히려 로마에 복종하기를 주장하던 헤롯당원 세력과 결탁하고 말았다(막 3:6).

예수님께서 바리새인들을 향하여 "너희가 너희 유전을 지키려고 하나님의 계명을 잘 저버리는도다!"(막 7:9) 라고 말씀하신 것은 반어적인 색채, 어쩌면 냉소적이기까지 하도록 말씀하신 것이다.[23] '잘 저버리는도다' 라는 말은 칭찬의 말 같지만 문장의 나머지 부분을 살펴보면 예수님께서 그들을 비꼬시기 위해 하신 말씀임을 알 수 있다. 이같은 생각은 "추한 일을 그토록 잘 하는구나!" 또는 "매우 정의롭게 불법을 잘도 저지르는구나!"[24]라는 표현인 것이다. 예수님께서 "선지자가 예루살렘 밖에서는 죽는 법이 없느니라!"(눅 13:33) 고 말씀하셨을 때에도 반어법적 표현을 사용하신 것이다. 그 이유는 선지자셨던 주님은 영문 밖에서 죽으실 것을 아셨기 때문이다.

위의 경우들은, 말한 내용 속에 반어적 표현이 드러나 있는 말로 표현된 경우들이다. 반면에 극적 혹은 상황적 반어법은 예상되거나 적합한 것들과

---

23) 반어법과 비교해 볼 때, "냉소는 어조면에서 좀더 무겁다. 냉소는 신랄한 비판이 수반되기 때문에 보통 상처를 입히기 위해 사용된다. 그것은 신랄한 비판이다. 그런 반면 반어법은 더 미묘하게 비꼬는 형태다"(Zuck, Basic Bible Interpretation, 159).

24) Jerry Camery-Hoggatt, Irony in Mark's Gospel, Society for New Testament Studies Monograph Series 72 (Cambridge: Cambridge University Press, 1992), 149.

반대되는 일들이 발생하는 상황이나 행동들을 일컫는다. 극적인 반어법의 한 예가 바로 선한 사마리아인의 이야기다(눅 10:29-37). 레위인과 제사장은 예상할 수 있는 것과 반대되는 행동을 했다. 그러나 멸시 받던 사마리아인은 유대인들의 기대와 정반대의 행동을 보였다.

지혜로운 청지기 비유는 반어법적 전환을 포함한다. 즉 한 부자는 지혜롭게 행동한 정직하지 못한 청지기를 칭찬한다. 그리고 예수님은 이 사실을 이용하셔서, 믿지 않는 자들이 '빛의 아들'인 믿는 이들보다 "자기 시대에 있어서는 더 지혜롭다"(눅 16:8)고 반어적으로 말씀하셨다. 그리고는 이 이야기를 적용하여 제자들에게 영적인 이득을 위해 '불의의 재물'을 사용하라고 말씀하셨다(16:9). 또한 돈을 사랑한 바리새인들을 꼬집어서 하인이 두 주인을 섬길 수 없듯이 아무도 "하나님과 재물을 겸하여 섬길 수" 없다(16:13-14)고 말씀하셨다.

유대 사회에서도 사람들은 부유함이 하나님께서 내리시는 복의 징표요 가난은 믿음이 부족함을 나타내는 것이라고 믿었다. 그렇기 때문에 부자는 죽어서 지옥 고통 가운데 있고, 가난하고 병든 나사로는 '아브라함의 품'에 안겼다는 예수님의 이야기는 반어적인 것에서도 매우 극적인 것으로서 듣는 이들을 어리둥절하게 만들었던 것이다. 이와 비슷한 것으로서 성전에서 기도하는 바리새인과 세리의 비유도 극적 반어법을 보여준다. 기도 중에 바리새인들은 자신이 비천한 직업을 가진 세리와 같지 않음을 하나님께 감사드렸다. 그러나 오히려 세리가 하나님께 의롭다고 칭찬을 받았다(눅 18:9-14).

누구나 '유대인의 관원'(요 3:1)인 니고데모와 같은 바리새인은 영적 진리를 분별할 줄 아는 것으로 기대하겠지만 정작 그는 그렇지 못했다. 따라서 니고데모에게 던진 예수님의 질문은 날카로운 반어적인 비평을 담은 것이었다: "너는 이스라엘의 선생으로서 이러한 일을 알지 못하느냐?"(3:10).

야고보와 요한이 예수님의 오른쪽과 왼쪽에 앉고 싶다고 말했을 때 그들은 예수님께서 십자가에 달리실 때 좌우 편에 다른 사람들이 달릴 것을 알지 못하고(15:27) 그같은 것을 요구했다(막 10:37).[25] "사실 복음서의 주요 줄거리는 확대된 반어법적 표현으로 되어 있다. 즉 이스라엘 백성이 메시아를 거부했고, 실제로는 하나님을 모독하는 자들이 하나님의 아들을 하나님 모독죄로 기소했으며, 하나님의 뜻이 성취되는 일에 하나님께 대적했던 자들이 부지중에 도구로 사용되었다."[26]

예수님은 많은 이야기와 진술 가운데 매우 정교한 반어적 표현을 사용하셔서 가르치신 결과 큰 효과를 얻을 수 있었다.

역설법

역설법은 겉으로 보기에는 정상적인 의견이나 상식에 모순되는 진술이지만 실제적으로는 모순이 아닌 말을 뜻한다. 단지 모순처럼 보일 뿐이다.

예수님은 산상수훈을 매우 놀라운 역설적인 말씀으로 시작하셨다. 정상적인 의미로는 심령이 가난한 자, 애통하는 자, 온유한 자가 복이 있다고 생각되지 않는다. 그럼에도 불구하고 천국이 그들에게 속했고, 위로받고, 땅을 기업으로 받게 된다는 것이다(마 5:3-5). 제자들은 예수님이 "자기 목숨을 얻는 자가 잃을 것이요 나를 위해서 자기 목숨을 잃는 자는 얻으리라"(10:39; 눅 9:24)는 말씀을 하셨을 때 놀라움을 금치 못했을 것이다. 또 후에 그와 비슷한 말 즉 "누구든지 제 목숨을 구원코자 하면 잃을 것이요, 누구든지 나를

---

25) Mark Allan Powell, What Is Narrative Criticism? (Minneapolis: Fortress, 1990), 31.
26. 같은 책.

위하여 제 목숨을 잃으면 찾으리라"(마 16:25; 눅 17:33; 막 8:35; 참조. 요 12:25)[27]고 하신 말씀을 들었을 때에도 마찬가지로 놀랐을 것이다.

이와 비슷한 논조로 주님은 제자들에게 "천국에는 극히 작은 자라도 세례 요한보다 더 크다"(마 11:11)고 말씀하셨다. 역설적으로는 그리스도 시대의 믿는 자인 '극히 작은 자'가 예수님 자신의 선구자보다도 '더 큰' 자가 되는 것이다.

멍에는 쉽고 짐은 가볍다는 말씀은 역설적으로 들린다(마 11:30). 그러나 예수님은 이런 역설적 표현을 통해 제자들로 하여금 자신을 따르는 일에서 오는 독특한 축복들을 음미해 보도록 꾀하셨던 것이다.

언어 유희

언어 유희(때로는 재담(Paronomasia) 이라고도 불리운다)는 비슷한 소리가 나거나 동일한 단어들이 다른 의미를 지니는 경우를 이용하는 것이다. 예수님은 베드로(헬라어로 Petros)를 가리키면서 교회가 '이 바위'(Petra), 곧 베드로의 신앙 고백 위에 세워질 것이라고 말씀하셨다. 이것은 예수님의 말씀을 오래도록 기억하게 해주는, 매우 뚜렷하고 재치 있는 언어 유희였다.

예수님께서 하신 말세에 관한 예언은 기근(Loimoi)과 온역(Limoi)에 관해 언급하고 있는데, 이 두 단어는 비슷한 소리가 나면서 동시에 똑같은 소리로 시작해서 두운을 형성하고 있다(눅 21:11). 이중적인 의미를 지닌 단어 두

---

27. Sockman은 이런 사람들에게 '승리하는 실패자'라는 역설적인 이름을 붙였다. (Ralph W. Sockman, The Paradoxes of Jesus [New York: Abingdon, 1936], 232-41).

가지가 예수님과 니고데모간의 대화에 나온다. 우선 '사람이 거듭나지 아니하면' (요 3:3)이란 말씀에서, 헬라어 anothen은 '거듭'을 뜻하는 동시에 '위로부터'라는 뜻을 지닌다. 예수님은 한 단어 안에 이 두 가지 의미를 동시에 포함시키기 위해 이중적 의미를 사용하셨는지도 모른다. 또한 예수님은 바람을 가리키면서 pneuma(요 3:8)를 사용하셨고, 바로 그 구절에서 성령님을 지칭하기 위해 pneuma를 사용하셨다. 이는 실로 놀라운 언어 유희였다.

예수님은 믿는 자들은 자유로이 예수님을 따를 수 있도록 (영적으로) 죽은 자들이 (육체적으로) 죽은 자들을 장사지내게 하라고 말씀하셨다(마 8:22; 눅 9:60).

마가복음 8장 35상반절에서 '구원한다'는 말은 육체적으로 보존한다는 의미를 지니고, 하반절에서는 그 말이 영적인 완성에 관해 말하고 있음을 알 수 있다. 같은 구절에서 '잃는다'는 말은 먼저 육체적 죽음을 의미하고 나중에는 영적인 헌신을 뜻한다.

예수님의 이름을 위하여 자신의 가족을 버리는 자는 여러 배로 복을 받고 (마 19:29), 먼저 된 자가 나중 되고 나중 된 자가 먼저 된 자가 많으며 (19:30; 20:16; 막 10:31; 눅 13:30), 섬기는 자가 됨으로써 크게 되고 (마 20:26-27; 23:11; 막 9:35; 10:43-44), 자기를 높이는 자는 낮아지고 또 자기를 낮추는 자는 높아지며(마 23:11; 눅 14:11; 18:14), 없는 자는 있는 것까지 빼앗기고(막 4:25), 자기 친척과 고향에서는 존경을 받지 못하며(마 13:57; 막 6:4), 가장 작은 이가 큰 자이며(눅 9:48), 자기 생명을 미워하는 자는 영생을 얻는다(요 12:25).[28] 이 모든 것들은 인간의 입장에서 보면 한결같이 이해하기 힘든 것들이지만, 하나님의 관점에서 보면 온전한

---

28. Sockman은 이것을 '죽어서 사는 것' (같은 책, 248) 이라고 부른다.

것이다.

　창기들이 대제사장이나 장로들보다 먼저 하늘나라에 들어갈 것이라고 말하는 것은(마 21:31) 몹시 역설적이어서 종교 지도자들에게 충격을 던져주었고 그들을 격분시켰다. 또 한가지 역설적인 것은 비록 부자가 연보궤에 돈을 넣었더라도 가난한 과부가 더 큰 희생을 치렀기 때문에 실제로는 더 많은 돈을 드렸다고 하신 예수님의 관찰이다(막 12:41-44). 46년 걸려 지은 성전을 예수님께서 3일만에 세우겠다고 하시자(요 2:19-20) 유대인들은 놀랐다. 그들에게는 주님의 말씀이 모순으로 들렸다. 왜냐하면 그들은 예수님의 말씀은 헤롯의 성전이 아닌 예수님 자신의 육체를 가리키는(2:21) 수사법임을 이해하지 못했기 때문이다.

당·신·은·어·떤·가·?

- 생각나는 것 중에 교사가 진술한 생생한 문장을 기억해 보라. 왜 당신은 그것을 기억하는가?

- 다음 수업 시간에 사용할 직유적 혹은 은유적 표현, 아니면 두 가지를 다 생각해 보라.

- 수업시간에 과장법을 사용하면 요점을 전달하는 일에 도움이 되겠는가?

● 반어법 또는 역설적 표현을 어떻게 사용할 수 있을지 생각해 보라.

● 지금까지 언급한 수사법들 중 한 개 혹은 둘 이상을 수업 중에 의식적으로 사용한 후에 학생들이 어떻게 반응하는지 살펴 보라. 학습 내용을 전달하는 일에 그런 것들이 어떤 도움을 주었는가? 다음 번에는 어떻게 발전시킬 수 있겠는가?

13

예수님은 또 다른 수사적 표현법을 어떻게 사용하셨나?

"이 사람의 지혜가 어디서 났느뇨…? 이는 그 목수의 아들이 아니냐?" (마 13: 54-55; 참조. 막 6: 2)

예수님의 교수방법에는 유머, 수수께끼, 격언 또는 경구, 반복, 논리적 추론, 대조, 실례와 설명 및 운율 등을 포함한 수사학적 방법들과 같은 탁월한 다양성이 발견된다.

유머

유머는 반어법과 마찬가지로 예기치 않은 것을 제시한다. 유머는 모순된 것, 역설적인 것, 이치에 맞지 않는 것, 혹은 얼토당토않은 것을 말함으로써 사람들로 하여금 미소 혹은 웃음을 자아내게 한다.

때로는 상황 자체가 웃음을 불러일으킬 수도 있다. 어떤 남자가 길거리에서 한 여자를 만나 모자를 조금 들어올려 여인에게 인사를 했는데 그 순간 비둘기 한 마리가 모자 밑에서 나와 날아간다면 바로 그런 사건이 예기치 않은 일로 유머가 된다. 만일 개 한 마리가 교실 안으로 들어온다면 아이들은 웃을 것이다. 그것이 바로 상황에서 빚어지는 '부조화적 유머(서로 관련이 없는 것들을 한데 묶는)'이다.[1]

그렇지만 유머는 예수님께서 사용하신 것처럼 말로 표현되는 형태가 더욱 빈번하다. 풍자(반어법), 비꼬는 말, 과장법, 역설법 그리고 언어 유희 같은 것들은 모두 예상 밖의 일로 인해 해학적인 요소를 가지고 있다. 사람들은 유머러스한 내용에 미소를 짓거나 웃음을 터뜨리지만 동시에 그런 가운데 갑자기 그 안에 있는 모순을 발견하기도 한다.

어떤 사람들은 죄인들을 구원하실 목적을 위해 십자가에 달려 죽으시려고 이 땅에 오셨던 예수님께서 그토록 심각한 사명에도 불구하고 유머가 풍부하셨음에 놀라워한다. 그렇지만 "아무런 선입관 없이 자연스레 공관복음을 읽는 사람이라면 누구나 예수님께서 웃으셨던 것을 본다. 그뿐 아니라 그분은 다른 이들의 웃음도 기대하셨다. 예수님의 삶에 그같은 단면이 있다는 것을 이해할 수 없는 것은 참 안타까운 일이다"[2]

이 세상에서 가장 위대한 커뮤니케이터이자 교사이셨던 예수님은 종종 해학적인 말씀을 통하여 큰 효과를 보셨다. 유머는 학생들 마음 속의 긴장감을 풀어주고, 교사가 전달하려는 내용을 학생들이 쉽게 받아들이게끔 만든다. 예수님은 유머를 사용하셔서 제자들이 쉽게 배우도록 도와 주셨다. 뿐만 아니라 자신을 대적하는 자들에게 보이신 해학적인 반응들과 기지는 대적하

---

1) World Book Encyclopedia, 1992년 편찬, 소제목: "Humor," Sarah Blacher Cohen, 9:435.

2) Elton Trueblood, The Humor of Christ (New York: Harper and Row, 1964), 15.

는 자들의 죄를 입증했으며 심지어 어떤 경우에는 그들을 침묵하게 만들기도 했다.

그렇지만 예수님의 유머는 결코 즐거움 그 자체만을 위한 것은 아니었다. 즉 예수님은 단지 즐거움을 자아내기 위해서 재미있는 말을 하시지는 않았다. 예수님은 목적을 갖고 해학적인 말씀을 하셨다. 또한 그분의 유머는 결코 잔인하거나 신랄하거나 혹은 보복적인 것이 아니었다. 예수님은 냉소적이 아니라 유쾌한 방법으로 유머를 사용하셨다.

교사가 지녀야 할 자질 속에 유머가 들어가는 경우는 별로 없지만, 적절하게 사용된 유머는 효과적인 교육에 매우 중요한 특성이 될 수 있다. 1994년도 아리조나주 최고 교사로 뽑힌 마고 스톤(Margo Stone)은 효과적인 가르침에 관해 말하는 가운데 유머에 대해 언급했다. 그녀는 "좋은 선생은 자신의 분야를 알고, 사랑과 관심 그리고 유머감각을 가진 사람이다"[3]라고 말했다.

그러면 예수님은 어떻게 유머를 사용하셨나? 그분의 과장된 표현은 분명히 사람들의 미소를 자아내었다. 자신들의 자선(마 6: 2)을 알리기 위해 나팔을 불어대는 바리새인들의 모습을 생각하거나, 커다란 나무 기둥이 눈에 박혀 있는 것을 생각하고서도(7:3) 웃지 않을 사람이 있었을까? 약대가 바늘귀를 통하여 들어가는 것(19:24), 혹은 바리새인들이 약대를 삼키는 일(23:24)에 관한 언급들은 분명히 사람들의 미소 내지는 웃음을 자아낸다.

다음의 이야기들은 예수님이 어떻게 종종 유머 내지는 기지를 사용해서 말씀하셨는지 보여준다.[4]

---

[3] The Arizona Republic, 6 November 1993, 1B.
[4] 해학의 한 종류인 기지 (wit)는 적절한 말로 신속하면서 쉽게 응답하는 것을 말한다.

"사람이 등불을 가져오는 것은 말 아래나 평상 아래나 두려함이냐?"(막 4:21; 참고 마 5:15). 말(그릇) 아래 등불을 두면 등불이 꺼지게 되고, 평상 아래에 두면 평상에 불이 붙게 될 것이다. 이런 우스꽝스러운 암시는 주님을 드러내놓고 증거해야 할 필요성을 한층 부각시킨다.[5] 감추기 위해 촛불을 켜는 일이 어리석은 것처럼, '그리스도께서 제자들을 부르신 것이 그들을 이 세상으로부터 숨기기 위함'[6]이란 생각은 잘못된 것이다.

누군가가 진주를 돼지에게 던진다거나(마 7:6), 자식에게 떡 대신 돌을 주고, 생선 대신 뱀을 주며(7: 9-10), 알 대신 전갈을 준다거나(눅 11:12), 가시나무에서 포도를 혹은 엉겅퀴에서 무화과를 딸 수 있다고 생각하거나(마 7:16), 모래 위에 집을 짓는다(마 7:26)고 생각한다면 이는 실로 우스꽝스러운 일이 아닐 수 없다. 이런 실례들은 예수님의 주장에 통렬함을 더해 준다.

생베 조각을 낡은 옷에 붙이게 되면 새 것이 그 옷을 당기어 더 헤어진다. 그래서 가정주부는 그런 일은 하지 않는다. 마찬가지로 사람들은 새 포도주를 낡은 가죽부대에 넣지 않는다. 그 이유는 부대가 터져 포도주가 쏟아지기 때문이다(마 9:15-17; 막 2:21-22; 눅 5:36-39). 예수님은 아무도 행치 않는 이러한 우스꽝스러운 행동에 관심을 불러일으켜서 자신의 사역은 바리새적인 관습을 뜯어 고치는 정도가 아니라 전혀 새로운 메시지를 가지고 왔음을 강조하셨다.

'귀 있는 자는 들으라'고 하신 주님의 말씀 또한 우스운 것이었다(마 11:15; 13:9, 43; 막 4:9,2 3; 눅 8:8; 14:35). 생각해 보라. 모든 사람이 귀가 있고, 귀로 듣지 않는가? 진정한 들음은 순종하는 데 있다는, 재미있는 풍

---

5) Trueblood, Humor of Christ, 18.
6) Jakob Jonsson, Humour and Irony in the New Testament (Leiden:Brill,1985),96.

자가 곁들여진 예수님의 말씀에 미소를 머금었을 군중들을 상상해 보라.

예수님은 헬라인인 수로보니게 족속 여인과 대화하시면서 자기의 귀신들린 딸을 도와달라는 그 여인의 간구에 자녀의 떡을 취해 개들에게 던짐이 마땅치 않다고 응답하셨다(마 15:26;막 7:27).[7] 이 대답이 무정하게 들릴지 모르나, 주님은 만면에 미소를 머금고 말씀하셨을 것이다. 그것은 그 여인이 주님께서 하신 말씀의 묘미를 알아차렸기 때문이다. 그 여인은 주님께서 개를 언급하신 것에 주목해서 집에서 기르는 개들도 주인의 상에서 떨어진 부스러기를 먹는다고 대답하였다. 여인의 재치 있는 대답을 통해 그녀는 자신이 유대인이 아니란 신분을 인정한 것이다 ("네, 저는 집에서 기르는 조그만 개 입니다."). 그러나 동시에 비록 작은 분량이라도 예수님으로부터 무언가 도움을 받고 싶다는 자신의 욕구를 확실히 표현했다(주님의 상에서 떨어진 부스러기라도 먹고 싶습니다). 그 누가 위의 대화에서 보여지는 유쾌하고도 재치있는 말들을 놓칠 수 있겠는가?

유머는 어떤 사람의 유죄를 입증할 수 있다. 실로 예수님은 유머를 사용하셔서 바리새인들로 하여금 보복의 감정 없이 자신들의 모습을 알게끔 하셨다. 예를 들어 늑대가 실제로 양의 가죽을 쓸 수 있겠는가? 이는 '우습고도 또한 거짓된 모습이 될 것이다.'[8] 예수님은 거짓 선지자들을 그렇게 묘사하셨다(마 7:15). 우스운 생각인 '소경인 인도자'는 결코 인도자가 될 수 없다(마 15:14; 23:24). 또한 누가 대접의 속은 닦지 않고 겉만 깨끗이 하겠는가(눅 11:39)? 서기관들과 바리새인들을 회칠한 무덤에 비유하는 것은 비극이긴 하지만 희극이기도 하다(마 23:27-28).

---

7) 헬라어 kynarion은 kyon의 축소형태어인데, 이는 길거리를 헤매며 돌아다니는 큰 개가 아니라, 집에서 기르는 조그만 애완용 개를 뜻한다.

8) Jonsson, Humour and Irony in the New Testament, 187.

유머는 예상 밖의, 그리고 극단적인 것들을 사용함으로써 예수님의 비판을 더욱 통렬하게 하고 기억에 오래 남게 해주었다. 헤롯왕을 여우라고 부르셨을 때(제12장에서 언급된 것처럼 이는 다지칭법으로 알려진 비유법이다) 제자들은 신뢰할 수 없는 교활한 여우와 헤롯을 연상지으면서 깔깔대고 웃었을 것이다(눅 13:32).[9]

수수께끼

좋은 선생은 학생들이 알아야 할 것을 항상 말해주는 대신, 가끔씩은 그들이 스스로 생각하게끔 만든다. 그러기 위해 학생들에게 답을 찾아보도록 유도하는 질문을 던질 수도 있고, 과제를 주어 해결하도록 할 수도 있으며, 수수께끼들을 빨리 풀어보게 할 수도 있다.

예수님은 때로 모호한 말씀을 하셨다. 그것은 예수님이 확실히 알지 못하셨기 때문이었을까? 물론 그런 것이 아니라 의도적으로 학습을 증진시키기 위해 그런 방법을 사용하신 것이다. 아래에 제시된 수수께끼 같은 문장들을 읽으면서 그런 말들이 듣는 사람들로 하여금 어떻게 생각하게 만들고, 배우게 하는지 생각해 보라.

"죽은 자들로 저희 죽은 자를 장사하게 하라"(마 8:22). 이는 언어의 유희이기도

---

[9] 금세기 초에 나타난 예수님의 유머에 관한 2개의 연구논문들: Shepherd Knapp의 "Traces of Humor in the sayings of Jesus", Biblical World 29(1907):201-7페이지; M. C. Hazard의 "Humor in the Bible," Biblical World, 53(1919):514-19페이지.

하다(12장을 보라).

"나는 세상에 화평이 아니라, 검을 주러왔다"(마 10:34).

"세례 요한의 때부터 지금까지 천국은 침노를 당하나니 침노하는 자는 빼앗느니라"(마 11:12).

"내가 너희에게 말하노니 엘리야가 이미 왔으되 사람들이 알지 못하고 임의로 대우 하였도다"(마 17:12).

"어미의 태로부터 된 고자도 있고 사람이 만든 고자도 있고 천국을 위하여 스스로 된 고자도 있도다"(마 19:12).

"주검이 있는 곳에는 독수리들이 모일지니라"(마 24:28).

"있는 자는 받을 것이요 없는 자는 그 있는 것까지 빼앗기리라"(막 4:25).

"이 성전을 헐라. 내가 사흘 동안에 다시 일으키리라"(요 2:19).

"진실로 진실로 네게 이르노니 사람이 거듭나지 아니하면 하나님 나라를 볼 수 없느니라"(요 3:3).

"나는 하늘로서 내려온 산 떡이니 사람이 이 떡을 먹으면 영생하리라...이러므로 유대인들이 서로 다투어 가로되 이 사람이 어찌 능히 제 살을 우리에게 주어 먹게 하겠느냐?"(요 6:51-52).

"내 살을 먹고 내 피를 마시는 자는 내 안에 거하고 나도 그 안에 거하리니"(요 6:56).

"너희가 나를 찾아도 만나지 못할것이요, 나 있는 곳에 오지도 못하니라. 이에 유대인들이 서로 묻되 이 사람이 어디로 가기에 우리가 저를 만나지 못하리요?"(요 7:34-35).

"늙어서는 네 팔을 벌리리니"(요 21:18).

예수님이 행하신 많은 진술들이 의도적으로 모호한 것은 분명 아니다. 그러나 예수님이 듣는 이를 당황하게 하셨을 때에는 그런 난제들이 듣는 이들의 생각을 자극시켰고, 그 결과 학습에 효과를 가져왔다. 오늘날의 교사들도 해결책이나 답이 없는 상태에서 무작정 학생들이 토론하도록 하지 않는 한도 내에서, 조심스럽게 선택된 수수께끼 같은 말들을 사용함으로써 학습에 좋은 효과를 꾀할 수 있다.

경구 혹은 금언

예수님은 경구를 매우 효과적으로 사용하신 분이었다.[10] 그분의 경구는 매우 뛰어났고 다양하면서도 심오한 뜻을 지녔다. 복음서 안에는 예수님의 간결하고도 함축성 있는 진술들이 가득하다. 이러한 경구의 힘은 듣는 사람들로 하여금 생각하도록 만드는 능력과 간결함에서 온다. 경구가 지니는 간단명료함은 "심지어 의도적으로 그것들을 잊으려 해도, 잊혀지지 않고"[11] 사람들의 마음 속에 깊이 파고 들어 자리잡게 해준다.

경구는 때때로 속담과 혼동되기도 한다. 그 둘 모두 간결하고 기억하기 쉬

---

10) '경구', '금언', '격언' 내지 '속담' 들은 비록 조금씩 의미의 차이는 있으나 모두 다 간결하고 재치 넘치는 원리나 사실들을 진술하는 것을 말한다. 경구를 뜻하는 또 하나의 말은 Chreia인데, 이는 철학자들의 기지를 지칭하기 위해 맨 처음 헬라문헌에서 쓰여졌다. Chreia에 관한 것은 David E. Aune(Atlanta:Scholars,1988)이 편집한 Greco-Roman Literature and the New Testament에 있는 Vernon K. Robbins의 "The Chreia," D.F. Watson의 Dictionary of Jesus and the Gospels, 1992년에 수록된 "Chreia/Aphorism"이란 소제목의 내용 (104-6페이지), 그리고 Biblical Thelogy Bulletin 16호 (1986년 10월)에 실린 James R. Butts의 "The Chreia in the Synoptic Gospels"를 참고 하라.

11) William Barclay, The Mind of Jesus (New York: Harper and Brothers, 1961), 92.

운 형태로 생각을 정제하고 압축시킨 짧은 진술이다. 그렇지만 속담이 '지혜의 모음'을 전달하고 발생 자체가 '대중적' 이어서[12] 그 사회의 문화적 전통을 대변하는 반면, 경구 혹은 금언은 "'한 개인의 산물'이며, 말하는 이의 독특한 견해를 표현하는 신선한 창의물[13]이란 점에서" 차이가 있다. 간단 명료한 진술들이 모두 속담이 되는 것은 아니다. 오늘날도 많은 사람들이 재치있고 압축된 형태로 사실들을 표현하지만, 이러한 많은 진술들 중 불과 몇 개만 오랜 세월 동안 특정 집단의 사람들 사이에 사용됨으로써 속담이 되는 것이다. 예수님의 많은 경구들은 매우 독창적이고 빼어났기 때문에 사람들의 마음을 사로잡아 수 세기에 걸쳐 널리 알려지게 되었다. '문학적 속담'은 '제자가 그 선생보다, 또는 종이 그 상전보다 높지 못하나니(마 10:24)'라는 경구에서 보듯이 '대부분 2행 연구의 대구 형태로 표현' 되는[14] 간결한 원리다. 예수님은 이런 것들을 많이 말씀하셨다.[15]

  예수님 당시의 율법학자들도 많은 금언을 말하였다.[16] 그러나 그들의 금언은 예수님의 말씀에서 발견할 수 있는 통렬함이 없다. 예수님은 성경에 나오는 어떤 인물보다도 많이 경구들을 말씀하셨으며 이를 통해 다시금 '하나님께로서 오신 선생' (요 3:2에서 니고데모가 부른 것처럼)으로서의 독특한

---

12) Leo G. Perdue, "The Wisdom Sayings of Jesus," Foundations and Facets Forum 2 (September 1986):6.

13) Anchor Bible Dictionary,1992, 소제목: "The Teaching of Jesus Christ," by Marcus J.Borg, 3:807; 참고: John Dominic Crossan의 In Fragments: The Aphorisms of Jesus (San Francisco: Harper and Row,1983),20.

14) Perdue, "The Wisdom Sayings of Jesus,"

15) 이런 2행 연구들은 이번 장의 '시' 부분에서 살펴 볼 것이다.

16) Pirke Aboth:Sayings of the Fathers, R. Travers Herford 편집 (New York:Shocken,1962).

능력을 보여주셨다.

　예수님이 말씀하신 경구의 수효는 학자들마다 다르다. 어떤 학자들은 예수님의 축복과 저주를 포함시키는 반면, 다른 이들은 그것들을 포함시키지 않는다. 또 어떤 학자들은 마태복음 7장 1절의 "비판을 받지 아니하려거든 비판하지 말라", 또는 마태복음 10장 16절의 "그러므로 너희는 뱀 같이 지혜롭고 비둘기 같이 순결하라"와 같은 간결한 형태의 지시문을 포함시키기도 한다. 그러나 나는 이런 것들이 예수님이 말씀하신 이래로 오랫동안 그리고 친숙하게 사용되어온 이유로 격언처럼 여겨지기는 해도 이것들을 경구에 포함시키지는 않는다. 또한 예수님이 베드로에게 "내가 너를 씻기지 아니하면 네가 나와 상관이 없느니라" 혹은 도마에게 "믿음없는 자가 되지 말고 믿는 자가 되라"라고 말씀하신 것같이 어느 특정 인물에게 국한하신 말씀들도 경구에서 제외시킨다. 경구는 본질적으로 보편적이며 특정 소수가 아닌 많은 이들에게 적용 가능한 원리들이다.

　예수님의 몇몇 경구들은 자명한 사실을 이야기하고 있지만 그 진리의 표현 방법과 그 말이 적용되는 방법이 신선하기 때문에 쉽게 기억될 수 있다. "한 사람이 두 주인을 섬기지 못한다"(마 6:24)는 자명한 이치는 하나님과 돈을 섬기는 문제에 적용되었다. "만일 소경이 소경을 인도하면 둘이 다 구덩이에 빠지리라"[17](마 15:14)는 말은 바리새인들을 겨냥하신 것이었는데, 영적으로 무지한 지도자들을 추종할 때 일어나는 무서운 결과를 강조하신 말씀이다.

　다른 경구들은 "자기 목숨을 얻는 자는 잃을 것이요 나를 위해 자기 목숨을 잃는 자는 얻으리라(마 10:39)"와 같이 전혀 예상 밖의 내용을 진술한다

---

17) 눅 6:39 말씀은 이것을 의문문으로 표현하고 있다.: "소경이 소경을 인도할수 있느냐? 둘이 다 구덩이에 빠지지 아니하겠느냐?" 이처럼 평서문에서 의문문으로의 변화는 예수님의 몇몇 금언에서 사실상 발견되어진다.

(참조. 16:25; 막 8:35; 눅 9:24; 17:33; 요 12:25). 이런 범주의 경구는 정상적으로 기대되거나 사실로서 여겨지는 것들과는 반대되는 뜻밖의 내용을 표현한다.

아래의 구절들은 주님께서 사용하신 이 두 개의 범주에 속하는 경구들을 나타내고 있으며, 각각의 범주는 30개의 경구를 담고 있다.[18]

자명한 내용을 진술하는 경구들

"소금이 만일 그 맛을 잃으면 무엇으로 짜게 하리요"(마 5:13; 막 9:50; 눅 14:34).

"산 위에 있는 동네가 숨기우지 못할 것이요"(마 5:14).

"사람이 등불을 켜서 말 아래 두지 아니하고 등경 위에 두나니 이러므로 집안 모든 사람에게 비취느니라"(마 5:15; 막 4:21; 눅 11:33).

"눈은 몸의 등불이니"(마 6:22; 눅 11:34).

"한 사람이 두 주인을 섬기지 못할 것이니"(마 6:24).

"너희 중에 누가 염려하므로 그 키를 한 자나 더할 수 있느냐"(마 6:27; 눅 12:25).

"내일 일은 내일 염려할 것이요 한 날 괴로움은 그 날에 족하리라"(마 6:34).

"가시나무에서 포도를, 또는 엉겅퀴에서 무화과를 따겠느냐?"(마 7:16; 눅 6:44).

---

18) 이는 Crossan(In Fragments: The Aphorisms of Jesus, 330-44)에 포함되어 있는 133개의 경구에 비하면 절반도 안 되는 숫자이다. 앞서 말했지만, 그가 열거하고 있는 예수님의 '팔복'과 명령 등의 많은 것들이 여기서는 제외되어 있다. 하지만 다른 시적 진술문들은 여기에 포함되어 있다. 예수님이 말씀하신 수많은 명령들과 지시문들의 내용을 위해서는 부록을 참고하기 바란다.

"좋은 나무가 나쁜 열매를 맺을 수 없고"(마 7:18;눅 6:43).

"건강한 자에게는 의원이 쓸데없고 병든 자에게라야 쓸데 있느니라"(마 9:12; 막 2:17).

"혼인집 손님들이 신랑과 함께 있을 동안에 슬퍼할 수 있느뇨"(마 9:15; 막 2:19; 눅 5:34).

"생베조각을 낡은 옷에 붙이는 자가 없나니 이는 기운 것이 그 옷을 당기어 헤어짐이 더하게 됨이요"(마 9:16; 막 2:21; 눅 5:36).

"새 포도주를 낡은 가죽부대에 넣지 아니하나니 그렇게 하면 부대가 터져 포도주도 쏟아지고 부대도 버리게 됨이라"(마 9:17; 막 2:22; 눅 5:37).

"일꾼이 저 먹을 것 받는 것이 마땅함이라"(마 10:10; cf. 눅 10:7)[19]

"제자가 그 선생보다, 또는 종이 그 상전보다 높지 못하니"(마 10:24; 눅 6:40; 요 13:16;15:20).

"참새 두 마리가 한 앗사리온에 팔리는 것이 아니냐?"(마 10:29; cf. 눅 12:6: "참새 다섯이 앗사리온 둘에 팔리는 것이 아니냐?")

"사람이 먼저 강한 자를 결박하지 않고야 어떻게 그 강한 자의 집에 들어가 그 세간을 약탈하겠느냐?"(마 12:29;막 3:27;[20] 눅 11:22).

"그 실과로 나무를 아느니라"(마 12:33; 눅 6:44).

"만일 소경이 소경을 인도하면 둘이 다 구덩이에 빠지리라"(마 15:14; 눅 6:39).

---

19) 비록 같은 맥락이기는 하지만 눅 10:7은 다르게 기록한다: "일꾼이 그 삯을 얻는 것이 마땅하리라." 또한 이 말은 다른 경우에서도 언급되었다: 맨처음은 열두 제자에게(마 10:10); 그런 후 72명의 제자들에게도 행해졌다(눅 10:7). 마 23:12과 눅 14:11; 18:14도 참고하라.

20) 마태복음에서 의문문으로 기록된 것이 막 3:27과 눅 11:22에서는 평서문으로 나타나 있다. 이러한 변형은 예수님의 경구 중에 흔히 발견된다.

"하나님으로서는 다 할 수 있느니라"(마 19:26; 막 10:27; 눅 18:27).
"주검이 있는 곳에는 독수리들이 모일지니라"(마 24:28; 눅 17:37).
"무화가 나무의 비유를 배우라. 그 가지가 연하여지고 잎사귀를 내면 여름이 가까운 줄을 아나니"(마 24:32; 막 13:28).
"종은 영원히 집에 거하지 못하되 아들은 영원히 거하나니"(요 8:35).
"낮이 열두 시가 아니냐. 사람이 낮에 다니면 이 세상의 빛을 보므로 실족하지 아니하고, 밤에 다니면 빛이 그 사람 안에 없는고로 실족하느니라"(요 11:9-10).
"한 알의 밀이 땅에 떨어져 죽지 아니하면, 한알 그대로 있고 죽으면 많은 열매를 맺느니라"(요 12:24).
"어둠에 다니는 자는 그 가는 바를 알지 못하느니라"(요 12:35).
"이미 목욕한 자는 발밖에 씻을 필요가 없느니라. 온 몸이 깨끗하리라"(요 13:10).
"종은 주인이 하는 것을 알지 못한다.(요 15:15).
"여자가 해산하게 되면 그때가 이르렀으므로 근심하나, 아이를 낳으면 세상에 사람 난 기쁨을 인하여 그 고통을 다시 기억지 아니하느니라"(요 16:21).

각각의 경구에 나타나 있는 맥락을 살펴보고 예수님께서 이런 자명한 것들을 듣는 이에게 어떻게 적용하셨는지 살펴보는 것도 흥미로운 연구가 될 것이다. 한 예로 예수님은 "산 위에 있는 동네가 숨기우지 못할 것이요"(마 5:14)라는 말씀을 통해 예수님을 따르는 자들은 다른 이들에게 선행을 보여줌으로써 하나님께 영광을 돌리는 삶을 살아야 한다(마 5:16)는 것과, 사람들이 산 위의 동네를 보는 것처럼 믿는 사람들에게서 그리스도를 닮은 모습을 볼 수 있어야 한다고 말씀하셨다.

예상 밖의 내용을 진술한 경구들

"너희는 세상의 소금이니"(마 5:13).

"너희는 세상의 빛이라"(마 5:14).

"네 보물 있는 그 곳에는 네 마음도 있느니라"(마 6:21;눅 12:34).

"너희의 비판하는 그 비판으로 너희가 비판을 받을 것이요"(마 7:2;막 4:24;눅 6:38).

"내가 의인을 부르러 온 것이 아니요 죄인을 부르러 왔노라"(마 9:13;막 2:17; 눅 5:32).

"감추인 것이 드러나지 않을 것이 없고 숨은 것이 알려지지 않을 것이 없느니라" (마 10:26;막 4:22;눅 8:17;12:2)[21]

"너희에게는 머리털까지도 다 세신 바 되었나니"(마 10:30; 눅 12:7).

"자기 목숨을 얻는 자는 잃을 것이요, 나를 위하여 자기 목숨을 잃는 자는 얻으리라"(마 10:39; 16:25; 막 8:35; 눅 9:24; 17:33; 요 12:25).

"지혜는 그 행한 일로 인하여 옳다함을 얻느니라"(마 11:19; 참조. 눅 7:35; "지혜는 자기의 모든 자녀로 인하여 옳다함을 얻느니라").

"인자는 안식일의 주인이니라"(마 12:8; 막 2:27; 눅 6:5).

"스스로 분쟁하는 나라마다 황폐하여질 것이요"(마 12:25상; 막 3:24; 눅 11:17하).

"스스로 분쟁하는 동네와 집마다 서지 못하리라"(마 12:25하; 막 3:25; 눅 11:17하).

---

21) 이 금언이 누가복음에서 두 군데 기록된 것같이 예수님의 어떤 진술들은 한가지 이상의 경우에 걸쳐 행해졌다. 마 10:39와 16:25에 동시에 나오는 예수님의 말씀도 마찬가지 경우다. 산상수훈에서 볼 수 있는 몇몇 말씀들도 이와 유사한 경우일 것이다.

"나와 함께 아니하는 자는 나를 반대하는 자요, 나와 함께 모으지 아니하는 자는 헤치는 자니라"(마 12:30; 막 9:40; 눅 11:23).

"이는 마음에 가득한 것을 입으로 말함이라"(마 12:34; 눅 6:45).

"선지자가 자기 고향과 자기집 외에서는 존경을 받지 않음이 없느니라"(마 13:57; 막 6:4; 눅 4:24; 참조. 요 4:44).

"입에서 나오는 것들은 마음에서 나오나니 이것이야말로 사람을 더럽게 하느니라"(마 15:18; 막 7:15).

"사람이 만일 온 천하를 얻고도 제 목숨을 잃으면 무엇이 유익하리요"(마 16:26 상; 막 8:36; 눅 9:25).

"사람이 무엇을 주고 제 목숨을 버리겠느냐?"(마 16:26; 막 8:37).

"약대가 바늘귀로 들어가는 것이 부자가 하나님의 나라에 들어가는 것보다 쉬우니라"(마 19:24; 막 10:25; 눅 18:25).

"먼저 된 자로서 나중 되고 나중 된 자로서 먼저 된 자가 많으니라"(마 19:30; 막 10:31).

"나중 된 자로서 먼저 되고 먼저 된 자로서 나중 되리라"(마 20:16; 눅 13:30).

"너희 중에 누구든지 크고자 하는 자는 너희를 섬기는 자가 되고, 너희 중에 누구든지 으뜸이 되고자 하는 자는 너희 종이 되어야 하리라"(마 20:26-27; 막 10:43-44; 눅 22:26).

"청함을 받은 자는 많되 택함을 입은 자는 적으니라"(마 22:14).

"누구든지 자기를 높이는 자는 낮아지고 누구든지 자기를 낮추는 자는 높아지리라"(마 23:12; 눅 14:11; 18:14).

"무릇 있는 자는 받아 풍족하게 되고 없는 자는 그 있는 것까지 빼앗기리라"(마 25:29; 눅 8:18).

"마음에는 원이로되, 육신이 약하도다"(마 26:41; 막 14:38).

"검을 가지는 자는 다 검으로 망하느니라"(마 26:52).

"지극히 작은 것에 충성된 자는 큰 것에도 충성되고, 지극히 작은 것에 불의한 자는 큰 것에도 불의하리라(눅 16:10).
"사람 중에 높임을 받는 그것은 하나님 앞에 미움을 받는 것이니라"(눅 16:5).
"죄를 범하는 자마다 죄의 종이라"(요 8:34).

예수님은 위에 열거한 많은 독창적인 경구 외에도 적어도 다음과 같은 4개의 보편적인 금언을 인용하셨다: "선지자가 자기 고향과 자기집 외에서는 존경을 받지 않음이 없느니라"(마 13:57; 막 6:4; 눅 4:24; 요 4:44), "너희가 반드시 '의원아, 너를 고치라' 하는 속담을 인증하여 내게 말하기를"(눅 4:23), "너희가 '넉달이 지나야 추수할 때가 이르겠다' 하지 아니하느냐?"(요 4:35), "그런즉 '한 사람이 심고 다른 사람이 거둔다' 하는 말이 옳도다"(요 4:37).

위와 같은 진부하지 않은 금언들을 읽으면서 당시 그것들을 직접 들을 수 있었던 사람들은 얼마나 신선한 충격을 받았을지 생각해 보라.

반복

반복은 적절히만 사용하면 학생들의 마음에 진리를 확실히 심는 효과적인 학습 도구가 된다. 어떤 것들은 반복해서 가르쳐야 할 가치가 있다!

예수님은 이 방법도 사용하셔서 청중들의 주의를 끄셨다. 마태복음에서 예수님은 "…사람은 복이 있나니"(5:3-11)라고 아홉 차례에 걸쳐 거듭 말씀하셨다. 또한 "너희가 들었으나 …나는 너희에게 이르노니"라고 반복해서 지적하심으로 자신이 바리새인들의 전통보다 권위있음을 밝히셨다(5:21-22, 27-28, 31-32, 33-34, 38-39, 43-44). "염려하지 말라"(6:25, 31, 34)

는 말은 "두려워하지 말라"(10:26, 28, 31)는 말처럼 짧은 시간동안 계속 3번이나 반복 사용되고 있다. 또한 예수님은 3번 거듭해서 "…하는 자마다" (10:37-38)라는 말을 사용해서 서두를 시작하셨다. 그리고 세례 요한을 지칭하실 때 3차례에 걸쳐 "너희가 무엇을 보려고 광야에 나갔더냐?"(11:7-9) 고 말씀하셨다. 예수님께서 바리새인들을 향해 "…것을 읽지 못하였느냐?" 라고 질문하셨을 때 그들은 당황했었을 것이다. 하지만 같은 말을 계속 반복 하시면서 다른 질문을 하셨을 때 그들은 더욱 깊은 낭패감을 맛보았을 것 (12:3, 5).

예수님은 마태 복음의 한 장에서 다섯 번, 그리고 다른 장에서 3번에 걸쳐 "내가 너희에게 이르노니"(18:3, 10, 18-19, 22; 26:21, 29, 34) 라고 반복 해서 말씀하셨다. 또한 바리새인들의 위선을 비난하면서 '화 있을진저' 라고 7번이나 거듭 말씀하셨다(23:13, 15-16, 23, 25, 27, 29). 바리새인들을 '소경' (23:16-17, 19, 24, 26)이라고 다섯 차례 부르시고, 여섯 차례에 걸쳐 그들을 외식하는 자라고 반복해서 부르셔서 강조의 효과를 가져오셨다. 한편 주님은 먼저 오른 눈이 실족케 하는 것에 관해 말씀하시고(5:29), 이어 오른 손이 실족케 하는 것에 관해 언급하셨다(5:30). 이런 식의 반복은 주님께서 전달하시려는 의도를 한층 강조했다. 이와 같은 논조가 10장 37-38절의 "아 비나 어미를 나보다 더 사랑하는 자는…" 과 "아들이나 딸을 나보다 더 사랑 하는 자는…" 이란 말씀에도 나타난다.

구원의 필요성을 제대로 느끼기 어려운 대부분의 부자들의 마음 상태를 강조하기 위해서, 예수님은 두 번 거듭해서 "재물이 있는 자는 하나님의 나 라에 들어가기가 심히 어렵도다"(막 10:23-24)고 말씀하셨다. 그리고 수사 학적으로 비슷한 질문들을 각각 세 차례 하신 후에 "죄인들도…"(눅 6:32-34) 라는 표현으로 시작하는 말로 대답을 하셨다. 누가복음 13장 2-5절의 "…는 줄 아느냐?"와 "너희에게 이르노니, 아니라!"는 반복되는 형식을 주목하라.

마가복음(8:31; 9:31; 10:33-34)에 있듯이 예수님은 세 차례 자신에게 다가올 고난과 죽음, 그리고 부활을 예언하셨다.

예수님은 자신이 생명의 떡이심을 말씀하실 때 '하늘에서 내려왔음'을 반복해서 말씀하셨다(요 6:33, 38, 41, 50, 51, 58). 그러니 어떻게 유대인들이 주님의 신성과 하늘로부터 오셨다는 내용을 놓칠 수 있었겠는가? 같은 설교 안에 죽은 자의 부활에 대한 믿음이 네 번(6:39-40, 44, 54), "믿는다"는 말이 세 번(6:35, 40, 47), 그리고 '하늘에서 내린 떡'이란 말이 다섯 번(6:31-33, 50, 51) 반복된다.

또한 예수님께서 두 번 반복하신 "나는 양의 문이다"(10:11, 14) "나는 선한 목자라"(10:11, 14) 라는 말과 다섯 번 반복하신 양들을 위하여 목숨을 버린다(10:11, 15, 17-18)는 표현을 주목하기 바란다. 요한복음 15장에서도 '과실', '거하면', '사랑하다'와 '미워하다'는 말씀이 수차례 반복된다.

논리적 추론

가르침에는 학생들이 생각하도록, 즉 논리적이고 정확하게 생각하게 이끌어 주는 일이 포함된다. 예수님 역시 면밀한 논리적 전개와 논증을 통해 그런 기준을 충족시키셨다.

예수님께서 사용하신 가장 보편적인 논증 가운데 하나는 일반화 논법(a

---

22. Rabbi Hillel (B.C.30- A.D.9)는 이 논증 형태를 '가볍고 무거운(qal wahomer)'이라고 불렀다.

23. Robert H.Stein, The Method and Message of Jesus' Teachings

fortiori)이란 것인데, 이는 덜한 것에서 더한 것으로 옮겨가는 논리다.[22] 이 논리 방법은 '이전에 내린 결론 또는 받아들여진 사실보다도 훨씬 더 강한 결론을 유도해낼 수 있다'[23]

예수님은 심고 가꾸지 않아도 하나님께서 먹이시는 새들을 바라보라고 청중들에게 말씀하셨다. 그같은 사실을 기반으로 "너희는 이것들보다 귀하지 아니하냐?"(마 6:26, 눅 12:24)라고 물으시면서 하나님께서 그들을 분명히 돌봐주시는 사실을 전하셨다. 이와 마찬가지로 하나님께서는 새들의 생명까지도 관할하시면서 돌봐주시기 때문에(첫번째 논점) 예수님의 제자들 또한 틀림없이 돌보아주실 것이다. 왜냐하면 그들은 새보다 훨씬 소중한 존재들이기 때문이다(번째, 확실한 결론; 마 10:29-30).

하나님께서는 들의 풀도 '입히시기' 때문에(첫번째 결론), 믿는 자들은 훨씬 더 잘 '입히시지' 않겠는가?(두번째 결론, 첫번째 결론보다 훨씬 확실함; 마 6:30; 눅 12:28). 부모들이 '악한' 자라도 자녀들에게 좋은 것으로 주기 때문에(첫번째 사실), 하나님은 구하는 자에게 좋은 것으로 주실 것이다(두번째 사실, 더욱 확실함; 마 7:11; 눅 11:13).

누가복음 12장 25-26절은 산상수훈을 통해 예수님의 또다른 일반화 논법(a fortiori)을 기록하고 있다. 염려함으로 그 키를 한 자도 더할 수 없기 때문에 음식과 의복에 관해 염려하는 것은 더 쓸데없는 일이다.

"집 주인을 바알세불이라 하였거든 하물며 그 집 사람들이랴"(마 10:25). 예수님 자신을 집 주인으로 비유하심으로 자신이 핍박받고 계심을 말씀하셨다(바알세불은 사탄을 지칭하는 이름. 참조. 마 12:24). 따라서 '그 집 사람들'인 제자들 역시 분명 종교, 정치 지도자들에게 핍박당할 것이다(10:17-18).

(Philadelphia:Westminster, 1978), 20.

하나님은 다윗과 그와 함께 한 자들이 하나님의 전에 들어가 진설병을 먹어 율법에서 금한 행위를 했음에도 그들을 꾸짖지 아니하였다(첫 번째 사실). 그렇기 때문에 다윗보다 더 크신('안식일의 주인') 예수님은 아무 꾸지람 받지 않고 제자들과 함께 안식일에 낟알을 드실 수 있으신 것이다(마 12:1-8; 막 2:23-28; 눅 6:1-8).

예수님이 사용하신 또다른 형태의 논법은 귀류법(reductio ad absurdum)이라고 불리우는 것인데, 이 논법은 사람의 견해를 불합리한 논리적 결과로 이끌고 간다. 예수님의 산상수훈을 듣던 사람들은 자신들이 세리와 불의한 자들로 비쳐지기를 원치 않았을 것이다. 그러나 예수님이 주장하셨듯, 단지 자기들을 사랑하는 자들만을 사랑하고 자기 형제에게만 문안하는 것은 위에 언급한 죄인들과 똑같은 범주에 속하는 것이다. 이런 결과는 그들이 원치 않는 것이므로, 산상수훈을 듣던 자들은 자신들의 습성이 잘못되었다는 것을 알게 되는 것이다(마 5:46-47).

예수님 당시의 사람들은 세례 요한의 금욕주의적인 삶을 배격하면서도(마 11:18) 동시에 군중들과 함께 지내시는 예수님의 생활도 거부하는 일관성이 없는 모습을 보였다(마 11:19). 그들은 마치 먼저 피리에 맞추어 춤곡을 연주하고 이어서 장송곡을 부르는 아이들과도 같은 자기 모순에 빠지게 된다(11:15-17; 눅 7:31-34).

바리새인들과 율법학자들이 예수님이 바알세불을 힘입어 귀신을 쫓아낸다고 비난하였을 때, 예수님은 그들의 불합리성을 지적하셨다. 예수님의 논법에 따르면 이는 사단이 같은 사단을 쫓아내어 "'스스로 분쟁하는 것'이 되어서 저의 나라가 서지 못하게 되는 일"이란 것이다(마 12:24-26; 막 3:22-26; 눅 11:15-18). 그 당시 종교 지도자들을 따르는 사람들도 귀신을 쫓아내고 있었기 때문에 예수님은 또다른 질문을 통해 다시금 그들이 던진 비난의 불합리성을 입증하셨다: 만일 그들이 말하기를 예수님이 사단의 힘을 빌어 귀신을 쫓아낸다고 한다면, 예수님처럼 귀신을 쫓아내는 자신의 동료들, 즉 '자녀들'도 같은 식으로 설명해야만 한다(마 12:27; 눅 11:19). 그래서 예수님께서 , "그러므로 저희가 너희 재판관이 되리라"고 하신 것은 바로 "너희 자녀들이 너희가 틀렸다는 사실을 입증해 보일 것이다"라고 말하신 것과 같은 것이다. 따라서 귀신을 쫓아내는 일은 결코 사단의 일이 아니란 점을 명백히 보이게 된다.[24] 주님은 강력한 논법을 통해 그들이 주님을 비난하는 것들이 명백하게 논리를 벗어난 불합리한 것임을 분명히 입증하셨다.

예수님은 대제사장 안나스 앞에서 판결을 받으실 때도 귀류법을 사용하셨다. 한 하속이 예수님을 쳤을 때 주님은 자신이 말을 잘못했다면 그 잘못한 것을 지적할 수 있어야 한다고 말씀하셨다. "잘 하였으면 네가 어찌하여 나를 치느냐?"(요 18:23). 잘못을 지적하지도 못하면서 예수님의 얼굴을 치거나 혹은 잘 하셨음에도 그분을 치는 일은 그 하속의 행위가 터무니없음을 보여주는 것이다. 이같은 예수님의 지적은 그 두 가지 모두를 통해 하속을 곤란하게 만들었다.

예수님께서 대적하는 자들로부터 자신을 변호하기 위해 사용하셨던 세번째 기법은 대인논증(argumentum ad hominem)이란 방법이다. 이것은 논리 자체보다는 사람의 감정이나 선입관에 호소하거나 상대방을 공격하는 논법이다. 예수님께서 "너희들은 다윗에 관해 구약에 기록한 것을 읽지 못하였느냐?"(마 12:3; 19:4) 라고 질문하신 것은 바리새인들의 율법에 대한 무지함을 지적하신 것이다. 그런 힐책은 예수님의 행위나 말 속에서 흠을 잡으려는 자들의 노력을 무너뜨리고 오히려 그들을 분하게 만들었을 것이다. 예수님께서 바리새인들과 율법학자들에게 하신 비난의 대부분은 대인논법이었

---

24) Leon Morris, The Gospel according to Matthew (Grand Rapids: Eerdmans, 1992), 316.

다. 예수님은 이런 논리로 반복해서 그들의 외식적인 모습을 공격하셨다(마 23:13-36). 또한 무리가 예수님을 곤궁에 빠뜨리기 위해 간음 현장에서 잡은 여인을 주님 앞으로 끌고 왔을 때에도 그들의 잘못된 편견을 지적하셨다. "너희 중에 죄 없는 자가 먼저 돌로 쳐라"(요 8:7) 는 말씀은 얼마나 기막힌 것인가! 이로 인해 그들은 수세에 몰렸고 동시에 예수님을 공격하려던 그들의 노력도 수포로 돌아갔으며, 급기야는 아무 말도 못하고 슬그머니 사라져 버렸다(요 8:9).

배중률(excluded middle)이란 논법이 있다. 이것은 논쟁하는 자가 주어진 상황에서 단지 두 개의 정반대되는 것만이 존재함을 보이는 추론의 한 형태다. 즉 중립적 위치가 있을 수 없기 때문에, 두 가지 중 하나가 반드시 선택되어야 한다. "나와 함께 아니하는 자는 나를 반대하는 자요, 나와 함께 모으지 아니하는 자는 해치는 자니라"(마 12:30; 눅 11:23). 예수님은 이 배중률을 사용하셔서 대제사장들과 장로들을 진퇴양난에 빠뜨리셨다: "요한의 세례가 어디서 왔느냐? 하늘로서냐? 사람에게서냐?"(마 21:25; 막 11:30; 눅 20:4). 그들의 대답이 어느 쪽이 되었든 곤궁에 처하게 되었다. 그들은 예수님의 권세가 어디로부터 온 것인지 질문함으로써 그분을 곤궁에 빠뜨리려고 했지만 그분은 재빨리 전세를 역전시켜서 오히려 그들을 곤궁에 빠지게 만드셨다. 그래서 그들은 선택을 회피하고자(어느 쪽을 택하든 자신들이 잘못을 범하게 되므로) "우리가 알지 못하노라"(마 21:25-27; 막 11:31-33; 눅 20:5-7)고 대답했던 것이다.

모순불가(noncontradiction) 논법이란 한 사람이 다른 사람으로 하여금 그렇다 혹은 아니다 라는 양자택일을 하도록 강요함으로써 상대방이 자신의 견해를 받아들이도록 요구하는 것이다. 예수님께서 "소경이 소경을 인도할 수 있느냐?"고 질문하셨을 때(눅 6:39) 그에 대한 유일한 대답은 아니란 것이다. 즉 그 질문의 답은 어떤 선택의 여지가 없다. 그러므로 이 질문은 예수님을 따르는 자들에게 자격 없는 인도자를 따름으로 해서 생기는 위험성을 일깨워 주신 것이었다. 모순불가 논법을 사용한 다음 질문들을 통해 어떻게 예수님께서 말씀을 듣는 자들로 하여금 주님의 논점을 받아들이게 하셨는지 주목해 보라: "너희 중에 누가 망대를 세우고자 할진대 자기의 가진 것이 준공하기까지에 족할지 먼저 앉아 그 비용을 예산하지 아니 하겠느냐?"(눅 14:28); "너희 중에 어느 사람이 양 일백 마리가 있는데 그 중에 하나를 잃으면 아흔 아홉 마리를 들에 두고 그 잃은 것을 찾도록 찾아 다니지 아니하느냐?"(눅 15:14); "너희 중에 뉘게 밭을 갈거나 양을 치거나 하는 종이 있어 밭에서 돌아오면 저더러 '곧 와 앉아서 먹으라' 할 자가 있느냐? 도리어 저더러 내 먹을 것을 예비하고 띠를 띠고 나의 먹고 마시는 동안에 수종 들고 너는 그 후에 먹고 마시라 하지 않겠느냐? 명한 대로 하였다고 종에게 사례하겠느냐?"(눅 17:7-9). 이 각각의 구절들을 통해서 예수님이 가르치시고자 하셨던 것은 무엇일까?

예수님은 내용의 전달을 위해 종종 유추법(analogy)을 사용하셨다. 주님은 어떤 친숙하거나 이미 받아들여진 사실들로부터 그와 비슷한 또다른 새로운 진리를 받아들일 수 있게 하셨다. 하나가 사실이므로 그것에서 유추하는 다른 것도 사실인 것이다. 요나 선지자를 삼킨 큰 물고기의 배는 예수님의 문히심을 묘사한다(마 12:40; 눅 11:30). 그리고 노아 시대때 홍수로 인해 많은 사람이 갑자기 목숨을 잃고 오직 소수만이 구원 받은 사건은 예수님이 재림하실 때 있을 심판과 구원의 모습을 표현한다(마 24:37-41). "…처럼 …하다"란 유추법 표현양식은 "아버지께서 나를 사랑한 것같이 나도 너희를 사랑하였으니"라는 요한복음 15장 9절 말씀에서도 볼 수 있다. 예수님은 자신이 자기에게 속한 사람들을 사랑하시는 것은 바로 하나님께서 예수님을 사랑하시는 것과 같다는 것을 전하시고자 유추법을 사용하셨다.

지금까지 살펴본 추론논법들과 상응하는 구절들이 다음과 같이 주어져 있다. 다음 6개의 참고 구절들이 어떤 논리적 추론법에 의한 것인지 연결시켜 보라.

    a. 일반화 법칙(A fortiori)　　　　　　　　요 7:23
    b. 귀류법(Reductio ad absurdum)　　　　막 3:4
    c. 대인논증(Argumentum ad hominem)　마 12:11-12
    d. 배중률(Law of the excluded middle)　　마 13:40
    e. 모순불가 법칙(Law of noncontradiction)　눅 14:31
    f. 유추법(Analogy)　　　　　　　　　　마 23:15

(이 연습 문제의 해답은 이번 장의 마지막 부분에 있다. 반드시 문제를 스스로 풀어 본 후에 비교해 보기 바란다.)

대조

어떤 대상의 반대되는 것에 주의를 집중시킴으로써 그 두 대상의 특성을 뚜렷하게 알 수 있다. 예를 들어 두 사람이 '밤과 낮처럼 다르다'고 말할 수 있고 어떤 두 가지 실체를 조그만 쥐와 거대한 코끼리에 견줌으로써 그 두 실체의 크기를 대조시키기도 한다. 또한 깨끗함과 더러움, 선과 악, 아름다움과 추함, 가난과 부유, 건강과 질병, 뜨거움과 차가움, 어는 것과 녹는 것, 밝음과 어두움, 진실과 거짓, 늙음과 젊음, 역동성과 피곤함, 유식과 무지, 속삭임과 외침, 날카로움과 무딤 이 모든 것들은 우리가 경험하고 말하는 많은 대조들 가운데 겨우 일부에 불과하다.

"대조를 통해 어떤 생각이나 사람이 두드러지게 나타나며, 흥미는 배가되며, 상상력이 크게 자극되고, 학습은 더욱 효과적이 된다."[25]

복음서를 읽는 사람들은 예수님께서 자신이 가르치시는 바를 쉽게 기억하도록 돕는 수많은 대조법을 사용하신 것을 발견하고 놀라움을 금치 못한다.

'반복법'에서 이미 살펴본 것처럼 예수님은 산상수훈에서, "…것을 너희가 들었으나, 나는 너희에게 이르노니…"(마 5:21-22; 27-28; 31-32, 33-34; 38-39, 43-44)라고 말씀하시면서 다양한 대조를 이루는 표현을 반복해서 사용하셨다. 그러한 대조적 표현으로 인하여 사람들은 예수님의 교수방법이 서기관들과 전혀 다르다는 것을 발견하고 크게 놀랐다.

예수님을 따르는 무리들과 외식적인 종교 지도자들 사이에서 나타나는 대조는 그들의 구제(마 6:2-3)와 기도(6:5-6)와 금식(6:16-17)에서도 두드러진다. 용서하는 것과 용서하지 않는 것(6:14-15), 보물을 땅에 쌓아두는 일과 하늘에 쌓아두는 일(6:19-20), 재물을 섬기지 않고 오직 하나님만을 섬기는 일(6:24), 물질적 필요에 마음을 온통 빼앗기는 모습과 모든 것을 채워주시는 하나님을 신뢰하는 모습(6:32-33), 돌 혹은 뱀을 주는 행위와 떡과 생선을 주는 행위(7:9-10), 좁은 문으로 하늘나라에 들어가는 것과 넓은 문으로 멸망 속으로 빠져가는 것(7:13-16), 그리고 반석 위에 집을 짓는 것과 모래 위에 집을 짓는 것(7:24-27) 등이 마태복음 6장과 7장에 등장하는 많은 대조적인 표현들 가운데 일부분이다.

바리새인들과 사두개인들은 천기는 분별할 수 있으면서도 영적인 것들은 분별하지 못했다(16:2-3). 또 서기관들과 바리새인들은 율법의 상세한 조항을 무거운 짐으로 만들어 사람들에게 지우지만 그 사람들을 돕기 위해서

---

25) Claude E. Jones, The Teaching Method of the Master (St. Louis: Bethany, 1957), 28.

는 손가락 하나 까딱하지 않는다(23:4). 그들의 행위에 관하여 또다른 대조적 표현들이 23장 23-24절(하루살이는 걸러내고 약대는 삼키는 반대적인 행동의 묘사를 통해 알 수 있듯이 중요한 문제는 무시하고 하찮은 일에 마음을 쓰는 것)과 23장 25절(잔과 대접은 깨끗이 씻되 영적으로는 더러운), 그리고 23장 27절(회칠한 무덤 같이 겉으로는 아름답게 보이나 그 안에는 역겨운 것으로 가득찬)에서 볼 수 있다. 그들은 사람들 앞에서 자신들이 의롭다고 내세우지만 하나님은 그들의 중심을 아시며, 사람들이 가치를 두는 것을 하나님은 중요하게 여기시지 않으신다(눅 15:15). 선한 사람은 선한 것을 말하고 악한 사람은 악한 것을 말한다(마 12:35). 바리새인들은 그 하는 말로 의롭다함을 받고 또 반대로 정죄함도 받을 것이다(12:37).

주님은 또한 자신의 사역과 역할에 관하여 여러 대조되는 점들을 지적해 보여 주셨다. 여우와 새들은 거처가 있지만 그분은 없으셨다(눅 9:58). 그리고 그분은 섬김을 받으려는 것이 아니라 오히려 섬기러 오셨다(마 20:28; 막 10:45).

그리고 대조법은 제자들의 역할을 한층 극적으로 조명했다. 즉, 예수님께서는 추수할 것은 많되 일꾼이 적다는 대조를 통해 제자들이 기도해야 한다는 점을 강조하셨다(마 9:37-38). 예수님께서 은밀한 중에 그들에게 이르신 말씀을 그들은 광명한 곳에서 말한다(10:27). 어떤 사람들은 다른 사람들 앞에서 하나님을 시인하지만, 어떤 이들은 그렇지 않다(10:32-33). 자기의 목숨을 찾거나 구하는 것은 자기의 목숨을 잃는 것과 전혀 다른 결과를 빚는다(10:39; 16:25). 겨자씨와 산으로 대조되듯이 적은 믿음이 엄청난 변화를 초래 할 수 있다(17:20-21). 예수님은 또한 여러 차례에 걸쳐 겸손함과 큰 자가 되는 것의 차이를 비교해 보이셨다(18:4; 19:30; 20:16; 23:11-12).

종종 예수님의 대화에서도 대조적인 표현을 볼 수 있다. 한 과부의 지극한 헌신은 상대적으로 미약한 다른 예배자의 헌신과 대조를 보인다(막 12:43;

눅 21:2). 베드로는 예수님을 붙들고 간청했지만 이와 대조적으로 예수님은 베드로를 꾸짖으셨다(막 8:32-33). 충성스러운 종과 그렇지 못한 종은 전혀 다른 결과를 맛보게 된다(마 25:45-46). 또한 종의 무지함과 주인의 지식이 대조적이고(요 15:15), 여인은 해산의 순간에 큰 고통을 겪지만 해산 후에는 큰 기쁨을 맛본다(16:21).

예수님께서 하신 많은 비유가 다음과 같은 대조적 원리로 형성되었다: 두 아들 중에서 하나는 포도원에 일하러 가지 않겠다고 말하고는 일하러 갔고, 다른 아들은 일하러 가겠다고 말은 하고서 정작 일하러 가지 않은 것(마 21:28-32); 미련한 다섯 처녀와 슬기로운 다섯 처녀(25:1-13); 이방인들의 심판 때에 언급된 염소와 양(25:33-40); 다친 사람을 보고도 도와주지 않은 제사장과 레위인, 그러나 이를 도와준 선한 사마리아인(눅 10:25-37); 잃어버린 양 한 마리와 아흔 아홉 마리의 다른 양들(15:3-7); 잃어버린 동전 한 닢과 다른 아홉 개의 동전(15:8-10); 잃어버린 한 아들과 큰아들(15:11-32); 교만한 바리새인과 이와 대조적으로 겸손히 회개하는 세리(18:9-14).

다음의 구절에서 어떠한 대조를 발견할 수 있는가? 또 그같은 대조를 통해서 주님은 무엇을 우리에게 가르쳐 주시려고 하는가? (막 2:27; 마 20:11, 14; 요 1:5; 3:17, 18, 20-21, 8:12)

예수님께서 사용하신 또다른 대조적 표현은 '더 낫다' 와 '더 쉽다' 란 말씀이다. 소자 하나를 실족케하는 것보다 차라리 자신이 물에 빠지는 편이 더 낫다(마 18:6; 막 9:42; 눅 17:2). 양손이나 양발 또는 양눈을 가지고 지옥에 가는 것보다 차라리 한 손이나 한 발 또는 한 눈을 가지고 천국에 들어가는 편이 더 낫다(마 18:8-9; 막 9:43, 45, 47). 바울이 전한 것처럼 예수님은 주는 것이 받는 것보다 더 낫다고 말씀하셨다(행 20:35). 약대가 바늘귀로 들어가는 것이 부자가 하나님 나라에 들어가는 것보다 더 쉽다(마 19:24; 막 10:23; 눅 18:25). 율법의 한 획이 떨어짐보다 천지의 없어짐이 더 쉽다(눅 16:17). 이상의 구절들을 통해 전하게 되는 요지는 다음과 같다: 소자를 그릇되게 인도하지 말라; 자신의 삶에서 죄의 심각성을 매우 중대하게 생각하라; 관대하라; 부를 자랑하지 말라; 하나님 말씀은 영원하다는 것을 깨달으라.

실례와 설명

일반적으로 구체적인 실례없이 어떤 내용을 듣게 되면 혼동하거나 도전을 받지 못한다. 그러나 구체적인 예를 더하게 되면 전달하고자 하는 내용을 한결 명확하게 밝혀 줄 수 있다. 복음서를 읽고 예수님의 일반적 주장에 덧붙여진 실례들을 찾아 보라. 매우 유익한 연습이 될 것이다. 몇 가지의 예들이 아래에 있다:

일반적: 노하는 자마다 심판을 받게 된다. 구체적: 형제에게 노하여 '라가' 즉 미련한 놈이라고 말하지 말라(마 5:22).

일반적: 악한 자를 대적하지 말라. 구체적: "누구든지 네 오른편 뺨을 치거든 왼편도 돌려대며"(5:39). 예수님은 5장 40-42절에서 이러한 원리를 담은 다른 경우들을 제시하셨다.

일반적: 의를 행하면서 자랑하지 말라. 구체적: 구제, 기도, 금식(6:25-31).

일반적: 하나님이 보살펴주지 않을까 염려하지 말라. 구체적: 새, 백합화, 들풀 (마 6:25-31).

일반적: 예수님이 재림하실 때 회개하지 않는 자는 속히 심판을 받게 될 것이다. 구체적: 두 사람이 밭에 있다가 하나만 데려감을 당하고, 두 여자가 매를 갈다가 한 여자만 데려감을 당할 것이다(5:30-41)

예수님께서는 종종 자신의 계명과 행위에 대한 이유를 구체적으로 밝혀 주셨다. 이같은 주님의 설명은 진리를 전하시는 데 매우 효과적이었다. 이런 모습은 예수님이 하신 말씀 가운데 흔히 볼 수 있는 '왜냐하면' 이라는 말, 혹은 예수님께서 하신 일을 설명하시는 말씀 속에서 찾아볼 수 있다. 마가복음을 참고로 아래의 도표를 완성해 보면, 그같은 설명의 효과를 목격하게 된다.

구절	사실	설명
막 1: 22	무리들이 예수님의 가르치심에 놀랬다	왜냐하면 주님의 가르침이 권세 있는 자와 같았기 때문이다.
2:4		
3:9		
6:31		
6:34		
10:5		
10:18		
12:34		
13:13		
13:18		
13:19		
13:35		

명쾌하면서도 효과적인 가르침을 위해서는 실례와 설명이 필요하다. 구체적인 사항들이 추상적인 의미를 확실하게 하고, 설명을 통해 원리들이 더욱 쉽게 이해되고 설득력 있게 된다.

시

　예수님은 말씀 가운데 시적 표현을 사용하심으로 가르침을 더욱 실감나게 하셨다. 예수님은 유대인 가정에서 태어나시고 자라셨기 때문에 종종 히브리 풍의 시적 표현을 하셨다.

　그런 히브리풍의 시는 영시에서 보게 되는 각운은 거의 없다. 반면에 히브리시의 주된 특성은 대구인데 여기서는 시행들이 서로 대구적으로 존립한다. 이러한 대구는 동의적이거나(혹은 비교), 대조적이거나(혹은 대비) 혹은 종합적이거나(혹은 완결) 단계적이다.[26] 이같은 형태들은 예수님의 말씀에서 풍기는 매력의 기쁨을 한층 더한다. "예수님의 말씀이 계속 생명력을 지니는 것은 그 말씀의 진리뿐만 아니라 그것이 지닌 시적 아름다움에도 기인한다"[27]

　동의적(혹은 비교) 병행구의 경우, 두번째 시행은 다소 말들을 달리하면서 첫번째 시행의 의미를 반복한다. 구약의 시에서 흔히 볼 수 있는 이 형태는 예수님의 말씀에서도 종종 볼 수 있다. 두번째 시행은 첫번째 시행의 내용을 특별한 방법으로 강조하면서 좀 더 색다른 변화를 주며 반복해서 나타난다.

---

　26) 처음 3가지 유형은 Robert Lowth가 맨 처음 제안했다. (Lectures on the Sacred Poetry of the Hebrews. G. Gregory 번역 〔1787년에 재판, Hildesheim: Olms,1969〕). C.F. Burney 는 예수님의 강론에 나오는 이러한 형태들을 분석하였다 (The Poetry of Our Lord 〔Oxford: Clarendon, 1925〕). 다른 사람들도 주님의 교수법의 시적 유형에 주목해서 Burney의 분석을 따른다 (예: Joachim Jeremias, New Testament Theology 〔New York: Scribner's Sons, 1971〕; Stein, The Method and Message of Jesus' Teachings).

　27) Hermon Harrel Horne, Jesus-Our Standard(New York: Abingdon,1918),201.

금언에서 볼 수 있듯이 간결성이 예수님 시의 특징이다.[28]

"거룩한 것을 개에게 주지 말며; 너희 진주를 돼지에게 던지지 말라"(마 7:6)

여기에서 '말며, 말라'는 말이 반복해서 나타난 것과, '주다'와 '던지다', '개'와 '돼지', 그리고 '거룩한 것'과 '진주'란 병행 단어들을 주의해서 보라. 이런 사실은 동의적 대구의 좋은 실례인데 어떤 경우엔 동일한 단어가 사용되고 또 다른 경우에는 동의어가 사용된다.

"제자가 그 선생보다, 또는 종이 그 상전보다 높지 못하나니"(10:24)

"감추인 것이 드러나지 않을 것이 없고, 숨은 것이 알려지지 않을 것이 없느니라"(10:26; 막 4:22; 눅 8:17;12:2)

매 첫번째 시행이 정확하게 두번째 시행과 대구되어 나타나지 않는 경우도 있다. 이런 경우를 가리켜 불완전한 대구 형태라고 한다. 마태복음 10장 26절에서 '…않은 것이 없다'란 말이 두번째 시행에서는 어떤 형태로도 반복되지 않고 있다.

---

28) 이같은 이유로 저자는 복음서에서 다른 사람들이 포함시키는 시적 대유의 목록들을 제외한다. 예를 들어, Burney는 족히 100여개 되는 예들을 수용하고 있고, Jeremias는 마태, 마가, 누가복음에서 대조적 대구를 138개나 들고 있다. 반면에 Mary Lucetta Mowry는 공관복음에서 20여개의 금언만을 제시하면서, 그것들만이 시라고 불려질 수 있다고 주장한다("Poetry in the Synoptic Gospels and Revelation: A Study of Methods and Materials"〔박사논문, Yale Univ., 1946〕).

"내가 너희에게 어두운 데서 이르는 것을 광명한 데서 말하며; 너희가 귓속으로 듣는 것을 집 위에서 전파하라" (마 10:27)

"선지자의 이름으로 선지자를 영접하는 자는 선지자의 상을 받을 것이요, 의인의 이름으로 의인을 영접하는 자는 의인의 상을 받을 것이요" (10:41).

"나와 함께 아니하는 자는 나를 반대하는 자요, 나와 함께 모으지 아니하는 자는 헤치는 자니라" (12:30; 눅 11:23)

"그러나 너희 눈으로 봄으로, 너희 귀는 들음으로 복이 있도다" (마 13:16)

"너희는 선지자들의 무덤을 쌓고 의인들의 비석을 꾸미는도다 (23:29)

"안식일에 선을 행하는 것과 악을 행하는 것, 생명을 구하는 것과 죽이는 것, 어느 것이 옳으냐?" (막 3:4)

"만일 나라가 스스로 분쟁하면 그 나라가 설 수 없고, 만일 집이 스스로 분쟁하면 그 집이 설수 없다" (3:24-25)

"우리가 하나님의 나라를 어떻게 비하며, 또 무슨 비유로 나타낼꼬?" (4:30)

"너희가 눈이 있어도 보지 못하며, 귀가 있어도 듣지 못하느냐?" (8:18)

"너희가 나의 마시는 잔을 마시며, 나의 받는 세례를 받을 수 있느냐?" (10:38)

"너희가 나의 마시는 잔을 마시며, 나의 받는 세례를 받으려니와"(10:39)

"너희 중에 누구든지 크고자 하는 자는 너희를 섬기는 자가 되고, 너희 중에 누구든지 으뜸이 되고자 하는 자는 모든 사람의 종이 되어야 하니라"(10:43-44)

"너희 원수를 사랑하며, 너희를 미워하는 자를 선대하며"(눅 6:27)

"가시나무에서 무화과를 또는 찔레에서 포도를 따지 못하느니라"(6:44)

"너희가 어두운 데서 말한 모든 것이 광명한 데서 들리고, 너희가 골방에서 귀에 대고 말한 것이 집 위에서 전파되리라"(12:3)

"목숨이 음식보다 중하고, 몸이 의복보다 중하니라"(12:23)

"무릇 많이 받은 자에게는 많이 찾을 것이요, 많이 맡은 자에게는 많이 달라 할 것이니라"(12:48)
"이 네 동생은 죽었다가 살았으며; 내가 잃었다가 얻었기로"(15:32)

"어찌하여 두려워하며, 어찌하여 마음에 의심이 일어나느냐?"(24:38)

"내게 오는 자는 결코 주리지 아니할 터이요, 나를 믿는 자는 영원히 목마르지 아니하리라"(요 6:35)

"내 삶은 참된 양식이요, 내 피는 참된 음료로다"(6:55)

"종이 상전보다 크지 못하고, 보냄을 받은 자가 보낸 자보다 크지 못하니" (13:16)[29]

"평안을 너희에게 끼치노니, 곧 나의 평안을 너희에게 주노라" (14:27a)

"너희는 마음에 근심도 말고 두려워하지도 말라" (14:27b)

"내가 내 아버지, 곧 너희 아버지, 내 하나님 곧 너희 하나님께로 올라간다" (20:17)

대조적(혹은 대비) 대구에서는, 두 번째 행이 첫 번째 행에 대조되어 제시된다. 예수님은 종종 이같은 형태의 대구를 사용하셨다.[30]

"너희가 사람의 과실을 용서하면 너희 천부께서도 너희 과실을 용서하시려니와 너희가 사람의 과실을 용서하지 아니하면 너희 아버지께서도 너희 과실을 용서하지 아니하시리라" (마 6:14-15)

"너희를 위하여 보물을 땅에 쌓아두지 말라 거기는 좀과 동록이 해하며 도적이 구멍을 뚫고 도적질하느니라. 오직 너희를 위하여 보물을 하늘에 쌓아두라 거기는 좀이나 동록이 해하지 못하며 도적이 구멍을 뚫지도 못하고 도적질도 못하느

---

29) 어떤 성경 학자들은 동의적 대구의 예로 마 5:38-39, 40-47; 막 2:21-22:9: 43-47;그리고 눅 6:29-30을 포함시키고 있다. 그렇지만, 이 구절들은 각각 예수님이 유사한 단어를 사용하셔서 두 개의 유사한 상황을 인용한 경우에 해당된다 할것이다.
30) 제시된 예들은 Burney, The Poetry of Our Lord, 71-81에서 따온 것이다.

니라"(마 6:19-20; 눅 12:33)

"그러므로 네 눈이 성하면 온몸이 밝을 것이요 눈이 나쁘면 온몸이 어두울 것이니(마 6:22-23; 눅 11:34)

"혹 이를 미워하며 저를 사랑하거나 혹 이를 중히 여기며 저를 경히 여김이라"(마태6:24)

"멸망으로 인도하는 문은 크고 그 길이 넓어 그리로 들어가는 자가 많고 생명으로 인도하는 문은 좁기 길이 협착하여 찾는 이가 적음이니라"(7:13-14;눅 13:24)

"이와 같이 좋은 나무마다 아름다운 열매를 맺고 못된 나무가 나쁜 열매를 맺나니"(마 7:17)

"좋은 나무가 나쁜 열매를 맺을 수 없고 못된 나무가 아름다운 열매를 맺을 수 없느니라"(마 7:18눅 6:43)[31]

"건강한 자에게는 의원이 쓸데없고 병든 자에게라야 쓸데있느니라"(마 9:12;막 2:12)

---

31) Stein이 지적했듯이, 마 7:17과 7:18은 각각 대조적 대구의 보기이면서 동시에 그들이 함께 그러한 대구의 형태를 이루고 있다(The Method and Message of Jesus Teaching,281). 의심의 여지 없이 주님께서 이러한 시적 문체를 사용하신 것은 타의 추종을 불허했다!

"누구든지 사람 앞에서 나를 시인하면 나도 하늘에 계신 내 아버지 앞에서 저를 시인할 것이요 누구든지 사람 앞에서 나를 부인하면 나도 하늘에 계신 내 아버지 앞에서 저를 부인하리라"(마 10:32-33;눅 12:8)

"먼저 된 자로서 나중 되고 나중 된 자로서 먼저 될 자가 많으니라"(마 19:30;막 10:31)

"이와 같이 나중 된 자로서 먼저 되고 먼저 된 자로서 나중 되리라"(마 20:16)

"청함을 받은 자는 많되 택함을 입은 자는 적으니라"(22:14)

"누구든지 자기를 높이는 자는 낮아지고 누구든지 자기를 낮추는 자는 높아지리라"(23:12;눅 14:11;18:14)

"회칠한 무덤같으니 겉으로는 아름답게 보이나 그 안에는 죽은 사람의 뼈와 모든 더러운 것이 가득하도다"(마 23:27)

"겉으로는 사람에게 옳게 보이되 안으로는 외식과 불법이 가득하도다"(23:28)

"너희가 박하와 회향과 근채의 십일조를 드리되 율법의 더 중한 바 의와 인과 신은 버렸도다"(23:23)

"천지는 없어지겠거니와 내 말은 없어지지 아니하리라"(24:35;막 13:31;눅

21:33)

"무릇 있는 자는 받아 풍족하게 되고 없는 자는 그 있는 것까지 빼앗기리라"(마 25:29;막 4:25;눅 19:26)

"저희는 영벌에, 의인들은 영생에 들어가리라"(마 25:46)

"가난한자들은 항상 너희와 함께 있거니와 나는 항상 함께 있지 아니하리라"(26:11;막 14:7;요 12:8)

"마음에는 원이로되 육신이 약하도다"(마 26:41b;막 14:38b)

"안식일은 사람을 위하여 있는 것이요 사람이 안식일을 위하여 있는 것이 아니니"(막 2:27)

"너희가 하나님의 계명은 버리고 사람의 유전을 지키느니라"(7:8)

"너희 말을 듣는 자는 곧 내 말을 듣는 것이요, 너희를 저버리는 자는 곧 나를 저버리는 것이요"(눅 10:16a)

"그러나 귀신들이 너희에게 항복하는 것으로 기뻐하지 말고 너희 이름이 하늘에 기록된 것으로 기뻐하라"(10:20)

"네 눈이 성하면 온 몸이 밝을 것이요 만일 나쁘면 네 몸도 어두우리라"(11:34)

"무릇 자기를 높이는 자는 낮아지고 자기를 낮추는 자는 높아지리라" (14:11)

"지극히 작은 것에 충성된 자는 큰 것에도 충성되고 지극히 작은 것에 불의한 자는 큰 것에도 불의하니라" (16:10)

"만일 네 형제가 죄를 범하거든 경계하고 회개하거든 용서하라" (17:3)

"어린아이들이 내게 오는 것을 용납하고 금하지 말라" (18:16)

"무릇 있는 자는 받겠고 없는 자는 그 있는 것까지 빼앗기리라" (19:26)

"무릇 이 돌위에 떨어지는 자는 깨어지겠고 이 돌이 사람 위에 떨어지면 저로 가루를 만들어 흩으리라" (20:18)

"예루살렘의 딸들아 나를 위하여 울지 말고 너희와 너희 자녀를 위하여 울라" (23:28)

"육으로 난 것은 육이요 영으로 난 것은 영이니" (요 3:6)

"하나님이 그 아들을 세상에 보내신 것은 세상을 심판하려 하심이 아니요 저로 말미암아 세상이 구원을 받게 하려 하심이라(3:17)

"저를 믿는 자는 심판을 받지 아니하는 것이요 믿지 아니하는 자는 하나님의 독생자의 이름을 믿지 아니하므로 벌써 심판을 받은 것이니라" (3:18)

"위로부터 오시는 이는 만물 위에 계시고 땅에서 난 이는 땅에 속하여…" (3:31)

"너희는 알지 못하는 것을 예배하고 우리는 아는 것을 예배하노니" (4:22)

"선한 일을 행한 자는 생명의 부활로 악한 일을 행한 자는 심판의 부활로 나오리라" (5:29)

"내 때는 아직 이르지 아니하였거니와 너희 때는 늘 준비되어 있느니라" (7:6)

"너희는 아래서 났고 나는 위에서 났으며" (8:23)

"종은 영원히 집에 거하지 못하되 아들은 영원히 거하리니" (8:35)

"도적이 오는 것은 도적질하고 죽이고 멸망시키려는 것뿐이요 내가 온 것은 양으로 생명을 얻게 하고 더 풍성히 얻게 하려는 것이라" (10:10)

"무릇 내게 있어 과실을 맺지 아니하는 가지는 아버지께서 이를 제해 버리시고 무릇 과실을 맺는 가지는 더 과실을 맺게 하려 하여 이를 깨끗케 하시느니라" (15:2)

"사람들이 나를 핍박하였은즉 너희도 핍박할 터이요 내 말을 지켰은즉 너희 말도 지킬 터이라" (15:20)

"세상에서는 너희가 환난을 당하나 담대하라 내가 세상을 이기었노라"

(16:33)[32]

종합적(혹은 완결) 대구는 첫번째 시행에서 발달된 의미가 두번째 시행에서 완결지어지는 시적 형태이다. 두번째 시행은 보통 첫번째 시행에서 진술된 것에 대한 이유를 제공해준다('때문에', '왜냐하면', '까닭에'); 아니면 두번째 시행은 결과나 결론을 진술해준다. 또 어떤 구절들의 경우 첫번째 시행은 조건('만일…이면')을 제시해준다.

"저희를 본받지 말라 구하기 전에 너희에게 있어야 할 것을 하나님 너희 아버지께서 아시느니라"(마 6:8 - 이유)

"너희가 사람의 과실을 용서하지 아니하면 너희 아버지께서도 너희 과실을 용서하지 아니하시리라"(6:15 - 조건)

"그러나 너희는 랍비라 칭함을 받지 말라 너희 선생은 하나이요 너희는 다 형제니라"(23:8 - 이유)

"땅에 있는 자를 아비라 하지 말라 너희 아버지는 하나이시니 곧 하늘에 계신 자시니라"(23:9 - 이유)

"만일 평안을 받을 사람이 거기 있으면 너희 빈 평안이 그에게 머물 것이요"(눅 10:6 - 결과)

---

32) 다른 예들로는 마 5:19;6:4-5;7:24-27;그리고 눅 7::44하반절-46이 될 수 있을 것이다.

"그 집에 유하며 주는 것을 먹고 마시라 일군이 그 삯을 얻는 것이 마땅하니라 (눅 10:7 - 이유)

"나는 받을 세례가 있으니 그 이루기까지 나의 답답함이 어떠하겠느냐?(눅 12:50 - 결과)[33]

"내가 한 가지 일을 행하매 너희가 다 이를 인하여 괴이히 여기는도다"(요 7:21 - 결과)

"나를 알았다면 내 아버지도 알았으리라(요 8:19 - 조건)

"너희가 내 말에 거하면 참 내 제자가 되고"(8:31 - 조건)

"아들이 너희를 너희를 자유케 하면 너희가 참으로 자유하리라"(8:36 - 조건)

"거짓을 말할 때마다 제 것으로 말하나니 이는 저가 거짓말쟁이요 거짓의 아비가 되었음이니라"(8:44 - 이유)

네번째 종류의 대구는 단계적 대구라는 것인데, 이것은 두번째 시행이 첫번째 시행의 한 부분을 있는 그대로 반복하고 의미를 점차적으로 발전시켜나간다.

---

33) 누가 12:49, 50은 마태 23:8, 9와 같이 서로가 동의적 대구 관계를 형성하고 있다.

"너희를 영접하는 자는 나를 영접하는 것이요 나를 영접하는 자는 나 보내신 이를 영접하는 것이니라"(마 10:40)

"누구든지 내 이름으로 이런 어린아이 하나를 영접하면 곧 나를 영접함이요 누구든지 나를 영접하면 나를 영접함이 아니요 나를 보내신 이를 영접함이니라"(막 9:37)

"너희를 저버리는 자는 곧 나를 저버리는 것이요 나를 저버리는 자는 나 보내신 이를 저버리는 것이라"(눅 10:16)

"아버지께서 내게 주시는 자는 다 내게로 올 것이요 내게 오는 자는 내가 결코 내어 쫓지 아니하리라"(요 6:37)

"나는 선한 목자라 선한 목자는 양들을 위하여 목숨을 버리거니와"(10:11)

"내가 너희를 위하여 처소를 예비하러 가노니 가서 너희를 위하여 처소를 예비하면 내가 다시 와서 (14:2b-3a)

"나의 계명을 가지고 지키는 자라야 나를 사랑하는 자니 나를 사랑하는 자는 내 아버지께 사랑을 받을 것이요"(14:21a)

다음에 주어진 성경 구절을 각각 찾아보고 각각의 성경 구절 뒤에 '동의(비교)', '대조(대비)', '종합(완결)', 혹은 '단계'라고 써넣음으로써 예수님의 말씀에 나타난 4가지 종류의 시적 대구를 잘 이해했는지 확인해보기 바란다. 하나의 범주에 두 개의 성경 구절이 해당된다.

마 10:39 _____

마 11:30 _____

막 4:25 _____

눅 6:28 _____

눅 10:16 _____

눅 12:40 _____

요 8:39 _____

요 13:20 _____

이상의 2행 대구의 변형 형태로 버니(Burney)에 의해서 제시된 3행 패턴 34)이 있는데 이 3행 패턴에서는 제 3행이 2행 대구를 뒤따르며 앞선 2행을 설명해주거나 그 의미를 한층 발전시키거나, 혹은 그것으로부터 어떠한 사실을 추론해내는 기능을 한다. 아래에 주어진 이러한 유형의 예에서, 이탤릭체로 된 단어들은 설명 구절임을 나타낸다.

"나무도 좋고 실과도 좋다 하든지 나무도 좋지 않고 실과도 좋지 않다 하든지 하라 그 실과로 나무를 아느니라"(마 12:33; 눅6:43-44a)

"선한 사람은 마음의 쌓은 선에서 선을 내고 악한 자는 그 쌓은 악에서 악을 내나니 이는 마음의 가득한 것을 입으로 말함이니라"(눅 6:45)

---

34) Burney, The Poetry of Our Lord, 96-99.

"우리 아는 것을 말하고 본 것을 증거하노라 그러나 너희가 우리 증거를 받지 아니하는도다"(요 3:11)

"저를 믿는 자는 심판을 받지 아니하는 것이요 믿지 아니하는 자는 하나님의 독생자의 이름을 믿지 아니하므로 벌써 심판을 받은 것이니라"(3:18)

"아들을 믿는 자는 영생이 있고 아들을 순종치 아니하는 자는 영생을 보지 못하고 도리어 하나님의 진노가 그 위에 머물러 있느니라"(3:36)

"너희는 알지 못하는 것을 예배하고 우리는 아는 것을 예배하노니 이는 구원이 유대인에게서 남이니라"(4:22)

또 다른 두 가지 다른 형태의 대구는 교차적 대구와 교체적 대구이다. 교차적 대구는 역전된 형태인데, 첫번째와 네번째 요소가 유사하고, 두번째와 세번째 요소가 유사하다. 이는 ABB′A′의 형태로 표시될 수 있다. 교체적 대구에서는 첫번째 세번째 요소가 유사하고 두번째와 네번째 요소가 비슷하게 나타난다. 이는 ABA′B′의 형태로 표시될 수가 있다. 긴 구절에서는 때때로 더 많은 요소들이 개입되며, 이에 따라 확장된 교차적 대구의 형태는 ABCC′B′A′로 나타나거나, 확장된 교체적 대구의 형태가 ABCA′B′C′로 나타나기도 한다. 예수님의 가르치심에서 발견되는 아래의 교차적 대구의 예에서, 각각의 구절은 대조적(대비) 대구의 형태를 지니고 있다.

A 누구든지 제 목숨을 구원코자 하면
B 잃을 것이요,
B′ 누구든지 나를 위해서 제 목숨을 잃으면

A′ 찾으리라 (마 16:25;막 8:35;눅 9:24;17:33)

A 그러나 먼저 된 자로서
B 나중 되고
B′ 나중 된 자로서
A′ 먼저 된 자가 많으니라(마 19:30;막 10:31;참고 20:16)

A 누구든지 자기를 높이는 자는
B 낮아지고
B′ 누구든지 자기를 낮추는 자는
A′ 높아지리라(마 23:12;눅 14:11;18:14)

A 안식일은
B 사람을 위하여 있는 것이요
B′ 사람이
A′ 안식일을 위하여 있는 것이 아니니(막 2:27)

다음의 구절들은 교체적 대구의 형태를 보여준다. 어떤 것들은 또한 대조적(대비) 대구를 이루고, 또 어떤 것들은 동의적(비교) 대구를 이루고 있다. 어떤 것들이 각각의 범주에 속하는지 알 수 있겠는가?

A 신랑과 함께 있을 동안에
B 어떻게 혼인집 손님들이 금식할 수 있느냐
A′ 신랑과 함께 있을 동안에는
B′ 금식할 수 없나니(막 2:19)

A 너희 원수를 사랑하며

B 너희를 미워하는 자를 선대하며

A′ 너희를 저주하는 자를 축복하며

B′ 너희를 모욕하는 자를 위하여 기도하라(눅 6:27-28)

A 비판치 말라

B 그리하면 너희가 비판을 받지 않을 것이요

A′ 정죄하지 말라

B′ 그리하면 너희가 정죄를 받지 않을 것이요(6:37)

A 너희는 아래에서 났고;

B 나는 위에서 났으며,

A′ 너희는 이 세상에 속하였고;

B′ 나는 이 세상에 속하지 아니하였느니라(요 8:23)

긴 형태의 교체적 대구가 다음 구절에서 나타난다.[35]

A 심판 때에 남방 여왕이 일어나

B 이 세대 사람을 정죄하리니

C 이는 그가 솔로몬의 지혜로운 말을 들으려고 땅끝에서 왔음이어니와

D 솔로몬보다 더 큰 이가 여기 있으며

A′ 심판때에 니느웨 사람들이 일어나

---

[35] T.W. Manson은 그의 저서 The Teachings of Jesus(Cambridge: Cambridge University Press,1959),55.에서 이 형태에 주목하고 있다.

B′ 이 세대 사람을 정죄하리니
C′ 이는 그들이 요나의 전도를 듣고 회개하였음이어니와
D′ 요나보다 더 큰 이가 여기 있느니라(눅 11:31-32)

예수님은 듣는 이들이 주님의 말씀을 잘 기억하도록 도우셨을 뿐 아니라, 그들이 배운 대로 살도록 도전하기 위해 이런 형태의 시를 사용하셨다. "예수님께서는 이러한 시적 형태의 메시지를 담아 전하심으로써 듣는 이들로 하여금 그분의 가르침을 자기 마음과 가슴에 담아 간직하게 하셨다."[36]

해 · 봅 · 시 · 다

● 공부시간에 교사가 재미있는 이야기를 해서 웃었던 때를 기억해 보라. 이것이 학습 분위기에 어떤 영향을 끼쳤는가? 그리고 그것이 교사의 가르침에 어떤 도움(혹은 방해)을 주었는가?

● 수업시간에 유머를 사용할 기회가 있는가? 어떤 방법으로 준비하겠는가?

---

36) Stein, The Method and Message of Jesus Teachings, 32.

- 학생들의 생각을 도전하기 위해 까다로운 질문을 사용하는 것이 유익하다고 생각해 본적은 있는가? 그런 방법을 어떻게 더 사용할 수 있겠는가?

- 수업 시간에 예수님의 금언을 하나 또는 그 이상 사용하는 것을 고려해보라. 어떤 금언을 어떻게 사용하겠는가? 수업 내용의 요점을 강조해줄 만한 금언들을 당신 스스로 만들어보라.

- 학생들로 하여금 성경의 진리를 요약한 금언들을 스스로 만들도록 이끌어주라. 수업 시간에 어떻게 반복법을 사용할 것인가?

- 예수님이 사용하신 논리적 추론의 형태를 복습하라. 이런 것들이 앞으로 있을 수업에 도움이 되리라 생각하는가?

- 대조, 실례 그리고 설명은 당신의 가르침에 영향력을 미칠 수 있다. 그것들을 수업에 사용해보라.

- 예수님께서 사용하신 여러 종류의 시적 대구 형태를 생각해보라. 주님의 가르침에서 이러한 것들이 어떤 차이점을 가지고 왔다고 생각하는가?

329쪽과 349쪽 연습문제 정답

a. 일반화 법칙   마 12:11-12
b. 귀류법   요 7:23
c. 대인논증   마 23:15
d. 배중률   막 3:4
e. 모순 불가의 법칙   눅 14:31
f. 유추법   마 13:40

마 10:39   대조적
마 11:30   동의적
막 4:25   대조적
눅 6:28   동의적
눅 10:16   단계적
눅 12:40   종합적
요 8:39b   종합적
요 13:20   단계적

14

예수님은 질문들을 어떻게 사용하셨나?

"천지는 없어지겠으나 내말은 없어지지 아니하리라" (마 24:35)

질문은 교사가 학습 과정에서 모든 연령층의 학생들을 참여시킬 수 있는 가장 중요한 학습 방법들 중 하나다. 질문은 학생들의 흥미와 호기심을 불러 일으키고, 어떤 문제에 관해 더욱 명쾌하게 생각할 수 있도록 도와주고, 토론을 자극하며, 교사들이 학생들의 이해 정도를 파악할 수 있게 해주고, 그들의 의견을 수렴하며, 새로운 사실이나 개념을 접하게 하고, 그들이 자신의 의견을 표현하도록 격려하며, 잘못된 개념을 교정하고, 문제점을 분명히 부각시켜 주고, 증거나 논증을 제시해 주어 마침내 학생들로 하여금 배운 것을 실천하도록 해준다.

80년 전에 드가모(DeGarmo)는 다음과 같이 기록했다: "훌륭한 교수법은 다른 어떤 것보다도 질문을 기술적으로 사용하는 데 달려 있다. 왜냐하면 질문은 우리에게 명쾌하고도 생동감 있는 생각을 가져다 주고, 상상의 나래에 박차를 가하며, 우리의 사고를 자극하고, 행동으로 옮기도록 부추겨 준다.[1] 실력 있는 교사는 질문을 효과적으로 사용한다.

교실에서 사용되는 질문들은 대부분 우리가 기대하는 것만큼 그렇게 도전적이거나 적합하지 못하다. 수십 년 간에 걸쳐 초중고교에서 사용된 질문들에 관해 연구한 내용을 보고하면서 골(Gall)은 많은 질문들이 생각하여 대답하도록 이끌지 못한다고 지적한다: "약 60%에 해당되는 교사의 질문들이 단순히 사실을 기억하도록 요구하고, 약 20%가량의 질문들이 학생들의 사고를 요구한다. 그리고 나머지 20% 정도는 학습절차상 형식적으로 던지는 질문이다."[2] 학생들의 사고를 자극하지 못하는 질문들은 '사실적 질문들, 폐쇄적 질문들, 혹은 기계적 질문들로서 달리 머리를 짜내지 않고서도 기억만으로 쉽게 대답할 수 있는 것들이다.'[3]

연구보고에 의하면 교사들의 질문방식이 학생들의 사고발달에 지대한 영향을 미치는 것으로 밝혀졌다. 초등학교 어린이들에 관한 어떤 연구는 교사가 던지는 질문들이 어린이들의 다른 행동에도 엄청난 영향을 미친다고 보고한다.[4] 많은 성경 교사들은 '교사들의 질문방식이 교수법 중 가장 영향력 있는 요소들 가운데 하나'란 사실을 제대로 인식하지 못하고

---

1) Charles DeGarmo, Interest and Education (New York: Macmillan, 1911), 179.

2) Meredith D. Gall, "The Use of Questions in Teaching," Review of Educational Research 40 (1970년 12월): 72.

3) "Questions: Making Learners Think," The Teaching Professor 2 (May 1988): 1.

4) Hilda Taba, Samuel Levine, Freeman Elzey, Thinking in Elementary School Children (San Francisco: San Francisco State College, 1964), 177. 학생들의 행동과 성취 및 관련된 질문들에 관한 뛰어난 연구들을 위해서는 G. Fortosis의 "Can Questions Make Religious Educators More Effective in the Classroom?" Christian Education Journal 12 (Sp. 1982): 86-90쪽을 보라.

있다.[5)]

질문은 이렇게 교사가 가르치는 데 매우 중요한 역할을 차지한다. 그래서 애시너(Ashner)는 교사를 '질문 제조자 (question maker)'라고 불렀을 정도이다.[6)] 그러나 무작정 아무 질문이나 허용되는 것은 아니다. 합당한 종류의 질문들, 다시 말해 학생들의 참여를 증진시킬 만한 그런 종류의 질문이어야만 한다. 누가 뭐래도 예수님은 훌륭한 질문자이셨다. 왜냐하면 예수님은 상황에 따라 적합한 종류의 질문을 던지는 비법을 아셨기 때문이다. 교사들도 예수님이 사용하신 질문들의 내용과 방법들을 연구함으로써 자신들의 질문법에 큰 발전을 꾀할 수 있다.

복음서는 예수님이 하신 질문들(또한 제 15장에서 논의될, 다른 사람들이 주님께 던진 질문들)로 반짝인다. 예수님은 질의-응답 방법을 빈번하게 사용하셔서 명쾌하고 직접적이며 목적있는 질문들을 하셨고, 그로 인해 그분의 가르침은 흥미롭고 생동력이 있으며 영혼을 일깨워주는 것이 되었다. 그분의 질문은 흥미를 불러 일으키고 사고를 계발하며 정보를 캐고 대답을 요구하며 문제점을 뚜렷이 부각시키고, 진리를 적용시키며 비방하는 자들의 입을 다물게 하는 것이었다.

이렇게 교사와 학생간의 활기있는 교류는 예수님의 가르침을 일방적이 아니라 상호 교류적인 것으로 만들었다. 예수님의 질문은 듣는 이들을 압도하여 학습과정으로 이끌고 그들의 두뇌를 자극하고 생각에 도전을 던짐으로써

---

5) R Cunningham, "Developing Question-Asking Skills," in Developing Teacher Competencies, James Weigand 편집 (Englewood Cliffs, N.J.: Prentice-Hall, 1971), 85.

6) M.J. Ashner, "Asking Questions to Trigger Thinking," NEA [National Education Association] Journal 50 (1961):44.

학습 시간은 온통 흥미진진함으로 가득찼다. 이러한 대화를 주고받는 과정에서 그들은 예수님의 가르침에 빠져들고 매료되었으며 엄청난 흥미를 느끼게 되었다.

예수님은 가르치시는 목적에 걸맞게 자유자재로 질문을 사용하셨기 때문에 그분의 가르치심이 따분하다고 말할 사람은 아무도 없다.

단조로운 독백은 절대 없다!

틀에 박히고 졸립게 만드는 무미건조한 강의는 없다!

단조로운 내용을 지루하게 전해서 학생들을 졸립게 하는 그런 일은 전혀 없다!

예수님의 질문을 접하는 사람들은 계속해서 주의를 집중할 수 있었다. 그 이유는 그 질문들이 자신의 기억을 되살려 생각하고 사고하며, 평가하고 음미하게끔 끊임없이 자극했기 때문이다. 이로 인해 그 질문들은 그들의 삶을 변화시켰다. 그러므로 위대한 질문자께서 위대한 스승이셨던 것은 당연한 것이다!

예수님은 12살 소년 시절에 성전 뜰에서 율법교사들이 하는 말을 들으셨지만 또한 그들에게 질문도 하셨다는 사실을 잊어서는 않된다. 예수님은 자신이 그 선생들보다 더 많이 안다는 것을 자랑하려고 하시지 않았다. 이와 달리 예수님의 "가식 없는 질문과 그들의 질문에 대한 답변들은 견줄 데 없는 통찰력과 번쩍이는 예지를 가득 담고 있어서 학자들조차 경탄을 금치 못했다. 어린아이 예수에게는 뽐냄도 자만감도, 교만함이나 자신을 스스로 높이는 그런 마음도 찾아 볼 수 없었다."[7] 가장 먼저 기록된 예수님께서 하신 말

---

7) Norval Geldenhuys, Commentary on the Gospel of Luke, New International Commentary on the New Testament (Grand Rapids: Eerdmans, 1951), 127.

씀은 며칠 동안 자기를 찾아 다니며 걱정하던 부모에게 하신 2가지 질문이었다. 예수님은 힐문하는 투가 아닌 놀란 어조로 두 개의 질문을 하심으로 답하셨다: "어찌하여 나를 찾으셨나이까? 내가 내 아버지 집에 있어야 될 줄을 알지 못하셨나이까?"(눅 2:49). 비록 요셉과 마리아가 예수님께서 하신 질문의 깊은 의미를 깨닫지 못했다 해도(2:50), 그 말씀에는 하나님의 아들되심과 하나님으로부터 받은 자신의 사역을 수행코자 하는 의지가 담겨 있음을 알 수 있다.[8]

예수님은 얼마나 많은 질문들을 하셨는가?

예수님이 하신 질문의 숫자에 관한 것은 학자마다 의견이 다르다. 기본스(Joan Lyon Gibbons)는 110개라고 말하고, 벤슨(Clarence H. Benson)은 '100개 이상'이라고 말하는가 하면, 토렌스(E. P. Torrance)는 154개라고 주장한다. 레이서(LaVerne Roy Reeser)는 예수님이 200개 이상의 질문을 사용하셨다고 주장하며, 소렌슨(Norman Detlav Sorensen)은 310개나 열거하고 있다.[9] 나의 계산에 따르면 예수님은 225개의 각기 다른 질문들을

---

8) 같은 책, 128.

9) Gibbons, "A Psychological Exploration of Jesus' Use of Questions as an Interpersonal Mode of Communication" (박사논문, Graduate Theological Union, Berkeley, Calif., 1979), 1133-41a; Benson, The Christian Teacher (Chicago: Moody, 1940), 252; Torrance, "Religious Educational Creative Thinking," in Education and the Creative Potential (Minneapolis: University of Minnesota, 1963), 91-99; Reeser, "Jesus' Use of the Question in His Teaching Ministry"(기독교교육학 석사 논문, Talbot Seminary, LaMirada, Calif., 1968), 1; Sorensen,

하셨다. 수많은 질문들이 한 명 이상의 복음서 기자들에 의해 인용되었으므로 기록된 총 숫자는 304개가 된다(표 24).

표 24
각 복음서에 기록된 예수님의 질문 숫자

마태	90
마가	61
누가	96
요한	51
총계	304

누가는 어떤 다른 복음서 기자들보다도 더 많은 질문을 기록하고 있고, 요한 복음에 있는 51개의 질문들은 다른 복음서에서는 찾아 볼 수 없는 것들이다.

표 24에 나타난 숫자는 예수님의 비유에 나오는 사람들이 한 질문은 포함시키지 않고 있다(어떤 주석가들은 그것들도 포함시키기도 한다). 또 위의 숫자는 마태복음 7장 22절에 있는 것처럼 다른 사람이 질문한 것을 예수님이 다시 말씀하시는 것들도 포함시키지 않았다.

또한 어떤 성경 번역본을 사용하느냐에 따라 숫자가 달라지기도 한다. NIV 번역본은 요한복음 6장 62절("너희가 인자의 이전 있던 곳으로 올라가는 것을 볼 것 같으면 어떻게 하려느냐")을 설명문으로 번역한 반면,

---

"How Christ Used Questions" (신학석사 논문, Dallas Theological Seminary, Dallas, Tx., 1953), 45.

NKJV(New King James Version)과 NASB(New American Standard Bible)는 그것을 의문문으로 번역한다. 간혹 NKJV에서는 한 절 안에 2개의 질문으로 된 것들이("To what shall we liken the kingdom of God? Or with what parable shall we picture it?") NIV에서는 한 개의 질문으로 되어있다("What shall we say the kingdom of God is like, or what parable shall we use to describe it?").

간혹 어느 복음서 기자는 예수님의 말씀을 의문문으로 기록했는가 하면, 다른 복음서 기자는 그것을 서술문으로 기록했다. 예를 들어 마가복음 11장 17절은 "이에 가르쳐 이르시되 '기록된바 내 집은 만민의 기도하는 집이라 칭함을 받으리라' 고 하지 아니 하였느냐?" 라고 기록한다. 그러나 마태복음 21장 13절과 누가복음 19장 46절은 "저희에게 이르시되 '기록된 바, 내 집은 기도하는 집이라 일컬음을 받으리라' 하였거든, 너희는 강도의 굴혈을 만드는도다" 라고 기록했다. 또한 마태복음 12장 26절과 누가복음 11장 18절은 의문문('어떻게 서겠느냐?')으로 기록한 것에 비해 마가복음 3장 26절은 서술문 형태로 '설 수 없고' 라고 기록하고 있다.

표 24에서 볼 수 있듯이 마태복음과 누가복음이 예수님 질문의 약 2/3를 포함하고 있다(304개 중 186개). 또 한 가지 흥미로운 사실은 누가복음이 다른 복음서들보다 더 독특한 질문들을 많이 담고 있다는 것이다. 본장 가장 뒷편에 있는 표 26은 예수님께서 질문하셨던 대상들(개인 혹은 무리), 질문 종류들, 질문을 받은 대상들의 즉각적인 반응 등을 포함하면서 총 225개의 질문들을 하나 하나 열거하고 있다.

예수님은 어떤 이들을 대상으로 질문을 하셨는가?

    탁월한 교사셨던 예수님은 놀랄 만큼 많은 질문을 하셨다. 마찬가지로 예수님께서 질문하셨던 대상들(무리 혹은 개인)의 다양함도 놀랄 만하다. 예수님은 제자들(한무리로 간주하여)에게 64개의 다른 질문들을 하셨고 32명의 개인이나 소규모 무리들에게 50개의 질문을 하셨으며 무리를 향해 49가지의 질문을 하셨다.

    예수님께서 제자들에게 하신 질문들 대부분은 12제자들을 향해 하신 것이지만 5차례의 질문들은 일부 다른 사람들도 포함한 것이었다. 다른 경우를 보면 12제자들 중 9, 10 혹은 11명의 제자들을 대상으로 질문을 하기도 하셨고, 72제자들에게 질문을 하신 경우도 한 번 있었다.

    개인 혹은 소규모 무리들 속에는 요한의 제자들(마 9:14-15; 요 1:35-38), 각각 두 명으로 이루어진 두 무리의 소경들(마 9:28; 20:32), 베드로(예수님은 그에게 14번이나 질문하셨다), 부자 청년, 야고보와 요한의 어머니, 야고보와 요한, 거라사의 귀신 들린 자, 혈루병 여인, 또 다른 소경, 귀신 들린 소년의 아버지, 큰 다락방이 딸린 집 주인, 서기관, 요셉과 마리아, 시몬이라 이름하는 바리새인, 예수님께 유산에 관해 묻던 무리들 중 한 사람, 유다, 엠마오로 가던 두 제자, 마리아, 니고데모, 사마리아 여인, 38년 동안 병으로 앓아 누웠던 사람, 빌립, 간음하다 잡힌 여인(예수님은 이 여인에게 4차례 질문하심), 앞을 보게 된 소경, 마르다, 마리아와 친구들, 대제사장 안나스, 관원, 막달라 마리아 등이 포함되어 있다. 이들 중 몇 사람은 예수님의 제자들이었고 몇 사람은 12제자였고, 또 몇 사람은 예수님을 따르는 무리들이었으며, 다른 이들은 심문하는 사람들이었고, 몇몇은 병을 고쳐주신 사람들이었고, 또 몇 사람은 안면이 있던 사람들이거나 친구들이었다. 이런 사람들 가운데 8명이 여인이었다.

예수님을 대적하는 여러 무리들도 그분의 질문을 받았다. 당연히 어떤 질문들은 바리새인들을 향한 것(60개의 질문)이었고, 어떤 것은 바리새인과 헤롯당에게(3개), 또 어떤 것은 바리새인과 서기관들을 향한 것이었다(1개). 대제사장들과 서기관들은 일곱 개의 질문을 받았고 질문의 대상이 오직 서기관들이었던 경우는 3번이었다. 예수님은 '유대인들'에게 아홉 번 질문하셨다. 이 '유대인들'이란 용어는 특히 요한복음에서 주님을 대적했던 예루살렘의 종교 지도자들을 가리키는 말이었다.[10] 예수님께서 질문하셨던 다른 대적하는 무리들은 사두개인들(2개의 질문)과 대적하던 회당지도자(2개의 질문)들이었다. 예수님을 대적하던 또 다른 무리는 예수님을 체포하기 위해서 왔던 유다를 포함한 대제사장들과 바리새인들이었는데 예수님은 그들에게 두 차례 질문을 던지셨다(요 18:3-7).

예수님은 어떤 종류의 질문들을 하셨는가?

예수님의 질문은 매우 힘있는 교수 도구였다. 예수님이 가르치실 때 사용한 무기는 듣는 이들의 마음과 정신을 파고드는 예리한 갖가지 종류의 질문들이었다. 강론과 진술을 통해서만 전달될 수 있던 진리들이 정신적이거나 언어적인 응답을 요구하는 예리한 질문들을 통해 훨씬 더 효과적으로 전달되어졌다. "단순히 예수님이 선언하시는 것보다 질문을 통해 듣는 이들이 올바

---

10) Raymond E. Brown, The Gospel according to John, Anchor Bible, 2 vols. (Garden City, N.Y.: Doubleday, 1966), 1:lxxi; Leon Morris, The Gospel according to John, New International Commentary on the New Testament (Grand Rapids: Eerdmans, 1971), 130-31.

른 대답을 생각할 수 있었을 때 그 진리들은 더 설득력 있고 영구적으로 사람들의 마음에 새겨졌다."[11] 예수님은 단지 '좋은 토론'을 나누기 위해 질문하시지 않으셨다. 모든 질문 뒤에는 정말 중요한 문제점들이 항상 포진되어 있었다.[12] 예수님은 질문을 통해 사람들이 영원의 문제에 직면하여 결국 자신들의 영적 결핍 상태를 볼 수 있게 하셨다.

학자들마다 예수님의 질문을 다르게 분류한다. 프라이스(Price)는 예수님의 질문을 여섯 가지 목적으로 분류했고,[13] 델네이(Delnay)는 일곱 가지,[14] 하버마스(Habermas)와 이슬러(Issler)는 델네이와 같이 일곱 가지,[15] 포르토시스(Fortosis), 릭손(Rixon) 워렌(Warren)은 각각 여덟 가지(목록은 서로 다르기는 하지만),[16] 윌슨(Wilson)은 열두 가지 목적으로,[17] 그리고 레이

---

11) Robert H. Stein, The Method and Message of Jesus' Teachings (Philadelphia: Westminster, 1978), 23.

12) Fortosis, "Can Questioning Make Religious Educators More Effective in the Classroom?" 94.

13) 관심을 집중시키기 위해, 내용을 확실하게 하기 위해, 질문하는 자가 자신의 문제들을 명확하게 생각하도록 돕기 위해, 주님의 가르침을 분명히 하고, 예를 들기 위해, 논점을 제시하기 위해, 적용시키고 권면하기 위해 (J. M. Price, Jesus the Teacher [Nashville: Sunday School Board, 1946], 111-13.

14) 대화의 시작을 위해, 가르침을 예비하기 위해, 사고를 유도하기 위해, 부족함을 깨우쳐 제지시키기 위해, 동기를 모색하기 위해, 사실을 시인하도록 하기 위해, 질문에 답하기 위해 (Robert G. Delnay, Teach as He Taught [Chicago: Moody, 1987], 73-83.

15) Ronald Habermas and Klaus Issler, Teaching for Reconciliation (Grand Rapids: Baker, 1992), 366-67.

16) Fortosis, "Can Questioning Make Rreligious Educators More Effective in the Classroom?" 92-97; Lilas D. Rixon, How Jesus Taught (Croydon, N.S.W.:Sydney Missionary and Bible College, 1977), 32-34; David Glenn

서(Reeser)는 엄청나게 많아 28가지의 분류를 제시한다(어떤 것들은 서로 중복되어 보임).[18]

나는 아래에 15가지 목적으로 분류해 놓았다. 이것들은 각각 해당되는 질문들과 함께 표 26에 열거되어 있다.

1. 내용을 요구하거나 사실을 상기시키기 위해
2. 대화를 증진시키기 위해
3. 사실과 반대되는 것들을 지적하기 위해
4. 동의를 얻기 위해
5. 믿음의 표현을 하도록 만들기 위해
6. 의견 혹은 욕구의 표현을 일깨워 주기 위해
7. 믿음 혹은 영적인 헌신을 입증하거나 확인하기 위해
8. 생각이나 사고를 증진시키기 위해
9. 비판하는 자들의 잘못된 점들을 설득하기 위해
10. 잘못을 깨우쳐 주기 위해
11. 감정을 표출하기 위해
12. 동기를 모색하기 위해
13. 양심의 가책을 느끼게 하기 위해
14. 요점을 제시하기 위해
15. 진리를 적용하도록 도전하기 위해

Warren, "Christ's Use of Questions and Attention-Getters," (신학석사논문, Dallas Theological Seminary, Dallas, Tx., 1978), 48.

17) Valerie A. Wilson, "Christ the Master Teacher," in Introduction to Biblical Christian Education, Werner C. Graendorf (Chicago: Moody, 1981), 59.

18) Reeser, "Jesus' Use of the Question in His Teaching Ministry," 43-54.

내용을 요구하거나 사실을 상기시키기 위해

예수님께서 내용을 물으셨을 때에는 그것을 몰라서가 아니었다. 그분은 하나님의 아들로서 전지하신 분이시다. 예수님의 질문은 듣는 사람들의 반응을 이끌어내기 위해 고안된 것이었다. 예를 들어 거라사의 귀신 들린 자에게 "네 이름이 무엇이냐?"고 질문하셨다(막 5:9;눅 8:30). 혈루증을 앓는 여인이 예수님께 손을 댔을 때 예수님은 "누가 내 옷에 손을 대었느냐?"(막 5:30; 눅 8:45)고 물으셨다. 또한 오천 명을 먹이실 때에도 제자들에게 "너희에게 떡이 몇 개가 있느냐?"(막 6:38)고 물으셨으며 사천 명을 먹이실 때에도 같은 질문을 하셨다(마 15:34; 막 8:5).

내용을 묻는 다른 질문들이 마가복음 8장 23절; 9장 16, 21, 23절; 누가복음 10장 26절; 17장 17절; 22장 35절; 24장19, 41절; 요한복음 8장 10절; 11장 34절; 18장 4, 7절; 20장 15절 등에 기록되어 있다. 매우 드물게 사실을 기억시키는 질문도 하셨다. 제자들에게 "너희가 아직도 깨닫지 못하느냐? 떡 다섯 개로 오천 명을 먹이고 주운 것이 몇 바구니며"(마 16:96; 막 8:19) 라고 물으셨다. 또한 비난하는 바리새인들에게 "다윗이 자기와 함께한 자들과 시장할 때에 한 일을 읽지 못하였느냐?"(마 12:3; 막 2:25) "모세가 어떻게 너희에게 명하였느냐?"(막 10:3)고 질문하셨다. 예수님은 사두개인들에게 "읽어보지 못하였느냐?"는 질문(마 22:31-32; 막 12:26)을 하셨다. 또 다른 기억을 상기시키는 질문들이 마가복음 11장 17절; 누가복음 24장 26절; 그리고 요한복음 11장 40절에 기록되어 있다.

대화를 증진시키기 위해

수 차례에 걸쳐 예수님은 질문을 통하여 대화를 시작하고 접촉점을 찾는 기회로 삼으셨다. 전에 요한을 따랐던 두 명의 제자들에게 "무엇을 구하느냐?"(요 1:38)고 물으셨다. 또 "물을 좀 달라"(요 4:7)고 청하시며 사마리아 여인과 멋진 대화를 시작하셨다. 예수님은 또 엠마오로 향하던 두 제자에게 "너희가 길 가면서 서로 주고 받고 하는 이야기가 무엇이냐?"(눅 24:17)고 질문하심으로 그들과 대화를 시작하셨고, 부활하신 후 고기를 낚고 있던 열한 제자에게 "애들아 너희에게 고기가 있느냐?"(요 21:5)고 외쳐 물으셨다.

사실과 반대되는 것들을 지적하기 위해

질문을 통해 듣는 이들이 사실이 아닌 것에 경각심을 갖고 진리를 깨닫도록 도와줄 수 있다. "너희 중에 누가 염려함으로 그 키를 한 자나 더할 수 있느냐?"(마 6:27 ; 참고 눅 12:25) 라는 질문은, 단순히 "걱정한다고 해서 그 키를 더할 수 있는 사람은 아무도 없다"라고 서술식으로 말하는 것보다 훨씬 힘있게 내용을 전달할 수 있다. 질문은 상대방이 대답할 말을 생각하게끔 만든다. 이와 유사하게 "너희 중에 누가 아들이 떡을 달라하면 돌을 주며 생선을 달라하면 뱀을 줄 사람이 있겠느냐?"(마 7:9-10; 참고 눅 11:11-12)와 같은 질문들은 듣는 이들로 하여금 아무도 자기 자식에게 그런 일은 하지 않을 것이므로 하나님 아버지께서는 당연히 자신의 자녀들에게 좋은 것들을 주시는 데 인색하지 않을 것임을 인정하도록 유도한다(마 7:11).

예수님은 요한을 가리키시며 무리들에게 "너희가 무엇을 보려고 광야에 나갔더냐? 바람에 흔들리는 갈대냐? 그러면 너희가 무엇을 보려고 나갔더냐? 부드러운 옷입은 사람이냐?… 그러면 너희가 어찌하며 나갔더냐?"(마 11:7-9)라고 물으셨다. 물론 그들은 주님이 그 질문에 답을 기대하신 것이 아님을 알았다. 예수님은 그런 질문을 통해서 듣는 자들이 세례 요한(11:10-15)에 관해 덧붙이는 말씀에 주의를 기울이게 하셨던 것이다.

"나의 마시려는 잔을 너희가 마실 수 있느냐?"(마 20:22; 참조. 막 10:38)는 질문은 비록 제자들이 예수님이 당하신 그 고난을 자기들도 받을 수 있다고 생각할 수는 있지만 실제로는 그렇게 할 수 없다는 사실을 강조하고 있다. 이런 종류의 또 다른 질문들이 마태복음 26장 55절 ;마가복음 3장 23절; 4장 21절 ;누가복음 12장 51절; 요한복음 8장 46절; 13장 38절에서 나타난다.

동의를 구하기 위해

예수님은 자주 질문을 통해 듣는 자들이 보편적으로 알려지거나 경험할 수 있는 진리를 받아들이도록 인도하셨다. 사람들은 주님의 질문에 지적인 동의를 함으로써 그 뒤에 이어지는 예수님의 말씀에 쉽게 동의할 수 있었다: "참새 두 마리가 한 앗사리온에 팔리는 것이 아니냐?"(마 10:29). "너희 중에 어느 사람이 양 한 마리가 있어 안식일에 구덩이에 빠졌으면 붙잡아 내지 않겠느냐?"(마 12:11). "세상 임금들이 뉘게 관세와 정세를 받느냐? 자기 아들에게서냐 타인에게냐?"(17:25b). "만일 어떤 사람이 양 일백 마리가 있는데 그 중에 하나가 길을 잃으면 그 아흔 아홉 마리를 산에 두고 가서 길 잃은 양을 찾지 않겠느냐?"(18:12; 눅 15:4). "소경이 소경을 인도할 수 있느냐? 둘이 다 구덩이에 빠지지 아니하겠느냐?"(눅 6:39). "밖을 만드신 이가 속도 만들지 아니하셨느냐?"(11:40). 또 다른 예들로는 마가복음 11장 17절 ;12장 24절; 누가복음 14장 28, 31절; 15장 8절; 17장 7-9절; 18장 7절; 22장 27절; 요한복음 4장 35절, 8장 10절; 10장 34절; 11장 9절; 18장 11절 등이 있다. 이런 식으로 동의를 이끌어 내는 질문을 통해 주님은 어떤 주장을 하기 원하셨는가? 답을 알고 싶다면 각각의 경우에서 주어진 구절과 뒤따르는 구절을 찾아 보기 바란다.

믿음의 표현을 하도록 만들기 위해

주님은 다섯 차례에 걸쳐 믿음의 반응을 유도하기 위해 질문을 사용하셨다.

두 명의 소경에게: "내가 능히 이 일을 할 줄 믿느냐?"(마 9:28).

열두 제자에게: "너희는 나를 누구라 하느냐?"(마 16:15; 막 8:29; 눅 9:20).

고쳐 주신 두 명의 소경에게: "네가 인자를 믿느냐?"(요 9:35).

마르다에게: "나는 부활이요 생명이니 …이것을 네가 믿느냐?"(요 11:25-26).

빌립에게: "나는 아버지 안에 있고 아버지는 내 안에 계신 것을 네가 믿지 아니하느냐?"(요 14:10)

의견 혹은 욕구의 표현을 일깨워 주기 위해

예수님은 제자들에게 천국의 비유를 말씀하신 후 그들의 반응을 기대하시며 다음과 같이 질문하셨다: "이 모든 것을 깨달았느냐?"(마 13:51). 또한 "사람들이 인자를 누구라 하느냐?"(마 16:13) 라는 질문을 던지셔서 그들이 반응하게끔 격려하셨고 여리고 근처에서 2명의 소경에게 "너희에게 무엇을 하여 주기를 원하느냐?"(마 20:32; 막 10:51; 눅 18:41)고 질문하셔서 그들이 자신들의 필요를 표현하도록 부추겨 주셨다. 질문을 통하여 사람들이 반응하도록 자극하신 또 다른 예들은 마태복음 20장 21절; 22장 20, 42절; 마가복음 10장 36절; 누가복음 24장 19절; 요한복음 5장 6절 등에서 볼 수 있다.

믿음 혹은 영적인 헌신을 입증하거나 확인하기 위해

"우리가 어디서 떡을 사서 이 사람들로 먹게 하겠느냐?"(요 6:5)는 예수님의 질문은 빌립에게 주어진 것인데 이는 마땅한 음식이 없는데도 큰 무리를 먹이실 수 있는 주님의 능력을 빌립이 믿을 수 있도록 도와주시고자, 다시 말해 '빌립을 시험코자'(6절) 하신 것이었다. 그리고 제자들이 주님과 함께 머물러 있으며 헌신하기를 원하는지 알기 위해 '너희도 가려느냐?'(6:67)고 질문하셨다. 주님은 또한 베드로에게 세 번 거듭해서 "네가 나를 사랑하느냐?"(21:15-17) 고 물으심으로 주님에 대한 그의 사랑을 확인하셨다.

생각이나 사고를 증진시키기 위해

주님은 보통 상대방이 구두로 대답할 것을 목적으로 질문하셨지만, 간혹 정신적 사고나 생각을 부추기기 위해 수사학적 질문이나 질의를 하시기도 했다. 복음서에는 이같은 예들이 풍부하다. "소금이 만일 그 맛을 잃으면 무엇으로 짜게 하리요?"(마 5:13; 막 9:50; 눅 14:34)와 같은 은유적 언어로 포장된 주님의 수사학적 질문은 '세상의 소금'인 믿는 자들이 확고하면서도 지속적으로 증인의 삶을 살도록 도전을 주었다. "너희가 너를 사랑하는 자를 사랑하면 무슨 상이 있으리요? 세리도 이같이 아니하느냐?"(마 5:46; 눅 6:32)는 질문은 듣는 이들로 하여금 어째서 자신이 무조건 사랑을 베풀어야 하는지 곰곰 생각하도록 만든다. 예수님께서 "독사의 자식들아 너희는 악하니 어떻게 선한 말을 할 수 있느냐?"(마 12:34)고 말씀하시면서 바리새인들을 책망하셨을 때 이는 분명히 그들로 하여금 자신들의 악한 마음에서 나오는 악한 말들을 되새기게끔 만들었을 것이다.

"사람이 만일 온 천하를 얻고도 제 목숨을 잃으면 무엇이 유익하리요? 사람이 무엇을 주고 제 목숨을 바꾸겠느냐?"(마 16:26; 막 8:36-37; 눅 9:25)고 하신 주님의 날카로운 질문을 듣고 한갓 부질없이 지나가는 세상의 허황된 유익과 비교해서 영원한 가치가 있는 영적 문제들을 적어도 한 번 깊이 생각하지 않을 자가 있었겠는가?

언뜻 보기에는 이상한 수사학적 질문인 "누가 내 모친이며 내 동생들이냐?"(마 12:48; 막 3:33)는 말은 사람들로 하여금 예수님이 과연 무슨 말씀을 하실까 의아해 하게 만들었을 것이다. 사람들은 잠시의 혼동과 생각을 거치는 동안 예수님께서 "누구든지 하늘에 계신 내 아버지의 뜻대로 하는 자가 내 형제요 자매요 모친이니라"(마 12:50; 막 3:35)고 대답하시는 말에 쉽게 공감할 수 있었다.

예수님은 제자들의 발을 씻기시는 놀라운 겸손을 실천하신 후에 자리에 앉으셔서 다음과 같이 질문하셨다: "내가 너희에게 행한 것을 너희가 아느냐?"(요 3:12). 이같은 질문은 그들의 발을 씻긴 행위는 발에서 더러운 먼지를 씻어준 것 이상의 중요한 의미가 들어있음을 암시했고, 따라서 제자들은 주님의 행동에 담겨 있던 진정한 의미가 무엇인지 깊이 생각하게 되었다. 그리고 나서 주님은 그들도 자신을 본받아 다른 사람들을 겸손히 섬겨야 함을 강조해서 말씀하셨다(13:13-17).

사고를 요하는 다른 수사학적 질문들이 마태복음 5장 47절; 6장 25, 30절(눅 12:26, 28); 9장 15절(막 2:19; 눅 5:34); 15장 17절; 19장 17절(막 10:18; 눅 18:19); 누가복음 2장 49절; 6장 34절; 22장 27절; 요한복음 3장 12절; 10장 35-36절 등에 기록되어 있다. 이런 질문들이 단순한 서술형태의 문장들과 비교해서 어떻게 사람들의 사고를 더 많이 유도했을지 생각해 보기 바란다.

사고를 부추기기 위해 주님께서 사용하신 또다른 질문방식은 "네 생각은 어떠하뇨?"였다. 예수님은 다른 질문을 하시는 속에서 세 차례나 이 말을 사용하셔서 질문하셨다. 베드로에게(마 17:25상), 제자들에게(18:12상), 바리새인들에게(22:4-23상), 그리고 대제사장들과 장로들(21:28)에게 두 아들의 비유를 말씀하셨을 때 이 말씀을 사용하셔서 질문하셨다. 또한 제자들을 가르치실 때 "네 생각은 어떠하뇨?"(마 26:53; 눅 12:51; 13:2, 4) 라는 말을 사용하셔서 네 가지 질문을 하셨다.

예수님께서 스스로 자신의 질문에 답을 하셨던 것은 바로 그런 질문들이 듣는 사람들의 관심을 불러 일으키기 위한 것이었음을 보여준다. 이런 예비 질문은 주님의 대답이 듣는 자들의 심중에 깊이 있게 와 닿도록 영향을 미쳤다. 다음의 참고 구절과 바로 이어지는 구절을 보고 주님께서 자신의 수사학적 질문들에 어떻게 답하셨는지 살펴 보기 바란다: 마태복음 9장 15절(막 2:19; 눅 5:34); 11장 8-9절; 19장 17절(막 10:18; 눅 18:19)[19]; 마가복음 3장 33절; 누가복음 10장 15절; 12장 51절; 13장 2, 4절; 22장 27절; 요한복음 8장 43절; 12장 27절.

비판하는 자들의 잘못된 점들을 설득시키기 위해

때때로 주님은 자신을 대적하는 사람들의 질문이나 비판적인 지적에 대해 서술문 형식으로 대답하셨다. 그러나 그보다 질문 형태로 더 자주 답하셨다. 수사학적 형태를 띤 이런 질문들은 대적하는 무리들의 비난이 논리적으로 일관성이 없음을 깨닫도록 도전함과 동시에, 그들로 하여금 양심의 가책을 느끼게 했다. 예수님의 질의적 답변은 매우 강력하고 압도적이어서 여섯 차례에 걸쳐 주님을 대적하는 자들이 침묵하도록 만들었다.[20]

---

19) "어찌하여 선한 일을 내게 묻느냐?"(마 19:17) 는 예수님의 질문은 막 10:18과 눅 18:19에서는 "네가 어찌하여 나를 선하다 일컫느냐?"라고 표현되었는데, 이는 곧 "하나님 한 분 이외에는 선한 이가 없느니라"는 대답으로 이어진다. 이 질문-설명은 '내게 선한 일이 무엇인지 질문함으로써, 너희들은 나의 자질을, 홀로 선하신 하나님과 동등되게 여기는 것이냐?' 는 질문을 현명하게 바꾸셔서 하신 것이다"(Robert Culton Singleton, "the Lord's Use of Questions in Matthew"[신학석사논문, Dallas Theological Seminary, 1977], 41).

20) 마 21:27 (막 11:33; 눅 20:7); 22:46; 막 3:4; 눅 13:17; 14:4, 6.

예수님께서 사단의 권세로 귀신을 쫓는다(마 12:27; 눅 11:19)는 바리새인들의 주장은 일관성이 결여되어 있었으며 예수님을 찬양하는 어린아이들을 향해 분노한 대제사장들과 서기관들도 일관성이 없었다. 왜냐하면 구약(시 8:2)이 하나님을 찬양하는 어린아이들에 관해 묘사하고 있기 때문이다(마 21:16). 죽은 자의 부활을 묻는 사두개인들의 질문 또한 출애굽기 3장 6절에 나타난 하나님을 산 자의 하나님(마 22:31-32)으로 보는 것과 상치가 된 것이었다. 메시아의 다윗계보(마 22:42-43, 45; 막 12:35, 37; 눅 20:41,44)에 관한 예수님의 질문은 바리새인들이 시편 110편 1절을 잘못 해석한 것을 지적한 것이었다.

예수님이 지적하신 또 다른 일관성이 결여된 사항들은 다음과 같다: 맹세에 관한 대적자들의 견해(마 23:17,19), 중풍병자에게는 무관심하면서도 하나님을 모독하는 것에는 관심을 쏟는 행위(마 9:4; 막 2:8-9), 다윗의 경우는 간과하면서 예수님의 제자들이 안식일에 이삭을 잘라 먹은 것을 비난하는 행위(마 12:3; 막 2:25-26; 눅 6:3 참조. 삼상 21:1-6), 예수님을 '주'라 하면서도 그 하신 말씀은 행치 않는 것(눅 6:46), 천지의 기상은 분별할 줄 알면서 영적 진리는 이해하지 못하는 무능함(12:56-57), 그리고 안식일에 짐승은 돌보면서 주님께서 사람을 치유하는 것을 원치 않는 그들의 일관성 없는 모습(13:15; 14:5).

요한복음에는 유대인들(예루살렘에 있던 종교지도자들)의 일관성 없는 행동들을 다음과 같이 기록한다: 사람의 영광은 취하되 하나님께로부터 오는 영광은 구하지 않는 것(요 5:44); 모세가 기록한 것을 믿지 못하는 것(5:47); 모세의 율법은 있으나 지키지 않는 것(7:19); 안식일에 어린아이들에게 할례를 베푸면서도 주님께서 치유하시는 일은 반박하는 것(7:23); 예수님의 무죄함을 보면서도 믿지 않는 것(8:46); 그리고 예수님이 생명을 건져내고 생명을 지속시키는 기적을 행해도 돌로 치려 하는 것(10:32). 믿기 어려울 만큼 일관성이 없었던 유다의 행동이 "유다여 네가 입맞춤으로 인자를 파느냐?"(눅 22:48)고 하신 예수님의 질문으로 인해 확연히 드러난다. 우정의 표시인 입맞춤에 숨겨진 배신의 행위보다 더 모순된 일이 있겠는가!

예수님께서는 여섯 차례에 걸쳐 대적하는 무리들을 질문으로 침묵하게 만드신 가운데 세 차례 그들을 진퇴양난의 곤경에 빠지게 하셨다. 대제사장들과 장로들이 예수님의 권위가 어디로서인지 캐물었을 때 예수님은 요한의 세례의 기원에 관해 질문하심으로써 그들의 이의에 대응하셨다. 그들은 자신들이 만약 '사람에게서'라고 하면 요한을 선지자로 여기는 많은 사람들로부터 돌에 맞을까봐 두려워했다. 그러나 만일 요한의 세례가 '하늘로서'라고 한다면 세례 요한을 따르지 않는 자신들을 예수님이 고소할까 두려웠던 것이다. 어느 쪽을 답하든 그들은 문제에 빠지므로 대답을 거절하였다. 그래서 예수님 또한 그들의 질문에 대답하지 않겠다고 말씀하셨다(마 21:12-27; 막 11:27-33; 눅 20:1-8). 예수님은 안식일에 한 회당에서 안식일에 생명을 구하는 일과 죽이는 일 중, 어느 것이 옳으냐는 문제를 놓고 바리새인들과 서기관들을 다시 진퇴양난의 곤궁에 처하게 하셨다(막 3:1-6; 눅 6:6-11). 그들은 '생명을 구하는 것'이라고 대답할 수 없었다. 왜냐하면 그렇게 되면 그들은 안식일에 병 고치시는 예수님을 비난할 근거를 찾을 수 없기 때문이었다. 또 그들은 '생명을 죽이는 것'이라고 답할 수도 없었다. 그렇게 되면 구약의 기준에 어긋나게 되어 자신들이 함정에 빠지게 될 것이기 때문이었다. 또 한 번은 예수님께서 한 바리새인의 집에서 "안식일에 병 고쳐 주는 것이 합당하냐 아니하냐?"(눅 14:1-4)고 질문하심으로 바리새인들을 앞서 언급한 상황과 비슷하게 곤란한 입장으로 몰아붙이셨다. 만일 합당하다고 하면 예수님의 잘못을 책잡을 수가 없고, 아니라고 하면 다른 사람의 아픔에 무관심하다는 결론이 되기 때문이었다.

예수님은 이렇게 3가지 재치있는 방법으로 자신을 책잡으려는 무리들을 참패시키시고 침묵케 하셨다. 오직 질문만으로 그같은 일을 하셨던 것이다!

잘못을 깨우쳐 주기 위해

델네이(Delnay)는 "가르치는 과정 가운데서 학생들이 잘못된 길로 갈 때도 있다. 그들은 그릇된 교리를 즐기거나 교만하기도 하고 자신들의 힘을 믿고 앞으로 나아가려고 든다."[21]고 말했다. 예수님은 자신을 따르던 무리들에게서 이러한 모습을 발견하시고 그들의 부족함을 깨우쳐 제지하시기 위해 질문을 사용하셨다. 포르토시스(Fortosis)는 이런 질문들을 학생들의 영적 부적합성을 지적해 주는 것으로 여겼다.[22] 질문을 받은 사람들은 "처음에는 적개심을 품을지 모르나 이해가 빠른 학생은 결국 긍정적인 변화로서 반응할 것이다."[23]

예수님께서 제자들의 믿음 없는 모습을 꾸짖으신 사건들은 다음과 같다: 풍랑 속에서(마 8:26; 막 4:40; 눅 8:25), 베드로가 물 위를 걸으려고 했을 때(마 14:31), 제자들이 바리새인과 사두개인들의 누룩에 관한 예수님의 말씀을 듣고 서로 의논할 때(마 16:8), 그리고 예수님께서 부활 후에 나타나셨을 때 제자들이 두려워하는 것을 보셨을 때 (눅 24:38). 또한 씨 뿌리는 자의 비유를 말씀하셨을 때(막 4:13), 종교 지도자들의 누룩을 말씀하셨을 때(마 16:9,11; 막 8:17-21), 그리고 하나님을 보는 것에 관한 빌립의 질문에 대답하셨을 때(요 14:9) 제자들이 이해하지 못하고 있는 모습을 지적해 주셨다.

---

21) Delnay, Teach as He Taught, 78.
22) Fortosis, "Can Questioning Make Religious Educators More Effective in the Classroom?" 95-96.
23) 같은 책, 95.

예수님은 12살 때 성전에서 자신을 발견한 부모에게 자신의 신분과 사역, 즉 하나님의 아들되심과 구속사역을 이해하지 못하는 것을 질문을 통하여 지적하셨다(눅 2:49).

예수님은 자신의 살을 먹고 피를 마시는 일(요 6:54-58)에 관한 이해하기 어려운 말들로 인해 사람들이 어리둥절해 하는 모습("이 말이 너희에게 걸림이 되느냐?", 요 6:61)을 보시고 한층 더 이해하기 어려운 일인 승천을 언급하심으로 그들의 부족한 영적 통찰력을 책망하셨다: "너희가 인자의 이전 있던 곳으로 올라가는 것을 볼 것 같으면 어찌하려느냐?"(6:62). 하늘로부터 이땅에 내려오신 생명의 떡인 예수님을 이해할 수 없는 사람들이 하물며 한층 더 이해하기 어려운 주님의 부활 사건을 이해할 수 있었겠는가?

잘못을 깨우쳐 주기 위해 예수님이 질문을 던지셨던 또 다른 경우들은 다음과 같다: 서기관들("너희가 어찌하여 마음에 악한 생각을 하느냐? 마 9:4); 한 부자 청년("어찌하여 선한 일을 내게 묻느냐? 마 19:17; 막 10:18; 눅 18:19); 무리 가운데 한 사람("이 사람아 누가 나를 너희의 재판장이나 물건 나누는 자로 세웠느냐? 눅 12:14); 바리새인들("어찌하여 옳은 것을 스스로 판단치 아니하느냐? 눅 12:57"); 감사할 줄 모르는 고침 받은 아홉 문둥병자들(17:17-18); 니고데모(요 3:10); 대적하는 유대인들(어찌하여 내 말을 깨닫지 못하느냐? 이는 내 말을 들을 줄 알지 못함이로다" 8:43); 대제사장 안나스(18:21) 와 빌라도(18:34). 이 외에도 베드로와 야고보, 그리고 요한도 겟세마네 동산에서 영육간의 연약함을 지적받았다: "너희가 나와 함께 한 시도 이렇게 깨어 있을 수 없더냐?…아직도 자고 쉬고 있느냐?"(마 26:40, 45; 막 14:37,41; 눅 22:46). 포르토시스는 현대 교사들에게 이러한 종류의 질문들과 연관된 내용을 전하는 가운데 이렇게 말했다: "질문은 암시적으로 말하거나 까발려 말하는 것보다 훨씬 효과적으로 문제점을 노출시킬 수 있다. 학생들이 자신들의 영적 부족함을 자각하도록 돕는 편이, 그들의 영적 불완전함을 교사가 직접 지적하는 것보다 훨씬 효과적이다. 만일 교사가 학생들의 존경과 호감을 받고 있다면 잘못을 교정하는 질문들은 매우 놀랍게 학생들의 부족함을 자각하고 고치도록 도전하고 격려할 것이다."[24]

감정을 표출하기 위해

다양한 예수님의 감정들 – 실망, 격노, 경이로움, 놀라움 혹은 고뇌 – 이 질문을 통해 표출되었다. 예수님은 야이로의 집에서 회당장 딸의 죽음을 접하고 울며 통곡하고 있던 사람들에게 "너희가 어찌하여 훤화하며 우느냐?"(막 5:39)고 말씀하셨다. 또한 화가 나서 깊이 탄식하시며 바리새인들을 향해 표적을 구하는 이유를 다그쳐 물으셨다 (8:12). 변화산에서 내려오셨을 때 예수님은 9명의 제자들이 무능력함을 보시고 실망과 분노를 표시하셨다("믿음이 없고 패역한 세대여 …내가 얼마나 너희와 함께 있으며 얼마나 너희를 참으리요?" 마 17:17; 막 9:19).

십자가에서의 죽음이 임박함을 아시고 예수님은 마음으로 번민하셨다. 그러나 "무슨 말을 하리요? ' 아버지여 나를 구원하여 이때를 면하게 하여 주옵소서'"(요 12:27)라고 간구하시고는 자신의 사역 목적에 헌신하실 것을 결심하셨다(12:27-28). 또한 십자가에 달리셨을 때 육체 및 영혼의 고통에 못 이겨 감동 어린 질문 형태로 영혼의 고뇌를 표현하셨다: "나의 하나님 나의 하나님 어찌하여 나를 버리셨나이까?"(마 27:46; 막 15:34).

동기를 모색하기 위해

예수님의 질문들은 바리새인들과 헤롯당원들의 마음의 동기("어찌하여

---

[24] 같은 책, 96.

나를 시험하느냐?" 마 22:18; 막 12:15)와 예수님을 죽이려는 유대인들의 속마음("너희가 어찌하여 나를 죽이려 하느냐? 요 7:19) 그리고 예수님의 제자들의 마음의 동기("너희가 노중에서 서로 토론한 것이 무엇이냐? 막 9:33; "너희가 어찌하여 이 여자를 괴롭게 하느냐? 마 26:10)를 간파했다.

양심의 가책을 느끼게 하기 위해

이미 논의한 질문 중에서 상당수가 듣는 이들의 양심에 가책이 일게 만들었을 것이다. 그런 목적을 지닌 질문이 바리새인들과 서기관들에게 주어졌다: "너희는 어찌하여 너희 유전으로 하나님의 계명을 범하느뇨?" (마 15:3); "뱀들아! 독사의 새끼들아! 너희가 어떻게 지옥의 판결을 피하겠느냐?" (23:33).

요점 제시를 위해

예수님은 감람산에서 강론하시면서 열두 제자에게 "너희가 이 모든 것을 보지 못하느냐?"(마 24:2)고 물으셨다. 그리고 "우리가 하나님의 나라를 어떻게 비하며 또 무슨 비유로 나타낼꼬?"(막 4:30; 눅 13:18)라는 수사학적 질문의 형태로 겨자씨의 비유를 말씀하셨다. 또한 이와 유사하게 "내가 하나님의 나라를 무엇으로 비할꼬"(눅 13:20) 라고 질문하시며 여인과 누룩의 비유를 말씀하셨다. 이런 질문들은 제자들의 마음을 사로잡아서 그들로 하여금 주님께서 하실 대답에 집중하도록 만들었다.

진리를 적용하도록 도전하기 위해

예수님은 학생들의 삶과 관련지어 설명하시는 일에 실패하시지 않았다. 그분의 가르침은 세부적이고 개인적이고 적절했으며 일반적이거나 추상적이지 않았다. 이를 위한 한 가지 방법이 바로 질문을 수업에 도입한 것이었다. 놀랍게도 비유 또는 실례를 들어 진리를 적용시키거나 듣는 자들이 결론을 내리도록 돕는 모든 경우 항상 질문을 통해 가르치셨다(표 25를 볼 것).

— 표 25 —
예수님께서 결론을 짓거나 비유와 실례들을 적용하는데 사용하신 질문들

교훈	결론짓는 질문	참고 성구	대상들
소작인의 비유	"그러면 포도원 주인이 올 때에 이 농부들을 어떻게 하겠느뇨?"	마 21:40; 막 12:9; 눅 20:15	대제사장들, 장로들, 서기관들
집안을 맡아 일하는 충성된 종과 악한 종의 실례	"충성되고 지혜있는 종이 되어 주인에게 그 집 사람들을 맡아 때를 따라 양식을 나눠 줄 자가 누구뇨?" (수사학적 질문)	마 24:45; 눅 12:42	12 제자
빚 주는 사람과 두 빚진 자의 실례	"둘 중에 누가 저를 더 사랑하겠느냐?"	눅 7:42	바리새인 시몬
선한 사마리아인의 비유	"네 의견에는 이 세 사람 중에 누가 강도 만난 자의 이웃이 되겠느냐?"	눅 10:36	어떤 율법사
지혜로운 청지기의 비유	"너희가 만일 불의한 재물에 충성치 아니하면 누가 참된 것으로 너희에게 맡기겠느냐? 너희가 만일 남의 것에 충성치 아니하면 누가 너희의 것을 너희에게 주겠느냐?"	눅 16:11-12	12 제자

예수님의 질문들이 갖고 있는 다른 특징들

예수님은 수 차례에 걸쳐 여러 질문들을 한꺼번에 묶어 던지셨고 그 결과 말씀의 효과와 강조를 극대화 하셨다. 때때로 하나의 부가적인 질문이나 아니면 여러 질문들이 다르면서도 팽행한 구조를 이루면서 첫번째 질문과 동일한 내용을 전달했다; 아니면 부차적인 생각이 제시되는 경우도 있었다.

대부분의 질문군들은 두 개의 질문이 짝으로 이루어져 있다. 어떤 질문군들은 세 개의 질문이 한 묶음으로 이루어졌으며, 네 개의 질문이 한 묶음으로 되어있는 질문군도 두 개가 있으며, 다섯 개의 질문들로 구성된 질문군은 두 개가 있다.

2개의 질문으로 이루어진 질문군

마 7:3-4(눅 6:41-42)
   7:9-10
   9:4-5
   11:9(눅 7:26)
   12:26-27(눅 11:18, 19)
   15:16-17(막 7:18)
   16:26(막 8:36-37)
   17:17(막 9:19)
   17:25
   18:12
   21:25
   22:20(막 12:16; 눅 20:24)
   22:42

26:53-54
막 4:13
　　4:21
눅 2:49
　　6:39
　　10:26
　　12:25-26
　　12:56-57
　　13:15-16
　　16:11-12
　　18:7
　　22:27
요 8:10
　　8:46
　　10:34-36

3개의 질문으로 이루어진 질문군
마 6:26-28
눅 17:7-9
　　17:17-18
요 14:9-10

4개의 질문으로 이루어진 질문군
마 5:46-47
　　11:7-8(눅 7:24-25)

5개의 질문으로 이루어진 질문군

마 16:8-11
막 8:17-18

예수님은 매우 다양한 방법으로 질문들을 유도하셨다. 예수님은 주로 '무엇이' '왜' '너는…하느냐' 그리고 '어떻게' 와 같은 말들을 사용하셔서 질문을 시작하셨는데, 그런 질문들은 듣는 사람들을 자극해서 생각이나 말을 통하여 반응하도록 이끌었을 것이다. 예수님이 질문의 서두에 사용하신 다른 말들은 '어느 것' '…할것인가' '누가' '너는…하느냐?' '너는…이냐?' '했느냐' '이었느냐' '가라' '하지 말아라' '이었다' 등이 있고, 각각의 말들이 여러 차례 등장한다. 한 번만 나타나는 표현으로는 '그들이 할 수 있느냐?' '아니냐' '그가 할 수 있느냐' '누구에 의해서' '그가 하느냐' '내가 하겠느냐' 같은 것들이 있다. 표 25에 정리된 질문들을 통해 다른 많은 표현들을 찾아 볼 수 있다.

예수님은 질문 속에서 수많은 주제들을 다루셨다. 이는 예수님의 지식의 방대함과 교수법의 다양함을 다시금 입증하신 것이다. 볼드윈(Baldwin)에 의하면 예수님은 질문들을 통해 86개에 걸친 주제들을 말씀하셨다.[25]

이방인(과 자유인)
야심(주제 넘는)
걱정

---

[25] Harry A. Baldwin, 101 Outlines Studies on Questions Asked and Answered by Our Lord (New York: Revell, 1938; 재출판, Grand Rapids: Baker, 1965), 126-27.

평가(분별력)
(에 실패)
중재(인간의 중재 대 하나님의 화해)
존재(의 자각)
화해(하나님의)
동등함(주의 능력의)
비용(계산)
욕망(마음의)
헌신(방해 받은)
의심(주님의 능력과 가르침에 대한)
사역(안식일 날에 합당한)
균등함(영적)
악(선을 박해함)
믿음(의 성장)
믿음(주님에 대한 조건 없는)
믿음(이 적음)
충성됨
자유인(대 이방인)
우정(타락함)
하나님의 아들(로서 예수님을 믿는 것)
선(악에 의해 핍박 받는)
은혜(하나님의 은혜의 논리)
감사(대 은혜를 모름)
죄(인간의 보편적인)
신분(메시아로서의)

신분(우리 주님의)

은혜를 모름(대 감사)

참을성이 없음(불신앙의 원인)

관심(우리의 직업에 대한 주님의)

방해(슬픔)

방해(서로의 헌신을)

세례 요한(의 중요성)

정의(하나님의)

친척(우리 주님의 진정한)

왕국(의 확장과 내용)

지식(바리새인들의 성경에 대한)

지도력(우리 주님의)

논리(하나님의 은혜의)

사랑(주님을 위해 시험 받은)

사랑(의 척도)

긍휼(하나님의)

잘못된 생각(우리 주님의 능력과 가르침에 대한)

그릇된 판단(사람들의)

사명(주님의 중요한)

신비(구속 계획의)

이웃(진정한 의미의)

일(이익에 대한 주님의 관심)

수난(우리 주님의 임박한)

인내(하나님의)

지각(우리 주님의 필요성)

핍박(모든 것을 포함하는)
핍박(우리 주님에 대한 지속적이고도 부당한)
베드로(의 실패)
능력(주님의)
능력(주님의 의심받은 능력)
능력(주님의 능력을 신뢰한)
능력(주님 능력의 진정한 근원)
능력(주님의 부활의)
권세(하나님과 동등한)
기도(에 대한 응답)
기도(효과적인)
기도(의 진실함)
정직(비교적인)
행위(제자들의 불완전한)
계획(우리 주님의)
예언(우리 주님에 관해 성취된)
의도(주님을 향한 비겁하고 살의를 품은)
탐구(의 목적과 동기)
현실
인정(주님을 알아보고 방해함)
구속(의 비밀스러운 계획)
안식일(에 합당한 사역)
성경(의 진실된 가르침)
찾으심(자기 자녀를 찾으시는 하나님)
나눔(주님의 시련을)

슬픔(방해)
근원(주님의 능력의)
가르침(주님의)
때(선한 일을 할)
시련(주님의 시련을 함께 함)
진리(생명력 있고 영적인 진리에 대한 주님의 지혜)
불신앙(의 이유)
가치(실제적인)

예수님에게서 배울 수 있는 질문 기술

예수님은 사역하시면서 폭넓은 질문을 사용하셨기 때문에 현대 교사들도 예수님의 본보기를 통해 많은 것을 배울 수 있다. 학생들에게 던지는 효과적인 질문은 그들에게 생동력과 흥미와 호기심과 매력과 강한 영향력을 느끼게 한다.

그러나 질문하는 일이 생각처럼 수월한 것은 아니다. "일반 상식과는 달리 질문을 사용하는 일은 복잡한 기술을 요구한다"[26] 우리는 "아무 질문이나 해서는 안 된다. 그 질문들은 합당한 종류의 질문이어야 하고, 또 그 대답을 통해 학생들이 학습과정에 참여하도록 이끄는 것이 되어야 한다."[27] 긍정적이

---

26) J. T. Dillon, "Research on Questioning and Discussion," Educational Leadership 42 (Nov., 1984): 53.

27) Roger C. Schreffler, "The Art of Asking Questions," Teach 14 (sum., 1973): 58.

거나 부정적인 다음의 제안들은 그리스도께서 보여주신 질문 사용법에서 나온 것이다.

  도전이 되는 질문을 하라; 그저 대답을 나누는 식의 질문 또는 대답이 단지 추측으로만 끝나는 식의 질문을 피하라. 예수님의 질문 내용을 살펴 보면 그분은 언제나 듣는 자, 즉 배우는 자들로 하여금 자신이 제시하시는 문제들을 숙고하도록 자극하셨다. 예수님은 단순하게 사실의 암기를 요구하거나 기억력을 점검하는 종류의 질문은 거의 하지 않으셨다. 만일 예수님이 "네가 무엇을 기억하느냐?"고 질문하셨다면, 이는 어떤 중요한 문제에 대해 서로간의 대화를 유도하는 것이었다. 또한 예수님은 "너희는 어떻게 생각하느냐?"는 질문을 자주 하셔서 듣는 이들을 도전하셨다. 제자들은 예수님께서 생각하고 계신 것이 무엇인지 추측해서 대답할 필요가 없었다. 그 대신 그들은 자신들의 의견과 생각을 밝히기 위해 스스로 생각하도록 격려되었다.

  질문들을 명확하게 하라; 애매모호한 질문들은 피하라. 예수님께 "그 질문이 무슨 뜻인지 모르겠습니다. 다시 한번 설명해 주시겠어요?"라고 말했던 사람은 아무도 없었다. 사람들은 예수님의 질문에 대한 대답을 찾으려고 혼란스러웠을지는 모르지만, 결코 하신 질문 자체를 혼동하지는 않았다. 예수님은 언제든지 상황에 맞게 질문들을 제시하실 수 있었지만 우리들은 명확한 질문을 할 수 있기 위해서는 미리 준비해야 할 것이다.

  세부적이고 간결한 질문들을 하라; 너무 일반적이고 광범위한 질문을 피하라. 예수님이 다루셨던 주제들은 너무 광범위해서 듣는 이들이 어떻게 대답을 해야할까 하고 막연해 하던 적이 없었다. 그리고 예수님이 던지신 질문들은 항상 간결했다. 마치 길이가 짧고 날카로운 칼처럼 하신 질문들은 곧바로 예리하게 사람들 마음 속을 헤집고 들어갔다.

  다양한 질문을 던져라; 항상 똑같은 종류의 질문을 던지지 말라. 예수님의 많은 질문들은 다양한 목적을 위해 주어진 것들이었다. 그분은 결코 틀에 박힌 질문만 되풀이하지 않으셨다.

수용과 존중의 자세로 질문하라; 비웃거나 업신여기는 식의 질문은 피하라. 때때로 예수님도 자신을 비난하는 무리들에게 질책하시거나 틀린 것을 바로잡아 주시는 질문들로 대답하셨고, 또 어떤 경우에는 영적인 부족함을 깨우쳐 주실 목적으로 질문하셨다. 그렇지만 항상 사랑과 관심어린 질문을 던지셨으며 한 번도 모욕이나 조소로 다른 사람들을 공격하시지 않았다. 예수님은 질문에 진심으로 대답하려는 사람들의 노력을 높이 평가하고 감사를 표하셨으며 이로 인해 그들의 자신감을 높여주셨고 계속 배우려는 노력을 기울이도록 고취해 주셨다.

좋은 질문을 하기 위해 다음과 같은 방법들을 고려해 보라: 필요하다면 학생들이 대답한 사실들 가운데 약한 부분을 발전시키도록 도와주라. 즉 한 예로 "그것을 좀더 발전시켜서 말할 수 있니?"라고 질문할 수 있을 것이다. 아니면, "그것이 무슨 뜻인지 좀더 자세히 설명해 주겠니?"하고 물을 수도 있고 "예를 하나 들어 볼 수 있을까?"라고 말할 수도 있다.[28] 그리고 학생들이 서로 자신들의 생각을 주고 받도록 격려하라. "다른 친구들도 여기에 동의해요?" 하고 물을 수도 있고 "아무개는 거기에 대해 어떻게 생각하니?" 혹은 "그말에 대해 또다른 좋은 점이나 문제점들을 찾아 볼 수 있겠니?" 하고 물을 수도 있다. "오늘 토론에서 별로 말이 없던 친구들이 있던데, 우리가 함께 생각한 문제에 관해 어떻게 생각하고 있지?" 라고 말함으로써 침묵을 지키는 학생들을 격려해서 질문에 대답을 하도록 이끌어준다. 또는 "이제 몇몇 다른 친구들의 이야기를 들어 볼까요?" 라고 질문을 제기 할 수도 있다. 다음과 같은 식의 말을 사용해서 토론을 요약해보라: "지금까지 …에 대해 이야기했

---

28) Gall, "The Use of Questions in Teaching," 71.

어요." "그럼 …점에 동의하나요?" "선생님이 보기에 우리는 …의견을 주고 받았어요."

적당한 질문을 구사하는 것은 힘있고 효과적인 교수방법의 중요한 형태다. 왜냐하면 드가모(DeGarmo)가 말한 것처럼 "질문을 잘하는 것이 잘 가르치는 것이다."29)

당·신·의·생·각·은·어·떤·가·?

● 다음 수업시간에 교사가 하는 모든 질문들을 기록하라. 그 질문들을 종류 별로 파악하고, 학생들이 질문들에 어떤 반응을 보였는지 분석하고, 그 질문들이 좋은 것이었는지 그렇지 않았는지 평가해 보라.

● 설교를 들을 때 어떤 수사학적 질문들이 있는지 잘 들어보고 그 효과를 평가해 보라.

● 수업시간에 질문을 충분히 하는가? 어떻게 하면 질문법을 개선할 수 있을지 생각해 보라.

---

29) DeGarmo, Interest and Education, 179.

● 다음 수업을 준비할 때 질문할 것들을 미리 적어보라. 그런 후, 그 질문들이 적합한지 평가해 보라. 그 질문들이 어떤 종류인가? 또 학생들의 반응은 어떨 것이라고 예상하는가?

● 1996년 교육가인 샌더스(Norris M Sanders)는 지적 학습 과정을 일곱 단계로 제안하고, 각 단계를 위한 질문들을 제시했다. 각 단계는 그 아래 단계가 갖고 있는 인지 능력을 포함한다고 가정한다: 기억, 변환, 해석, 적용, 분석, 종합, 평가(Classroom Questions: What kinds? 〔New York: Harper & Row〕). 위의 일곱 단계는 블룸(Benjamin S. Bloom)이 제시한 여섯 단계 지적 학습(Taxonomy of Educational Objectives ; Cognitive Domain 〔New York: McKay,1956〕)을 채택한 것이다.

● 기억 단계의 질문은 학생들이 이전에 배운 어떤 것들을 기억하거나 생각해 내거나 또는 인식하도록 하기 위해 사용한다. 이 단계에 잘 사용되는 동사들은 다음과 같다: 명명하라, 나열하라, 말하라, 정의를 내리라, 독특한 점을 밝혀라.

● 변환 단계의 질문은 제시된 것과 다른 형태로 답하도록 하는 것이다. 이 단계에 잘 사용되는 동사들은 다음과 같다: 부연하라, 요약하라, 전환하라, 자신의 말로 바꾸라.

● 해석 단계의 질문은 학생들이 배운 것을 제대로 간파했거나 이해했는지 확인하는 것이다. 이 단계에 잘 사용되는 동사들은 다음과 같다: 비교하라, 대조하라, 설명하라, 예를 들라, 함축하라, 추론하라.

● 적용 단계의 질문은 학생들이 배운 사실이나 내용을 새로운 환경에 적용하도록 도전하는 것이다. 이 단계를 위해 도움이 되는 동사들은 다음과 같다: 추산하라, 결정하라, 예측하라, 산출하라, 해결하라.

● 분석 단계의 질문은 학생들로 하여금 문제의 부분들을 보고 그것들이 어떻게 다르고 유사한지 분간하도록 요구하는 것이다. 이 단계를 위해 유용한 동사들은 다음과 같다: 구별하라, 지적하라, 선택하라, 도표로 나타내라, 어떤 이유들이 주어졌는가, 또는 어떤 구조가 명백한가.

● 종합 단계의 질문은 학생들에게 새로운 계획이나 과정을 위해 요소 및 부분들을 조합시키도록 한다. 이런 종류의 질문을 하거나 답하는 데 사용되는 동사들로 비교하다, 만들어 내다, 고안하다, 계획하다, 재편성하다, 창작하다 등이 있다.

● 평가 단계는 인지 학습단계 가운데 가장 높은 단계로서, 학생들로 하여금 어떤 것들이 주어진 수준에서 그 기준이나 규범을 충족시키는지 여부를 결정하도록 만드는 것이다. 평가 단계의 질문을 위해 유용한 동사들은 다음과 같다: 평가하다, 가늠하다, 비평하다, 오류를 찾아내다, 가치를 재다, 기준을 정하다, 판단하다, 옹호하다.

● 예수님의 가르침에서 이런 각각 단계들, 그중에서도 특히 평가 단계의 질문들을 찾아 보라.

● 수업시간에 이같은 단계의 질문들을 사용할 수 있겠는가? 평가 단계의 질문이 일곱 단계 가운데 가장 상위에 위치하는 이유는 무엇인가?

— 표 26 —

예수님이 하신 질문들

질문내용[a]	관련성구	질문대상	질문종류[b]	질문대상자들의 반응
1. "소금이 만일 그 맛을 잃으면 무엇으로 짜게 하리요?"	1-3. 마 5:13(막 9:50; 눅 14:34)[c]	산상수훈 때 모인 무리	8	기록 안 됨
2. "너희가 너희를 사랑하는 자를 사랑하면 무슨 상이 있으리요?"	4-5. 마 5:46a(눅 6:32)	산상수훈 때 모인 무리	8	기록 안 됨
3. "세리도 이와 같이 아니하느냐?"	6. 마 5:46b	산상수훈 때 모인 무리	4	기록 안 됨
4. "또 너희가 너희 형제에게만 문안하면 남보다 더하는 것이 무엇이냐?"	7. 마 5:47a	산상수훈 때 모인 무리	8	기록 안 됨

a. 첫 번째 난에 있는 번호는 총 225개에 달하는 예수님의 질문의 숫자를 표시하며, 두번째 난에 있는 번호는 304개에 달하는 복음서에 나타난 이런 질문들의 총 개수를 나타낸다.
b. 이 난에 표시되어 있는 번호는 241쪽에 표시된 질문들의 종류를 나타낸다. 어떤 질문들은 하나 이상의 목적을 갖고 있다.
c. 병행되어 나타나는 구절들은 괄호 안에 표시되어 있다. 하지만 복음서에 따라 답하는 방법이 조금씩 다를 수 있다.

질문내용	관련성구	질문대상	질문종류[b]	질문대상자들의 반응
5. "이방인들도 이같이 아니하느냐?"	8. 마 5:47하	산상수훈 때 모인 무리	4	기록 안 됨
6. "목숨이 음식보다 중하지 아니하며 몸이 의복보다 중하지 아니하냐?"	9. 마 6:25	산상수훈 때 모인 무리	4,8	기록 안 됨
7. "너희는 이것들보다 귀하지 아니하냐?"	10. 마 6:26	산상수훈 때 모인 무리	8	기록 안 됨
8. "너희 중에 누가 염려함으로 그 키를 한자나 더할 수 있느냐?"	11. 마 6:27	산상수훈 때 모인 무리	3	기록 안 됨
9. "또 너희가 어찌 의복을 위하여 염려하느냐?"	12. 마 6:28	산상수훈 때 모인 무리	8	기록 안 됨
10. "오늘 있다가 내일 아궁이에 던지우는 들풀도 하나님이 이렇게 입히시거든 하물며 너희일까 보냐 믿음이 적은 자들아?"	13. 마 6:30	산상수훈 때 모인 무리	8	기록 안 됨
11. "어찌하여 형제의 눈 속에 있는 티는 보고 네 눈 속에 있는 들보는 깨"	14-15. 마 7:3(눅 6:41)	산상수훈 때 모인 무리	8	기록 안 됨

단지 못하느냐?

질문	성경구절	대상	번호	비고
12. "보라 내 눈속에 들보가 있는데 어찌하여 형제에게 말하기를 나로 네 눈속에 있는 티를 빼게 하라 하겠느냐?"	16-17. 마 7:4(눅 6:42)	산상수훈 때 모인 무리	8,10	기록 안 됨
13. "너희 중에 누가 아들이 떡을 달라 하면 돌을 주며?"	18. 마 7:9	산상수훈 때 모인 무리	3	기록 안 됨
14. "생선을 달라하면 뱀을 줄 사람이 있겠느냐?"	19-20. 마 7:10(눅 11:11)	무리	3	기록 안 됨
15. "가시나무에서 포도를, 또는 엉겅퀴에서 무화과를 따겠느냐?"	21. 마 7:16	무리	3	기록 안 됨
16. "어찌하여 무서워 하느냐 믿음이 적은 자들아?"	22-23. 마 8:26(막 4:40a)	열두제자	10	가이사랴 여자 두 개의 질문을 함(8:27)
17. "너희가 어찌하여 마음에 악한 생각을 하느냐?"	24-26. 마 9:4(막2:8 : 눅 5:22)	서기관들	9,10	기록 안 됨
18. "네 죄 사함을 받았느니라 하는 말과 일어나 걸어가라 하는 말이 어	27-29. 마 9:5(막2:9 : 눅 5:23)	서기관들	8	기록 안 됨

질문내용	관련성구	질문대상	질문종류[b]	질문대상자들의 반응
19. "혼인집 손님들이 신랑과 함께 있을 동안에 슬퍼할 수 있느뇨?" 느 것이 쉽겠느냐?	30-32. 마 9:15(막 2:19 ; 눅 5:34)	요한의 제자들	8	기록 안 됨
20. "내가 능히 이 일 할 줄을 믿느냐?"	33. 마 9:28	두 명의 소경	5	"주여 그러하오리다." 하고 대답함(9:28)
21. "짐세 두 마리가 한 앗사리온에 팔리는 것이 아니냐?"	34. 마 10:29	열두 제자	4	기록 안 됨
22-25. "너희가 무엇을 보려고 광야에 나갔더냐? 바람에 흔들리는 갈대냐? 그러면 너희가 무엇을 보려고 나갔더냐? 부드러운 옷 입은 사람이냐?"	35-42. 마 11:7-8(눅 7:24-25)	무리	8,3,8,3	기록 안 됨
26-27. "그러면 너희가 어찌하여 나갔더냐? 선지자를 보려더냐?"	43-46. 마 11:9(눅 7:26)	무리	3,8	기록 안 됨
28. "이 세대를 무엇으로 비유할꼬?"	47-48. 마 11:16(눅	무리	11	기록 안 됨

	7:31a			
29. "다윗이 자기와 그 함께한 자들이 시장할 때에 한 일을 읽지 못하였느냐?"	49-51. 마 12:3(막 2:25 ; 눅 6:3)	바리새인들	1,9,10	기록 안 됨
30. "또 안식일에 제사장들이 성전 안에서 안식을 범하여도 죄가 없음을 너희가 율법에서 읽지 못하였느냐?"	52. 마 12:5	바리새인들	1,9,10	기록 안 됨
31. "너희 중에 어느 사람이 양 한 마리가 있어 안식일에 구덩이에 빠졌으면 붙잡아 내지 않겠느냐?"	53. 마 12:11	바리새인들	4	그들은 나가서 어떻게 하여 예수를 죽일까 의논함(12:14)
32-33. "사단이 만일 사단을 쫓아내면 스스로 분쟁하는 것이니 그리하고야 저의 나라가 어떻게 서겠느냐? 또 내가 바알세불을 힘입어 귀신을 쫓아내면 너희 아들들은 누구를 힘입어 쫓아내느냐?"	54-57. 마 12:26-27(눅 11:18상, 19상)	바리새인들	8,9	기록 안 됨

질문내용	관련성구	질문대상	질문종류[b]	질문대상자들의 반응
34. "사람이 먼저 강한 자를 결박하지 않고야 어떻게 그 강한 자의 집에 들어가 그 세간을 늑탈하겠느냐"	58. 마 12:29	바리새인들	3, 8	기록 안 됨
35. "독사의 자식들아 너희는 악하니 어떻게 선한 말을 할 수 있느냐?"	59. 마 12:34	바리새인들	8	마12:25-37에서처럼 예수님이 바리새인들에게 말씀을 하신 후에 서기관들과 함께 예수님께서 적 보여 주시기를 원함(12:38)
36. "누가 내 모친이며 동생들이냐?"	60-61. 마 12:48(막 3:33)	무리	8	기록 안 됨
37. "이 모든 것을 깨달았느냐?"	62. 마 13:51	열두 제자	6	"그리 하오이다" 하고 대답함(13:51)
38. "왜 의심하였느냐?"	63. 마 14:31	베드로	10	기록 안 됨

번호. 구절	질문	대상	숫자	답변
39. 마 15:3	"너희는 어찌하여 너희 유전으로 하나님의 계명을 범하느뇨?"	바리새인들과 서기관들	8,13	기록안됨
40-41. 마 15:16-17(막7:18)	"너희도 아직까지 깨달음이 없느냐? 입으로 들어가는 모든 것은 배로 들어가서 뒤로 버려지는 줄을 알지 못하느냐?"	열두 제자	10,8	기록안됨
42. 마 15:34(막 8:5)	"너희에게 떡이 몇 개나 있느냐?"	열두 제자	1	"일곱 개와 작은 생선 두어 마리가 있나이다" 하고 대답함 (15:34)
43. 마 16:8(막 8:17상)	"믿음이 적은 자들아 어찌 떡이 없음으로 서로 의논하느냐?"	열두 제자	10	기록안됨
44. 마 16:9상(막 8:17하)	"너희가 아직도 깨닫지 못하느냐?"	열두 제자	10	기록안됨
45. 마 16:9하(막 8:18b-19)	"떡 다섯 개로 오천명을 먹이고 주운 것이 몇 바구니이던 것을 기억지 못하느냐?"	열두 제자	1,10	기록안됨

질문내용	관련성구	질문대상	질문종류[b]	질문대상자들의 반응
46-47. "떡 일곱 개로 사천명을 먹이고 주운 것이 몇 광주리이던 것을 기억지 못하느냐? 어찌 내 말한것이 떡에 관함이 아닌 줄을 깨닫지 못하느냐?"	77-80. 마 16:10-11(막8:20-21)	열두 제자	1,10	마16:8-11에 나타난 예수님의 5개의 질문이 있고 난 후, 열두 제자들은 예수님이 바리새인들과 사두개인들의 교훈에 관해서 말씀하시고 계심을 알게 됨(16:12)
48. "사람들이 인자를 누구라 하느냐?"	81-83. 마 16:13(막 8:27 ; 눅 9:18)	열두 제자	6	사람들이 예수님을 누구라고 생각하는지 답변함(16:14)
49-50 "너희는 나를 누구라 하느냐?"	84-89. 마 16:15(막 8:29 ; 눅 9:20)	열두 제자	5,5	베드로가, "주는 그리스도시요 살아계신 하나님의 아들이

번호	성구	대상		반응
51. "사람이 만일 온 천하를 얻고도 제 목숨을 잃으면 무엇이 유익하리요?"	마 16:26a(막 8:36 ; 눅 9:25)	열두 제자	8	기록 안 됨
52. "사람이 무엇을 주고 제 목숨을 바꾸겠느냐?"	마 16:26b(막 8:37)	열두 제자	8	기록 안 됨
53. "믿음이 없고 패역한 세대여, 내가 얼마나 너희와 함께 있겠느냐!"	마 17:17a(막 9:19a)	열두 제자 중의 아홉 제자 (베드로, 야고보, 요한을 제외한 모두)	11	기록 안 됨
54. "얼마나 너희를 참으리요?"	마 17:17b(막 9:19b;눅 9:41)	열두 제자 중의 아홉 제자 (베드로, 야고보, 요한을 제외한 모두)	11	자신들은 예수께서 귀신을 쫓아낼 수 없었는지 예수님께 물어 봄(17:19)
55. "시몬아 네 생각은 어떠하뇨?"	마 17:25a	베드로	8	기록 안 됨
56. "세상 임금들이 누게 관세와 정세를 받느냐, 자기 아들에게나 타인에게나"	마 17:25b	베드로	4	베드로가 "타인에게 니이다."라고 대답함(16:16)

질문내용	관련성구	질문대상	질문종류[b]	질문대상자들의 반응
에게냐?"				(17:26)
57. "너희 생각에는 어떻겠느냐?"	102. 마 18:12a	열두 제자	8	기록 안 됨
58. "만일 어떤 사람이 양 일백 마리가 있는데 그 중에 하나가 길을 잃었으면 그 아흔 아홉 마리를 산에 두고 가서 길 잃은 양을 찾지 않겠느냐?"	103-104. 마 18:12b (눅 15:4)	열두 제자	4	기록 안 됨
59. "사람을 지으신 이가 본래 저희를 남자와 여자로 만드시고 말씀하시기를 이러므로 사람이 그 부모를 떠나서 아내에게 합하여 그 몸이 한 몸이 될지니라 하신 것을 읽지 못하였느냐?"	105. 마 19:4-5	바리새인들	1,9,10	예수님께 계략적인 질문을 던졌다(19:7)
60. "어찌하여 선한일을 내게 묻느냐?	106-108. 마 19:17 (막10:18 : 눅 18:19)	한 부자 청년	8,10	예수님께 어떤 계명들을 지켜야 하는지

#	질문	구절			
61. "무엇을 원하느냐?"	109-110. 마 20:21a (막10:36)	야고보와 요한의 어머니(막10:36은 야고보와 요한이 질문을 했다고 기록했다; 그들은 어머니를 통하여 그 공개 한 것이 분명하다)	6	주님의 질문에 대답함(20:21b)	를 물어봄(19:18)
62. "내가 마시려는 잔을 너희가 마실 수 있느냐?"	111-112. 마 20:22 (막10:38)	야고보와 요한	3	예수님의 잔을 마실 수 있다고 대답함 (20:22)	
63. "너희에게 무엇을 하여 주기를 원하느냐?"	113-115. 마 20:33 (막10:51; 눅 18:41)	두 소경	6	그들은 눈뜨기를 원한다고 대답함	
64. "'어린아기와 젖먹이들의 입에서 나오는 찬미를 온전케 하셨나이다' 함을 너희가 읽어본 일이 없느냐?"	116. 마 21:16	대제사장들과 서기관들	1,9,10	기록 안 됨	
65. "요한의 세례가 어디로서 왔느냐?"	117. 마 21:25	대제사장들과 서기관들	1,9	기록안 됨	

질문내용	관련성구	질문대상	질문종류[b]	질문대상자들의 반응
66. "하늘로서냐, 사람에게로서냐?"	118-120. 마 21:25 (막11:30 : 눅 20:4)	대제사장들과 서기관들	1,9	예수님이 2개의 질문에 "우리가 알지 못하노라" 하고 대답을 회피함(21:25b-27a)
67. "너희 생각에는 어떠하뇨?"	121. 마 21:28	대제사장들과 서기관들		기록 안 됨
68. "그 둘 중에 누가 아버지의 뜻대로 하였느뇨?"	122. 마 21:31	대제사장들과 서기관들	6,8	"둘째 아들이니이다" 하고 대답함(21:31)
69. "그러면 포도원 주인이 올 때에 이 농부들을 어떻게 하겠느뇨?"	123-125. 마 21:40 (막12:9; 눅 20:15)	대제사장들과 서기관들	6,8,15	그 주인이 악한 자들을 진멸하고 포도원을 다른 농부들에게 세를 줄 것이라고 대답함(21:41).
70. "너희가 성경에 '건축자들의 버린'"	126-128. 마 21:42	대제사장들과 서기관들	1,8,10	예수님을 잡아가들

질문	성경 구절	질문 대상		방법을 찾음
"돌이 모퉁이의 머릿돌이 되었나니 이것은 주로 말미암아 된 것이요 우리 눈에 기이하도다 함을 읽어 본 일이 없느냐?"	(막12:10; 눅 20:17)			
71. "외식하는 자들아 어찌하여 나를 시험하느냐?"	129-130. 마 22:18 (막12:15b)	바리새인들과 헤롯당원들	12	주님께 데나리온 하나를 가져옴(22:19)
72-73. "이 형상과 이글이 뉘 것이냐?"	131-136. 마 22:20 (막12:16; 눅 20:24)	바리새인들과 헤롯당원들	1,8	"가이사의 것이니이다" 하고 대답함(22:21).
74. "하나님이 너희에게 말씀하신바 나는 아브라함의 하나님이요 이삭의 하나님이요 야곱의 하나님이라 하신 것을 읽어보지 못하였느냐?"	137-138. 마 22:31-32(막12:26)	사두개인들	1,8,9,10	기록 안 됨
75-76. "너희는 그리스도에 관하여 어떻게 생각하느냐? 뉘 자손이냐?"	139-140. 마 22:42	바리새인들	8,6	"다윗의 자손이니이다" 하고 대답함(22:42).

질문내용	관련성구	질문대상	질문종류[b]	질문대상자들의 반응
77. "다윗이 성령에 감동하여 어찌 그리스도를 주라 칭하였느냐?"	141. 마 22:43	바리새인들	8,9	기록 안 됨
78. "다윗이 그리스도를 주라 칭하였은즉 어찌 그의 자손이 되겠느냐?"	142-144. 마 22:45 (막12:37; 눅 20:44)	바리새인들	8,9	한 말도 능히 대답하는 자가 없었고 감히 그에게 묻는 자도 없었음(22:46).
79. "우매요 소경들이여 어느 것이 크뇨? 그 금이냐 금을 거룩하게 하는 성전이냐?"	145. 마 23:17	서기관들과 바리새인들	8,9	기록 안 됨
80. "소경들이여 어느 것이 크뇨? 그 예물이냐 예물을 거룩하게 하는 제단이냐?"	146. 마 23:19	서기관들과 바리새인들	8,9	기록 안 됨
81. "뱀들아 독사의 새끼들아 너희가 어떻게 지옥의 판결을 피하겠느냐"	147. 마 23:33	서기관들과 바리새인들	8,13	기록 안 됨
82. "너희가 이 모든 것을 보지 못하느냐"	148-149. 마 24:2	열두 제자	14	기록 안 됨

	(막13:2)		
83. "충성되고 지혜있는 종이 되어 주인에게 그집 사람들을 맡아 때를 따라 양식을 나눠줄 자가 누구냐?"	150. 마 24:25	열두 제자	8,15 기록 안 됨
84. "너희가 어찌하여 이여자를 괴롭게 하느냐?"	151-152. 마 26:10 (막14:6)	열두 제자	10,12 기록 안 됨
85. "너희가 나와 함께 한시 동안도 이렇게 깨어 있을수 없더냐?"	153-154. 마 26:40 (막14:37)	베드로	10 기록 안 됨
86. "아직도 자고 쉬느냐?"	155-157. 마 26:45 (막14:41; 눅 22:46)	베드로,야고보,요한	10 기록 안 됨
87-88. "너는 내가 내아버지께 구하여 지금 열두 영 더 되는 천사를 보내시게 할수 없는 줄로 아느냐 내가 만일 그렇게 하면 이런 일이 있으리라 한 성경이 어떻게 이루어지리요?"	158-159. 마 26:53-54	베드로	8,8 기록 안 됨

질문내용	관련성구	질문대상	질문종류b	질문대상자들의 반응
89. "너희가 강도를 잡는 것같이 검과 몽치를 가지고 나를 잡으러 나왔느냐?"	160. 마 26:55	예수님을 잡으러 온 무리	3	기록 안 됨
90. "나의 하나님, 나의 하나님, 어찌하여 나를 버리셨나이까?"	161-162. 마 27:46 (막 15:34)	아버지 하나님	11	기록 안 됨
91. "안식일에 선을 행하는 것과 악을 행하는 것, 생명을 구하는 것과 죽이는 것, 어느 것이 옳으냐?"	163-164. 막 3:4 (눅 6:9)	바리새인들	8,9	잠잠히 있었음(3:4).
92. "사단이 어찌 사단을 쫓아낼 수 있느냐?"	165. 막 3:23	서기관들	3	기록 안 됨
93-94. "너희가 이 비유를 알지 못하느냐 그러면 어떻게 모든 비유를 알겠느냐?"	166-167. 막 4:13	열두 제자와 다른 사람들	10,10	기록 안 됨
95-96. "사람이 등불을 가져오는 것을 말 아래나 평상 아래나 두렴함이냐	168-169. 막 4:21	열두 제자와 다른 사람들	3	기록 안 됨

등장 위에 두렵함이 아니냐?

#	질문	구절	대상	숫자	기록안됨
97	"우리가 하나님의 나라를 어떻게 비하며 또 무슨 비유로 나타낼까?"	170. 막 4:30	열두 제자와 다른 사람들	8,14	기록안됨
98	"너희가 이제 믿음이 없느냐?"	171-172. 막 4:40b (눅 8:25)	열두 제자	7,8	두려워하며 예수님이 누신가 하고 의아해 함(4:41).
99	"네 이름이 무엇이냐?"	173-174. 막 5:9(눅 8:30)	거라사 지방의 귀신들린 자	1	그 귀신의 이름이 군대라 말함(5:9).
100	"누가 내 옷에 손을 대었느냐?"	175-176. 막 5:30 (눅 8:45)	혈루병을 앓는 여인	1	예수님이 왜 그런 이상한 질문을 했는지를 물어봄(5:31).
101	"너희가 어찌하여 훤화하며 우느냐? 이 아이가 죽은 것이 아니라 잔다."	177. 막 5:39	회당장의 집에서 울던 사람들	11	주님을 비웃음 5:40).
102	"너희에게 떡 몇 개가 있느냐?"	178. 막 6:38	열두 제자	1	떡 다섯 개와 물고기 두 마리가 있다고 대

질문내용	관련성구	질문대상	질문종류[b]	질문대상자들의 반응
103. "어찌하여 이 세대가 표적을 구하느냐?"	179. 막 8:12	바리새인들	11	답함(6:38). 기록 안 됨
104-105. "너희 마음이 둔하냐? 너희가 눈이 있어도 보지 못하며 귀가 있어도 듣지 못하느냐?"	180-181. 막 8:17b-18	열두 제자	10,11,13	기록 안 됨
106. "내가 떡 다섯 개를 오천명에게 떼어 줄 때에 조각 몇 바구니를 거두었더냐?"	182. 막 8:19	열두 제자	1	'열둘이니이다' 하고 대답함(8:19).
107. "아직도 깨닫지 못하느냐?"	183. 막 8:21	열두 제자	10,11	기록 안 됨
108. "무엇이 보이느냐?"	184. 막 8:23	한 소경	1	사람들이 마치 걸어 다니는 나무들처럼 보인다고 말함(8:24).
109. "너희가 무엇을 저희와 변론하느냐?"	185. 막 9:16	무리들	1	귀신들린 소년의 아버지가 무리와 제자

110. "언제부터 이렇게 되었느냐?"	186. 막 9:21	귀신들린 소년의 아버지	1	'어릴 때부터' 라고 대답함(9:21).
111. "할 수 있거든이 무슨 말이냐?"	187. 막 9:23	귀신들린 소년의 아버지	7,11	믿는다고 대답함(9:24)
112. "너희가 노중에서 서로 토론한 것이 무엇이냐?"	188. 막 9:33	열두 제자	1,12	잠잠함(9:34).
113. "모세가 어떻게 너희에게 명하였느냐?"	189. 막 10:3	바리새인들	1,8	신명기24:1-4을 인용하여 대답함(막 10:4).
114. "기록된바 내 집은 만민이 기도하는 집이라 칭함을 받으리라고 하지 아니하였으냐?"	190. 막 11:17	성전뜰에 있던 사람들	1,4	대제사장들과 서기관들이 예수님을 죽이려고 계획함 (11:18).
115. "너희가 성경도 하나님의 능력도 들 간에 벌어진 논쟁의 이유를 설명함(9: 17-18).	191. 막 12:24	사두개인들	4	기록안됨

질문내용	관련성구	질문대상	질문종류[b]	질문대상자들의 반응
알지 못하므로 오해함이 아니냐?				
116. "어찌하여 서기관들이 그리스도를 다윗의 자손이라 하느냐?"	192-193. 막 12:35 (눅 20:41)	성전뜰에 있던 사람들	8	백성이 즐겁게 들었음(12:37).
117. "내가 내 제자들과 함께 유월절 먹을 나의 객실이 어디 있느냐?"	194-195. 막 14:14 (눅 22:11)	다락방이 딸린 집 주인	1	제자들에게 큰 다락방을 보여 주었다.
118. "시몬아 자느냐?	196-197. 막 14:37a (눅 22:46)	베드로	7,10	기록 안 됨
119-120. "어찌하여 나를 찾으셨나이까? 내가 내 아버지 집에 있어야 될 줄을 알지 못하셨나이까?	198-199. 눅 2:49	요셉과 마리아	10,8	예수님이 하신 말씀을 깨닫지 못함(2:50).
121. "너희가 만일 선대하는 자들을 선대하면 칭찬받을 것이 무엇이뇨?"	200. 눅 6:33	무리들	8	기록 안 됨
122. "너희가 받기를 바라고 사람들에게 빌리면 칭찬받을 것이 무엇이뇨"	201. 눅 6:34	무리들	8	기록 안 됨
123-124. "소경이 소경을 인도할 수	202-203. 눅 6:39	무리들	4	기록 안 됨

있느냐? 둘이 다 구덩이에 빠지지 아니하겠느냐?"				
125. "나희는 나를 불러 주여 주여 하면서도 어찌하여 나의 말하는 것을 행치 아니하느냐?"	204. 눅 6:46	무리들	9,10	기록 안 됨
126. "이 세대의 사람을 무엇으로 비할꼬 무엇과 같은고?"	205. 눅 7:31b	무리들	8	기록 안 됨
127. "갚을 것이 없으므로 둘 다 탕감하여 주었으니 둘 중에 누가 저를 더 사랑하겠느냐?"	206. 눅 7:42	시몬이라 이름하는 바리새인	6,15	많이 탕감함을 받은 자가 빚 준 사람을 더 많이 사랑할 것이라고 대답함(7:43).
128. "이 여자를 보느냐?"	207. 눅 7:44	시몬이라 이름하는 바리새인	4,8	기록 안 됨
129. "가버나움아 네가 하늘에까지 높아지겠느냐?"	208. 눅 10:15	72인의 제자들	3,8	기록 안 됨
130-131. "율법에 무엇이라 기록되었느냐? 네가 어떻게 읽느냐?"	209-210. 눅 10:26	율법사	1,6	레위기19:18을 인용하여 말함(눅10:

질문내용	관련성구	질문대상	질문종류[b]	질문대상자들의 반응
132. "내 의견에는 이 세 사람 중에 누가 강도 만난 자의 이웃이 되겠느냐?"	211. 눅 10:36	율법사	8, 15	"자비를 베푼 자니이다"라고 대답함(10:37).
133. "밤을 만드신 이가 속도 만들지 아니하셨느냐?"	212. 눅 11:40	바리새인들	4	한 율법사가 예수님의 말씀이 자신들을 모욕했다고 말함 (11:45).
134. "참새 다섯이 앗사리온 둘에 팔리는 것이 아니냐?"	213. 눅 12:6	무리들	4	기록 안 됨
135. "이 사람아 누가 나를 너희의 재판장이나 물건 나누는 자로 세웠느냐?"	214. 눅 12:14	무리중의 어떤 사람	10	기록 안 됨
136. "너희 중에 누가 염려함으로 그 키를 한 자나 더 할 수 있느냐?"	215. 눅 12:25	제자들	3	기록 안 됨

137. "지극히 작은 것이라도 못하거든 어찌 그 다른 것을 염려하느냐?"	216. 눅 12:26	제자들	8	기록 안 됨
138. "지혜있고 진실한 청지기가 되어 주인에게 그 집 종들을 맡아 때를 따라 양식을 나누어 줄 자가 누구냐?"	217. 눅 12:42	베드로	8	기록 안 됨
139. "내가 세상에 화평을 주려고 온 줄로 아느냐?"	218. 눅 12:51	베드로	3,8	기록 안 됨
140. "어찌 이 때는 분변치 못하느냐"	219. 눅 12:56	무리들	9,10	기록 안 됨
141. "어찌하여 옳은 것을 스스로 판단치 아니하느냐?"	220. 눅 12:57	무리들	10	기록 안 됨
142. "너희는 이 갈릴리 사람들이 이같이 해 받음으로써 모든 갈릴리 사람보다 더 죄가 있는 줄 아느냐"	221. 눅 13:2	무리들	3,8	기록 안 됨
143. "또 실로암에서 망대가 무너져 치어 죽은 열 여덟 사람이 예루살	222. 눅 13:4	무리들	8,3	기록 안 됨

질문내용	관련성구	질문대상	질문종류b	질문대상자들의 반응
헬에 가한 모든 사람보다 죄가 더 있는 줄 아느냐?"				
144-145. "외식하는 자들아 너희가 각각 안식일에 자기의 소나 나귀를 마구에서 풀어내어 이끌고 물을 먹이지 아니하느냐? 십팔 년 동안 사단에게 매인 바 된 이 아브라함의 딸을 안식일에 이 매임에서 푸는 것이 합당치 아니하냐	223-224. 눅 13:15-16	회당장들과 대적하는 자들	4,8,9	반대하는 자들은 부끄러워 하고, 사람들은 기뻐하였다(13:17).
146-147. "하나님의 나라가 무엇과 같을꼬? 내가 무엇으로 비할꼬?"	225-226. 눅 13:18	제자들	8,8	기록 안 됨
148. "내가 하나님의 나라를 무엇으로 비할꼬?	227. 눅 13:20	제자들	14	기록 안 됨
149. "안식일에 병 고쳐주는 것이 합당하냐 아니하냐?"	228. 눅 14:3	바리새인들과 서기관들	8,9	잠잠해짐(14:4)

150. "너희 중에 누가 그 아들이나 소나 우물에 빠졌으면 안식일에라도 곧 끌어내지 않겠느냐?"	229. 눅 14:5	바리새인들과 율법사들	4,8,9	대답하지 못함(14:6).
151. "너희 중에 누가 망대를 세우고자 할진대 자기의 가진 것이 준공하기까지에 족할는지 먼저 앉아 그 비용을 예산하지 아니하겠느냐?"	230. 눅 14:28	무리들	4,8	기록 안 됨
152. "또 어느 임금이 다른 임금과 싸우러 갈 때에 먼저 앉아 일만으로서 저 이만을 가지고 오는 자를 대적할 수 있을까 헤아리지 아니하겠느냐?"	231. 눅 14:31	무리들	4,8	기록 안 됨
153. "어느 여자가 열 드라크마가 있는데 하나를 잃으면 등불을 켜고 집을 쓸며 찾도록 부지런히 찾지 아니하겠느냐?"	232. 눅 15:8	바리새인들과 서기관들	4	기록 안 됨

질문내용	관련성구	질문대상	질문종류[b]	질문대상자들의 반응
154-155. "너희가 만일 불의한 재물에 충성치 아니하면 누가 참된 것으로 너희에게 맡기겠느냐? 너희가 만일 남의 것에 충성치 아니하면 누가 너희의 것을 너희에게 주겠느냐?"	233-234. 눅 16:11-12	열두 제자	8.15, 8.15	이것을 듣고 바리새인들은 예수님을 비웃었다(16:14).
156-158. "너희 중에 뉘게 밭을 갈거나 양을 치거나 하는 종이 있어 밭에서 돌아오면 저더러 곧 와 앉아서 먹으라 할 자가 있느냐? 도리어 저더러 내 먹을 것을 예비하고 띠를 띠고 나의 먹고 마시는 동안에 수종들고 너는 그 후에 먹고 마시라 하지 않겠느냐? 명한대로 하였다고 종에게 사례하겠느냐?"	235-237. 눅 17:7-9	열두 제자	4.4, 4	기록 안 됨

질문	성경 구절	제자		
159-161. "열 사람이 다 깨끗함을 받지 아니하였느냐? 그 아홉은 어디 있느냐? 이 이방인 외에는 하나님께 영광을 돌리러 돌아온 자가 없느냐?"	238-240. 눅 17:17-18	열두 제자	1,10,11	기록 안 됨
162-163. "하물며 하나님께서 그 밤낮 부르짖는 택하신 자들의 원한을 풀어주지 아니하시겠느냐? 저희에게 오래 참으시겠느냐?"	241-242. 눅 18:7	열두 제자	4,8	기록 안 됨
164. "그러나 인자가 올때에 세상에서 믿음을 보겠느냐?"	243. 눅 18:8	열두 제자	8	기록 안 됨
165-166. "앉아서 먹는 자가 크냐 섬기는 자가 크냐? 앉아서 먹는 자가 아니냐?"	244-245. 눅 22:27	열한 제자(가룟 유다 제외)	8,4	기록 안 됨
167. "내가 너희를 전대와 주머니와 신도 없이 보내었을 때에 부족한 것이 있더냐?"	246. 눅 22:35	열한 제자	1	없었나이다 하고 대답했다(22:35).

질문내용	관련성구	질문대상	질문종류[b]	질문대상자들의 반응
168. "유다야 네가 입맞춤으로 인자를 파느냐?"	247. 눅 22:48	유다	9,10,11	기록 안 됨
169. "푸른 나무에도 이같이 하거든 마른 나무에는 어떻게 되리요"	248. 눅 23:31	무리들	8	기록 안 됨
170. "너희가 길가면서 서로 주고 받고 하는 이야기가 무엇이냐?"	249. 눅 24:17	엠마오상의 두 제자	2	예수님이 예루살렘에서 일어난 일을 알지 못하고 있는 것에 대해 의아하게 생각했다(24:18).
171. "무슨 일이뇨?"	250. 눅 24:19	엠마오상의 두 제자	1,6	십자가에 못 박히시고 부활하신 "나사렛 예수에 관하여" 라고 그들은 말했다(24:19-24).
172. "그리스도가 이런 고난을 받고	251. 눅 24:26	엠마오상의 두 제자	1	기록 안 됨

자기의 영광에 들어가야 할 것이 아니냐?"

252. 눅 24:38	"어찌하여 두려워하며 어찌하여 마음에 의심이 일어나느냐?"	열한 명의 제자들(유다와 도마 제외)	10	그들에게 자신의 손과 발을 보여주심 (24:40).
253. 눅 24:41	"여기 무슨 먹을 것이 있느냐?"	열한 명의 제자들(유다와 도마 제외)	1	예수님은 구운 생선 한 도막 드심(24:42-43).
254. 요1:38	"무엇을 구하느냐?"	예수님을 따르던 요한의 두 제자	2,6	예수님께 어디에 계시는지를 물어봄 (1:38).
255. 요2:4	"여자여 나와 무슨 상관이 있나이까?"	마리아	8,12	마리아는 하인들에게 예수님이 시키는 대로 하도록 명했다 (2:5).
256. 요3:10	"너는 이스라엘의 선생으로서 이러한 일을 알지 못하느냐?"	니고데모	10	기록 안 됨

질문내용	관련성구	질문대상	질문종류[b]	질문대상자들의 반응
178. "내가 땅의 일을 말하여도 너희가 믿지 아니하거든 하물며 하늘 일을 말하면 어떻게 믿겠느냐?"	257. 요3:12	니고데모	8	기록 안 됨
179. "물을 좀 주겠느냐?"	258. 요4:7	사마리아 여인	2	유대인인 예수님이 사마리아 사람인 자기에게 물을 달라고 요청하는 것에 놀람 (4:9).
180. "너희가 너답이 지나야 추수할 때가 이르겠다 하지 아니하느냐?"	259. 요4:35	열두 제자	4	기록 안 됨
181. "네가 낫고자 하느냐?"	260. 요5:6	병자	6	자기를 못에 넣어 줄 사람이 없다고 그 병자는 말함(5:7).
182. "너희가 서로 영광을 취하고 유일하신 하나님께로부터 오는 영광"	261. 요5:44	유대인들(유대인 지도자들)	9	기록 안 됨

183. 요5:47	"은 구하지 아니하니 이제 나를 믿을 수 있느냐?" "그러나 그의 글도 믿지 아니하거든 어찌 내 말을 믿겠느냐?"	유대인들(유대인 지도자들)	9	기록 안 됨
184. 요6:5	"우리가 어디서 떡을 사서 이 사람들로 먹게 하겠느냐?"	빌립	7	모든 사람에게 먹일 음식을 사기에는 돈이 부족하다고 하였다(6:7).
185. 요6:61	"이 말이 너희에게 걸림이 되느냐?"	예수님을 따르던 사람들	10	그 후로 제자 중의 많은 수가 물러갔다 (6:66).
186. 요6:67	"너희도 가려느냐?"	열두 제자	7	베드로가 말하기를 그들은 돌아가 의지할 사람이 없다고 하였다(6:68).
187. 요6:70	"내가 너희 열 둘을 택하지 아니하였느냐? 그러나 너희 중에 한	열두 제자	1,4,11	기록 안 됨

질문내용	관련성구	질문대상	질문종류[b]	질문대상자들의 반응
사람은 마귀니라."				
188. "모세가 너희에게 율법을 주지 아니하였느냐?"	267. 요7:19	성전뜰에 있던 사람들	4	기록 안 됨
189. "너희가 어찌하여 나를 죽이려 하느냐?"	268. 요7:19	성전뜰에 있던 사람들	9,12	그들은 예수님이 귀신이 들렸다고 말하고 "누가 당신을 죽이려 하나이까?" 하고 물었다(7:20).
190. "모세의 율법을 폐하지 아니하려고 사람이 안식일에도 할례를 받는 일이 있거든 내가 안식일에 사람의 전신을 건전케 한 것으로 너희가 나를 노여워 하느냐?"	269. 요7:23	성전뜰에 있던 사람들	8,9	그들은 예수님이 그리스도이심을 의심하였다(7:25-27).
191-192. "여자여 너를 고소하던 그들이 어디 있느냐? 너를 정죄한	270-271. 요8:10	간음하다 잡힌 여인	1,8	'주여 없나이다'. 하고 그 여인이 대답했

193.	요8:43	"어찌하여 내 말을 깨닫지 못하느냐?"	유대인들	10	기록 안 됨 자가 없느냐?" 다(8:11).
194.	요8:46a	"너희 중에 누가 나를 죄로 책잡겠느냐?"	유대인들	3	"우리가 너를 사마리아 사람이라 또는 귀신 들렸다 하는 말이 옳지 아니하냐?" 하고 말했다(8:48).
195.	요8:46b	"내가 진리를 말하매 어찌하여 나를 믿지 아니하느냐?"	유대인들	8,9	"우리가 너를 사마리아 사람이라 또는 귀신 들렸다 하는 말이 옳지 아니하냐?" 하고 말했다(8:48).
196.	요9:35	"네가 인자를 믿느냐?"	눈을 뜨게 된 소경 유대인들	5	그는 예수가 누구이며 그를 믿고자 한다고 말했다(9:36).
197.	요10:32	"그중에 어떤 일로 나를 돌로 치	유대인들	9	참람함을 인하여 예

질문내용	관련성구	질문대상	질문종류[b]	질문대상자들의 반응
러 하느냐?"				수님을 돌로 치려는 것이라고 말함(10:33).
198-199. "너희 율법에 기록한 바 내가 너희를 신이라 하였노라 하지 아니하였느냐? 성경은 폐하지 못하나니 하나님의 말씀을 받은 사람들을 신이라 하셨거든 아버지께서 거룩하게 하사 세상에 보내신 자는 어떻게 했겠느냐?"	277-278. 요10:34-36a	유대인들	4.8	기록 안 됨
200. "나는 하나님 아들이라 하는 것으로 너희가 어찌 참람하다 하느냐?"	279. 요10:36b	유대인들	9.12	그들은 예수님을 잡으려 함(10:39). 기록 안 됨
201. "낮이 열두시가 아니냐?"	280. 요11:9	열두 제자	4	주가 그리스도이시
202. "이것을 네가 믿느냐?"	281. 요11:26	마르다	5	라는 것을 믿는다고 함

번호	질문	대상		응답
203. 요11:34	"그를 어디 두었느냐?"	마리아와 그 친구들	1	말함(11:27). "주여 와서 보옵소서"하고 말했다(11:34).
204. 요11:40	"내 말이 네가 믿으면 하나님의 영광을 보리라 하지 아니하였느냐?"	마르다	1	기록 안됨
205-206. 요12:27	"지금 내 마음이 민망하니 무슨 말을 하리요? 아버지여 나를 구원하여 이때를 면하게 하여 주옵소서 하리요?"	무리들	11	하늘에서 소리가 나서 아버지의 이름이 영광을 받았다고 공포해 주었다(12:28).
207. 요13:12	"내가 너희에게 행한 것을 너희가 아느냐?"	열두 제자	8	기록 안됨
208. 요13:38	"내가 너를 위하여 네 목숨을 버리겠느냐?"	베드로	3	기록 안됨
209. 요14:9a	"빌립아 내가 이렇게 오래 너희와 함께 있으되 내가 나를 알지 못하느냐?"	빌립	10	기록 안됨

질문내용	관련성구	질문대상	질문종류[b]	질문대상자들의 반응
210. "어찌하여 아버지를 보이라 하느냐?"	요14:9b	빌립	10,11	기록 안 됨
211. "나는 아버지 안에 있고 아버지는 내 안에 계신 것을 네가 믿지 아니하느냐?"	요14:10	빌립	5	기록 안 됨
212. "내 말이 조금 있으면 나를 보지 못하겠고 또 조금있으면 나를 보리라 하므로 서로 문의하느냐?"	요16:19	열한 제자(유다를 제외한)	10	기록 안 됨
213. "너희가 누구를 찾느냐?"	요18:4	유다, 군인들 및 몇몇 대제사장들과 바리새인들	1	'나사렛 예수' 라고 대답함(18:5).
214. "누구를 찾느냐?"	요18:7	유다, 군인들 및 대제사장들과 바리새인들	1	'나사렛 예수' 라고 대답함(18:7).
215. "아버지께서 주신 잔을 내가 마	요18:11	베드로	4	기록 안 됨

시기 아니하겠느냐?"

215. "어찌하여 내게 묻느냐?"	대제사장과 안나스	10	관속 하나가 예수님의 얼굴을 침(18:22).
217. "잘하였으면 네가 어찌하여 나를 치느냐?"	한 관원	9,13	기록 안 됨
218. "이는 네가 스스로 하는 말이냐 다른 사람들이 나를 대하여 네게 한 말이요?"	빌라도	6,10	예수님을 자기에게 넘겨준 사람은 유대인 지도자들이라고 말함(18:35).
219. "여자여 어찌하여 우느냐?"	막달라 마리아	1,6,12	기록 안 됨
220. "누구를 찾느냐?"	막달라 마리아	1	예수님의 시체가 어디에 있는지 말해달라고 그에게 요청함(20:15).
221. "얘들아 너희에게 고기가 있느냐"	열한 제자	2	"없나이다" 하고 말함(21:5).
222. "요한의 아들 시몬아 네가 이 사	베드로	7	"주여 그러하외다"

질문내용	관련성구	질문대상	질문종류[b]	질문대상자들의 반응
223. "요한의 아들 시몬아 네가 나를 이 사람들보다 나를 더 사랑하느냐?"	302. 요21:15	베드로	7	하고 말함(21:15).
				"주여 그러하외다" 하고 대답함(21:16).
224. "요한의 아들 시몬아 네가 나를 사랑하느냐?"	303. 요21:17	베드로	7	근심하여, "주여 모든 것을 아시오매 내가 주를 사랑하는 줄을 주께서 아시나이다" 하고 말함(21:17)
225. "내가 올때까지 그를 머물게 하고자 할지라도 네게 무슨 상관이냐?	304. 요21:22	베드로	10	기록 안 됨

15

예수님은 사람들의 질문에 어떻게 응답하셨나?

당신은 참으로써 하나님의 도를 가르치시며 (막 22:16)

효과적인 교수법에 대한 평가는 교사의 질문을 평가하는 것 이외에 학생들이 하는 질문들을 살펴볼 때도 측정이 가능하다. 학생들은 어떤 종류의 질문을 하는가? 그들이 어떤 질문들을 하도록 이끌어야 하는가? 교사들은 어떻게 학생들이 질문하는 것을 도울 수 있겠는가? 교사들은 학생들의 질문에 어떻게 대답해야 하는가?

예수님께서 받으신 질문들과 그에 대한 예수님의 응답을 연구하면 오늘날의 교사들이 수업시간에 학생들의 질문에 효과적으로 반응하는 데 도움이 될

이번 장은 "How Jesus Responded to Question," in Integrity of Heart, Skillfulness of Hands: Biblical and Leadership Studies in Honor of Donald K. Campbell, ed. Charles H. Dyer and Roy B. Zuck (Grand Rapids: Baker, 1994)를 채택한 것이다.

것이다.

그러면 개인이나 무리들이 예수님께 한 질문은 모두 몇 가지나 될까? 기본스(Gibbons)는 41개라고 했다.[1] 그렇지만 나는 예수님께 드려진 질문이 103개에 이른다고 본다. 그 목록은 본장 끝의 표 27에 실려 있다. NIV 번역본에는 질문 형식으로 되어 있는 일부 문장들이 다른 번역본에는 진술 형식으로 되어 있기도 하고, 그 반대로 NIV 번역본에서는 서술문으로 되어 있는 문장들이 다른 영어 성경 번역본에서는 질문 형식으로 되어 있기도 하다(예: 요 8:57 NASB).

20여 명의 개인과 12부류의 다른 무리들이 예수님께 질문을 했다는 사실은 예수님의 가르침과 존재 자체가 어떻게 그들의 생각과 행동을 자극했는지 여실히 보여주는 것이다. 다음과 같은 사람들은 각기 한 가지씩 질문을 했다: 예수님의 어머니 마리아, 나다나엘, 안드레, 마르다, 고침받은 소경, 무명의 사람, 가롯 유다, 도마, 유다(가롯 유다 아닌), 십자가 상의 한 강도, 글로바. 두 가지 이상의 질문을 던진 사람들로는 세례 요한(2차례), 니고데모(2차례), 사마리아 여인(2차례), 대제사장(2차례), 서기관(3차례), 한 부자 청년(3차례), 귀신들(각각 두 경우에 걸쳐 2차례), 빌라도(9차례), 베드로(9차례) 등이다. 베드로가 9번에 걸쳐 질문한 사실은 그의 캐묻기 좋아하고, 말하기 좋아하는 성격을 보여주고, 빌라도가 9차례에 걸쳐 질문한 사실은 예수님을 잡아 가둘 것인지 풀어줄 것인지 결정하지 못해 갈팡질팡하며 당황하는 모습을 보여준다.

---

1) Joan Lyon Gibbons, "A Psychological Exploration of Jesus Use of Question as an Interpersonal Mode of Communication" (박사과정 논문, Graduate Theological Union, 1979), 1158-63. 실제적으로 그녀가 열거한 목록은 47개이다. 그러나 그 중 6개는 사람들이 예수님에 관해 다른 사람들에게 한 질문들이다.

예수님에게 질문했던 무리 중에서 그분의 제자들은 17회에 걸쳐 질문을 던졌다. 예수님께서 그들과 많은 시간을 보냈던 사실에 비추어보면 이는 놀랄 만한 일이 아니다. 예수님을 따르던 무리 중에서 다음에 열거하는 그룹은 한 번씩 질문을 했다: 안드레와 다른 한 제자; 요한의 제자들; 베드로와 야고보와 요한; 야고보와 요한. 예수님을 대적했던 자 중에서 질문을 한 사람들로는 유대인들(9차례), 바리새인들(6차례), 바리새인들과 서기관들(2차례), 대제사장들과 장로들(2차례), 바리새인들과 헤롯당원들(2차례)이 있었다. 그밖의 무리들이 5차례에 걸쳐 예수님께 질문을 했다. 대제사장들과 서기관들도 사두개인들처럼 한 번 질문했다.

12가지 종류의 질문들이 주님께 던져졌는데, 그중 여러 개의 질문들이 한 가지 이상의 특성을 지니고 있다.[2] 대다수의 질문들은 내용을 요구하는 것들이었다. 이런 질문에 속하는 것이 39개가 있다. 다음으로는 21개의 질문들이 혼란스러움을 나타내는(혹은 명확함을 요구하는) 부류에 속한다. 그밖에 다른 부류의 질문들로는 부정의 표현(9개), 도전(8개), 계략(7개), 불안, 걱정의 표현(7개), 확증의 요구(3개), 놀람(3개), 지시의 요구(3개), 질책의 표현(2개), 그리고 조롱과 냉소가 각각 1개씩 포함되어 있다.

내용을 요구함

내용을 요구하는 많은 질문들은 예수님의 가르침을 듣고 그 반응으로 나

---

2) 표 27의 4번과 6번 질문이 2가지 요소를 담고 있는 질문의 예가 될 것이다. "어떻게 나를 아시나이까?"(요 1:48)하고 묻는 나다나엘의 질문은 전에 만난 일이 없는데 어떻게 예수님이 자기를 알 수 있었는지 궁금해하는 욕망을 반영해주는 한편, 그 사실에 놀라는 모습을 보여준다. 46년 동안에 걸쳐 건설된 헤롯 성전을 3일만에 일으키겠다고 말씀하시는 예수님께 질문하는 가운데, 유대인들은 예수님이 과연 어떻게 그렇게 할 수 있는가 라는 의구심을 표현해주면서 동시에 그럴 수 없다는 부정을 나타내주고 있다.

온 것이다. 이는 예수님의 가르침이 듣는 자들의 흥미를 자아내고, 예수님이 하신 말씀과 그 의미를 더 깊이 생각하도록 만들었기 때문이다.

세례 요한의 제자들은 예수님께 자신들과 바리새인들은 금식하는데 왜 예수님의 제자들은 금식을 하지 않느냐고 물었다(마 9:14; 막 2:18). 예수님은 요한과 요한의 제자들 그리고 자신의 제자들과 예수님 자신을 옹호하시면서 "세례 요한과의 사이에 아무런 금이 가지 않게 매우 현명하게 말씀하셨다".[3] 베드로가 예수님께 7번까지 용서할 것인지 물었던 사실(마 18:21)은 그가 생각하는 관용의 정도를 나타내준다. 왜냐하면 랍비들은 세 번까지 용서하라고 가르쳤기 때문이다. 예수님의 말씀을 들었던 유대인들이 두 차례 "네가 누구냐?"(요 8:25, 53)고 질문했다. 부자 청년이 예수님을 따르기를 거부한 뒤에 구원에 관한 예수님의 설명을 듣는 자리에서 베드로는 예수님을 따를 때 어떤 유익이 있는지 물었다(마 19:27). 예수님께서 성전의 돌이 다 무너질 것이라고 말씀하시자, 제자들은 그 일이 언제 일어날 것인지 물었다(마 24:3; 막 13:4; 눅 22:9). 예수님이 승천하시기 전에 그들에게 가르치셨을 때에도 제자들은 주님께 비슷한 질문을 했다(행. 1:6). 예수님이 누군가 배반할 것이라고 말씀하시자, 베드로는 누가 그런 짓을 할지 물었다(요 13:25). 예수님께서 제자들이 갈 수 없는 곳으로 가실 것이라고 말씀하셨을 때, 베드로는 즉시 주님이 어디로 가실 것인지 물었다(요 13:36).

혼란스러움을 표현

예수님의 말씀을 들은 사람들은 자신의 영적무지와 무감각으로 인해 그

---

3) Lilas D. Rixon, How Jesus Taught (Croydon, N.S.W.: Sydney Missionary and Bible College, 1977), 37.

말씀을 전부 이해하지 못했다. 그러나 그들은 자신의 혼란스러움을 표현하면서 즉시 예수님의 설명이나 명확한 해명을 요구했다. 이같은 사실은 성전을 허는 것에 대해 예수님께 질문했던 유대인들(요 2:20)과, 거듭남에 대한 예수님의 설명에 갈피를 잡지 못했던 니고데모(3:4,9), 자연의 물과 '생수'의 차이를 몰라 어리둥절하던 사마리아 여인(4:9,11), 오천명(막 6:37;요 6:9)과 사천명(마 15:33)을 먹일 떡을 어떻게 구해야 될지 몰라 당황스러워하던 제자들, 그리고 비유를 어떻게 적용해야 하는지 몰라 의아해하던 베드로(눅 12:41)의 경우에도 마찬가지이다. 예수님의 제자들은 누가 구원 받을 수 있는지 의아해 했으며(마 19:25;막 10:26;눅 18:26), 무화과 나무가 곧 마르게 된 것을 이상히 여겼다(마 21:20). 다락방에서 행하신 강론에서, 베드로와 도마와 유다(가롯 유다가 아닌)는 사실을 분명히 알기 위해 각자 예수님께 질문했다(요 13:27;14:5,22).

부정의 표현

"당신이 야곱보다 더 크니이까?"(요 4:12) 라는 사마리아 여인의 질문처럼, 어떤 질문들은 사실상 부정적인 마음을 표현하고 있다. 사마리아 여인은 아마도 예수님이 야곱보다 크지 않다고 확인하는 듯 싶다. "너는 우리의 조상 아브라함보다 더 크냐?"(요 8:53)라는 유대인들의 질문도 예수님이 아브라함을 능가할 수 없다는 부정적인 의미를 함축하고 있다. 바리새인들이 "우리도 소경인가?"(요 9:40) 하고 물은 것은 자신들이 영적인 소경이란 사실을 부정한 것이다.

도전

도전적인 질문들은 예수님을 따르지 않던 무리들이 주님께 한 것이었다. 바리새인들은 어째서 예수님의 제자들이 안식일을 범하며(눅 6:2;막 2:24),

왜 손을 씻지 않아서 장로들의 유전을 범하느냐(마 15:2)고 예수님께 도전했다. 주님께서 두 사람, 즉 자신과 아버지가 자신을 증거한다고 진술했을 때 바리새인들은 누가 그의 아버지인지 보이라고 하며 예수님께 도전했다. 그들은 "네 아버지가 어디있느냐?"(요 8:19)고 물었다. 그들은 예수님이 말씀하신 아버지가 육신의 아버지라고 생각하여 그를 증인으로 보일 수는 없으므로 그분이 제시하신 두번째 증인을 무효로 만들려고 했다.

"네가 무슨 권세로 이 일을 하느냐?"(마 21:23;막 11:28;눅 20:2)는 대제사장들과 장로들의 질문은 예수님이 가르치시고 사역하시는 권위의 근원이 어디에 있는지 밝히라는, 일종의 예수님을 향한 도전이었다.

가야바 대제사장 앞에서 재판을 받을 때, 주님은 두 명의 고소인이 하는 질문에 답하기를 거부했다. 그러자 대제사장은 동요한 나머지 자리에서 일어나 "아무 대답도 없느냐?"(마 26:62;막 14:60)고 소리쳤다. 이는 명백히 예수님께 던지는 도전의 말이었다. 또한 빌라도 앞에 섰을 때도 그의 몇몇 질문에 답하기를 거부하셨다. 예수님의 침묵에 맥빠진 빌라도는 마침내 주님께 다음과 같은 도전적인 질문을 했다: "내게 말하지 아니하느냐? 내가 너를 놓을 권세도 있고 십자가에 못박을 권세도 있는 줄 알지 못하느냐?"(요 19:10). 예수님과 함께 십자가에 달렸던 두 행악자 중 하나도 "네가 그리스도가 아니냐? 너와 우리를 구원하라!"(눅 23:29)고 예수님께 도전했다.

계략

예수님께 향한 어떤 질문들은 둘 중 하나를 택하게 유도함으로써, 어떤 것을 택하든 예수님을 곤궁에 빠뜨리게 하도록 고안된 계략적인 것들이었다. "안식일에 병 고치는 일이 옳으니이까?"(마 12:10)란 질문으로 바리새인들은 예수님을 곤궁에 몰아넣고자 했다! 만일 예수님이 안식일에 병 고치는 일이 옳다고 대답하면, 그들은 안식일에 일을 하여 모세의 법을 어긴 자라고 예수님을 몰아붙였을 것이다. 그러나 만일 예수님이 그것이 옳지 않다고 하면, 주님은 그 손 마른 사람을 치료하실 수 없었을 것이다. 서기관들과 바리새인들이 간음하다가 잡힌 여인을 예수님께 끌고 나와 돌로 쳐야하는지 물었을 때, 그들은 예수님을 계략에 빠뜨리고자 했다(요 8:1-6). 만일 주님이 안 된다고 하면 구약의 계명에 위배되는 것이요, 만약 그렇게 하라고 하면 사람들로부터 받고 있던 신망을 다 잃게 될 처지에 놓이기 때문이다.

마태복음 19장 3, 7절에는 율법과 이혼에 관한 두 가지 질문이 바리새인들에 의해 제기되었다(막 10:2). 바리새인들은 그 두 가지 질문을 통하여 예수님으로 하여금 둘 중 어느 하나의 입장을 취하기를 기대했고, 결국 주님께서 어떤 입장을 취하시든 일부 사람들은 의견을 같이하고 또 일부는 의견을 달리할 것을 꾀하였다. 바리새인들과 헤롯당원들이 함께 가이사에게 내는 세금에 관한 두 가지 질문들을 했는데(마 22:17;막 12:14-15;눅 20:22), 이것 또한 예수님을 계략에 빠뜨리기 위한 것이었다. 만일 예수님이 세금 내는 것을 거부하면 가이사에게 충성하지 않는다는 것을 뜻하고 결국 헤롯당원들의 미움을 살 것이었다. 그러나 만일 세금 내는 것을 인정하면 로마정부의 편을 드는 격이 되어 바리새인들의 증오를 사게 될 것이고 결국 왕권에 대한 주님의 권리를 포기하는 결과를 낳을 것이었다. 그들의 의도는 마태가 기록한 대로 '악한' 것이었다(22:18).

사두개인들 또한 한 집안 형제들 모두와 차례로 결혼하게 된 여인이 부활 시 누구의 아내가 될 것인지 질문해서 예수님을 곤궁에 빠뜨리려 했다(마 22:28; 막 12:23; 눅 20:33). 부활을 믿지 않았던 사두개인들은 예수님이 성공적으로 대답할 수 없을 것 같은 질문을 한 것이다. 또한 어느 율법사가 유대 지도자들 중에서 논란이 되오던 질문으로 예수님을 계략에 빠뜨리려고 했다: "율법 중에 어느 계명이 크니이까?"(마 22:36). 그들은 예수님께서 어떤 계명을 언급하더라도 나머지 계명을 무시한 것으로 간주하여 전체 율법을 손상시킨 것이라고 고소하고자 했다.

걱정, 불안의 표현

예수님이 열두 살 때 모친 마리아는 예수님께 염려를 표현하는 질문을 했다(눅 2:48). 또한 예수님이 가까이 다가가자 귀신 들린 자들이 불안해하며 질문했고(마 8:29; 막 1:24;5:7; 눅 4:34;8:28), 물에 빠질까봐 겁에 질려 있던 제자들이 그런 종류의 질문을 했다(막 4:38).

확증의 요구

예수님을 대적하던 유대인의 무리가 네 차례에 걸쳐서 예수님이 행하시는 일의 확증을 요구하는 질문을 했다. 두 가지 상황 가운데 3개의 질문을 통하여 자신들이 믿을 수 있게끔 표적을 보이라는 확증을 원하는 질문을 했고(요 2:18; 6:30 [2개의 질문들]), 또 한 번은 그들이 주님을 귀신 들린 자 또는 사마리아인이라고 비난하는 자리에서 확증하는 질문을 했다(8:48).

놀람

놀람을 표시하는 질문들이 나다나엘(요 1:48), 다락방에서의 베드로(요 13:6), 그리고 엠마오를 향하던 글로바(눅 24:18)에 의해 제시되었다. 예수님께서 베드로의 발을 씻으려고 했을 때 베드로는 놀라며 "주여, 주께서 내 발을 씻기시나이까?"(요 13:6) 하고 반응했다. 베드로는 그런 주님의 모습이 합당치 못한 것이라고 여겼다. 헬라어 문장에서는 베드로가 말한 '주'와 '나의'가 강조되어 있으며, 이를 통해 놀란 상태를 표시해준다 – "주여, 주께서 내 발을 씻기시나이까?"

지시의 요구

3번에 걸쳐 예수님의 제자들은 자신들이 무엇을 해야 되는지 예수님께서 지시해주시길 요청하는 질문들을 했다. 야고보와 요한은 예수님을 받아들이지 않는 사마리아의 한 촌을 멸하도록 하늘로부터 불이 내려오게 할 것인지 주님께 물었다(눅 9:52-54). 그들이 어떻게 해서 자신들이 그런 기적을 행할 능력이 있다고 생각하게 되었는지 확실치 않다. 예수님이 체포되실 때 이와 비슷한 질문이 있었다: "주여 우리가 검으로 치리이까?"(눅 22:49). 주님께서 지시할 것을 요청하는 또다른 질문은 유월절 음식을 어디에서 나눌 것인지 물은 것이었다(마 26:17; 막 14:12; 눅 22:9).

질책의 표현

마르다는 동생 마리아가 자기 혼자 일하도록 한 것을 예수님께 질책하는 조로 질문했다(눅 10:40). 또 대제사장들과 서기관들도 질책하는 질문- "저희의 하는 말을 듣느뇨?"(마 21:16) - 을 했는데, 이는 아이들이 성전어귀에서 예수님을 찬미하고 있을 때였다. 그들은 아이들이 소란을 피운다고 비난하면서 동시에 주님께서 이들을 꾸짖지 않는 것을 질책했던 것이다.

조롱과 냉소

예수님이 처형당하실 때 그분의 얼굴을 때리며 "너를 친자가 누구냐?" 하고 묻던 유대인들의 말 속에는 조롱하는 태도가 담겨 있음을 알 수 있다(마 26:68). 또한 "내가 유대인이냐?" 하고 말하는 빌라도의 대답은 냉소적인 면이 담겨 있다(요 18:35).

예수님은 여러 가지 흥미롭고 다양한 방법으로 질문들을 시작하셨다(14장을 보라). 주님께 질문하는 사람들도 그런 것은 마찬가지였다. 그들은 대부분 '무엇', '당신이…입니까?', '누가', '왜' 그리고 '어디'와 같은 질문을 했다. 또 가끔 '당신은…합니까?', '그렇지 않아요?', '그렇지요?', '어느 것', '우리가…입니까?', '언제' 등의 말을 두서너 가지 다른 표현과 함께 사용했다. 볼드윈에 의하면, 이런 질문자들이 언급한 주제들은 총 63개에 이른다.[4]

비난(주님에 대한)
간음
권위(주님의)
권위(부정한 영에 대한 주님의)
권위(주님의 권위의 근원)
세례를 베품
주님을 배반함
생명의 떡(주님)
그리스도(신성)
그리스도(신분)
그리스도(왕권)
그리스도(구세주)
그리스도(기원)
그리스도(지식)
그리스도(의 능력)

---

4) Harry A. Baldwin, 101Outline Studies on Questions Asked and Answered by Our Lord (New York: Revell, 1938; 재출판, Grand Rapids: Baker, 1965), 126.

권한(주님의, 신성의)

계명(가장 큰)

동료애(주님의)

행동(표면상 위배된)

신성(주님의)

신성(에 대한 비난)

이혼

의무(마리아의 추정되는 의무의 태만)

금식(의 필요성)

음식(오천 명을 먹일)

용서

자유(영적인)

신분(주님의)

신분(주님의 근원)

심판(사마리아인에대한)

하나님의 나라(다가올)

왕권(주님의)

지식(주님의)

지식(주님의 지식의 근원)

지식(하나님에 대한 예수님의)

생명(그리스도인들의 삶의 도달점)

생명(영생의 획득)

생명(요한의 수명)

생명(중생의 비밀)

승천

결혼(부활후의 관계)

구세주

사명(그리스도의 사명의 의미)

비밀(중생의)

기원(주님의)

비유(의 사용)

유월절(의 장소)

권능(주님의 초인적인)

권능(주님의)

발탁, 등용

구원받은 자(의 숫자)

구원받은 자(가 누구인가)

서기관들(의 "엘리야" 가르침)

인자

주제들(드러나지 않은 많은)

고난(의 신비)

가르침(서기관들의 "엘리야" 가르침)

교훈(사마리아인들 대 유대인)

성전(의 파괴)

칭찬

진리(의 도용)

중생(의 신비)

발을 씻는 예식

교사들이 도전이 되는 내용을 학생들에게 제시할 때, 학생들이 대답하기 위해 정보가 더 필요하다거나, 혼란스러워하거나 더 분명하게 밝혀달라고 요구할 수도 있다. 또 어쩌면 이따금씩 놀란 상태를 표시하거나 지시 사항을 원하거나, 확증을 요구하거나 아니면 걱정하는 마음을 표현할 수 있다. 학생들은 이따금 교사가 제시하는 내용에 도전할 수도 있고, 어떤 때에는 배우는 내용을 부인할 경우도 있다. 그러나 어떤 종류의 질문들은 예수님과 그분의 사역에만 던져진 것인데, 이같은 것들로는 계략, 비난, 자기 정당화, 조롱과 냉소를 표현하는 질문들이 있다.

학생들이 어떤 질문들을 할지 미리 예측할 때 그들을 더 잘 가르칠 수 있다. 또한 교사들은 학생들이 더 상세한 정보를 캐묻고 명확한 내용을 알고자 질문하도록 학생들을 이끌어야 한다.

질문에 대한 예수님의 답변

주 예수님은 질문들에 매우 다양한 방식으로 반응하셨다. 그분은 가야바로부터 질문을 받았을 때(마 26:62), 유대인들로부터 질문을 받았을 때(26:68), 빌라도(27:13; 요 18:38; 19:9 - 예수님은 빌라도의 질문들 중에서 어떤 것에는 대답하시고 어떤 것들에는 대답하지 않으셨다.), 그리고 십자가 상의 한 행악자(눅 23:39)로부터 질문을 받으셨을 때와 같은 몇몇 경우들을 제외하고는, 질문을 한 사람들에게 항상 진지하고 거리낌없이 응답하셨다. 또한 헤롯이 "여러 말로 물으나 예수님은 아무 말도 대답지 않으셨다"(눅 23:9). 버나드가 기록한 대로, 매우 독특한 점은 예수님의 침묵이 말씀하시는 것보다 더 웅변적이었던 경우들이다. 거짓된 증언을 위해 재판정에 선 거짓 증인들의 기소에 어떤 대답을 하는 것은(막 14:61; 마 26:63), 빌라도(막 15:5; 마 27:14)나 헤롯(눅 23:9) 앞에서 이와 유사한 기소에 대응해서 해명하는 일이 쓸모없는 것과 같았다. 빌라도 같은 사람과 진리의 성격(요 18:38), 또는 예수님의 사명(요 19:9) 같은 것을 논하는 일은 쓸모없는 노릇이었다. 그런 질문들은 정당한 방식으로 행해지는 경우에야 비로소 대답할 가치가 있는 것이다. 빌라도가 예수님이 '유대인의 왕'인지를 물었을 때(막 15:2;마 27:11;눅 23:3, 참고,요 18:57), 예수님은 '네 말이 옳도다'라고 애매모호한 대답을 하셨다: 그것은 주님 자신이 주장하지 않은 직위였으며, 동시에 빌라도는 이해 못할 의미로 주께 속한 직위였다. 그러나 주님은 명백한 위험에도 불구하고 자신의 권한에 관한 질문에 주저없이 단도직입적으로 대답하셨다(막 14:62; 마 26:64; 참고 눅 22:70).[5]

예수님은 사람을 낮추는 법이 없이 인내심 있게, 직접적으로 대답하셨다.[6] "그분은 결코 무엇을 말할까, 어떻게 말할까 당황하시지 않았다"[7] 또한 주님은 모르고 지나치시는 법이 없으셨고, 질문을 회피하거나 대답을 서투르게 해서 망치는 일 없이 항상 상황을 간파하고 계셨다.[8]

예수님은 세례 요한, 니고데모, 요한의 제자들, 예수님의 제자들, 베드로와 야고보와 요한, 무리들, 유대인들, 마르다, 바리새인들, 한 부자 청년, 베드로, 바리새인들과 헤롯당원들, 사두개인들 그리고 한 율법사가 제기한 질문들에 대응하여 설명해주셨다.

예수님은 여러 번 질문에 질문으로 응답하셨다. 이런 사실은 예수님께서 받으신 맨 처음 질문에 응답하신 과정을 통해 알 수 있다. 예수님의 어머니가

---

5) Dictionary of Christ and the Gospels, 1909 편집, 소제목: "Questions and Answers," by P. M. Barnard, 462.

6) Robert G.Delnay, Teach as He Taught (Chicago: Moody, 1987), 34.

7) Richard Montague, "The Dialecting Method of Jesus," Bibliotheca Sacra 41 (July-September 1884): 551.

8) B. A. Hinsdale, Jesus as a Teacher (St. Louis: Christian, 1895), 141.

예수님께 어째서 성전에 남아있었는지 물었을 때, 12살 된 예수님은 2가지 질문을 행하심으로 어머니의 질문에 대답을 하였다: "어찌하여 나를 찾으셨나이까? 내가 내 아버지 집에 있어야 될 줄을 알지 못하셨나이까?"(눅 2:49). 그렇지만 예수님의 부모들은 그가 말하는 의미를 알아차리지 못하였다.[9] 예수님은 또한 니고데모(요 3:10, 12), 요한의 제자들(마 9:15), 바리새인들(마 12:11; 19:4), 풍랑 속의 제자들(막 4:40), 오천 명(막 6:38) 사천 명(마 15:34)을 먹일 때 함께 있던 제자들, 베드로(요 6:70; 눅 12:42; 요 21:22), 영생을 얻기 위해서 무엇을 해야하는지 묻던 한 율법사(눅 10:26), 한 부자 청년(마 19:17), 대제사장들과 서기관들(마 21:16), 대제사장과 장로들(마 21:25), 빌라도(요 18:34), 그리고 글로바(눅 24:19)에게 질문으로 답하셨다. 이같이 질문에 맞선 질문들은 그 질문한 사람들로 하여금 자신들의 질문에 스스로 답을 찾도록 생각하게 하고, 좀더 밀도있는 질문을 하도록 이끌었다.

그러나 예수님의 대답은 때때로 질문하는 사람들이 대답할 수 없는 질문들이었다. 예수님의 말씀이 갖고 있는 역동적인 효과는 다윗의 자손에 관해 바리새인들에게 말씀하셨을 때 그들의 반응에서 확연히 드러났다: "한 말도 능히 대답하는 자가 없고, 그날부터 감히 그에게 묻는 자도 없더라(마 22:46)." 수 개월에 걸쳐 예수님을 흠집내기 위해 사악하고 은밀한 계획을 추진하던 대적자들은 자신들의 반복적인 노력이 수포로 돌아가자 말 한마디 제대로 하지 못하고 주 예수님을 침묵시키고자 했던 자신들의 궤계를 중단했다. 어떤 이들이 내용을 요구한 경우, 주님은 항상 그들이 필요로 하는 사실들을 제공해 주셨다. 그같은 질문은 다음과 같은 것들이다: 예수님이 어디

---

[9] 제14장에 있는 예수님의 대답에 관한 설명을 보라.

계실 것인지 묻던 안드레의 질문(요 1:38), 어떻게 자신을 아느냐고 묻던 나다니엘의 질문(요 1:48), 몇 번이나 용서해야 되느냐고 묻던 베드로의 질문(마 18:21), 예수님이 누구신지 묻던 앞을 보게 된 소경의 질문(요 9:36), 어떤 계명을 지켜야 하며 어떤 계명이 아직 부족한지 묻던 부자 청년의 질문(마 19:18, 20), 예수님께서 임하실 때 있을 징조에 관해 묻던 제자들의 질문(마 24:3; 막 13:4; 눅 21:7), 유월절 음식을 준비할 장소에 대한 제자들의 질문(마 26:17; 막 14:12; 눅 22:9), 그리고 주님을 배반할 자에 대한 제자들의 질문(마 26:22, 25; 요 13:25).

그러나 예수님은 몇몇 질문들에 관해서는 대답을 회피하시거나 간접적으로 답을 주셨다. 바리새인들이 예수님께 "네 아버지가 어디 있느냐?"(요 8:19)고 물었을 때 그분은 "너희는 나를 알지 못하고 내 아버지도 알지 못하는도다"라는 말씀으로 대답을 대신하셨다. 예수님의 재림 때 어떤 사람은 데려감을 당하고 어떤 사람은 버려둠을 당할 것이라는 말을 들은 제자들은, "주여 어디오니이까?"(눅 17:37), 즉, "그들이 어디로 데려감을 당할 것이오니이까?"라고 물었다. 그러자 주님은 "주검 있는 곳에는 독수리가 모이느니라"고 수수께끼 같은 대답을 하셨다. 이 대답은 시체 주위에 독수리가 들끓듯이 사람이 만일 주님의 재림을 준비하지 않으면 죽어서 심판을 받게 된다는 의미로 보인다.

인자가 들려야 하리라고 하신 예수님의 말씀에 관해 무리가 질문했을 때 (요 12:34) 예수님은 대답을 하지 않으셨다. 그 대신 그들에게 "빛을 믿으라"(12:36)고 말씀하셨다. 예수님은 제자들의 당면한 문제에 관심을 가지라고 촉구하셨다. 무화과나무를 그렇게 빨리 마르게 한 일에 대해 특별히 말씀하지 않으시고(마 21:20), 제자들에게 믿음을 가지고 구하면 큰 일을 할 수 있다고 말씀하셨다(마 21:22).

예수님은 자신의 권위의 원천을 묻는 대제사장들과 장로들에게(마

21:23) 오히려 세례 요한의 권위의 근원이 어디인지 반문하심으로써(마 21:24-27) 그들의 질문을 지혜롭게 피하셨다. 예수님께서 베드로의 발을 씻으려 했을 때 베드로가 놀라움을 표시하자(요 13:6), 예수님은 자신이 하는 일의 의미를 베드로가 나중에 알게 될 것이라고 설명해주셨다(요 13:7). 예수님은 또한 어디로 가시는지 묻는 베드로의 질문에 대답을 하지 않으셨다(요 13:36). "네가 유대인의 왕이냐?"(요 18:33)고 묻는 빌라도의 질문에 주님은 그것이 빌라도 스스로의 생각인지 되물으셨다(요 18:34). 그 때 빌라도가 "내가 유대인이냐?"(요 18:35)고 대답하자, 주님은 그 말에 아무런 대답도 하지 않으셨다. 그러면서 "내 나라는 이 세상에 속한 것이 아니다"(요 18:36)라고 대답하셨다.

도마가 단도직입적으로 "우리가 어떻게 그 길을 알겠습니까?"(요 14:5) 하고 주님이 가시는 곳을 묻자, 예수님은 그에게 확실하게 다음처럼 대답하셨다: "내가 곧 길이요 진리요 생명이다"(요 14:6). 가룟인이 아닌 유다가 예수님께 왜 제자들에게는 자신을 나타내시고 세상에는 그렇게 하지 않으시겠다고 말씀하시는지 질문했을 때(요 14:22), 주님은 간접적으로 대답하셨다. 예수님은 그 이유는 말씀하시지 않고 예수님을 사랑하는 자는 그분의 말에 순종할 것임을 강조하심으로(요 14:23-24), 세상이 주님을 사랑하지도, 또 순종하지도 않을 것임을 시사하셨다.

때때로 주님은 책망하시는 조로 대답하시기도 했다. 즉 귀신들에게(마 8:32; 막 1:25; 5:8; 눅 4:35), 광풍 속에서 제자들에게(막 4:40), 하늘로부터 불을 내릴 것을 말하던 야고보와 요한에게(눅 9:55), 주님이 안식일에 병을 고치시는 것에 대해 왜 분개하는지 무리에게 질문하시면서(7:23), 예수님을 귀신 들렸다고 기소하던 무리에게(요 7:20), 대제사장들과 서기관들이 예수님께 아이들이 그분을 찬미하여 소리 높여 말하는 것을 듣고 있는지 질문했을 때(마 21:16), 그리고 그들에게 시편 8장 2절에 나오는 찬미를 읽어

본 일이 없느냐고 물으실 때에 그같은 경우들이 잘 나타나고 있다. 예수님은 또한 바리새인들과 헤롯당원들이 가이사에게 내는 세금에 대해 물었을 때 그들을 외식하는 자들이라고 지적하시면서 혹독되게 꾸짖으셨다(마 22:18). 그리고 주님은 베드로가 요한에 관해서 질문했을 때 베드로를 꾸짖으셨다(요 21:22).

두어 차례에 걸쳐, 예수님은 자신에게 질문하던 자들의 그릇된 생각을 바로잡아주셨다. 예수님은 모세가 이혼을 허락했지만 바리새인들이 말하는 것처럼 명령한 것은 아니라고 말씀하셔서 바리새인들의 생각이 틀렸음을 지적하셨다(마 19:7-8; 막 10:4). 또한 주님은 부활 후의 결혼에 관해 묻는 사두개인들의 질문에 대답하시면서 부활을 부인하는 그들의 생각을 바로잡아주셨다(마 22-29-32; 막 12:24-27; 눅 20:34-38). 그리고 빌라도 앞에서 재판을 받는 과정에서 빌라도 자신이 주님을 풀어줄 수도 십자가에 못박을 수도 있다는 생각이 잘못된 것임을 밝혀주시기도 했다(요 19:10-11).

이따금씩 예수님은 사람들의 질문에 부정적인 대답을 하셔야 했다. 유대인들이 예수님을 귀신 들린 사마리아인이라고 했을 때 주님은 "나는 귀신 들린 것이 아니다"(요 8:48-49) 라고 분명히 대답하셨다. 그리고 그것을 기회로 주님을 무시하는 사람들과 주님의 말씀을 지키는 자들과의 차이를 말씀해주셨다(요 8:49-50). 베드로가 "내가 어찌하여 지금은 따를 수 없나이까?"라고 묻고서 "주를 위하여 내 목숨을 버리겠나이다"하고 공언했을 때에도(요 13:37) "네가 나를 위해 네 목숨을 버리겠느냐?"(요 13:38)고 질문하심으로 순교할 각오가 된 것처럼 말한 베드로를 부인하셨다. 예수님의 승천을 눈앞에 둔 제자들이 이스라엘 왕국이 회복될 때가 지금인지 알고 싶어했을 때(행 1:6) 기한을 아는 것은 그들의 권한 밖에 두셨기 때문에 그들이 알 바 아니라고 말씀하셨다(행 1:7). 그런 후 주님은 제자들에게 더 중요한 진리를 밝혀주셨는데 그것은 바로 오순절에 성령님을 통해 영적인 권능을 받게 될 것이란 사실이었다(행 1:8).

예수님은 듣는 무리들이 하는 질문을 기회로 삼아 비유를 통해 가르치셨다. 이같은 가르침은 적어도 4번 있었다. 예수님은 요한의 제자들이 예수님의 제자들은 왜 금식을 하지 않느냐고 물었을 때(마 9:14; 막 2:18) 생베 조각과 낡은 옷 그리고 새 포도주와 낡은 가죽부대에 관해 비유적인 문장들을 사용하셔서 말씀하셨다(마 9:16-17; 막 2:19-22). 예수님의 악한 종의 비유(마 18:23-35)는 베드로가 다른 사람들을 몇 번까지 용서해야 하는지(마 18:22) 묻고난 후에 하신 말씀이다. 또한 선한 사마리아인의 비유(눅 10:30-36)는 "내 이웃이 누구오니이까?"(눅 10:29) 라고 묻던 한 율법사의 질문에 대답해주시는 가운데 말씀하신 것이다. 때때로 주님은 질문한 영역을 넘어서 부가적인 진리들을 가르쳐주시기도 했다. 그 예로 가버나움 회당의 무리들이 각기 행한 질문들은 위대한 스승이신 주님께서 폭넓게 가르치실 기회를 제공해주었다. 질문에 대한 예수님의 답변은 진리를 확인해주는 일을 포함했다. "사람이 양보다 얼마나 귀하냐!"(마 12:12)고 하신 말씀은 안식일에 병을 고치는 것에 대해 묻던 바리새인들의 질문에 대답하신 것이었다. 예수님은 빌라도가 "내가 유대인이냐?"하고 묻는 말에 "내 나라는 이 세상에 속한 것이 아니다"(요 18:35)라고 말씀하셨다. 그리고 "그런즉 우리가 무엇을 얻으리이까?"(마 19:27)하고 묻는 베드로의 질문에 "먼저 된 자로서 나중 되고 나중 된 자로서 먼저 될 자가 많으니라"(마 19:30)고 말씀하셨다.

예수님은 사람들의 질문을 그들이 행동하게끔 도전하시는 기회로 삼으셨다. 예수님께서 가버나움에 이르렀을 때 무리들이 질문을 하자(요 6:25) 주님은 그 질문을 무시하시고 썩는 양식을 얻어 먹기 위하여 자신을 따르지 말고 '영생하도록 있는 양식을 위하여 일하라'(요 6:27)고 그들을 도전하셨다. 제자들이 "천국에서는 누가 크니이까?"(마 18:1) 하고 물었을 때 주님은 그들로 하여금 어린아이들처럼 겸손해야 한다고 도전하셨다(마 18:3). 한 부자 청년이 "아직도 무엇이 부족하니이까?"(마 19:20)라고 물었을 때 주님은 그에게 소유를 팔고 자신을 따르라고 도전하셨다(마 19:21). 또한 인자로서 들려야 할 것이라는 주님의 말에 관해 무리들이 질문했을 때(요 12:34), 빛이 있을 동안에 빛을 믿으라고 도전하셨다(요 12:36).

예수님의 대답에 다시 질문을 한 경우는 15가지가 있다. 이런 추가적인 질문을 한 사람들은 니고데모(요 3:9), 사마리아 여인(4:11), 예수님의 제자들(막 4:41), 가버나움에 있던 무리(요 6:28, 30), 유대인들(8:53), 바리새인들(마 19:7), 부자 청년(마 19:18, 20), 베드로(요 13:25, 36-37), 유다(마 26:25), 가야바(막 14:61), 그리고 빌라도(요 18:35; 19:10) 등이었다.

예수님은 말로 표현되지 않은 질문들까지도 대답해주셨다! 예수님은 전지하신 하나님의 아들로서 다른 사람들이 생각하고 말하는 것들을 훤히 알고 계셨고 따라서 그들의 질문과 관심사들을 언급하셨다. 이런 모습이 마태복음 9장 4절(막 2:8; 눅 5:21); 12장 25절; 16장 8절(막 8:17); 17장 25절; 22장 18절(막 12:15); 26장 10절; 누가복음 7장 39-40절, 요한복음 6장 42절에 나타난다.

"우리는 질문하는 사람들을 무궁무진한 다양한 방법으로, 섬세하게 그리고 활기있게 대하시는 주님의 능력 앞에 다만 경탄할 뿐이다. 주님은 정해진 틀이나 규칙 따위 없이 하나하나의 독특한 상황에 항상 신선하게 반응하셨다."[10]

---

10. David H. C. Read, "he Mind of Christ; IX. His Way with Inquirers," Expository Times 63 (October 1951): 40.

예수님을 통해 우리는 질문에 답하는 기술에 관해 무엇을 배울 수 있는가?

예수님이 받으신 많은 질문들과 또 그에 대한 대답을 연구함으로써 교사들은 다음과 같은 매우 유용한 것들을 배울 수 있다.

1. 학생들의 질문을 경청한 후, 사려 깊고 적합한 대답을 해준다. 예수님은 단 한 번도 어떤 질문이 어리석다거나 혹은 불필요하다는 말씀을 하지 않으셨다.
2. 학생들이 배우는 내용에 관해 생각하도록 도전하고, 전달된 내용에 관해 질문하는 방식으로 학생들을 가르치라. 예수님이 가르치셨을 때 사람들은 곧 그 가르침에 반응하게 되었다.
3. 학생들이 질문할 온갖 종류의 질문을 인식하라. 학생들은 추가적인 내용을 알고 싶어할 수도 있고 명확한 규명을 원할 수도 있으며, 심지어 걱정이나 놀라움을 표현할 수도 있을 것이다.
4. 학생들의 질문에 친절히 대답하고 설명 및 해명을 덧붙여 적합한 답을 제시하라. 그러나 어떤 질문들에는 간접적인 대답을 해야 하고, 잘못된 관념은 바로잡아줄 필요가 있으며, 추가적인 질문과 가르침을 요구할 수도 있으며(진리나 진리의 실증을 통하여), 또한 실천하도록 도전할 수도 있다.
5. 모든 질문, 심지어는 가르치는 내용과 관련이 없거나 당신의 견해를 반박하는 것들에 대해서도 존중하는 마음을 가지고 대답해주라. 예수님은 그런 질문들을 받으셨을 때 학생들을 무안 주지 않고 오히려 통찰력 있는 제안을 덧붙이시는 기회로 삼으셨다.

포르토시스(Fortosis)가 말했듯이 "학생들이 수업 시간에 자유로이 질문한다면, 그것은 좋은 징조다. 그것은 가르치는 사람이 부드럽고 수용하는 자세를 지녔다는 것을 말해 주며, 동시에 학생들이 관련된 주제에 관해 배우려는 동기가 고취되어 있음을 보여준다."[11]

학생들의 질문과 그에 대한 교사의 답변은 수업 시간에 매우 중요한 요소들이다. 교사들은 예수님의 본을 받아 어떻게 질문을 유도하고 또 거기에 어떻게 반응해야 할지 잘 배워야 한다.

당·신·은·어·떻·게·반·응·하·는·가·?

● 가장 최근에 학생들이 질문한 내용을 생각해보라. 어떤 종류의 질문이었는가? 아니면 누군가에게 부탁해서 수업 시간에 제기된 질문들을 적게 한 후 그것을 보고 질문 종류들을 분석, 목록을 작성해보라.

● 그런 질문들에 당신이 어떻게 반응했는지 생각해보라. 어떻게 하면 당신의 반응 태도를 개선할 수 있을까?

● 스스로 다음과 같이 질문해보자. 과연 나는 학생들이 질문하게끔 가르치는가?

---

11. Stephen G. Fortosis, "Can Questioning Make Religious Educators More Effective in the Classroom?" Christian Education Journal 12 (spring 1992):100.

● 수업을 준비할 때마다 학생들이 질문할 만한 내용들을 적어놓으라. 이같은 작업은 수업 준비에 매우 유용할 것이다!

— 표 27 —

사람들이 예수님께 한 질문과 그에 대한 예수님의 응답

관련성구*	질문자(들)	질문	질문 혹은 문제의 종류	장소	예수님의 응답	예수님의 대답유형	질문자들의 즉각적인 반응
1. 눅 2:48	마리아(예수의 어머니)	"아이야 어찌하여 우리에게 이렇게 하였느냐?"	걱정	예루살렘 성전에서 선생들과 함께한 자리	"어찌하여 나를 찾으셨나이까? 내가 내 아버지 집에 있어야 될 줄을 알지 못하셨나이까?"	설명	예수님의 대답을 이해하지 못했다.
2. 마 3:14	세례요한	"내가 당신에게 세례를 받아야 할 터인데 당신이 내게"	혼란의 표시	요단강	"우리가 이와 같이 하여 모든 의를 이루는 것이"	설명	요한이 동의하고 예수님께 세례를 줌

* 아래의 관련 성구들은 연대기 순으로 열거되어 있다. 복음서에 따라 말이 좀 다르기는 하지만, 괄호 안에 있는 관련 성구는 병행되어 나타나는 성구를 표시한다.

					함당하니라		
3. 요 1:38	안드레와 또 다른 제자	"랍비여 어디 계시오니이까?"	정보의 요청	요단강 건너편 베다니	"와 보라"(39절)	정보	예수님과 함께 갔다.
4. 요 1:48	나다나엘	"어떻게 나를 아시나이까?"	정보의 요청과 놀람	갈릴리	"빌립이 너를 부르기 전에 네가 무화과 나무 아래 있을 때에 보았노라"	정보	예수님이 하나님의 아들이요 이스라엘의 임금이라고 말했다.
5. 요 2:18	유대인들	"네가 이런 일을 행하니 무슨 표적을 우리에게 보이겠느뇨?"	확증의 요구	예루살렘 성전	"너희가 이 성전을 헐라. 내가 사흘 동안에 일으키리라"	난해한 진술	예수님이 지칭하는 것을 잘못 알아들었다.
6. 요 2:20	유대인들	"이 성전은 사십육 년 동안 지었거늘 네가 삼 일 동안에 일으키겠느뇨?"	혼란과 부인의 표시	예루살렘 성전	없음(예수님이 그들을 혼돈된 상태로 두심)	없음	기록되지 않음

관련성구	질문자(들)	질문	질문속은 문제의 종류	장소	예수님의 응답	예수님의 대답유형	질문자들의 즉각적인 반응
7. 요 3:4	니고데모	"사람이 늙으면 어떻게 날 수 있삽나이까?"	혼란의 표시	밤에 예수께 와서	성령에 의한 중생에 관하여 말씀하고 계심을 설명하셨다.	설명	혼란을 일으켜 두 번째 질문을 하게 되었다.
8. 요 3:9	니고데모	"어찌 이러한 일이 있을 수 있나이까?"	혼란의 표시	밤에 예수께 와서	구원의 방법을 부연 설명하셨다.	두가지점 문10.12 점과 부연설명	기록되지 않음
9. 요 4:9	사마리아인	"어찌하여 사마리아 여자인 나에게 물을 달라하나이까?"	혼란의 표시	사마리아	만일 그 여자가 자신이 누구인 줄 알았다면 '생수'를 얻었을 것이라고 설명하셨다.	설명	혼란을 일으나 두 번째 질문을 하게 되었다.
10.-11.요 4:11-12	사마리아인	"어디서 이 생수를 얻겠삽나이까?"	혼란의 표시; 부인	사마리아	생수의 의미를 설명해 주셨다.	설명	그 물을 달라고 요청했다.

구절	대상	질문/발언	유형	장소	예수의 응답	응답 유형	결과
12-13. 막 1:24 (눅 4:34)	귀신	"나사렛 예수여 우리가 당신과 무슨 상관이 있나이까? 우리를 멸하러 왔나이까? 당신이 아픔보다 크니이까?"	근심	가버나움	"잠잠하라"	무저항	귀신이 떠나감
14. 마 9:14 (막 2:18)	요한의 제자들	"우리와 바리새인들은 금식하는데 어찌하여 당신의 제자들은 금식하지 아니하나이까?"	정보의 요청	가버나움	혼인집 손님들이 "신랑과 함께 있을 동안에 슬퍼할 수 있느뇨?"라고 말씀하셨다. 이어서 그들이 후에 금식할 것과, 낡은 옷과 가죽 부대에 관한 비유를 말씀	질문 설명 비유들	기록되지 않음

관련성구*	질문자(들)	질문	질문 혹은 문제의 종류	장소	예수님의 응답	예수님의 대답유형	질문자들의 즉각적인 반응
15. 막 2:24 (눅 6:2)	바리새인들	"보시오 저희가 어째하여 안식일에 제해하여 안식일에 하지 못할 일을 하나이까?"	도전	갈릴리	질문과 인용을 사용하여 대답하시고, "안식일이 사람을 위하여 있는 것이요 사람이 안식일을 위하여 있는 것이 아니다"라고 말씀하셨다.	질문 인용 설명	기록되지 않음
16. 막 12:10	바리새인들	"안식일에 병 고치는 것이 옳으니이까?"	책략	갈릴리 회당	안식일에 양 한 마리가 구덩이에 빠졌으면 붙잡아 내지 않겠느냐고 물으시고 사람이 양보다 훨씬 귀하	실례를 동반한 질문과 사실의 진술	어떻게 예수를 죽일까 하고 의논함

번호	대상	질문	상태	장소	내용	비고	반응
17. 마 11:3 (눅 7:20)	세례요한	"오실 그이가 당신이오니이까 우리가 다른 이를 기다리오리까?"	혼란의 표시	갈릴리	자신이 행하신 이적을 언급하셨다. ...다고 말씀하셨다.	요한의 제자들이 질문을 이끌어낼 만한 증거의 제시	기록되지 않음
18. 마 13:10	예수님의 제자들	"어찌하여 저희에게 비유로 말씀하시나이까?"	혼란의 표시	갈릴리 바닷가 배 위	비유가 믿는 자들에게는 이해를 증진시키고 믿지 않는 자들에게는 더욱 깨닫지 못하게 해준다고 설명하셨다.	설명	기록되지 않음
19. 막 4:38	예수님의 제자들	"선생님이여 우리..."	근심	갈릴리 바닷가	바람을 꾸짖으시	해명이런	"저가 뉘기에?"

관련성구*	질문자(들)	질문	질문속의 문제의 종류	장소	예수님의 응답	예수님의 대답유형	질문자들의 즉각적인 반응
	자들	이 죽게 된 것을 돌아보지 아니하시나이까?		배 위	고, "어찌하여 이렇게 무서워 하느냐?" 하고 물으시며 제자들을 책망하셨다.	두가지 질문	다는 말에 두려움과 혼돈이 표출되었다.
20.-21.마 8:29(막 5:7, 눅 8:28)	귀신	"우리와 당신과 무슨 상관이 있나이까? 때가 이르기 전에 우리를 괴롭게 하려고 여기 오셨나이까?"	근심	가라사대	귀신을 좇아 내셨다.	해당없음	귀신들이 나와서 돼지에게로 들어 갔다.
22.막 6:37	예수님의 제자들	"우리가 가서 이백 데나리온의 떡을 사다 먹이리이까?"	혼란의 표시	벳세다	"너희에게 떡 몇 개나 있느냐? 가서 보라."	질문과 지시	제자들이 떡 다섯 개와 물고기 두 마리를 발견했다.

번호	대상	질문	유형	장소	예수님의 반응		결과
23. 요 6:9	안드레	"여기 한 아이가 있어 보리떡 다섯 개와 물고기 두 마리를 가졌나이다. 그러나 그것이 이 많은 사람에게 얼마나 되겠삽나이까?"	혼란의 표시	뱃새다	질문에 개의치 않으시고 제자들을 시켜 사람들을 앉게 하셨다.	질문의 회피와 지시	제자들이 순종했다.
24. 요 6:25	무리들	"랍비여 어느 때에 여기 오셨나이까?"	정보의 요청	가버나움	질문에 개의치 않으시고 영원한 가치가 있는 것을 위하여 힘쓰라고 강조하셨다.	질문의 회피와 도전	예수님께 또 다른 질문을 하셨다.
25. 요 6:28	무리들	"우리가 어떻게 하여야 하나님의 일을 하오리이까?"	정보의 요청	가버나움	"하나님이 보내신 자를 믿는 것이 하나님의 일이니라."	설명	예수님께 제3의 질문을 던졌다.

관련성구*	질문자(들)	질문	질문욕은 문제의 종류	장소	예수님의 응답	예수님의 대답유형	질문자들의 즉각적인 반응
26-27. 요 6:30	무리들	"그러면 우리로 보고 당신을 믿게 행하시는 표적이 무엇이니이까? 하시는 일이 무엇이니이까?"	확증의 요청	가버나움	자신이 아버지 하나님의 표적으로 보여 주셨듯이 '하늘에서 내린 참 떡'이라고 말씀하셨다.	설명	참 떡을 달라고 요청했다.
28. 요 6:68	베드로	"주여 영생의 말씀이 계시매 우리가 뉘게로 가오리이까?"	정보의 요청	가버나움	"내가 너희 열둘을 택하지 아니하였느냐? 그러나 너희 중에 한 사람은 마귀니라." 라고 말씀하셨다.	베드로의 질문을 회피하는 질문	기록되지 않음
29. 마 15:2 (막 7:5)	바리새인과 서기관들	"당신의 제자들이 어찌하여 장로들의 유전을 범하나이까?"	도전	게네사렛	"너희는 어찌하여 너희 유전으로 하나님의 계명을	질문, 인용, 비난	기록되지 않음

	대상	발언	유형	장소	질문	반응	설명 내용
30.마 15:12	예수님의 제자들	"바리새인들이 이 말씀을 듣고 걸림이 된 줄 아시나이까?"	정보의 요청	게네사렛	"뽑히느냐?"하고 물으셨다.	한 설명	아버지께서 심으시지 않은 것은 뽑힐 것이므로 바리새인들은 소경된 인도자이므로 그냥 놔두라고 말씀하셨다. / 예수님께 비유를 설명해 달라고 요청했다.
31.마 15:33 (막 8:4)	예수님의 제자들	"광야에 있어 우리가 어디서 이런 무리의 배부를 만큼 떡을 얻으리이까?"	혼란의 표시	갈릴리 호숫가	"너희에게 떡 몇 개나 있느냐?"하고 물으셨다.	질문	떡 일곱 개와 작은 생선 두어 마리가 있다고 대답했다.
32.마 17:10 (막 9:11)	베드로, 야고보, 요한	"그러면 어찌하여 서기관들이 엘리야가 먼저 와야 하리라?"	혼란의 표시	변화산	"엘리야가 이미 왔다"고 설명해 주셨다.	설명	예수님의 세례 요한을 지칭하고 있다고 생각

관련성구*	질문자(들)	질문	질문받은 문제의 종류	장소	예수님의 응답	예수님의 대답유형	질문자들의 즉각적인 반응
		다 하나이까?					했다.
33. 마 17:19 (막 9:28)	예수님의 제자들	"우리는 어찌하여 (귀신을) 쫓아내지 못하였나이까?"	혼란의 표시	변화산 근방	"너희 믿음이 적은 연고니라"	설명	기록되지 않음
34. 마 18:1	예수님의 제자들	"천국에서는 누가 크니이까?"	정보의 요청	가버나움	한 어린아이를 불러 자회 가운데 세우시고 겸손에 관하여 그리고 소자를 실족케 하지 말아야 할 것을 말씀하셨다.	설명 및 예증을 통한 도전	기록되지 않음
35-36. 마 18:21	베드로	"주여 형제가 내게 죄를 범하면 몇 번이나 용서하여 주리이까? 일곱 번까지 하오리이까?"	정보의 요청	가버나움	일흔 번씩 일곱 번이라도 용서하라고 말씀하시면서 무자비한 종의 비유	정보와 비유	기록되지 않음

37. 눅 9:54	야고보와 요한	지시의 요청	사마리아 마을	"주여 우리가 불을 명하여 하늘로 좇아 내려 저희를 멸하라 하기를 원하시나이까?"	해명	예수님께서 돌이 보시며 꾸짖으셨다. 유를 들어 말씀하셨다.	기록되지 않음
38. 요 7:20	무리들	부인	예루살렘 성전	"당신은 귀신이 들렸도다. 누가 당신을 죽이려 하나이까?"	설명과 질문을 통한 책망	"내가 안식일에 사람의 전신을 건전케한 것으로 너희가 나를 노여워 하느냐?"	몇몇 사람들이 예수가 그리스도라는 것을 의심하였다.
39. 요 8:5	서기관과 바리새인들	해답	예루살렘 성전	"모세는 율법에 이러한 여자를 돌로 치라 명하였거니와 선생은 어떻게 말 지 않으시고 땅에 무언가를 쓰셨다.	질문의 회피와 해답	질문에 대답을 하	그들 자신의 죄로 인해 집켜 넘어졌다.

관련성구*	질문자(들)	질문	질문 혹은 문제의 종류	장소	예수님의 응답	예수님의 대답유형	질문자들의 즉각적인 반응
		하겠나이까?					
40. 요 8:19	바리새인들	"내 아버지가 어디 있느냐?"	도전	예루살렘 성전	너희는 나를 알지 못하고 내 아버지도 알지 못하는도다	질문의 회피	기록되지 않음
41. 요 8:25	유대인들	"네가 누구냐?"	정보의 요청	예루살렘 성전	"나는 처음부터 너희에게 말하여 온 자니라"	질문의 회피	이해하지 못했다.
42. 요 8:33	유대인들	"어찌하여 우리가 자유케 되리라 하느냐?"	부인	예루살렘 성전	"죄를 범하는 자마다 죄의 종이라"	설명	"우리 아버지는 아브라함이다"라고 주장했다.
43. 요 8:48	유대인들	"우리가 너를 사마리아 사람이라 또는 귀신이 들렸다 하는 말이 옳지 아니하냐?"	확증의 요청	예루살렘 성전	"나는 귀신 들린 것이 아니다"	부정	"지금 네가 귀신 들린 줄을 아노라" 하고 단언하고 다른 두

번호	질문자	질문	분류	장소	설명	결과
44-45. 요 8:53	유대인들	"나는 우리 조상 아브라함보다 크냐?.... 너는 너를 누구라 하느냐?"	부정; 정보의 요청	예루살렘 성전	설명 "내게 영광을 돌리시는 이는 내 아버지시니 나의 떡 볼 것을 즐거워 하더라 보고 기뻐하였느니라"	예수님이 아브라함보다 더 나이가 많다는 것을 믿을 수가 없었다. 두 가지 질문을 하셨다.
46. 눅 10:25	율법사	"선생님, 내가 무엇을 하여야 영생을 얻으리이까?"	정보의 요청	유대	두 개의 질문	레위기 19:18을 인용하였다.
47. 눅 10:29	율법사	"그러면 내 이웃이 누구오니이까?"	정보의 요청	유대	내 이웃이 누구인가를 예시해	선한 사마리아인의 비유를 들려주셨다. 기록되지 않음

관련성구*	질문자(들)	질문	질문혹은 문제의 종류	장소	예수님의 응답	예수님의 대답유형	질문자들의 즉각적인 반응
48. 눅 10:40	마르다	"주여 내 동생이 나 혼자 일하게 두는 것을 생각지 아니하시나이까?"	책망	베다니	마리아가 좋은 편을 택하였다고 말씀하셨다.	주는 비유 설명	기록되지 않음
49. 눅 12:41	베드로	"주께서 이 비유를 우리에게 하심이니이까 모든 사람에게 하심이니이까?"	혼란의 표시	유대	"그러면 지혜 있고 진실한 청지기가 누구냐?"	질문과 지혜로운 청지기와 그의 종들에 관한 정보	기록되지 않음
50. 요 9:2	예수님의 제자들	"랍비여 이사람이 소경으로 난 것이 뉘 죄로 인함이오니이까 자기오니이까 그 부모오니이까"	정보의 요청	예루살렘	"둘다 아니다"라고 말씀하시고 사람이 소경됨이	설명	기록되지 않음

번호	참조	질문자	질문	장소	유형	예수의 답변	반응/결과
51.	요 9:36	앞을 보게 된 소경	"주여 그가 누구시오니이까?"	예루살렘	정보의 요청	자유를 말씀해 주셨다. "네가 자기 오니이까 그 부모오니이까?"	예수님을 믿고 경배했다.
52-53.	요 9:40	바리새인들	"우리도 소경인가?"	유대	놀람; 부정	"내가 그를 보았다" "너희가 소경이 되었다면 죄가 없으려니와 본다고 하니 너희 죄가 그저 있느니라"	기록되지 않음
54.	요 10:24	유대인들	"당신이 언제까지 나 우리 마음을 의혹케 하려 하나이까? 그리스도여든 밝히 말하시오"	예루살렘	정보의 요청	"내가 너희에게 말하였으되 믿지 아니하는도다… 나와 아버지는 하나이니라"	설명	돌을 들어 예수님을 치려 하였다
55.	눅 13:	어떤 사람	"주 구원을 얻는"	베레아	정보의 요청	좁은 문으로 들어	예수를	기록되지 않음

관련성구*	질문자(들)	질문	질문 혹은 문제의 종류	장소	예수님의 응답	예수님의 대답유형	질문자들의 즉각적인 반응
23		"자가 적으니이까?"			가는 자가 적으므로 들어가기에 힘쓰라고 말씀하셨다.	통한 설명	
56. 요 11:8	예수님의 제자들	"랍비여 방금도 유대인들이 돌로 치려 하였는데 또 그리로 가려하시나이까?"	근심	베레아	"낮이 열두 시가 아니냐?" 말씀하시고 이어서 나사로가 잠들었다고 말씀하셨다.	질문과 설명	혼란을 일으켰다.
57. 눅 17:37	예수님의 제자들	"주여 어디오니이까?"	정보의 요청	사마리아와 갈릴리사이	"주검 있는 곳에는 독수리가 모이느니라"	단체에 한 진술을 통한 간접적인 대답	기록되지 않음
58. 마 19:3	바리새인들	"사람이 아무 연고"	책략	베레아	"사람을 지은 이	질문과	또다른 질문을

(막 10:2)		를 물론하고 그 아내를 내어 버리는 것이 옳으니이까?		설명	가…읽지 못하였느냐? 하고 말씀하시고 창1:27과 2:24를 인용하시며 결혼의 영속성을 확인해 주셨다.	예수님께 던졌다.
59.마 19:7	바리새인들	"그러면 어찌하여 모세는 이혼 증서를 주어서 내어버리라 명하였나이까?"	책망	모세에 관한 그들의 잘못된 생각을 바로 잡아주시고 다시금 결혼의 영속성을 확인해 주셨다.	교정과 설명	혼동을 나타내는 말로 이에 대응하였다.
60.마 19:16 (막 10:17, 눅 18:18)	한 부자 청년	"선생님이여 내가 무슨 선한 일을 하여야 영생을 얻으…	베뢰아	"어찌하여 선한 일을 내게 묻느냐? 계명들을 지키라"	정보	정보의 요청	자신이 어느 계명을 지켜야 하는지를 물었다.

관련성구*	질문자(들)	질문	질문받은 문제의 종류	장소	예수님의 응답	예수님의 대답유형	질문자들의 즉각적인 반응
61.마 19:18	한 부자 청년	"어느 계명이오니이까?"	정보의 요청	베데아	여섯 개의 계명을 언급하셨다.	정보	자신에게 아직도 부족한 것이 무엇이냐고 물었다.
62.마 19:20	한 부자 청년	"아직도 무엇이 부족하나이까?"	정보의 요청	베데아	"네 소유를 팔아 나를 좇으라"	정보와 도전	근심하며 떠나갔다.
63.마 19:25(막 10:26, 눅 18:26)	예수님의 제자들	"그런즉 누가 구원을 얻을 수 있으리이까?"	혼란의 표시	베데아	"하나님으로서는 다 할 수 있느니라"	설명	베드로가 질문하였다.
64.마 19:27	베드로	"우리가 모든 것을 버리고 주를 좇았사오니 그런즉 우리가 무엇을 얻으리이까?"	정보의 요청	베데아	"나를 좇는 너희도 열두 보좌에 앉아…나중 된 자로서 먼저 될 자"	설명과 포도원 품꾼의 비유	기록되지 않음

65. 마 21:16	대제사장들과 서기관들	"저희 하는 말을 듣느냐?"	해답	예루살렘 성전	"그렇다" 하고 답하신 후에 시편 8:2을 읽어본 일이 없느냐고 물으셨다.	화연과 해망하는 내용이 담긴 질문	예수님은 그들을 떠나가셨다.
66-67. 요 12:34	무리들	"너는 어찌하여 인자가 들려야 하리라 하느냐? 이 인자는 누구냐?"	부인;정보의 요청	예루살렘	"빛을 믿으라"고 권고하셨다.	도전인데 응을 담은 질문의 회피	
68. 마 21:20	예수님의 제자들	"무화과 나무가 어찌하여 곧 말랐나이까?"	혼란의 표시	베다니와 예루살렘 사이	믿음이 있으면 큰 일도 행할 수 있다고 말씀하셨다.	설명을 통한 질문의 회피	기록되지 않음
69-70. 마 21:23 (막	대제사장들과 장로들	"네가 무슨 권세로 이런 일을 하느냐?"	도전; 부인	예루살렘 성전	그들에게 요한의 세례가 어디로서	군중에 빼뜨리는	예수님의 질문에 답을 할 수

관련성구*	질문자(들)	질문	질문 혹은 문제의 종류	장소	예수님의 응답	예수님의 대답유형	질문자들의 즉각적인 반응
11:28, 눅 20:2)		또 누가 이 권세를 주었느뇨?			인지 물으셨다.	질문을 던짐으로써 질문을 회피함	없다고 스스로 시인하였다.
71-72,마 22:17(막 12:14-15; 눅 20:22)	바리새인들과 헤롯당원들	"그러면 당신의 생각에는 어떠한지 우리에게 이르소서 가이사에게 세를 바치는 것이 가하니이까 불가하니이까?"	정보의 요청; 해답	예루살렘	그들을 책망하시고 ("외식하는 자들아") 왜 시험하느냐고 물으셨다. 그리고 동전을 가리켜 보이면서 그들의 질문에 답하셨다.	해명, 질문 그리고 사물을 통한 설명	화가 나서 떠나갔다.
73,마 22:28(막)	사두개인들	"그런즉 저희가 다 그를 취하였으니	해답	예루살렘	부활 때는 사람들이 결혼하지 않는	설명과 교정	기록되지 않음

12:23, 눅 20:33)		부활 때에 일곱 중에 뉘 아내가 되리이까?			부활 설명하시고 부활이 없다고 주장하는 그들의 생각을 바로 잡아 주셨다.	설명	기록되지 않음
74. 마 22:36(막 12:28)	율법사	"선생님이여 율법 중에 어느 계명이 크니이까?"	해답	예루살렘	신명기 6:5과 레위기19:18을 인용하셨다.		
75-76 막 24:3(눅 13:4, 눅 21:7)	예수님의 제자들	"어느 때에 이런 일이 있겠사오며 주의 임하심과 세상 끝에는 무슨 징조가 있사오리이까?"	정보의 요청	감람산	감람산 설교를 행하셨다.	정보	기록되지 않음
77. 마 26:17(막 14:12, 눅	예수님의 제자들	"유월절 잡수실 것을 우리가 어디서 예비하기를 원하시나이까"	지시의 요청	예루살렘	성 안에 가서 큰 다락방을 찾으라고 말씀하셨다.	정보	예수님이 지시하신 대로 행했다.

관련성구*	질문자(들)	질문	질문하는 문제의 종류	장소	예수님의 응답	예수님의 대답유형	질문자들의 즉각적인 반응
(22:9)		나이까?"					
78. 요.13:6	베드로	"주여 주께서 내 발을 씻기시나이까?"	놀라움의 표시	예루살렘	"나의 하는 것을 네가 이제는 알지 못하나 이후에는 알리라."	설명을 통한 질문의 회피	베드로는 예수님이 접대로 자기의 발을 씻을 수 없다고 말했다.
79. 마.26:22	예수님의 제자들	"주여 내니이까?"	혼란의 표시	예루살렘	"나와 함께 그릇에 손을 넣는 그가 나를 팔리라."	정보	베드로가 질문을 하였다.
80. 요.13:25	베드로	"주여 누구오니이까?"	정보의 요청	예루살렘	"내가 한 조각을 적시어다가 주는 자가 그니라."	정보	유다가 질문을 하였다.
81. 마.26:25	유다	"랍비여 내니이까?"	부인	예루살렘	"네가 말하였도다"	정보	유다는 다락방을 나갔다.
82. 요.13:	베드로	"주여 어디로 가시나이까?"	정보의 요청	예루살렘	"나의 가는 곳에"	설명을	베드로는 또다

번호	인물	질문		장소	대답	유형	기록
36		...나이까?			내가 지금은 따라올 수 없으나 후에는 따라 오리라.	통한 질문의 회피	른 질문을 했다
83. 요13:37	베드로	"주여 내가 지금은 어찌하여 따를 수 없나이까? 주를 위하여 내 목숨을 버리겠나이다."	혼란의 표시	예루살렘	"내가 나를 위하여 네 목숨을 버리겠느냐?…닭 울기 전에 네가 세 번 나를 부인하리라."	질문을 통한 부인	기록되지 않음
84. 요14:5	도마	"주여 어디로 가시는지 우리가 알지 못하거늘 그 길을 어찌 알겠삽나이까?"	혼란의 표시	예루살렘	"내가 곧 길이요 진리요 생명이니"	화언을 통한 간접적인 대답	기록되지 않음
85. 요14:	유다(가룟유 아님)	"주여 어찌하여 자기를 사랑하는	혼란의 표시	예루살렘		화언을 통한	기록되지 않음

관련성구*	질문자(들)	질문	질문 혹은 문제의 종류	장소	예수님의 응답	예수님의 대답유형	질문자들의 즉각적인 반응
막 22	다아님	기름 우리에게는 나타내시고 세상에는 아니하려 하시나이까?			사람은 그 답을 지킬 것이라고 설명하셨다.	통한 간접적인 대답	
마 86: 눅 22:49	예수님의 제자들	"주여 우리가 검으로 치리이까?"	지시의 요청	감람산	예수님이 대답하기 전에 베드로가 대제사장의 종 말고의 귀를 잘랐다. 그의 귀를 낫게 하시고 베드로를 꿈주게 하셨다.	지시	기록되지 않음
마 87-88 막 26:62(막 14:60)	대제사장 가야바	"아무 대답도 없느냐? 이 사람들이 너를 치는 증거가"	도전; 정보의 요청	예루살렘에 있는 대제사장의 집들	잠잠히 계셨다.	침묵	대제사장은 또 다른 질문을 하였다.

구절	심문자	질문	종류	장소	예수의 답변	비고	어떠하뇨?
89. 막 14:61(눅 22:70)	대제사장	"내가 찬송 받을 자의 아들 그리스도냐?"	정보의 요청	예루살렘에 있는 대제사장의 집	"내가 그니라."	확언	대제사장은 예수님을 불경건하다고 정죄하였다
90. 마 26:68(눅 22:64)	유대인들	"너를 친 자가 누구냐?"	조롱	예루살렘에 있는 대제사장의 집	기록되지 않음	침묵	기록되지 않음
91. 요 18:33	빌라도	"네가 유대인의 왕이냐?"	정보의 요청	빌라도의 관저	"이는 네가 스스로 하는 말이뇨 다른 사람들이 나를 대하여 네게 한 말이뇨?"	다른 질문 문을 통한 질문	빌라도가 또 다른 질문을 하였다.
92-93. 요 18:35	빌라도	"내가 유대인이냐?...네가 무엇을 하였느냐?"	냉소; 정보의 요청	빌라도의 관저	"내 나라는 이 세상에 속한 것이 아니다."	사실의 진술	빌라도는 "그렇다면 네가 왕이다"라고 말함으

관련성구*	질문자(들)	질문	질문혹은 문제의 종류	장소	예수님의 응답	예수님의 대답유형	질문자들의 즉각적인 반응
94.마 27:11(눅 23:3)	빌라도	"네가 유대인의 왕이냐?"	정보의 요청	빌라도의 관저	"네 말이 옳도다."	확언	그 자신의 질문에 대한 답을 하였다. 기록되지 않음
95.요 18:38	빌라도	"진리가 무엇이냐?"	정보의 요청	빌라도의 관저	기록되지 않음	기록되지 않음	빌라도는 사람들에게 자신은 예수에게서 아무 죄도 찾지 못했다고 말했다.
96.마 27:13	빌라도	"저희가 너를 쳐서 얼마나 많은 것으로 증거하는지 듣지 못하느냐?"	정보의 요청	빌라도의 관저	침묵하셨다.	침묵	빌라도는 심히 기이히 여겼다.

번호/성경	인물	말	유형	반응 유형	반응 내용	반응 유형	결과
97. 요 19:9	빌라도	"너는 어디로서냐?"	정보의 요청	빌라도의 판정	침묵하셨다.	침묵	빌라도는 또 다른 질문을 하였다.
98-99. 요 19:10	빌라도	"내게 말하지 아니하느냐? 내가 너를 놓을 권세도 있고 십자가에 못 박을 권세도 있는 줄 알지 못하느냐?"	도전	빌라도의 판정	"위에서 주지 아니하셨다면 나를 해할 권세가 없었으리니."	교정	빌라도는 예수님을 놓아 주려고 하였다.
100. 눅 23:3	십자가 상의 한 강도	"네가 그리스도가 아니냐? 너와 우리를 구원하라."	도전	꾸짖다	해당없음	침묵	또 다른 강도가 첫번째 강도를 꾸짖으며 그에 응했다.
101. 눅 24:1	글로바	"당신이 예루살렘에 우거하면서 근지 못하느냐?"	놀라움의 표시	엠마오길	"무슨일이뇨?"	질문	그들은 다름 아닌 바로 예수님

관련성구*	질문자(들)	질문	질문속은 문제의 종류	장소	예수님의 응답	예수님의 대답유형	질문자들의 즉각적인 반응
		"...이 거기서 된 일을 홀로 알지 못하느뇨?"					에 관하여 말하고 있다고 대답을 하였다.
102. 요 21:2	베드로	"주여 이 사람은 어떻게 되겠삽나이까?"	정보의 요청	디베랴 바다 근처	"네게 무슨 상관이냐?"	질문의 형태를 띤 책망	기록되지 않음
103. 행 1:6	예수님의 제자들	"주께서 이스라엘 나라를 회복하심이 이때니이까?"	정보의 요청	예루살렘	때와 기한은 그들이 알바가 아니라고 말씀하셨다.	부인	기록되지 않음

16

예수님은 이야기를 어떻게 사용하셨나?

저희가 그 가르치심에 놀라니…(눅 4:32)

경찰들이 누군가의 농장을 찾아 숲을 지나 언덕을 넘어 오고 있었다. 그들은 농장을 발견하자 문을 두드리고는 문을 세게 밀치고 들어가서 큰 소리로 "한스, 너를 체포한다"고 소리쳤다.

한스의 아내는 놀라며 "체포라니요? 뭘 잘못했기에"라고 외쳤다. 거친 목소리로 경찰서장이 날카롭게 다음과 같이 외쳐댔다: "국가 정교회에서 가르치는 내용과 다른 것을 설교한 것과, 설교를 하지 말라는 관공서의 명령에 불복종한 이유로 너를 체포한다!"

한 경관이 한스의 두 팔을 등 뒤로 홱 낚아채더니 쇠사슬로 그를 단단히 묶었다. 아내와 아이들이 가슴이 찢어지는 마음으로 눈물을 흘리며 그 광경을 무기력하게 지켜보는 가운데, 한스는 경찰들이 자기를 말 위에 태우고 갈 때에도 아무 저항도 하지 않았다.

그리고 거의 2년 동안, 한스는 어둡고 축축한 감방에서 지내야 했다. 그에게는 물과 빵만이 주어졌는데 빵이라고 해야 통상 소나 말에게나 먹일 저질 밀가루로 만든 것이었다.

그후 20개월이 지나서 한스는 좋은 소식을 들었다. 그를 포함한 여러 명의 동료 죄수들이 석방된다는 것이었다. 그리고 나쁜 소식도 있었는데 그것은 조국을 떠나라는 것이었다.

이 사람이 누구인지 아는가? 이 사람이 바로 당신들의 할아버지의 할아버지의 할아버지의 할아버지의 할아버지의 할아버지의 할아버지의 할아버지의 할아버지인 한스 자우그(Hans Zaugg)다. 이 이야기는 그가 성경을 가르치고 또 주님께 충성을 다했다는 이유만으로 당해야 했던 실화다. 이 이야기는 1659년 1월 31일 스위스 지그노(Signau)의 아름다운 농장에서 일어난 일이다. 우리는 훌륭한 유산을 가지고 있다고 생각하지 않는가?

1992년에 나는 당시 나이가 각각 9살과 6살난 손주 제이슨과 제니퍼에게 이 이야기를 들려주었다. 나는 그들 조상들이 역경의 순간에도 주님께 향한 충성을 결코 포기하지 않았음을 그 아이들에게 알려주고 싶었다.

그들의 반응이 어땠는지 아는가? 아이들은 완전히 그 이야기 속으로 빨려 들었다.

그 이유는 무엇일까? 아이들은 사실이건 허구건 이야기를 좋아한다. 이것은 어른들도 마찬가지다. 수 주일 후에 내가 제이슨과 제니퍼에게 그 이야기에 관해 물어보았더니 그들은 거의 대부분의 세부적인 내용들을 기억하고 있었다.

이같은 사건을 통해 우리는 이야기에 관해 다음과 같은 두 가지를 생각하게 된다: 즉 사람들은 이야기들을 좋아하고, 이야기들은 기억하기 쉬운 형태로 교훈을 전해준다는 것이다. 이렇게 이야기를 통해 손자 손녀에게 들려준 것이, "너희들은 환란이 닥쳐와도 항상 하나님을 위해 살아야 한다"고 원칙을 가르쳐주는 것보다 훨씬 더 효과가 있었던 것이다. 그 아이들은 추상적인 개념이 아니라 한스의 이야기를 듣고 진리를 붙잡을 수 있었다.

최근에 교회에서나 비디오 혹은 텔레비전을 통해 접한 설교를 생각해보라. 아니면 가장 최근에 참석했던 수업을 기억해보라. 그것들을 얼마나 많이 기억하는가? 아마도 다른 대부분의 사람들처럼 겨우 조금만 기억할 수 있을 것이다. 커다란 윤곽만 생각나지는 않는가? 자세한 내용들은 생각나지 않을 것이다. 이야기들이나 실제 사례들은? 아마도 대부분 기억할 수 있을 것이다!

이야기를 전하라. 그러면 듣는 사람들이 생기를 찾고 정신을 바짝 차리며, 뇌세포도 당신의 이야기에 집중할 것이다.

아이들에게 이야기를 들려주라. 그러면 그들의 집중 시간이 길어지고 흥미로 반짝이는 눈동자를 볼 것이다. 그 이유가 무엇일까? 그것은 이야기 속의 인물들이 바로 우리가 현실에서 부딪히고 경험하고 느끼고 행하는 것들을 그대로 보여주기 때문이다.

이야기를 들려주는 것 – 뼈와 가죽에 원리와 교훈을 덧입히고 사실과 생각을 실제 혹은 가공의 인물과 상황 속에 주입시키는 일 – 은 그 무엇과도 견줄 수 없는 뛰어난 의사 소통의 수단이다. 추상적인 개념도 다소 흥미를 유지할 수 있지만 그것을 이야기로 구현시킬 때 투명하고 쉽게 이해할 수 있으며 압도적인 효과가 있다.

예수님은 이 사실을 아셨다. 그래서 기록된 그분의 말씀 가운데 사분의 일이 실제로 일어난 사건과 일어날 수 있는 일들을 담화 형식으로 기록한 우리가 비유라고 부르는 이야기 형식으로 되어 있다.

실제로 복음서 기자들은 예수님이 말씀하신 39가지 이야기를 기록했으며, 2,000여 년이 지난 후 그 중 많은 것들은 그리스도인이 아닌 사람들에게까지 잘 알려져 있다. 그런 예로 선한 사마리아인의 비유와 탕자의 비유, 씨뿌리는 자의 비유 같은 것들이 있다. 많은 사람들은 자신들이 빈번하게 사용하는 말들이 실상 예수님의 비유에서 온 것임을 알지 못하는 가운데 "'자신의 '달란트'를 땅에 감추며(마 25:25), '비용을 계산하며'(눅 14:28), '선한 사마리아인'이 되는 것(눅 10:29-37) 등에 관해 이야기하고 있다."[1]

사람들은 예수님의 이야기들을 좋아하고 오래도록 기억했는데, 그 이유는 그 이야기들이 사실적이었고 강력했으며 자신들의 생활에 연관되어 쉽게 이해되고 파악할 수 있는 원리들을 가지고 있었기 때문이다. 상황에 맞추어 때로는 길고 또 때로는 짧게 이야기를 하셨던 주님은 훌륭한 이야기꾼으로서의 비범하고 탁월한 교수 능력을 보여주셨다.

교사로서의 자질을 향상시키고 싶은가? 그렇다면 주님이 하신 대로 이야기와 실제적인 예를 들려주라. 그렇게 하면 당신도 예수님이 가르치신 것처럼 가르칠 수 있다!

복음서에 나타난 비유들

예수님은 짤막한 이야기를 말하시기 좋아하셨다: "그것은 주님의 가르침에서 다른 어떤 방법보다도 현저하게 나타난다."[2] 마가가 기록한 대로 "예수님은 무리들에게 많은 것들을 비유로 가르치셨다"(막 4:2). 예수님은 또한 비유로 제자들을 가르치셨고 이야기를 통해 대적하는 자들에게 말씀하셨다.

---

1) Robert H. Stein, An Introduction to the Parables of Jesus (Philadelphia: Westminster, 1981), 15.

2) J.M. Price, Jesus the Teacher (Nashville: Sunday School Board, 1946), 99.

"우리가 아는 그 어떤 선생도 그토록 자유자재로 그리고 또 효과적으로 비유를 사용한 이는 없다."[3]

예수님 당시의 사람들은 비유에 친숙했다. 왜냐하면 랍비들도 종종 비유를 사용하여 가르쳤기 때문이다. 수백 개의 비유들이 탈무드와 미드라쉬라고 알려져 있는 랍비 문서에 기록되어 있을 정도다.[4] 어떤 연구에 의하면 약 '2000개에 달하는 랍비들의 비유들이 수집되어 있다.'[5] 그러나 이것들은 수많은 랍비들이 한 비유를 수집한 것이므로 예수님에 비할 바 못된다.

비유(parable)라는 말은 parabole라는 헬라어로서 두 단어, para(옆 혹은 나란히)와 ballein(던지다)가 합친 것을 음역한 것이다. 따라서 비유는 뜻을 분명히하거나 강조하기 위해 어떤 사실과 병행해서 또 다른 사실을 제시하는 이야기다. 알려지지 않은 불명확하고 추상적인 개념은 이미 알려진 분명하거나 구체적인 것들과 함께 이야기의 형식으로 제시될 때 쉽게 설명된다. 그리스의 철학자 아리스토텔레스(384-322 B.C.)는 비유란 "비교 혹은 예증을 목적으로 어떤 것을 다른 것 옆에 나란히 놓음으로써 병립 대치시키는 것"[6] 이라고 했다.

프라볼레(Parabole)라는 말은 신약성경에 50번 등장하는데 히브리서의 두 가지 경우를 제외하고는 모두 공관 복음에서 나타난다.[7] 마태는 이 단어

---

3) C. B. Eavey, Principles of Teaching for Christian Teachers (개정판, Grand Rapids: Zondervan, 1968), 245.

4) A. E. Baker, The Teaching of Jesus for Daily Life (London: Eyre and Spottiswoode, 1933), 7.

5) Dictionary of Jesus and the Gospels, 1992, 소제목 "Parables," K. R. Snodgrass, 593.

6) Aristotle Rhetoric 2.20.2

7) 히브리서 9장 9절은 예수 그리스도가 통치하는 '새로운 질서'를 가리키기 위해

를 17번 사용했고 마가는 13번, 그리고 누가는 18번을 사용한 반면, 요한복음에는 이 단어가 나타나지 않는다. parabole는 구약 성경에 사용된 히브리어로는 masal인데 영어 단어보다 더 포괄적인 의미를 갖고 있다. Parabole란 단어는 복음서에 48번 등장하는 가운데 몇 번은 금언 또는 경구로 사용되었다. 예를 들어서 마가는 예수님께서 '비유'로 "사단이 어찌 사단을 쫓아낼 수 있느냐?"(막 3:23)고 말씀하셨다고 기록한다. 또한 무리들에게 "무엇이든지 밖에서 사람에게로 들어가는 것은 능히 사람을 더럽게 하지 못하되"(7:15) 라고 말씀하신 후 "제자들이 예수님께 그 비유에 관해 물었다"(7:17)고 기록한다.

이와 비슷하게 예수님이 "만일 소경이 소경을 인도하면 둘이 다 구덩이에 빠지리라"고 말씀하시자 베드로는 그 비유(parabole)를 설명해달라고 말했다(마 15:14-15; 눅 6:39). NIV 역본에는 누가복음 4장 23절이 "너희가 반드시 '의원아 너 자신을 고치라' 하는 속담을 인용할 것이다"라고 번역되어 있는데, 이 구절은 비유(parabole)를 속담(proverb)으로 번역하고 있다. 짧고 간결한 말이 비유로서 일컬어진 또 다른 예는 누가복음 21장 29-30절의 "이에 비유로 이르시되 '무화과 나무와 모든 나무를 보라 싹이 나면 너희가 보고 여름이 가까운 줄을 자연히 아나니'"란 말씀에서 볼 수 있다. 심지어 간결한 훈계도 비유로 일컬어졌다: "(바리새인의 집에 저녁 식사로) 청함을 받은 사람들이 상좌 택함을 보시고 저희에게 비유로 말씀하여 가라사대 '네가 누구에게나 혼인 잔치에 청함을 받았을 때에 상좌에 앉지 말라. 그렇지 않으면 너보다 더 높은 사람이 청함을 받은 경우에"(눅 14:7-8). 주님은 이 결혼에 관련된 사실을 하나의 원리로 발전시키셨다: "무릇 자기를 높이는 자는

'상징' 혹은 '예증'으로 구약의 성막 규정을 들어 비유적으로 설명했다. 그리고 히 11:9도 '비유적으로 말해서'라고 번역할 수 있는 부사적 전치사구를 사용한 비유를 포함한다.

낮아지고 자기를 낮추는 자는 높아지리라"(눅 14:11).

학자들마다 예수님이 말씀하신 비유의 횟수에 대해 다른 의견을 주장한다. 이는 어떤 이들은 예수님의 금언을 부분적으로 포함시키기 때문이다. 예를 들어 브루스(Bruce)는 비유가 33개 있다고 밝히고, 8가지의 "비유-씨앗"(parable-germ)을 열거한다.[8] 그런 반면 스크로기(Scroggie)는 51개의 비유들을 열거하면서 추가로 20개의 '비유적 실례'를 덧붙인다.[9] 릭슨(Rixon)은 63개의 비유 목록을 제시하고[10] 스타인(Stein)은 26개의 '가능성 있는 비유'(possible parables)와 함께 49개의 비유를 포함한다.[11] 보그(Borg)는 예수님의 30개의 비유를 가리켜서 "예수님께서 가르치신 범주가 그다지 넓지 않았던 것을 고려할 때, 이같은 숫자는 놀라우리만치 많은 것이다"라고 말했다.[12] 그렇지만 이 책에서는 주님께서 말씀하신 간단한 줄거리 또는 구성을 지닌 짧은 이야기만을 비유로 취급한다.

---

8) A. B. Bruce, The Parabolic Teaching of Christ (London: Hodder & Stoughton, 1895; 재출판, Minneapolis: Klock and Klock, 1980), xvii-xviii.

9) W. Graham Scroggie, A Guide to the Gospels (London: Pickering and Inglis, 1948), 549-51.

10) Lilas D. Rixon, How Jesus Taught (Croydon, N.S.W.: Sydney MIssionary and Bible College, 1977), 57-58.

11) Stein, An Introduction to the Parables of Jesus, 22-26.

12) Anchor Bible Dictionary, 1992, 소제목: "The Teaching of Jesus Christ," Marcus J. Borg, 3:807. 또한 Richard Chenevix Trench는 30개의 비유를 지적했다 (Notes on the Parables of Our Lord [New York: Appleton, 1847]). 더 최근에 Bernard Brandon Scott은 31개의 비유들을 거론했다 (Hear Then the parables [Minneapolis: Fortress, 1989]).

— 표 28 —

예수님의 비유들

1. 두 종류의 집　　　　　마 7:24-27(눅 6:47-49)
2. 생베 조각　　　　　　마 9:16(막 2:21; 눅 5:36)
3. 새 부대　　　　　　　마 9:17(막 2:22; 눅 5:37-39)
4. 무례한 아이들　　　　마 11:16-19(눅 7:31-35)
5. 씨 뿌리는 자　　　　　마 13:5-8(막 4:3-8; 눅 8:4-8, 11-15)
6. 가라지　　　　　　　 마 13:24-30
7. 겨자씨　　　　　　　 마 13:31-32(막 4:30-32; 눅 13:18-19)
8. 누룩　　　　　　　　 마 13:33(눅 13:20-21)
9. 감추인 보화　　　　　마 13:44
10. 극히 값진 진주　　　 마 13:45-46
11. 그물　　　　　　　　마 13:47-50
12. 집주인　　　　　　　마 13:52
13. 무자비한 종　　　　　마 18:23-35
14. 포도원 품꾼　　　　　마 20:1-16
15. 두 아들　　　　　　　마 21:28-32
16. 악한 포도원 소작인　 마 21:33-44(막 12:1-11; 눅 20:9-18)
17. 혼인 잔치　　　　　　마 22:1-14
18. 무화과 나무　　　　　마 24:32-35(막 13:28-31; 눅 21:29-33)
19. 지혜로운 종　　　　　마 24:45-51(눅 12:42-48)
20. 열 처녀　　　　　　　마 25:1-13
21. 달란트　　　　　　　 마 25:14-30

22. 비밀리에 자라는 씨	막 4:26-29
23. 문지기	막 13:34-37(눅 12:35-40)
24. 두 명의 빚진 자	눅 7:41-43
25. 선한 사마리아인	눅 10:25-37
26. 한밤중의 친구	눅 11:5-8
27. 어리석은 부자	눅 12:16-21
28. 지혜로운 종과 어리석은 종	눅 12:42-48
29. 열매 맺지 못하는 무화과 나무	눅 13:6-9
30. 큰 잔치	눅 14:15-24
31. 준공 안 된 망대와 싸움 중인 왕	눅 14:28-33
32. 잃어버린 양	마 18:12-14(눅 15:3-7)
33. 잃어버린 동전	눅 15:8-10
34. 탕자	눅 15:11-32
35. 지혜로운 청지기	눅 16:1-9
36. 종의 사례	눅 17:7-10
37. 불의한 재판관	눅 18:1-8
38. 바리새인과 세리	눅 18:9-14
39. 열 므나	눅 19:11-27

표 28이 보여주듯이 마태복음에만 기록되어 있는 비유가 11개, 마가복음(4:26-29)에만 나오는 비유는 하나, 누가복음에만 나오는 비유는 15개가 있다. 6개의 비유는 3개의 복음서에 공통적으로 나타나며, 마태와 누가복음이 6개의 같은 비유를 기록하고 있고, 마가와 누가복음은 1개의 비유만 공통적으로 가지고 있다. 마가복음은 예수님께서 바쁘시게 계속 움직이시는 모습을 강조하기 때문에 8개의 비유만을 기록한 것은 놀랄 일이 아니다.

왜 비유들이 흥미가 있는가?

비유나 이야기를 통한 교수법의 가치는 무엇일까? 그 대답은 여러 가지가 될 것이다. 첫째, 사람들은 다른 사람에 관해 듣는 것을 좋아한다. 사람들에 관한 이야기를 다루고 있는 TV의 토크쇼가 대단한 인기를 누리고 있다는 사실은 이런 점을 반영한다. 또한 사람들을 대상으로 한 전기나 소설, 잡지, 및 타블로이드판 신문들이 넘쳐나는 것을 통해 사람들이 다른 사람들에 관한 것에 흥미와 관심을 갖는다는 점을 알 수 있다. 예수님의 거의 모든 비유들은 어떤 점에서건 사람들과 관련되어 있다.

둘째, 비유들은 유추가 주는 성격으로 인해 다소 복잡한 줄거리를 갖는다. "비유는 우리에게 의미를 발견하도록 도전을 준다(그것은 마치 우리에게 주어진 일종의 수수께끼와 같다)."[13] 비유는 일종의 암시적인 비교 형식을 가졌기 때문에 듣는 사람이나 독자들로 하여금 전달하려는 논점을 해독하도록 도전한다. "비교는 항상 명백히 드러나는 것이 아니다; 그러나 일단 듣는 사람들에 의해 파악이 되면 그것은 대화의 주제에 신선한 빛을 던져준다."[14]

셋째, 사람들은 구체적인 예를 통해 추상적인 진리나 관념을 배우길 좋아한다. "살아 있는 인물을 통해 구체적으로 나타난 진리는 다른 어떤 형태로 제시되는 것보다 훨씬 쉽게 이해된다."[15]

넷째, 듣는 이들은 이야기를 들으면서 상상을 통해 다른 사람의 상황을 간

---

13) Herman Harrell Horne, Jesus the Master Teacher (1922; 재출판, Grand Rapids: Kregel, 1964), 80.

14) Madeleine Boucher, The Mysterious Parable (Washington, D.C.: Catholic Biblical Association of America, 1977), 25.

15) Eavey, Principles of Teaching for Christian Teachers, 245.

접적으로 체험할 수 있다. 그들은 이야기 속의 등장 인물들의 필요를 공감하고, 얽히고 설킨 줄거리에 빠지기도 하며 등장 인물들의 감정을 느끼기도 한다.

예수님의 이야기는 듣는 이들의 뇌리에 지워지지 않는 인상을 남겼다. 그 누가 예수님의 어리석은 부자의 비유(눅 12:15-21)를 듣고서 이기적인 탐욕의 위험성을 잊겠는가? 선한 사마리아인의 비유를 읽는 사람은 진정한 이웃의 의미를 쉽사리 깨닫게 된다(눅 10:30-37). 자기를 높이는 자는 낮아진다 (거꾸로 자기를 낮추는 자는 높아진다)는 예수님의 결론은 대단한 설득력이 있었는데, 그 이유는 그 결론이 바로 바리새인과 세리의 이야기(눅 18:9-14) 후에 내려졌기 때문이었다. 예수님께서 말씀하신 한밤중의 친구 비유를 듣고서 곧바로 주님의 유명한 말씀인 구하고 찾고 두드리라(눅 11:5-13)는 말씀을 듣는 사람이면 누구나 자기 백성의 기도에 기꺼이 응답하시는 아버지 하나님에 관한 깊은 인상을 받을 수밖에 없을 것이다.

예수님께서는 말씀을 듣는 자들이 어깨를 한번 으쓱하고는 이내 잊어버릴 진술문의 형식으로 "너희들은 지속적으로 기도 생활을 해야 한다"라고 말씀하실 수도 있었다. 그러나 주님은 그렇게 말씀하는 대신, 자신을 도와주길 귀찮아한 불의한 재판관에게 계속 간청해서 결국 응답을 받은 한 과부의 이야기를 들려주셨다. 그리고 나서 그 비유에 담긴 다음과 같은 교훈을 가르쳐주셨다: 과부를 무시하는 불의한 재판관조차도 집요한 간청에 마음이 흔들렸는데, 하물며 사랑이 많으신 천부께서 자신에게 계속 기도하는 자들에게 응답해 주시지 않겠는가?[16]

---

16) Henry A. Virkler, Hermeneutics (Grand Rapids: Baker, 1981), 163.

사람들은 당연히 재미없는 사실들보다는 이야기들을 더 오래 기억한다.

예수님은 왜 비유들로 가르치셨는가?

예수님은 사람들이 영적인 진리들을 이해하게끔 이야기를 사용해서 말씀하셨다. 주님의 비유는 그림 언어를 통하여 천상의 개념들을 조명해 주었다. 예수님은 마가복음 4장 9, 23-24절에서 사람들에게 자신의 가르침을 들으라고, 즉 자신이 하신 말씀들을 이해하라고 도전하셨다: "귀 있는 자는 들으라." "들을 귀 있는 자는 들으라. 너희가 무엇을 듣는가 스스로 삼가라." 그리고 '사람들이 알아 들을 수 있는 대로(4:33) 비유를 통해 가르쳤다. 예수님께서 씨 뿌리는 자와 씨의 비유를 말씀하셨을 때 제자들이 "어찌하여 저희에게 비유로 말씀하시나이까?"(마 13:10)하고 물었다. 그에 대한 예수님의 답변은 비유적 가르침을 주신 이유들 가운데 한 가지를 밝히는 것이었다: "천국의 비밀을 아는 것이 너희들에게는 허락되었다"(13:11).

그렇다면 왜 예수님은 마가복음 4장 11-12절에서 이사야 6장 9-10절을 인용하셨을까? "그러나 외인에게는 모든 것을 비유로 하나니, 이는 저희로 보기는 보아도 알지 못하며 듣기는 들어도 깨닫지 못하게 하여 돌이켜 죄사함을 얻지 못하게 하려 함이니라." 마 13:13-17과 눅 8:9-10도 이같은 내용을 기록하고 있다. 그렇다면 진리를 감추기 위한 이 목적이 진리를 드러내고자 하는 주님의 의도와 상치되는 것인가?

천국의 비밀에 관한 예수님의 비유는 드러내는 일과 감추는 일, 이 두 가지 목적을 동시에 갖는다. 씨뿌리는 자의 비유 자체 내에 서로 상치되는 목적이라는 문제를 해결할 실마리가 들어 있다. 씨뿌린 것의 결과는 씨 자체에 달린 것이 아니라 흙의 종류에 달려 있다.[17] 서기관들은 예수님을 귀신 들렸다고 기소했는데(마 12:24; 막 3:22), 그같은 행동은 예수님과 그분이 제시한 왕국을 거부함과 동시에 그들 마음이 강퍅하다는 사실을 보인 것이었다. 그들의 굳어진 마음은 씨가 자라지 못하는 토양처럼 비유로 주어진 진리들을 받아들이지 않도록 방해하였다. "천국의 비밀을 아는 것이 너희에게는 허락되었으나 저희에게는 아니 되었나니"(마 13:11). 예수님이 인용하신 이사야 6장 9-10절은 이런 '외인들'(막 4:11)의 본성을 보여 주었다.[18] 그들은 들긴 들어도 이해하지 못했다. 이렇게 그들의 마음이 왕과 그분의 왕국에 관해 폐쇄되어 있었으므로 그 왕국의 비밀을 전하는 비유 또한 그들에게 닫혔던 것이다. 예수님은 그처럼 마음이 완악해진 자들에게 진리를 감추심으로 거룩한 것을 개에게 또 진주를 돼지에게 주지 말라는 자신의 교훈을 실천하셨다(마 7:6).

마태복음 13장 13절에 따르면 예수님께서 비유로 말씀하신 이유는 믿지 않는 자들의 마음을 미리 강퍅하게 하시는 것이었다("그러므로 내가 저희에게 비유로 말하기는 [헬라어로 hoti] 저희가 듣는 동안에도 듣지 못하며 깨닫지 못함이니라."). 그렇지만 마가복음 4장 11-12절에 의하면 마음이 굳어진 것은 비유로 인한 결과이다("그러나 외인에게는 모든 것을 비유로 하나니 이는 [헬라어 hina] 저희로 듣기는 들어도 깨닫지 못하게 하여"). 마태복음에서는 마음이 강퍅해진 것이 비유보다 앞선 것처럼 보인다. 그 반면에 마가복음에서는 비유가 강퍅한 마음을 가져온 것처럼 보인다. 즉 비유가 마태복음에서는 결과로, 마가복음에서는 원인으로 나타나 있다. 유대인 지도자들은 이

---

17) T.W. Manson, The Teaching of Jesus (Cambridge Univeristy Press, 1955), 77.

18) 같은 책, 80.

미 주님이 가르치신 것을 거부했다(마 12:24). 그렇게 되어서 그들은 그 왕국의 비밀에 관한 진리를 수용할 수 없었다(13:11). 또한 마가가 언급하듯이 왕국의 비유는 더욱 그들의 마음을 단단하게 만들었다. "태양은 얼음을 녹이기도 하지만 진흙을 단단하게 만들기도 한다."[19)]

하나님 나라에 관한 이같은 비유는 주님께서 마치 유대인 지도자들에게 "왕을 부인하면 왕국도 부인하는 것이다. 그러나 너희들이 부인한 그 왕이 하늘에 있고 그 왕국이 오지 않는 동안에도 이곳에서 이미 시작되었다. 너희들은 왕국에 관한 분명한 선언을 부인했기 때문에 이어지는 진리도 이해하지 못하게 될 것이다. 이제 비유들은 너희들의 받아들이지 못하는 마음을 더욱 둔하게 만들 것이다" 라고 말씀하시는 듯하다.[20)]

그러나 진리를 받아들이는 사람들에게는 다음과 같이 말씀하신다. "이 땅에서의 내 왕국이 세워지는 시기는 연기되었다. 그 이유는 이 나라가 나를 왕으로 받아 들이지 않기 때문이다. 그러나 내 왕국이 서기를 기다리는 동안 일어날 일에 관해 이전에 밝혀지지 않은 새로운 진리('비밀')를 알려 주겠다.[21)] 씨 뿌리는 자와 토양의 비유를 이해한다는 것은 너희들이 다른 비유들

---

19) Warren W. Wiersbe, Meet Yourself in the Parables (Wheaton, Ill.: Victor, 1979), 11.
20) "이런 경우 비유의 사용은 그 의미를 깨닫지 못하는 사람들에게는 그들의 강퍅한 마음에 대한 형벌과 다를 바 없었다." (A.T. Robertson, Word Pictures in the New Testament, 6 vols. [Nashville: Broadman, 1930], 4:296). 예수님께서 하나님의 아들이심을 인식하지 않음으로 해서 그들은 '천국비밀'에 관한 비유들을 '이적과 예수님만큼이나 불가사이하게' 여기게 될 것이다(Harold Songer, "Jesus' Use of Parables: Matthew 13," Review and Expositor 59 [October 1962]: 493).
21) mysterion이란 헬라어는 어떤 신비로운 것 혹은 기묘한 것을 지칭하기 보다는, 하나님에 의해 이전에 밝혀지지 않아서 사람들이 알 수 없던 것에서 이제는 예수님을 통해 밝혀진 영적 진리들을 의미한다. 마 13장에서 제시된 이런 새로운 사실들은 주님

도 이해할 수 있을 정도로 영적으로 성숙했음을 보여주는 것이다. '무릇 있는 자는 받아 넉넉하게 된다' (마 13:12). 씨가 더 많은 씨를 생산하듯이 너희들의 마음은 좋은 토양처럼 더 많은 진리를 받아들일 수 있을 것이다"[22]

예수님의 비유를 잘 받아들이지 못하는 사람들은 이같은 '하나님 나라의 비밀'에 관한 내용을 온전히 이해할 수 없었던 것으로 보인다. 그것은 예수님의 다른 비유들은 대적하는 자들도 쉽게 이해했기 때문이다. 후에 마태는 '대제사장들과 바리새인들이 예수의 비유를 듣고 자기들을 가리켜 말씀하심인 줄 알고' (21:45; 참조. 막 12:12; 눅 20:19)라고 기록했다. 또한 마태복음 13장 11절; 마가복음 4장 10-12절 그리고 누가복음 8장 9-10절에 있는 예수님의 말씀들은 "예수님께서 비유로 가르치신 이유로 보아서는 안 된다. 이 말씀은 '어찌하여 저들을 가르칩니까?' 라는 질문에 대한 답으로 하신 말씀이지 '어찌하여 가르치십니까?' 하는 일반적인 질문에 대한 대답은 아니었다. 예수님이 하신 비유 대부분이 숨겨진 의미들로 가득하지 않은 사실을 볼 때에도 이런 주장은 명백하다."[23]

마태복음 13장은 예수님의 제시 방법만 아니라 가르침의 내용까지 바뀌게 되는 전환점이다. 이같은 변화는 다음의 여러 사실들을 볼 때 뚜렷하다. 첫

의 메시지를 거부하는 것 (씨뿌리는 자), 참 믿음을 가진 사람과 거짓 믿음을 가진 사람들이 공존하는 것 (밀과 가라지), 처음에는 보잘 것 없지만 점차 장대해지는 것 (겨자씨와 누룩), 극히 값진 것과 희생 (감추인 보화와 진주), 그리고 장래의 심판 (물고기 그물) 등의 비유들에 대해 사람들이 보이는 다양한 반응들을 포함한다.

22) 예수님은 '하나님 나라가 세워지기 이전의 여지껏 숨겨졌던 시간,' 즉 '천년 왕국이 연기되고 있는' 현 시대의 상태에 관해 제자들을 가르치고 계신 중이었다 (Stanley D. Toussaint, Behold the King: A Study of Matthew [Portland, Ore.: Multnomah, 1980], 171-72; 또한 172-79페이지도 보라.

23) Francis Herbert Roberts, "The Teaching Methods of Jesus" (석사논문, Dallas Theological Seminary, 1955), 17.

째, 예수님은 그전처럼 하나님 나라가 가까왔음을 더 이상 말씀하지 않으셨다(마 3:2; 4:17; 10:7). 예수님께서 왕으로서 직접 제시하셨던 '하나님 나라'가 가까이 있지 않고 주님의 재림 때에 나타날 것이라고 말씀하셨다(마 24-25; 26:11). 둘째, 마태복음 13장 이후로 주님은 '천국복음'(4:23; 9:35)을 설파하지 않으셨다. 셋째, 왕과 하나님 나라에 관한 새로운 사실을 전파하지 못하게 온 이스라엘이 배척하고 나선 후에야 주님은 십자가에서의 고난을 언급하셨다(16:21). 넷째, 마태복음 13장 이후에 예수님은 교회를 세우실 것을 언급하시면서(16:18), 하나님 나라는 이스라엘 세대가 아니라 (21:28-22:14) 메시아의 말을 청종하는, 그리하여 주님께서 천년 동안 다스리실 다음 세대에게 주어질 것이라고 말씀하셨다(21:43).[24]

예수님의 비유들은 명백하게(예수님과 그분의 나라를 거부한 사람들에게는 숨겨져 있던 천국 비유를 제외하고는) 영적 진리들을 제시했다. 비유를 통해 가르치는 법은 매우 강력하면서도 자주 사용된 교수법이었다. 짧은 이야기를 들려주신 것은 사람들을 즐겁게 만들려고 하신 것이 아니라 교육시키려고 하신 것이다. 모든 비유는 듣는 사람들의 마음을 즐겁게 하기보다는 그들의 양심을 일깨웠다.

예수님은 또한 대적하는 무리들을 무력하게 만들기 위해 비유를 사용하셨다. 비유는 강력한 도구가 되어 주님을 대적하는 자들의 입을 막았고 그들의 생각이 잘못된 것임을 보여 주었다. 그런 상황들 속에서 비유는 '논쟁을 위한 무기'였다.[25] 예수님은 자신의 권위에 관한 장로들과 대제사장들의 한두

---

24) 위의 네가지 사항들은 Mark R. Saucy의 "The Kingdon-of-God Sayings in Matthew," Bibliotheca Sacra 151 (April-June 1994): 203-5에서 발췌한 것이다.

25) Arthur Temple Cadoux, The Parables of Jesus, Their Art and Use (New York:Macmillan, 1931), 13.

가지 질문에(마 21:23) 다음처럼 3개의 연속된 비유로 '그들을 진퇴 양난에 빠뜨리셨다': 두 아들(21:28-32), 악한 포도원 소작인(21:33-46), 혼인 잔치(22:1-14). 처음 두 개의 비유를 들었을 때 대제사장들과 바리세인들은 '자기들을 가리켜 말씀하심인 줄 알았다' (21:45). 예수님은 또한 두 명의 빚진 자 이야기(눅 7:41-43)를 통하여 바리새인 시몬의 불평을 무력하게 만드셨다. 또한 대적하는 자들(바리새인들과 서기관들)이 예수님께서 죄인들과 식사를 함께 한다고 원망을 늘어놓았을 때(눅 15:1-2) 다시 세 개로 된 비유들을 들려주셨다(잃어버린 양, 잃어버린 동전, 탕자; 눅 15:3-32). 그리고 성전에서 기도하던 바리새인들과 세리의 이야기는 그들의 교만 죄를 훤히 드러냈다(18:9-14).

무엇이 예수님의 이야기를 그토록 흥미롭게 만들었는가?

예수님의 비유들이 호소력 있는 이유는 여러가지다.

우선 예수님의 비유는 간결했다. 흥미와 효과가 있기 위해서 길어야 할 필요는 없다. 예수님께서 하신 이같은 '문학적 걸작품들'[26]은 한 절(예, 마 9:16, 17; 13:33, 44, 52)로부터 22절(눅 15:11-32)에 이르기까지 그 길이가 다양했고, 평균 여섯 구절 정도로 구성되었다(표 28을 보라). 놀랍게도 그 유명한 선한 사마리아인의 비유는 영어(NIV)로는 166개의 단어만 사용되어서 6개의 절로 이루어졌다(눅 10:30-35). 헬라어로는 그보다 더 적어 105단어로 되어 있다(예수님과 율법사 간의 주변대화가 따로 7절을

---

26. Clifford A. Wilson, Jesus the Master Teacher (Grand Rapids: Baker, 1974), 92.

차지하고 있긴 하지만). 예수님은 전하려고 하시는 요점을 빠르고도 예리하게 전달하셨다.

예수님의 비유는 1세기 팔레스타인 지역에서 잘 알려진 보편적이고 일상적인 요소들을 다루었다. 예수님이 언급하신 자연 요소들은 돌, 비, 바람, 모래, 시내, 포도주, 포도주 부대, 씨, 새, 돌밭, 흙, 해, 식물, 뿌리, 가시, 농작물, 들, 가라지, 곡식, 곡식단, 추수, 겨자씨, 나물, 나무, 나뭇가지, 작물, 호수, 물고기, 포도원, 과실, 소, 짐승, 무화과, 잎사귀, 여름, 기름, 땅, 밤, 낮, 양, 곡식 낟알, 줄기, 가지끝, 알곡, 나귀, 양, 먼나라, 돼지, 쥐엄열매, 송아지, 염소 등을 포함한다.

사람이 만든 것들로는 집, 토대, 헌옷 조각, 천, 길, 곡간, 가루, 반죽, 보화, 그물, 광주리, 창고, 달란트, 감옥, 데나리온, 장터, 벽, 포도즙 짜는 기구, 마을, 등불, 항아리, 문, 재산, 낫, 옷, 여관, 은화, 떡조각, 길거리, 골목길, 큰길, 시골길, 망대, 의복, 신발, 성전, 므나 및 도시들이 포함된다.

예수님이 언급하신 인물들에는 다음과 같은 사람들이 포함되어 있다: 씨 뿌리는 자, 적, 종, 추수군, 여자, 어부, 집주인, 왕, 주인, 아내, 어린이, 지주, 포도원 품군, 십장, 아버지, 포도원 주인, 아들, 농부, 소작인, 혼인집 손님, 하인, 술주정뱅이, 처녀, 신랑, 금융업자, 대금업자, 제사장, 레위인, 사마리아인, 여관 주인, 친구, 부자, 잔치집 손님, 가난한 사람, 앉은뱅이, 소경, 절름발이, 목자, 탕자의 아버지, 탕자의 형, 지혜로운 관리인, 채무자, 재판관, 과부, 바리새인, 세리, 강도, 행악자, 간음자, 귀인.

이런 목록들은 흔히 알려진 물건들과 사람들을 이용해 이야기를 해주신 예수님의 위대한 교사로서의 탁월한 능력을 보여준다. 예수님의 말씀을 듣던 무리들은 쉽사리 그러한 물건이나 사람들, 즉 상업 및 농업 용품, 가정 및 공용 기물을 비롯한 행사들과, 건축 및 농업, 종교 및 공공직업 종사자들과 각양 각색의 자질을 지닌 사람들을 떠올릴 수 있었다.

"예수님의 비유는 온갖 변화무쌍한 생동력 가득찬 삶으로 반짝거린다."[27] 빵굽는 여인, 씨뿌리는 농부, 그물을 던지는 어부, 잃어버린 양을 찾는 목자, 먼길을 떠나는 왕 등, 이같은 것들은 예수님의 말씀에 매우 사실적인 면을 부여했고, 바로 그런 사실적 상황 설정 때문에 사람들은 그분의 이야기를 쉽사리 믿을 수 있게 되었다.

예수님의 비유들을 극적으로 만드는 세번째 특징은 그것들이 사람의 마음을 졸이게 한다는 것이다. 독자들은 관대한 주인이 은혜를 받고서도 다른 사람을 용서하지 않는 종을 과연 어떻게 다룰지 궁금해하며 마음을 졸인다(마 18:21-35). 땅에 떨어진 여러 종류의 씨들이 과연 어떻게 될까(13:5-8)? 또 주인의 종들과 그의 아들을 죽인 농부들에게는 어떤 일들이 일어날까(21:33-46)? 탕자가 집에 돌아오면 과연 환영을 받을까 아니면 쫓겨나게 될까(눅 15:11-32)? 왕이 집에 돌아와 종들 중의 하나가 자신이 받은 돈을 투자하지 않고 고스란히 땅속에 묻어 놓았다는 것을 알았을 때 그 왕은 과연 어떻게 반응할까(19:11-27)? 이같이 마음을 졸이게 하는 긴장감 때문에 듣는 이들은 예수님의 이야기를 끝까지 경청하게 되었다. 이런 숨가쁜 상황을 자장가로 들을 사람은 없을 것이다.

구성상의 갈등 또한 주님의 이야기가 갖고 있는 특성 중 하나다. 용서할 줄 모르는 종은 빚을 갚도록 강요 받은 채무자들과 충돌하고 있었고 또한 그의 주인과도 갈등이 있었다(마 18:23-35). 포도원에서 종일 일했던 사람들은 늦게 온 사람들에게도 똑같은 품값을 지불했던 포도원 주인과 큰 마찰을 빚었다(마 20:1-16). 포도원을 세낸 농부들은 포도원 주인으로부터 실과를 거두도록 보냄 받은 종들과 대립했다(21:33-46). 다른 예들로는, 어리석은

---

27) Hillyer Hawthorne Stratton, A Guide to the Parables of Jesus (Grand Rapids: Eerdmans, 1959), 26.

처녀들에게 기름 주기를 거절했던 지혜로운 처녀들(25:1-13), 이미 잠자리에 든 친구와 갈등하는 간청하는 사람(눅 11:5-8), 무화과 나무 주인과 그의 과수원지기 간의 갈등(13:6-9), 탕자와 그의 아버지 및 탕자와 그의 형 사이의 갈등(15:11-32), 그리고 끈질긴 과부와 재판관의 갈등(18:1-8) 등을 들 수 있다.

다섯번째 특징은 놀라움의 요소 즉 예기치 않은 전환과 반전들이다. 자신은 큰 빚을 탕감받고도 얼마 되지 않은 남의 빚은 탕감해주지 않는 사람의 이야기를 읽을 때 놀라움을 금치 못한다(마 18:23-35). 일꾼들이 일한 시간의 정도에 관계없이 동일한 품삯을 받는 것을 보고서도 놀라게 되고(20:1-16), 또한 포도원 소작인들이 포도원 주인의 종들과 아들을 죽이는 모습에 경악을 금치 못한다(21:33-46). 어떤 사람이 돈을 투자하기보다는 땅속에 감추어 두는 일이라든지(25:14-30), 멸시받던 사마리아인이 종교 지도자들보다 더 큰 사랑을 부상 당한 유대인에게 베푸는 모습(눅 10:25-37), 한 청지기가 그 주인의 종들을 때리려 한다든지(12:42-48), 한 농부가 자기의 무화과 나무를 베어 잘라버리려 한다거나(13:6-9), 혹은 사람들이 잔치에 참석하지 않으려고 사양하는 모습들(14:15-24)은 한결같이 우리에게 놀라운 요소들이다. 어째서 탕자인 동생을 위해서는 잔치가 있었고 형은 그렇지 못하였는가(15:11-32)? 또한 왜 정직하지 못한 청지기가 그의 지혜로움 때문에 칭찬을 받는가(16:1-9)? 어째서 한 재판관이 불의하며(18:1-8), 왜 바리새인 대신에 세리가 의롭다 칭함을 받았는가(18:10-14)?

비유에 흥미를 더해 주는 또다른 요소는 정상적인 상태로부터의 이탈이다.[28] 예수님 당시에는 어느 누구도 오늘날 수억 원 화폐 가치에 해당되는 일

---

28) G.B. Caird, The Language and Imagery of the Bible (Philadelphia: Westminster, 1980), 164.

만 달란트 정도의 빚을 지지는 않았을 것이다(마 18:23-25).[29] 큰 잔치에 초대 받은 손님들이 참석하지 못하겠다고 어설픈 변명을 늘어 놓은 것도 정상적인 것은 아니다(눅 14:15-24). 세리가 회개 기도하는 중에 하나님 앞에서 자신을 겸손히 낮추는 행위도 이례적인 것이며(눅 18:10-14), 정상적인 사람이라면 자신의 소유를 다 팔아 밭을 사지는 않을 것이다(마 13:44).[30]

여러 가지 비유들이 소위 종결 강조라고 하는 문학적 특징을 지니고 있는데, 종결 강조란 비유에서 가장 마지막 요소가 가장 중요하다는 것을 의미한다.[31] 씨뿌리는 자 비유에서 좋은 땅이 가장 나중에 언급되고, 포도원에 맨 나중에 보내진 사람이 포도원 주인의 아들이었으며, 선한 사마리아인의 이야기에서 가장 나중에 지나가는 나그네가 바로 친절을 베푼 유일한 사람이었고, 잔치에 가장 늦게 초대 받은 사람들이 초청에 응하였으며, 받은 므나를 투자하지 않은 마지막 종이 가혹한 심판을 받았다.

또 다른 비유의 특징은 직접화법이다. 예수님은 비유를 말씀하시면서 등장 인물들이 언급한 내용들을 그대로 인용하신다. 이와 관련이 있는 것은 독백인데, 그것을 통해 이야기 속의 인물이 스스로에게 말을 하며, 그 결과 청중들이 그 사람의 생각을 알 수 있는 것이다. 이러한 형태가 악한 종(마 24:48), 어리석은 부자(눅 12:17-19), 탕자(15:17-19), 지혜로운 청지기(16:3-4), 그리고 불의한 재판관(18:5)의 말 속에 나타난다.

---

29) Stein은 헤롯왕의 일년 수입이 900달란트였을 것이라고 말한다 (Stein, An Introduction of the Parables of Jesus, 40).

30) 비유들에 나타난 이런 비일상적인 상황에 대한 보다 많은 것들을 위해서는 Norman A. Huffman의 "Atypical Features in the Parables of Jesus," Journal of Biblical Literature 97 (1978): 207-20을 보라.

31) Leland Ryken, How to Read the Bible as Literature (Grand Rapids: Zondervan, 1984), 142.

예수님의 이야기 가운데는 행복하게 끝나는 경우 외에 문제나 갈등을 갖고 마치는 경우도 있다. 어떤 경우에는 비극으로, 다시 말해서 불행하게 끝나는 경우도 있다. 이러한 비극적인 종결 모습들이 용서할 줄 모르는 종(마 18:34), 악한 포도원 농부들(21:41), 혼인 잔치(22:13), 불충한 종(24:50-51), 어리석은 처녀들(25:10-12), 게으른 종(25:27-28), 어리석은 부자(눅 12:20), 어리석은 종(12:47-48), 그리고 악한 종(19:22-26)의 비유에서 나타난다.

희극적인, 다시 말해 행복한 종결로 이루어진 이야기들로는 선한 사마리아인(눅 10:25-37), 한밤중에 찾아온 친구(11:8), 큰 잔치에 초대된 사람들(14:23-24), 각각 잃어버린 양, 동전, 아들(15:5 9 22-24), 재판관에게 간청했던 과부(18:5), 그리고 회개하는 세리(18:14) 같은 것들이 있다.

예수님의 이야기를 한층 호소력 있게 만들어 주는 열번째 요소는 성격묘사인데, 이것은 "이야기를 하는 사람이 이야기 속의 등장 인물에 생명력을 불어 넣는 기술을 말한다"[32] 때때로 주님은 이야기 속의 인물들이 어떤 사람인지 말씀하신다(예: 어리석은 다섯 처녀와 슬기로운 다섯 처녀, 마 25:2; 지혜롭지만 정직하지 못한 청지기, 눅 16:8; 하나님을 두려워하지 않고 사람을 무시하던 불의한 재판관, 18:2,6). 그러나 대부분의 경우 등장 인물들의 행동을 통해 그들의 특징을 구체화시키신다. 직접 말씀하시지는 않았지만 아이들의 말을 통해 그들이 무례함을 나타내셨다(눅 7:31-35). 선하다는 말을 사용하지는 않으셨지만 부상 당한 낯선 사람을 돌봐 준 사마리아인이 선하다는 사실을 그 사람의 행동을 통해 반영하신다(10:25-37). 또, 양을 찾아 나서는 목자와 잃어버린 동전을 찾아 헤매는 여인, 그리고 방탕한 아들의 귀향

---

32) John R. Donahue, The Gospel in Parable (Philadelphia: Fortress, 1988), 23.

을 환영해 주는 아버지 등의 모습들을 통해 잃어버린 것을 되찾는 기쁨을 표현하셨다(눅 15:). 그리고 바리새인과 세리의 행동과 말들에서 각자 가진 교만과 겸손이 드러난다(18:9-14).

비유에서 현저하게 드러나고 있는 것 중 하나가 대조다. 표 29는 이런 대조의 형태를 보여주고 있다. 많은 경우 비슷한 특성을 지닌 두 사람이 다른 한 사람과 대조적으로 나타난다(예, 두 명의 종들은 자신들의 므나를 투자했지만 이와 대조적으로 다른 한 명은 그렇지 않았다. 한 자비로운 채권자는 지불할 능력이 없는 두 명의 채무자들과 대조되었다; 그리고 선한 사마리아인은 다른 두 통행자와 다르게 나타나 있다).

— 표 29 —
비유 속에 나타난 대조*

반석 위에 지은 집	모래 위에 지은 집
생베 조각	낡은 옷
새 포도주	낡은 가죽 부대
좋은 땅에 떨어진 씨	나쁜 땅에 떨어진 씨
씨 뿌리는 자가 씨를 뿌림	대적하는 자가 가라지를 뿌림
작은 겨자씨	큰 나무
누룩 조금	많은 양의 음식
보화와 진주	값어치 없는 가진 것 전부
좋은 물고기	나쁜 물고기
큰 빚을 탕감받은 종	다른 사람의 적은 빚을 탕감해 주지 않은 종
한 데나리온을 받고	한 시간만 일하고 똑같은 품값을

종일토록 일한 포도원 일군	받은 다른 일군들
일하지 않겠다고 말했지만 나중에 일한 아들	일하겠다고 약속하고 정작 일하지 않은 아들
혼인잔치에 초대 받았으나 참석을 거절한 사람들	혼인잔치에 참석하도록 강요받고 참석한 사람들
충성스러운 종	악한 종
어리석은 다섯 처녀	지혜로운 다섯 처녀
받은 므나를 투자한 두 종	한 므나를 받고 투자하지 않은 종
채권자	지불 능력이 없는 두 채무자
부상 당한 사람 곁을 지나친 제사장과 레위인	부상당한 사람을 돌봐 준 선한 사마리아인
한밤중에 찾아온 친구	잠자고 있는 친구
더 많은 재물을 쌓고자 하는 부자	영혼을 상실하고 있는 부자
나무를 베어버리기 원했던 무화과 나무 주인	일년만 더 참아 달라고 조르는 포도원지기
주인 집에 돌아와 환영 받은 탕자	대접받지 못한 탕자의 형

* Roy B. Zuck, Basic Bible Interpretation (Wheaton, Ill.: Victor, 1991), 200.

많은 비유들에 3명의 등장 인물 또는 무리들이 나오는데 이런 특성을 3인의 법칙이라고 부른다. 한 예로서, 왕과 용서받은 종과 용서받지 못한 종이 마태복음 18장 23-35절에 나타난다. 또다른 예로 포도원 주인과, 포도원 일을 위해 낮 동안 고용된 일꾼들, 그리고 제 11시에 고용된 일꾼들이 마태복음 20장 1-16절에 등장한다. 이렇듯 3명의 요소로 구성된 다른 비유들로는 다음과 같은 것들이 있다:

어떤 아버지, 맏아들, 둘째 아들(마 21:28-32)

집주인, 소작인들, 아들(마 21:33-36)

왕, 혼인 잔치에 참석하기를 거절한 사람들, 잔치에 참석한 사람들(마 22:1-14)

주인, 지혜로운 종, 악한 종(마 24:45-51)

신랑, 지혜로운 다섯 처녀, 어리석은 다섯 처녀(마 25:14-30)

주인, 맡은 것을 투자한 종, 투자하지 않은 종(마 25:14-30)

빚쟁이, 큰 돈을 빚진 자, 작은 돈을 빚진 자(눅 7:41-43)

부상당한 유대인, 무관심한 종교 지도자들, 사랑을 베푼 사마리아인(눅 10:25-37)

도움을 요청받은 사람, 도움을 청한 손님, 필요한 친구(눅 11:5-8)

큰 잔치에 초대 받았으나 각기 핑계를 대는 세 사람(눅 14:15-24)

목자, 아흔아홉 마리 양, 한 마리 잃어 버린 양(눅 15:4-7)

아버지, 탕자, 탕자의 형(눅 15:11-32)

재판관, 과부, 과부의 원수(눅 18:1-8)

예수님의 이야기들은 분량이 짧으면서도 광범위한 주제를 다루고 있어서 매력적이다. 비유들은 크게 다섯 가지 범주, 즉 하나님의 통치하심, 하나님의 성품, 하나님의 제자들, 하나님의 대적자들 그리고 하나님의 심판으로 나눌 수 있다. 비유는 하나님 나라, 예수님의 초림과 재림 사이의 기간, 예수님을 따르는 자들의 의무, 주님을 대적하는 자들의 태도 그리고 주님을 부인하는 사람에게 임할 심판에 관한 사실들을 다룬다. "이같은 예증적인 이야기들은 하나님께서 어떻게 인간의 환경 속에서 역사하시는지 그리고 그런 사역에 우리가 어떤 반응을 보여야 하는지 – 회개가 주된 주제이지만 – 그리고 특히 하나님이 누구신지 말해주고 있다. 실제로 하나님에 관한 내용이 비유 가운데 압도적으로 나타난다; 그런 비유들은 순수하고 적합한 신학이라고 일컬어질

만하다."[33] 표 30은 비유들을 이러한 5가지 범주로 나눈 것이다.

비유 가운데 나타난 예수님 자신의 모습은 씨뿌리는 자(마 13:5-8), 상인(13:44), 채권자(18:23-35), 집주인(20:1-16; 21:33-46). 주인(24:45-51), 신랑(25:1-13), 잔치집 주인(눅 14:15-24), 목자(15:3-7), 아버지(15:11-32), 재판관(18:1-8), 그리고 귀족(19:11-27) 으로서 나타난다.

한 가지 재미있는 사실은 다음과 같이 돈과 관련된 비유가 열한 가지 나타난다는 점이다: 감추인 보화(마 13:44), 극히 귀한 진주(13:45-46), 용서할 줄 모르는 종(18:23-35), 포도원 일꾼들(20:1-16), 달란트의 비유(25:14-30), 두 명의 채무자(눅 7:41-43), 선한 사마리아인(10:25-37), 어리석은 부자(12:16-21), 지혜로운 청지기(16:1-9), 바리새인과 세리(18:9-14), 므나(19:11-27).[34]

― 표 30 ―
예수님의 비유 속에 나타나는 다섯 가지 주제

하나님의 통치   *마 9:16, 17; 13:24-30, 31-32, 33, 44, 45-46, 47-50, 52

하나님의 성품
  주권   마 20:1-16

---

33) David Allan Hubbard, Parables Jesus Told (Downers Grove, Ill.: InterVarsity, 1981), 7-8.

34) 비유들을 다르게 분류한 것에 관해서는 Zuck의 Basic Bible Interpretation, 205-8페이지를 보라. 또한 Friedemann W. Golka and Alastair H. B. Logan이 번역 및 편집한 책 가운데 Claus Westerman의 The Parables of Jesus in the Light of the Old Testament를 보라.

사랑	마 21:28-32; 22:1-14;눅 14:15-24; 15:3-7, 8-10,11-32;18:1-8,9-14
용서	눅 7:41-43
희생	마13:44,45

하나님의 제자들

말씀을 받아들임	마 13:5-8; 눅 18:9-14
순종	마 7:24-27
용서	마 18:23-35
부지런함	마 25:14-30
사랑	눅 10:25-37
계속 기도함	눅 11:5-8; 18:1-8
봉사	눅 14:28-33; 17: 7-10; 19:11-27
깨어 있음	마 24:45-51; 25:1-13; 막 13:34-37

하나님을 대적하는 자들

말씀을 거부함	마 13:5-8; 21:33-46; 눅 7:31-35
물질주의와 탐욕	눅 12:16-21; 16:1-9
교만	눅 18:9-14
하나님의 심판	마 13:24-30, 47-50; 21:33-46; 막 4:26-29; 눅13:6-9

* 모든 비유들이 어떤 방식으로든 하나님 나라를 가리키고 있음에 관해서는 졸저, Basic Bible Interpretation, 204, 208-11 쪽을 보라.

예수님은 사람들이 생각하게끔 어떻게 비유들을 사용하셨나?

위에서 살펴본 것처럼 비유 가운데 들어 있는 13가지 다양한 특징들은 주님의 말씀을 듣는 사람들로 하여금 생각하게끔 만들었다. 그밖에도 예수님의 이야기에는 그분의 말씀의 중요성을 음미하도록 자극한 두 가지의 특성이 있는데, 그 하나는 이야기를 도입하는 방식이고, 다른 하나는 이야기를 끝맺는 방법이었다.

예수님은 여러 번 질문을 통하여 말씀을 듣는 사람들로 하여금 주님의 이야기들을 예측하고 생각해보도록 고쳐시키면서 이야기를 시작하셨다.

"이 세대를 무엇으로 비유할꼬?"(마 11:16; 참조. 눅 7:31)
"우리가 하나님의 나라를 어떻게 비하며 또 무슨 비유로 나타낼꼬?"(막 4:30; c 참조. 눅 13:18)
"또 가라사대 '내가 하나님의 나라를 무엇으로 비유할꼬?'"(눅 13:20)
"너희 생각에는 어떠하뇨?"(마 21:28)
"지혜 있고 진실한 청지기가 누구냐?"(눅 12:42)
"충성되고 지혜 있는 종이 누구냐…?"(마 24:45)

또 어떤 경우에는 일반 문장으로 비유를 시작하시고는 비유 자체를 시작하시기 전에 듣는 이들의 생각을 부추기기 위해 수사학적 질문들을 사용하셨다.

진술문: "그러므로 너희도 예비하고 있으라"(마 24:44). 의문문: "충성되고 지혜 있는 종이 누구냐?"(45절). 비유: 두 종들 (45-51절).
진술문: "너희 중에 누가 망대를 세우고자 할진대"(눅 14:28상반절). 의문문:

"먼저 앉아 그 비용을 예산하지 아니하겠느냐?"(28절 하). 비유: 완공되지 못한 망대(28-30절).

진술문: "또 어느 임금이 싸우러 갈 때에"(눅 14:31). 의문문: "먼저 앉아...대적할 수 있을까?"(31하). 비유: 전쟁 중인 왕(31-32절).

진술문: "너희 중에 어느 사람이 양 일백 마리가 있는데 그 중에 하나를 잃으면"(눅 15:4상). 의문문: "아흔 아홉 마리를 들에 두고 ... 그 잃은 것을 찾아다니지 아니하느냐?"(4절b). 비유: 잃어버린 양(4-7절).

진술문: "어느 여자가 열 드라크마가 있는데 하나를 잃으면"(눅 15:8상). 의문문: "등불을 켜고...찾지 아니하겠느냐?"(8절하). 비유: 잃어버린 동전(8-9절).

진술문: "너희 중에 뉘게 밭을 갈거나 양을 치거나 하는 종이 있어"(눅 17:7상). 의문문: "저더러 곧 와 앉아서 먹으라 할 자가 있느냐?"(7하, 9절). 비유: 종의 상급(7-10절).

예수님은 어떤 경우에는 듣는 사람들이 스스로 주님의 가르침을 깨달아 자신의 삶에 적용하도록 유도하시기도 했지만, 종종 질문 또는 진술의 형식으로 비유의 결론을 내려주셨다.

예수님은 적어도 14개의 비유에서 적용할 내용을 구체적으로 말씀해 주셨다. 선한 사마리아인의 비유 마지막 부분에서 주님은 율법사에게 "네 의견에는 이 세 사람 중에 누가 강도 만난 자의 이웃이 되겠느냐?"(눅 10:36)고 질문하셔서 이웃에 관한 율법사의 질문(29절)에 스스로 대답하도록 만드셨다. 한밤중에 찾아와 간청하는 친구의 이야기에서는, "구하라 그러면 주실 것이요, 찾으라 그러면 찾을 것이요 문을 두드리라 그러면 너희에게 열릴 것이니라"(9절)는 권면의 말씀을 통해 적용이 주어졌다. 이 권면 뒤에는 기도에 응답하시는 하나님에 관한 여러 다른 구절들이 뒤따른다(10-13절).

예수님은 자신의 부가 안락한 삶을 보장해 줄 것으로 생각했던 부자의 비유를 말씀하신 후에 "자기를 위하여 재물을 쌓아두고 하나님께 대하여 부요치 못한 자가 이와 같으니라"(눅 12:21)고 말씀하셨다. 예수님이 지적하신 것은 영적인 부요가 물질적인 부요보다 더 가치가 있다는 것이었다. 예수님은 완공되지 못한 망대와 전쟁 중인 왕에 관해 말씀하시고는, 장차 주님의 제자가 되고자 하는 자는 경비를 계산할 필요가 있음을 밝히셨다: "이와 같이 너희 중에 누구든지 자기의 모든 소유를 버리지 아니하면 능히 내 제자가 되지 못하리라"(눅 14:33). 용서할 줄 모르는 종의 비유에서는 "너희가 각각 중심으로 형제를 용서하지 아니하면 내 천부께서도 너희에게 이와같이 하시리라"(마 18:35)고 결론을 내리셨다. 또한 각기 다른 시간 동안 일을 했지만 동일한 품삯을 받은 포도원 일꾼들의 비유(마 20:1-15)를 제시하신 후 간략하게 "이와 같이 나중 된 자로서 먼저 되고 먼저 된 자로서 나중 되리라"(20:16)고 주장하심으로 주님을 섬기는 자가 받을 보상에 대해 이미 말씀하신 내용을 요약하셨다(19:29-30). 제자들은 이 말의 의미가 자신들과 어떤 연관이 있는지 생각하게 되었다.

예수님은 "집 하인이 두 주인을 섬길 수 없나니"(눅 16:13) 라고 말씀하심으로 지혜로운 청지기의 비유를 적용시키셨다. 종의 상급에 관해 말씀하시면서 "이와 같이 너희도 명령 받은 것을 다 행한 후에 이르기를 우리는 무익한 종이라. 우리의 하여야 할 일을 행한 것 뿐이라 할찌니라"(눅 17:10)고 결론지어 말씀하셨다. 한편 바리새인과 세리의 비유는 "무릇 자기를 높이는 자는 낮아지고 자기를 낮추는 자는 높아지리라"(눅 18:14)는 원리가 적용되었다.

예수님께서는 시편 118편 22-23절을 인용하셔서 사악한 포도원지기를 대적하는 자들과 연관지어 말씀하셨다. 그런 후 그들이 하나님의 나라를 빼앗길 것이라고 말씀하셨다(마 21:42-43). 그리고 자기 아들의 혼인 잔치를 거절하는 사람들을 초대한 왕에 관해 말하시는 중에 그 이야기를 영적 수용

성에 적용시키셨다: "청함을 받은 자는 많되 택함을 입은 자는 적으니라"(22:14). 열 처녀 비유의 목적은 "그런즉 깨어 있으라 너희는 그 날과 그 시를 알지 못하느니라"(25:13)는 주님의 가르침에 잘 드러나 있다. 마태복음 25장 29절의 "무릇 있는 자는 받아 풍족하게 되고 없는 자는 그 있는 것까지 빼앗기리라"는 말씀은 마태복음 25장 14-28절에 있는 예수님의 달란트 비유를 결론짓는다. 이같이 암시적인 진술은 제자들로 하여금 그 속에 함축된 영적 의미를 되새기도록 만들기에 충분한 것이었다. 예수님은 바리새인 시몬에게 두 명의 빚진 자에 관해 말씀하신 후에 "둘 중에 누가 저를 더 사랑하겠느냐?"(눅 7:42)고 질문하심으로 시몬으로 하여금 그 비유를 자기 자신에게 적용하도록 유도하셨다. 예수님은 두 아들의 비유를 말씀하시는 가운데 이와 비슷한 식으로 대제사장들과 장로들에게도 말씀하셨다. 주님은 "그 둘 중에 누가 아비의 뜻대로 하였느뇨?"(마 21:31) 라고 물으셨다. 그들은 마음을 바꾸어 포도원에 나가 일을 한 아들이 아버지를 기쁘게 한 사실을 인정해야 했으므로 적용의 화살을 그들 자신에게 돌려야만 했다. 즉, 뉘우치고 일을 한 아들처럼 세리와 창기는 하나님의 나라에 들어가지만 종교 지도자들은 들어갈 수 없다. 예수님은 이같은 점을 드러내놓고 말하지 않고서도 종교 지도자들이 회개해야 한다는 사실을 깨우쳐주고 계셨다.

이렇게 적용과 더불어 결론을 내린 비유들은 주님의 의도가 단순히 이야기를 듣는 사람들을 즐겁게 하려는 것이 아니었음을 입증해 준다. 각각의 비유들은 결단과 행동과 영적인 변화를 요구하며 '명시적 혹은 암시적'으로 나름대로의 초점을 갖고 있다. 심판, 회개, 용서, 경고, 위안, 교만과 탐욕을 버리는 것, 끈질긴 기도와 순종, 사랑을 베풀고, 경계하는 일, 하나님의 통치권, 계획을 인정하는 것 등이 예수님께서 들려주신 비유의 목적이다.

최고의 이야기꾼인 예수님은 때때로 권고 내지 진리들을 먼저 말씀하시고는 비유를 말씀하셨다. 예를 들어 자신이 언제 돌아오실지 모르기 때문에

'깨어 있으라' 고 제자들을 권고하신(마 24:42) 주님은 두 가지 비유를 말씀하셨다(24:45-51). 이런 식으로 "주의하여 깨어 있으라 그때가 언제인지 알지 못함이라"(막 13:33)고 명하신 후, 주님은 문지기의 비유를 말씀하셨다(13:34-37).

적용의 언급이 없는 비유들로는 열매 맺지 못하는 무화과 나무(눅 13:6-9)가 있다. 그 나무를 잘라 버리려는 농부의 계획과 더불어 일 년 동안 더 기다려 참아 주겠다고 약속하는 모습은 사람들로 하여금 듣고 회개하길 원하시는 예수님의 마음을 보여준다(2-5절). 비록 예수님께서는 달란트 비유(마 25:14-30)의 적용을 자세히 말씀하시지는 않지만 그 이야기 자체가 그것을 포함한다. 즉, 주님이 안계신 동안 그분께 신실하라는 것이다.

예수님은 어떤 상황을 만나면 이야기를 하셨는가?

예수님은 단지 졸고 있는 청중을 깨우기 위해서 혹은 자신을 즐겁게 하기 위해서 이야기를 들려 주시지는 않았다.

우선 주님은 온갖 종류의 질문들에 대한 답변으로서 몇 가지 비유들을 말씀하셨다.

세례 요한의 제자들은 왜 예수님의 제자들이 금식을 하지 않느냐고 물었다(마 9:14). 주님은 이에 대한 대답으로 생베 조각(16절)과 새 가죽 부대의 비유들을 들려 주셨다.

베드로가 자기에게 죄를 범한 사람에게 몇 번이나 용서해 주어야 하는지 질문했을 때(마 18:21), 예수님은 용서하는 우리의 마음이 한없이 넓어야 함을 알려 주시기 위해 용서할 줄 모르는 종의 비유를 말씀해 주셨다(22-35).

한 아들은 아버지의 말을 따랐지만, 다른 아들은 그렇지 않았던 두 아들 비유(마 21:28-32)는 예수님의 권위의 원천을 묻는 대제사장들과 장로들의 질문(23절)에 뒤이은 것이었다. 예수님은 그 질문에 대답하지 않고 질문하는 자들에게 반문하심으로 그들을 곤경에 빠뜨리셨는데, 비유의 수단을 빌어 회개할 줄 모르는 그들의 마음을 질책하심으로 전세를 역전시키셨다.

주님께서는 "선생님 내가 무엇을 하여야 영생을 얻으리이까?"(눅 10:25)란 부자 청년의 질문과 "내 이웃이 누구오니이까?"(29절)란 어떤 율법사의 질문을 받고서 선한 사마리아인의 비유(30-35절)라는 유명한 말씀을 들려주셨다.

또한 요청에 대한 응답으로서 비유들을 말씀하셨다.

제자들 중 하나가 예수님께 기도를 가르쳐 달라고 요청했다(눅 11:1). 예수님은 우선 기도의 모범을 가르쳐 주신 후(2-4절), 간결하면서도 생동감 넘치는, 한밤중에 찾아온 친구의 비유를 말씀해 주셨다(5-8절).

무리 중에 한 사람이 예수님께 자기 형을 명하여 유업을 그와 나누게 해 달라고 요청했을 때(눅 12:13), 주님은 그 사람의 물질적인 욕심을 간파하시고 어리석은 부자의 이야기를 해 주셨다(16-21절). 자기의 부에 만족해 하던 밤에 죽을 수밖에 없던 그 부자의 엄청난 상황은 그 질문을 던진 사람으로 하여금 자신의 우선 순위들을 재조정하도록 막강한 영향을 끼쳤을 것이다.

그리고 예수님은 불평에 대한 응답으로 비유들을 말씀하셨다.

예수님께서 바리새인 시몬과 함께 식사를 하고 계실 때, 한 여인이 통회하는 심령으로 예수님의 발에 옥합을 깨트려 향유를 부었다(눅 7:36-39). 시몬은 속으로 불평하여 이르길 예수님이 만일 선지자였다면 이 여자가 죄인인 줄 알고 여자를 쫓아버렸을 것이라고 했다(39절). 주님은 시몬의 마음을 아시고 두 빚진 자의 비유를 들려 주셨다. 그리고는 그녀가 자신의 많은 죄를 용서 받았으므로 주님을 더 깊게 사랑할 것이라고 가르쳐 주셨다(40-50절).

또한 질문이나 요청 혹은 누가 제기한 불평에 대한 반응이 아니라 주님이 진술하신 목적을 알리기 위해 두세 번에 걸쳐 비유들을 사용하셨다.

예수님은 '항상 기도하고 낙망치 말아야 될 것'(눅 18:1)을 제자들에게 가르치시기 위해 불의한 재판관(2-8절)의 이야기를 해 주셨다.

성전에서 기도하는 바리새인과 세리의 비유(눅 18:10-14)는 '자기를 의롭다고 믿고 다른 사람을 멸시하는 자들'을 꾸짖고 있다(9절).

예수님은 '하나님의 나라가 당장 나타나리라'(눅 19:11)고 여기는 무리들의 잘못된 생각을 고쳐 주시기 위해 므나의 비유를 하셨다(12-27절). 그리고 이 비유가 예수님께서 왕이 되는 것을 원치 않았던 대적하는 자들도 겨냥하셨다는 사실은 이 비유의 내용, 즉 한 귀인이 왕위를 받아 가지고 오려고 먼 나라로 갈 때 그의 백성이 저를 미워하여 자기들의 왕이 됨을 원치 않았다가(12-14절) 그 결과 죽게 된 것으로 명백해진다(27절).

몇 가지 비유들은 발생하는 상황에 진리를 적용시키기 위해 있었다. 예수님은 산상수훈의 결론을 내리면서 반석 위에 집을 짓는 사람과 모래 위에 집을 짓는 사람을 들려주시면서(마 7:24-26) 사람들이 주님의 가르침을 실행하도록 촉구하셨다.

무례한 아이들에 관한 비유(눅 7:31-35)는 종교 지도자들이 예수님의 말씀을 받아들이지 않는 상황(29-30절) 속에 나온 것이며, 또한 이 비유는 이런 종교 지도자들과 다른 사람에게 무례히 행하는 아이들을 비교하고 있다.

천국의 비밀에 관한 예수님의 일곱 개 비유(마 13장)는 왕이신 예수님과 그분의 왕국을 부인하는 이스라엘로 인해 말씀하신 것이다.

큰 잔치 비유(눅 14:16-24)는 "하나님의 나라에서 떡을 먹는 자는 복되도다"(15절) 라고 말한 바리새인의 생각을 바로잡아 주시기 위한 것이었다.

비유로 말하기

예수님의 짧은 이야기들은 진리를 전달하고 적용시키는 데 매우 효과적이었으므로 주님은 그 방법을 다양한 사람들에게 자주 사용하였다.[35] 현대 교사들은 예수님의 본을 따라야 한다. 그 이유는 어린아이건 어른이건 할 것 없이 모두 이야기를 좋아하고 그것을 통해 배울 수 있기 때문이다. 예수님이 사용하신 방법을 기초 삼아, 이야기를 어떻게 할 것인지 다음과 같이 몇 가지를 제시한다.

1. 학생들이 이해할 수 있게 이야기하라.
2. 이야기의 서두에서 재빨리 흥미를 끌라.
3. 이야기를 짧게 하라. 효과적인 이야기가 되기 위해서 길게 말할 필요가 없다.
4. 이야기 속에 긴장감, 놀람, 결말, 강조, 갈등의 해소, 그리고 성격 묘사와 같은 점들을 포함하라.
5. 학생들이 생각하고 들은 이야기를 생활에 적용하도록 도전하기 위해 질문이나 권고 또는 진술 형태의 말을 포함시키라.

---

[35] 흥미로운 학습을 위해 각 비유들을 찾아보고 (표 27을 보라), 예수님께서 누구를 향해 이야기를 하셨고, 개인들 및 무리들은 그에 어떤 반응을 보였는지 적어보라. 비유의 해석에 관해서는 내가 쓴 Basic Bible Interpretation, 211-212 쪽에 있는 다섯 가지 제안을 참고하라.

6. 이야기 중에 손 동작이나 시각 요소들 및 목소리 변화에 관심을 쏟아라. 때때로 어린이들을 위한 이야기일 경우, 인형이나 그림 혹은 플란넬 판을 사용하라. 아니면 어린이들이 직접 연기를 하도록 시키라.

시 · 도 · 해 · 보 · 자

- 당신은 어떻게 가르쳐 왔는지 분석해 보라. 당신은 얼마나 자주 이야기들을 사용하는가? 그것들은 효과적이었나?

- 그 이유는 무엇이겠는가? 어떻게 하면 더 많은 이야기들을 사용해서 가르침을 향상시킬 수 있겠는가?

- 예수님의 이야기들을 효과적으로 만든 특성들을 복습하라. 당신의 이야기 안에도 그런 요소들이 포함되어 있는가?

- 예수님으로 하여금 말씀하시게 만든 상황들을 기억해 보라. 당신도 그런 상황들 – 질문, 요청, 혹은 불평에 대한 응답, 어떤 진리들을 예증하기 위해, 발생하는 상황들에 진리를 적용하도록 – 속에서 이야기를 시도할 수 있겠는가?

● 이야기 들려주기를 연습할 때 '비유로 말하기' 란 제목 아래 주어진 여섯 가지 제안들을 집어넣어서 큰 소리로 연습해 보라.

끝맺는 말

"그러므로 누구든지 나의 이 말을 듣고 행하는 자는
그 집을 반석 위에 지은 지혜로운 사람 같으리니" (마 7:24)

당신도 예수님이 가르치신 것처럼 가르칠수 있을까?
물론 가능하다. 다음과 같이 실천하기만 하면…

자신이 가진 특권 즉, 학생들로 하여금 하나님을 사랑하고 그 안에서 자라도록 부추기고, 하나님의 진리를 가르친다는 특권을 인정한다.
말씀을 온전히 이해하기 위해서 성경 말씀을 연구한다.
성공적인 교수법을 위해 필요한 자질을 계발하려고 노력한다.
하나님의 말씀을 명확하게 열정적으로, 그리고 헌신적인 노력을 기울여 전달한다.
일관성 있게 하나님의 진리의 본을 보여 준다.
맡겨진 학생들에게 개인적인 관심을 쏟아붓고 그러한 사랑과 관심이 그들에게 전달되도록 노력한다.

학생들로 하여금 생각하도록 부추긴다.
가르치는 내용이 학생들이 필요에 부합하도록 노력한다.
학생들이 다양한 학습 방법에 접할 수 있게 해 주고, 다양한 시청각 교육 자재를 사용한다.
수업 시간에 생동감 있는 표현들을 사용하도록 한다.
학생들에게 다양한 질문을 던진다.
가르치는 데 도움이 될 만한 흥미 있는 이야기들을 해 준다.

예수님은 하나님이시기 때문에 우리로서는 예수님이 가르치셨던 것과 동일하게 잘 가르칠 수는 없다. 그렇지만, 가장 위대하신 전달자 -교육자- 교사로서 예수님의 모범을 따르도록 기도하고 힘쓸 수는 있다. 이렇게 할 때 우리도 예수님이 가르치셨던 것처럼 가르칠 수 있다!

부록 — 예수님의 481가지 명령

마태복음 (162개)

사단아 물러가라(4:10)
나를 따라 오너라(4:19)
기뻐하고 즐거워하라 하늘에서 너희의 상이 큼이라(5:12)
이같이 너희 빛을 사람앞에 비취게 하여 저희로 너희 착한 행실을 보고 하늘에 계신 너희 아버지께 영광을 돌리게 하라(5:16)
예물을 제단 앞에 두고 먼저 가서 형제와 화목하고 그 후에 와서 예물을 드리라(5:24)
너를 송사하는 자와 함께 길에 있을 때에 급히 사화하라(5:25)
만일 네 오른눈이 너로 실족케 하거든 빼어 내버리라(5:29)
네 오른손이 너로 실족케 하거든 찍어 내버리라(5:30)

도무지 맹세하지 말지니(5:34)

네 머리로도 말라(5:36)

오직 너희 말은 옳다 옳다, 아니라 아니라 하라(5:37)

악한 자를 대적지 말라(5:39)

또 너를 송사하여 속옷을 가지고자 하는 자에게 겉옷까지도 가지게 하며(5:40)

또 누구든지 너로 억지로 오 리를 가게 하거든 그 사람과 십 리를 동행하고(5:41)

네게 구하는 자에게 주며 네게 꾸고자 하는 자에게 거절하지 말라(5:42)

너희 원수를 사랑하며 너희를 핍박하는 자를 위하여 기도하라(5:44)

그러므로 하늘에 계신 너희 아버지의 온전하심과 같이 너희도 온전하라(5:48)

사람에게 보이려고 그들 앞에서 너희 의를 행치 않도록 주의하라(6:1)

그러므로 구제할 때에 외식하는 자가 사람에게 영광을 얻으려고 회당과 거리에서 하는 것 같이 너희 앞에 나팔을 불지 말라(6:2)

너는 구제할 때에 오른손이 하는 것을 왼손이 모르게 하여 네 구제함이 은밀하게 하라(6:3-4)

또 너희가 기도할 때에 외식하는 자와 같이 되지 말라(6:5)

너는 기도할 때에 네 골방에 들어가 문을 닫고 은밀한 중에 계신 네 아버지께 기도하라(6:6)

또 기도할 때에 이방인과 같이 중언부언하지 말라(6:7)

그러므로 저희를 본받지 말라 구하기 전에 너희에게 있어야 할 것을 하나님 너희 아버지께서 아시느니라(6:8)

금식할 때에 너희는 외식하는 자들과 같이 슬픈 기색을 내지 말라(6:16)

너는 금식할 때에 머리에 기름을 바르고 얼굴을 씻으라(6:17)

너희를 위하여 보물을 땅에 쌓아 두지 말라 거기는 좀과 동록이 해하며 도적이 구멍을 뚫고 도적질하느니라(6:19)

오직 너희를 위하여 보물을 하늘에 쌓아두라 거기는 좀이나 동록이 해하지 못하며 도적이 구멍을 뚫지도 못하느니라(6:20)

목숨을 위하여 무엇을 먹을까 무엇을 마실까 무엇을 입을까 염려하지 말라(6:25)

공중의 새를 보라 심지도 않고 거두지도 않고 창고에 모아 들이지도 아니하되 너희 천부께서 기르시나니(6:26)

들의 백합화가 어떻게 자라는가 생각하여 보라(6:28)

그러므로 염려하여 이르기를 무엇을 먹을까 무엇을 마실까 무엇을 입을까 하지 말라(6:31)

너희는 먼저 그의 나라와 그의 의를 구하라(6:33)

그러므로 내일 일을 위하여 염려하지 말라(6:34)

비판을 받지 아니하려거든 비판하지 말라(7:1)

외식하는 자여 먼저 네 눈 속에서 들보를 빼어라(7:5)

거룩한 것을 개에게 주지 말며(7:6)

진주를 돼지 앞에 던지지 말라(7:6)

구하라 그러면 너희에게 주실 것이요(7:7)

찾으라 그러면 찾을 것이요(7:7)

문을 두드리라 그러면 너희에게 열릴 것이니(7:7)

그러므로 무엇이든지 남에게 대접을 받고자 하는 대로 너희도 남을 대접하라(7:12)

좁은 문으로 들어가라(7:13)

거짓 선지자들을 삼가라(7:15)

깨끗함을 받으라(8:3)

삼가 아무에게도 이르지 말고(8:4)

다만 가서 제사장에게 네 몸을 보이고 모세의 명한 예물을 드려 저희에게 증거하

라(8:4)

가라 네 믿은 대로 될지어다(8:13)

죽은 자들로 저희 죽은 자를 장사하게 하고(8:22)

가라(8:32)

소자야 안심하라 네 죄 사함을 받았느니라(9:2)

네 침상을 가지고 집으로 가라(9:6)

나를 좇으라(9:9)

내가 긍휼을 원하고 제사를 원치 아니하노라 하신 뜻이 무엇인지 배우라(9:13)

딸아 안심하라 네 믿음이 너를 구원하였다(9:22)

가라사대 물러가라(9:24)

삼가 아무에게도 알게 하지 말라(9:30)

이방인의 길로도 가지 말고 사마리아인의 고을에도 들어가지 말고(10:5)

차라리 이스라엘 집의 잃어버린 양에게로 가라(10:6)

가면서 전파하여 말하되 천국이 가까웠다 하고(10:7)

병든 자를 고치며 죽은 자를 살리며 문둥이를 깨끗하게 하며 귀신을 쫓아 내되(10:8)

너희 전대에 금이나 은이나 동이나 가지지 말고 여행을 위하여 주머니나 두 벌 옷이나 신이나 지팡이를 가지지 말라(10:9-10)

아무 성이나 촌에 들어가든지 그 중에 합당한 자를 찾아내어 너희 떠나기까지 거기서 머물라(10:11)

또 그 집에 들어가면서 평안하기를 빌라(10:12)

그 집이 이에 합당하면 너희 빈 평안이 거기 임할 것이요 만일 합당치 아니하면 그 평안이 너희에게 돌아올 것이니라(10:13)

누구든지 너희를 영접도 아니하고 너희 말을 듣지도 아니하거든 그 집이나 성에서 나가 너희 발의 먼지를 떨어 버리라(10:14)

그러므로 너희는 뱀같이 지혜롭고 비둘기같이 순결하라(10:16)

너희를 넘겨줄 때에 어떻게 또는 무엇을 말할까 염려치 말라(10:19)

이 동네에서 너희를 핍박하거든 저 동네로 피하라(10:23)

그런즉 저희를 두려워하지 말라(10:26)

내가 너희에게 어두운 데서 이르는 것을 광명한 데서 말하며(10:27)

너희가 귓속으로 듣는 것을 집 위에서 전파하라(10:27)

몸은 죽여도 영혼은 능히 죽이지 못하는 자들을 두려워하지 말고 오직 몸과 영혼을 능히 지옥에 멸하시는 자를 두려워하라(10:28)

내가 세상에 화평을 주러 온 줄로 생각지 말라(10:34)

너희가 가서 듣고 보는 것을 요한에게 고하되(11:4)

귀 있는 자는 들을지어다(11:15)

수고하고 무거운 짐 진 자들아 다 내게로 오라 내가 너희를 쉬게 하리라(11:28)

나의 멍에를 메고 내게 배우라(11:29)

그런즉 씨 뿌리는 비유를 들으라(13:18)

너희가 먹을 것을 주라(14:16)

그것을 내게 가져오라(14:18)

안심하라 내니 두려워 말라(14:28)

오라(14:29)

듣고 깨달으라(15:10)

삼가 바리새인과 사두개인들의 누룩을 주의하라(16:6, 11)

사단아 내 뒤로 물러가라(16:23)

일어나라 두려워 말라(17:7)

본 것을 아무에게도 이르지 말라(17:9)

그를 이리로 데려오라(17:17)

네 형제가 죄를 범하거든 가서 너와 그 사람과만 상대하여 권고하라(18:15)

부록 535

어린이들을 용납하고 내게 오는 것을 금하지 말라 천국이 이런 자의 것이니라
(19:14)

네가 온전하고자 할진대 가서 네 소유를 팔아 가난한 자들을 주라 … 그리고 와서 나를 좇으라(19:21)

너희 맞은편 마을로 가라(21:2)

곧 매인 나귀와 나귀 새끼가 함께 있는 것을 보리니 풀어 내게로 끌고 오너라
(21:2)

다시 한 비유를 들으라(21:33)

셋돈을 내게 보이라(22:19)

가이사의 것은 가이사에게, 하나님의 것은 하나님께 바치라(22:21)

네 마음을 다하고 목숨을 다하고 뜻을 다하여 주 너의 하나님을 사랑하라
(22:37)

그러므로 무엇이든지 저희의 말하는 바는 행하고 지키되 저희의 하는 행위는 본받지 말라 저희는 말만 하고 행치 아니하며(23:3)

땅에 있는 자를 아비라 하지 말라 너희 아버지는 하나이시니 곧 하늘에 계신 자시니라(23:9)

너희가 사람의 미혹을 받지 않도록 주의하라(24:4)

너희의 도망하는 일이 겨울에나 안식일에 되지 않도록 기도하라(24:20)

보라 그리스도가 광야에 있다 하여도 나가지 말고 보라 골방에 있다 하여도 믿지 말라(24:26)

무화과 나무의 비유를 배우라(24:32)

너희도 아는 바니(24:43)

그런즉 깨어 있으라 너희는 그 날과 그 시를 알지 못하느니라(25:13)

성안 아무에게 가서 이르되(26:18)

받아 먹으라 이것이 내 몸이니라(26:26)

내가 저기 가서 기도할 동안에 너희는 여기 앉아 있으라(26:36)
너희는 여기 머물러 나와 함께 깨어 있으라(26:38)
시험에 들지 않게 깨어 있어 기도하라(26:41)
일어나라 함께 가자(26:46)
친구여 네가 무엇을 하려고 왔는지 행하라(26:50)
네 검을 도로 집에 꽂으라(26:52)
무서워 말라(28:10)
가서 내 형제들에게 갈릴리로 가라 하라(28:10)
그러므로 너희는 가서 모든 족속으로 제자를 삼아 아버지와 아들과 성령의 이름으로 세례를 주고 내가 너희에게 분부한 모든 것을 가르쳐 지키게 하라(28:19-20)

마가복음(93개)

회개하고 복음을 믿으라(1:15)
나를 따라 오너라(1:17)
잠잠하고 그 사람에게서 나오라(1:25)
깨끗함을 받으라(1:41)
삼가 아무에게 아무 말도 하지 말고 가서 네 몸을 제사장에게 보이고 네 깨끗케 됨을 인하여 모세의 명한 것을 드려 저희에게 증거하라(1:44)
일어나 네 상을 가지고 집으로 가라(2:11)
나를 좇으라(2:14)
한 가운데 일어서라(3:3)
들으라 씨 뿌리는 자가 뿌리러 나가서(4:3)

들을 귀 있는 자는 들으라(4:23)

너희가 무엇을 듣는가 스스로 삼가라(4:24)

잠잠하라 고요하라(4:39)

더러운 귀신아 그 사람에게서 나오라(5:8)

집으로 돌아가 주께서 네게 어떻게 큰 일을 행하사 너를 불쌍히 여기신 것을 네 친속에게 고하라(5:19)

평안히 가라 네 병에서 놓여 건강할지어다(5:34)

소녀야 내가 네게 말하노니 일어나라(5:41)

여행을 위하여 지팡이 외에는 양식이나 주머니나 전대의 돈이나 아무 것도 가지지 말며(6:8)

신만 신고 두 벌 옷도 입지 말라(6:9)

거기서 나갈 때에 발 아래 먼지를 떨어버려(6:11)

너희는 따로 한적한 곳에 와서 잠깐 쉬어라(6:31)

너희가 먹을 것을 주라(6:37)

너희에게 떡 몇 개나 있느냐 가서 보라(6:38)

안심하라 내니 두려워 말라(6:50)

너희는 다 내 말을 듣고 깨달으라(7:14)

열리라(7:34)

삼가 바리새인들의 누룩과 헤롯의 누룩을 주의하라(8:15)

마을에도 들어가지 말라(8:26)

사단아 내 뒤로 물러가라(8:33)

벙어리 되고 귀먹은 귀신아 내가 네게 명하노니 그 아이에게서 나오고 다시 들어가지 말라(9:25)

너희 속에 소금을 두고 서로 화목하라(9:50)

어린 아이들의 내게 오는 것을 용납하고 금하지 말라(10:14)

네 있는 것을 다 팔아 가난한 자들을 주라…그리고 와서 나를 좇으라(10:21)

가라 네 믿음이 너를 구원하였느니라(10:52)

너희 맞은편 마을로 가라…나귀 새끼의 매여 있는 것을 보리니 풀어 끌고 오너라(11:2)

하나님을 믿으라(11:22)

무엇이든지 기도하고 구하는 것은 받은 줄로 믿으라(11:24)

너희가 서서 기도할 때에 아무에게나 혐의가 있거든 용서하라(11:25)

요한의 세례가 하늘로서냐 사람에게로서냐 내게 대답하라(11:30)

데나리온 하나를 가져다가 내게 보이라(12:15)

가이사의 것은 가이사에게, 하나님의 것은 하나님께 바치라(12:17)

너희가 사람의 미혹을 받지 않도록 주의하라(13:5)

두려워 말라(13:7)

너희는 스스로 조심하라(13:9)

무슨 말을 할까 미리 염려치 말고 무엇이든지 그 시에 너희에게 주시는 그 말을 하라(13:11)

이 일이 겨울에 나지 않도록 기도하라(13:18)

그 때에 사람이 너희에게 말하되 보라 그리스도가 여기 있다, 보라 저기 있다 하여도 믿지 말라(13:21)

너희는 삼가라(13:23)

무화과나무의 비유를 배우라(13:28)

주의하라 깨어 있으라(13:33)

그러므로 깨어 있으라(13:35)

너희의 자는 것을 보지 않도록 하라(13:36)

깨어 있으라…모든 사람에게 하는 말이니라(13:37)

가만 두어라(14:6)

성내로 들어가라 그리하면 물 한동이를 가지고 가는 사람을 만나리니 그를 따라 가서(14:13)

어디든지 그의 들어가는 그 집 주인에게 이르되…(14:14)

거기서 우리를 위하여 예비하라(14:15)

받으라 이것이 내 몸이니라(14:22)

너희는 여기 머물러 깨어 있으라(14:34)

시험에 들지 않게 깨어 있어 기도하라(14:38)

일어나라 함께 가자(14:42)

누가복음(159개)

잠잠하고 그 사람에게서 나오라(4:35)

깊은 데로 가서 그물을 내려 고기를 잡으라(5:4)

무서워 말라(5:10)

깨끗함을 받으라(5:13)

아무에게도 이르지 말고 가서 제사장에게 네 몸을 보이고 또 네 깨끗케 됨을 인하여 모세의 명한 대로 예물을 드려 저희에게 증거하라(5:14)

일어나 네 침상을 가지고 집으로 가라(5:24)

나를 좇으라(5:27)

일어나 한 가운데 서라(6:8)

네 손을 내밀라(6:10)

그 날에 기뻐하고 뛰놀라 하늘에서 너희 상이 큼이라(6:23)

너희 원수를 사랑하며 너희 미워하는 자를 선대하며(6:27)

너희를 저주하는 자를 위하여 축복하며 너희를 모욕하는 자를 위하여 기도하라

(6:28)

네 이 뺨을 치는 자에게 저 뺨도 돌려 대며(6:29)

네 겉옷을 빼앗는 자에게 속옷도 금하지 말라(6:29)

네게 구하는 자에게 주며 네 것을 가져가는 자에게 다시 달라지 말며(6:30)

남에게 대접을 받고자 하는 대로 너희도 남을 대접하라(6:31)

오직 너희는 원수를 사랑하고 선대하며 아무 것도 바라지 말고 빌리라(6:35)

너희 아버지의 자비하심과 같이 너희도 자비하라(6:36)

비판치 말라 그리하면 너희가 비판을 받지 않을 것이요…용서하라 그리하면 너희가 용서 받을 것이요(6:37)

주라 그리하면 너희에게 줄 것이니(6:38)

먼저 네 눈 속에서 들보를 빼어라(6:42)

울지 말라(7:13)

청년아 내가 네게 말하노니 일어나라(7:14)

너희가 가서 보고 들은 것을 요한에게 고하되(7:22)

네 믿음이 너를 구원하였으니 평안히 가라(7:50)

귀 있는 자는 들을지어다(8:8)

그러므로 너희가 어떻게 듣는가 삼가라(8:18)

집으로 돌아가 하나님이 네게 어떻게 큰 일 행하신 것을 일일이 고하라(8:39)

딸아 네 믿음이 너를 구원하였으니 평안히 가라(8:48)

두려워 말고(8:50)

울지 말라 죽은 것이 아니라 잔다(8:52)

아이야 일어나라(8:54)

여행을 위하여 아무 것도 가지지 말며(9:3)

누구든지 너희를 영접지 아니하거든 그 성에서 떠날 때에 너희 발에서 먼지를 떨어버려 저희에게 증거를 삼으라(9:5)

너희가 먹을 것을 주어라(9:13)

떼를 지어 한 오십 명씩 앉히라(9: 14)

이 말을 너희 귀에 담아 두라 인자가 장차 사람들의 손에 넘기우리라(9:44)

금하지 말라 너희를 반대하지 않는 자는 너희를 위하는 자니라(9:50)

추수할 것은 많되 일군이 적으니 그러므로 추수하는 주인에게 청하여 추수할 일군들을 보내어 주소서 하라(10:2)

갈지어다 내가 너희를 보냄이 어린 양을 이리 가운데로 보냄과 같도다(10:3)

전대나 주머니나 신을 가지지 말며 길에서 아무에게도 문안하지 말며(10:4)

어느 집에 들어가든지 먼저 말하되 이 집이 평안할지어다 하라(10:5)

그 집에 유하며 주는 것을 먹고 마시라 …이 집에서 저 집으로 옮기지 말라(10:7)

너희 앞에 차려놓는 것을 먹고(10:8)

거기 있는 병자들을 고치고 또 말하기를 하나님의 나라가 너희에게 가까이 왔다 하라(10:9)

그 거리로 나와서 말하되 너희 동네에서 우리 발에 묻은 먼지도 너희에게 떨어버리노라…하라(10:10-11)

귀신들이 너희에게 항복하는 것으로 기뻐하지 말고 너희 이름이 하늘에 기록된 것으로 기뻐하라(10:20)

이를 행하라 그러면 살리라(10:28)

가서 너도 이와 같이 하라(10:37)

구하라 그러면 너희에게 주실 것이요 찾으라 그러면 찾을 것이요 문을 두드리라 그러면 너희에게 열릴 것이니(11:9)

그러므로 네 속에 있는 빛이 어둡지 아니한가 보라(11:35)

오직 그 안에 있는 것으로 구제하라(11:41)

바리새인들의 누룩 곧 외식을 주의하라(12:1)

몸을 죽이고 그 후에는 능히 더 못하는 자들을 두려워하지 말라(12:4)
곧 죽인 후에 또한 지옥에 던져 넣는 권세 있는 그를 두려워하라(12:5)
두려워 말라 너희는 많은 참새보다 귀하니라(12:7)
어떻게 무엇으로 대답하며 무엇으로 말할 것을 염려치 말라(12:11)
삼가 모든 탐심을 물리치라(12:15)
너희 목숨을 위하여 무엇을 먹을까 몸을 위하여 무엇을 입을까 염려하지 말라(12:22)
까마귀를 생각하라(12:24)
백합화를 생각하여 보아라(12:27)
너희는 무엇을 먹을까 무엇을 마실까 하여 구하지 말며 근심하지 말라(12:29)
너희는 그의 나라를 구하라(12:31)
적은 무리여 무서워 말라(12:32)
너희 소유를 팔아 구제하여(12:33)
낡아지지 아니하는 주머니를 만들라(12:33)
허리에 띠를 띠고 등불을 켜고 서 있으라(12:35)
네가 너를 고소할 자와 함께 법관에게 갈 때에 길에서 화해하기를 힘쓰라(12:58)
좁은 문으로 들어가기를 힘쓰라(13:24)
가서 저 여우에게 이르되 오늘과 내일 내가 귀신을 쫓아내며 병을 낫게 하다가 제 삼일에는 완전하여지리라 하라(13:32)
네가 누구에게나 혼인 잔치에 청함을 받았을 때에 상좌에 앉지 말라(14:8)
차라리 가서 말석에 앉으라(14:10)
네가 점심이나 저녁이나 베풀거든 벗이나 형제나 친척이나 부한 이웃을 청하지 말라…차라리 가난한 자들과 병신들과 저는 자들과 소경들을 청하라(14:12-13)

불의의 재물로 친구를 사귀라(16:9)

너희는 스스로 조심하라 만일 네 형제가 죄를 범하거든 경계하고 회개하거든 용서하라 만일 하루 일곱 번이라도 네게 죄를 얻고 일곱 번 네게 돌아와 내가 회개하노라 하거든 너는 용서하라(17:3-4)

이와 같이 너희도 명령 받은 것을 다 행한 후에…우리는 무익한 종이라 우리의 하여야 할 일을 한 것뿐이라 할지니라(17:10)

가서 제사장들에게 너희 몸을 보이라(17:14)

일어나 가라 네 믿음이 너를 구원하였느니라(17:19)

불의한 재판관의 말한 것을 들으라(18:6)

어린 아이들이 내게 오는 것을 용납하고 금하지 말라(18:16)

네게 있는 것을 다 팔아 가난한 자들을 나눠 주라…그리고 와서 나를 좇으라(18:22)

보아라 네 믿음이 너를 구원하였느니라(18:42)

삭개오야 속히 내려오라(19:5)

너희 맞은편 마을로 가라…풀어 끌고 오너라 만일 누가 너희에게 어찌하여 푸느냐 묻거든 이렇게 말하되 주가 쓰시겠다 하라(19:30-31)

내게 말하라 요한의 세례가 하늘로서냐 사람에게로서냐(20:3)

데나리온 하나를 내게 보이라(20:24)

가이사의 것은 가이사에게, 하나님의 것은 하나님께 바치라(20:25)

서기관들을 삼가라(20:46)

미혹을 받지 않도록 주의하라(21:8)

저희를 좇지 말라(21:8)

난리와 소란의 소문을 들을 때에 두려워 말라(21:9)

너희는 변명할 것을 미리 연구치 않기로 결심하라(21:14)

이런 일이 되기를 시작하거든 일어나 머리를 들라(21:28)

너희는 스스로 조심하라 그렇지 않으면 방탕함과 술취함과 생활의 염려로 마음이 둔하여지고(21:34)

장차 올 이 모든 일을 능히 피하고 인자 앞에 서도록 항상 기도하며 깨어 있으라(21:36)

가서 우리를 위하여 유월절을 예비하여 우리로 먹게 하라(22:8)

그의 들어가는 집으로 따라 들어가서 그 집 주인에게 이르되 선생님이 네게 하는 말씀이…객실이 어디 있느뇨 하시더라 하라(22:10-11)

거기서 예비하라(22:12)

이것을 갖다가 너희끼리 나누라(22:17)

너희가 이를 행하여 나를 기념하라(22:19)

네 형제를 굳게 하라(22:32)

이제는 전대 있는 자는 가질 것이요 주머니도 그리하고 검 없는 자는 겉옷을 팔아 살지어다(22:36)

시험에 들지 않게 일어나 기도하라(22:46)

이것까지 참으라(22:51)

예루살렘의 딸들아 나를 위하여 울지 말고 너희 자녀를 위하여 울라(23:28)

내 손과 발을 보고 나인 줄 알라 또 나를 만져보라(24:39)

요한복음(67개)

와 보라(1:39)

빌립을 만나 이르시되 나를 좇으라(1:43)

항아리에 물을 채우라(2:7)

이제는 떠서 연회장에게 갖다 주라(2:8)

비둘기 파는 사람들에게 이르시되 이것을 여기서 가져가라(2:16)

너희가 이 성전을 헐라 내가 사흘 동안에 일으키리라(2:19)

가서 네 남편을 불러 오라(4:16)

일어나 네 자리를 들고 걸어가라(5:8)

보라 네가 나았으니 더 심한 것이 생기지 않게 다시는 죄를 범치 말라(5:14)

이를 기이히 여기지 말라(5:28)

이 사람들로 앉게 하라(6:10)

남은 조각을 거두고 버리는 것이 없게 하라(6:12)

내니 두려워 말라(6:20)

썩는 양식을 위하여 일하지 말고 영생하도록 있는 양식을 위하여 하라(22:27)

너희는 서로 수군거리지 말라(6:43)

너희는 명절에 올라가라 나는 내 때가 아직 차지 못하였으니 이 명절에 아직 올라가지 아니하노라(7:8)

가서 다시는 죄를 범치 말라(8:11)

실로암 못에 가서 씻으라(9:7)

만일 내가 내 아버지의 일을 행치 아니하거든 나를 믿지 말려니와(10:37)

내가 행하거든 나를 믿지 아니할지라도 그 일은 믿으라 그러면 너희가 아버지께서 내 안에 계시고 내가 아버지 안에 있음을 깨달아 알리라(10:38)

돌을 옮겨 놓으라(11:39)

나사로야 나오라(11:43)

풀어 놓아 다니게 하라(11:44)

저를 가만 두어 나의 장사할 날을 위하여 이를 두게 하라(12:7)

빛이 있을 동안에 다녀 어두움에 붙잡히지 않게 하라(12:35)

너희에게 아직 빛이 있을 동안에 빛을 믿으라(12:36)

네 하는 일을 속히 하라(13:27)

서로 사랑하라(13:34)

너희는 마음에 근심하지 말라 하나님을 믿으니 또 나를 믿으라(14:1)

너희는 마음에 근심도 말고 두려워하지도 말라(14:27)

무엇이든지 원하는 대로 구하라 그리하면 이루리라(15:7)

나의 사랑 안에 거하라(15:9)

내가 너희를 사랑한 것 같이 너희도 서로 사랑하라(15:12)

세상이 너희를 미워하면 너희보다 먼저 나를 미워한 줄을 알라(15:18)

구하라 그리하면 받으리니 너희 기쁨이 충만하리라(16:24)

나를 찾거든 이 사람들의 가는 것을 용납하라(18:8)

검을 집에 꽂으라(18:11)

어찌하여 내게 묻느냐 내가 무슨 말을 하였는지 들은 자에게 물어 보라(18:21)

나를 만지지 말라 내가 아직 아버지께로 올라가지 못하였노라 너는 내 형제들에게 가서 이르되 내가 내 아버지 곧 너희 아버지, 내 하나님 곧 너희 하나님께로 올라간다 하라(20:17)

성령을 받으라(20:22)

네 손가락을 이리 내밀어 내 손을 보고 네 손을 내밀어 내 옆구리에 넣어보라(20:27)

그물을 배 오른편에 던지라(21:6)

지금 잡은 생선을 좀 가져오라(21:10)

와서 조반을 먹으라(21:12)

내 어린 양을 먹이라(21:15)

내 양을 치라(21:16)

내 양을 먹이라(21:17)

나를 따르라(21:19)

예수님의 티칭 스타일

1쇄 인쇄 2000년 5월 5일
7쇄 발행 2018년 1월 20일

지은이 로이 B. 주크
옮긴이 송원준
펴낸곳 주)도서출판 디모데 〈파이디온 선교회 출판 사역 기관〉

등록 2005년 6월 16일 제 319-2005-24호
주소 서울특별시 서초구 서초대로 141-23(방배동, 세일빌딩)
전화 마케팅실 070) 4018-4141
팩스 마케팅실 031) 902-7795
홈페이지 www.timothybook.com

값 13,000원
ISBN 978-89-388-1493-7 03230
Copyright ⓒ 주)도서출판 디모데 2000 〈Printed in Korea〉